厦门大学百年校庆系列出版物 · 编委会

主　任：张　彦　张　荣

副主任：邓朝晖　李建发　叶世满　邱伟杰

委　员：（按姓氏笔画排序）

　　　　王瑞芳　邓朝晖　石慧霞　叶世满　白锡能　朱水涌

　　　　江云宝　孙　理　李建发　李智勇　杨　斌　吴立武

　　　　邱伟杰　张　荣　张　彦　张建霖　陈　光　陈支平

　　　　林　辉　郑文礼　钞晓鸿　洪峻峰　徐进功　蒋东明

　　　　韩家淮　赖虹凯　谭绍滨　黎永强　戴　岩

学术总协调人：陈支平

百年校史编纂组　组长：陈支平

百年院系史编纂组　组长：朱水涌

百年组织机构史编纂组　组长：白锡能

百年精神文化系列编纂组　组长：蒋东明

百年学术论著选刊编纂组　组长：洪峻峰

校史资料汇编（第十辑）与学生名录编纂组　组长：石慧霞

1921-2021
厦门大学
XIAMEN UNIVERSITY

厦门大学百年校庆系列出版物

百年精神文化系列

厦门大学餐饮百年

刘立荣　林公明　主编

许晓春　编著

厦门大学出版社
XIAMEN UNIVERSITY PRESS
国家一级出版社
全国百佳图书出版单位

图书在版编目(CIP)数据

厦门大学餐饮百年/许晓春编著;刘立荣,林公明主编.—厦门:厦门大学出版社,2021.3

(百年精神文化系列)

ISBN 978-7-5615-8082-0

Ⅰ.①厦⋯　Ⅱ.①许⋯②刘⋯③林⋯　Ⅲ.①高等学校－饮食业－后勤管理－介绍－厦门　Ⅳ.①G647.85

中国版本图书馆 CIP 数据核字(2021)第 040095 号

出 版 人	郑文礼
责任编辑	江珏玙
美术编辑	蒋卓群
技术编辑	许克华

出版发行　厦门大学出版社

社　　址	厦门市软件园二期望海路 39 号
邮政编码	361008
总　　机	0592-2181111　0592-2181406(传真)
营销中心	0592-2184458　0592-2181365
网　　址	http://www.xmupress.com
邮　　箱	xmup@xmupress.com
印　　刷	厦门市金凯龙印刷有限公司

开本	720 mm×1 000 mm　1/16
印张	28
插页	2
字数	406 千字
版次	2021 年 3 月第 1 版
印次	2021 年 3 月第 1 次印刷
定价	98.00 元

厦门大学出版社
微信二维码

厦门大学出版社
微博二维码

总 序

厦门大学 | 党委书记　张　彦
校　　长　张　荣

　　2021年4月6日，厦门大学百年华诞。百载风雨，十秩辉煌，这是厦门大学发展的里程碑，继往开来的新起点。全校师生员工和海内外校友满怀深情地期盼这一荣耀时刻的到来。

　　为迎接百年校庆，学校在三年前就启动了"百年校庆系列出版工程"的筹备工作，专门成立"厦门大学百年校庆系列出版物编委会"，加强领导，统一部署。各院系、部门通力合作，众多专家学者和相关单位的工作人员全身心地参与到这项工作之中。同志们满怀高度的责任感和紧迫感，以"提升质量，确保进度，打造精品"为目标，争分夺秒，全力以赴，使这项出版工程得以快速顺利地进行。在这个重要的历史时刻，总结厦大百年奋斗历史，阐扬百年厦大"四种精神"，抒写厦大为伟大祖国所做出的突出贡献，激发厦大人的自豪感和使命感，无疑是献给百岁厦大最好的生日礼物。

　　"百年校庆系列出版工程"包括组织编撰百年校史、百年组织机构史、百年院系史、百年精神文化、百年学术论著选刊、校史资料与学生名录……有多个系列近150种图书将与广大读者见面。从图书规模、涉及领域、参编人员等角度看，此项出版工程极为浩大。这些出版物的问世，将为学校留下大量珍贵的历史资料，为学校深入开展校史教育提供丰富生动的素材，也将为弘扬厦门大学"自强不息，止于至善"校训精神注入时代的新鲜血液，帮助人们透过"中国最美大学校园"

的山海空间和历史回响，更加清晰地理解厦门大学在中国发展进程中发挥的独特作用、扮演的重要角色，领略"南方之强"的文化与精神魅力。

百年校庆系列出版物将多方呈现百年厦大的精彩历史画卷。这些凝聚全校师生员工心血的出版物，让我们感受到厦大人弦歌不辍的精神风貌。图文并茂的《厦门大学百年校史》，穿越历史长廊，带领我们聆听厦大不平凡百年岁月的历史足音。《为吾国放一异彩——厦门大学与伟大祖国》浓墨重彩地记述厦门大学与全国34个省级行政区以及福建省九市一区一县血浓于水的校地情缘，从中可以读出厦门大学在中华民族伟大复兴征程中留下的深深烙印。参与面最广的"厦门大学百年院系史系列"、《厦门大学百年组织机构史》，共有30多个学院和直属单位参与编写，通过对厦门大学各学院和组织机构发展脉络、演变轨迹的细致梳理，深入介绍厦门大学的党建工作、学科建设、人才培养、组织管理、社会服务等方面的发展历程，展示办学成就，彰显办学特色。《厦门大学校史资料选编（1992—2017）》和《南强之星——厦门大学学生名录（2010—2019）》，连同已经出版的同类史料，将较完整、翔实地展现学校发展轨迹，记录下每位厦大学子的荣耀。"厦门大学百年精神文化系列"涵盖人物传记和校园风采两大主题，其中《陈嘉庚传》在搜集大量史料的基础上，以时代精神和崭新视角，生动展现了校主陈嘉庚先生的丰功伟绩。此次推出《林文庆传》《萨本栋传》《汪德耀传》《王亚南传》四部厦门大学老校长传记，是对他们为厦大发展所做出的突出贡献的深切缅怀。厦大校友、红军会计制度创始人、中国共产党金融事业奠基人之一高捷成的传记《我的祖父高捷成》，则是首次全面地介绍这位为中国人民解放事业做出杰出贡献的烈士的事迹。新版《陈景润传》，把这位"最美奋斗者"、"感动中国人物"、令厦大人骄傲的杰出校友、世界著名数学家不平凡的人生再次展现在我们眼前。抒写校园风采的《厦门大学百年建筑》、《厦门大学餐饮百年》、《建南大舞台》、《芙蓉园里尽芳菲》、《我的厦大老师》（百年华诞纪念专辑）、《创新创业厦大人2》、

《志愿之光》、《让建南钟声传响大山深处》、《我的厦大范儿》以及潘维廉的《我在厦大三十年》等，都从不同的角度，引领我们去品读厦门大学的真正内涵，感受厦门大学浓郁的人文精神和科学精神。

此次出版的"厦门大学百年学术论著选刊"，由专家学者精选，重刊一批厦大已故著名学者在校工作期间完成的、具有重要价值的学术论著（包括讲义、未刊印的论著稿本等），目的在于反映和宣传厦门大学百年来的学术成就和贡献，挖掘百年来厦门大学丰厚的历史积淀和传统资源，展示厦门大学的学术底蕴，重建"厦大学派"，为学校"双一流"建设提供学术传统的支撑。学校将把这项工作列入长期规划，在百年校庆时出版第一辑共40种，今后还将陆续出版。

"自强！自强！学海何洋洋！"100年前，陈嘉庚先生于民族危难之际，抱着"教育为立国之本，兴学乃国民天职"的信念，创办了厦门大学这所中国历史上第一所由华侨独资建设的大学。100年来，厦大人秉承"研究高深学术，养成专门人才，阐扬世界文化"的办学宗旨，在实现中华民族伟大复兴的征程上书写自己的精彩篇章。我们相信，当百年校庆的欢庆浪潮归于平静时，这些出版物将会是一串串熠熠生辉的耀眼珍珠，成为记录厦门大学百年奋斗之旅的永恒坐标，成为流淌在人们心中的美好记忆，并将不断激励我们不忘初心继承传统，牢记使命乘风破浪，向着中国特色世界一流大学目标奋勇前行！

张彦　张荣

2020年12月

厦门大学

餐饮百年

《厦门大学餐饮百年》编委会

主　　编：刘立荣　林公明

副 主 编：邓泽君　陈有亮

执行主编：林　琳

编　　著：许晓春

菜肴顾问及策划：江森民

序一

厦门大学餐饮是一种深沉的爱

"鹭江深且长，充吾爱于无疆。吁嗟乎！南方之强！吁嗟乎！南方之强！"厦门大学，大爱洋溢。百年厦大、百年餐饮，厦大餐饮，对于每一位曾经或依然在厦大生活、工作、学习的人而言，就是一种母校的滋养，一种家的味道，一种浓厚的情怀。

自校主陈嘉庚创办厦门大学以来，学校就延续并弘扬着关心、关爱师生一日三餐的爱的历史。厦大餐饮也一直以"家的味道"作为服务师生的品质目标和追求，践行"用心做菜，用爱服务"的理念。可以说，舌尖上的厦大，不仅仅是菜肴的美味，更是代表了一种学子与母校无法割舍的情感联结。这种情感，伴随着厦门大学学子走向世界，传承了百年，并走进新百年。本书记录下厦大人这些满满的回忆。

厦门大学餐饮是安全的典范

民以食为天，食以安为先。食品安全是红线，是底线，更是良心活。食堂工作关系着师生的安全，更关系着师生舌尖上的幸福。满足师生对美好生活的需要也是餐饮工作的初心。学校餐饮有其特殊性，如果出问题，就是巨大的问题，事关学校的安全稳定。坚持公益性、坚持保供稳价、坚持安全和稳定、坚持讲政治，一直以来就是厦大餐饮的特色与优势。

厦门大学餐饮是文化的餐饮、育人的餐饮

"一粒米中藏世界，半边锅里煮乾坤"，厦大餐饮历来注重服务文化建设，挖掘服务育人功能。不论是"光盘行动""厉行节约，反对浪费"等优良传统，还是"免费米饭""毕业生冷餐会""留校师生大围炉"等学校系列关爱学生的举措，无一不嵌入与高校相契合的教育元素，在学校的各个餐厅有社会主义核心价值观、厦大人文等环境布置，有文明用餐、光盘行动的标识，有电子显示屏发布饮食健康常识、天气变化提醒等关爱学生的讯息，有留言本接收学生的投诉和建议。与此同时，"全国粮食安全宣传教育基地""厦门大学青年劳动实践基地"先后在饮食服务中心安家，厦门大学"新时代中国特色社会主义劳动教育"实践课程也顺利开班。

如今，厦大餐饮不仅在全国高校同行中位列前茅，而且已成为厦门大学"三全育人"工作中的重要环节。

《厦门大学餐饮百年》作为厦大百年校庆系列图书之一，从策划、组织到编撰、集成，都凝聚着广大师生、校友对厦门大学这所百年名校的敬重，每一篇来稿都展现着学子对母校的深爱。借此机会，我谨代表厦门大学后勤集团，代表全体厦大餐饮人，感谢各位的辛勤付出，感谢大家对厦大餐饮的肯定和鼓励！我们将以"一流意识、一流标准、一流服务、一流业绩"为目标，努力建设一流后勤，为厦门大学"双一流"建设提供坚强有力的后勤保障。

"鹭江深且长，致吾知于无央。吁嗟乎！南方之强！吁嗟乎！南方之强！"传承百年荣光，厦大餐饮再创辉煌！

2020年12月

（林公明，厦门大学后勤集团总经理）

序二

　　2019年年初，后勤集团总经理林公明提出了要编撰一本体现厦大餐饮百年变迁和文化的图书，献礼厦门大学百年校庆。编撰工作的总牵头人为党委副书记邓泽君，我（时任饮食服务中心支部书记、副主任）担任总协调人。

　　写一本关于厦大餐饮的书，这是一个大胆的想法。后勤工作有别于教学科研，广大后勤人习惯于埋头干活，默默无闻。这个时候，让食堂的"伙夫"们成为主角，真有点受宠若惊。

　　但百年来，厦大餐饮的确有很多值得回顾和总结的历史与文化，特别是厦门大学自办食堂的模式有着悠久的历史和独特的优越性，且这些年厦大餐饮名声在外，这些都给了我们编撰这本书的决心与信心。

　　那么，这本书的内容，是记载厦大餐饮的历史还是现状？是采用编著者叙述还是向广大校友征稿？要不要增加厦大传统美食菜谱？显然大家并不满足于其中某一块的内容。最终，我们想写一本包含历史、现状、菜谱、来稿等为一体的、能够全面回顾与展现厦门大学餐饮百年的图书。

　　2019年5月，《厦门大学餐饮百年》图书编撰工作正式启动。同时加盟的还有知名的饮食文化作家、闽菜专家许晓春校友，她担任总撰稿人。

本书从编写初期就致力于全面回顾厦大餐饮百年历程，通过查找大量历史档案，面向广大师生员工和海内外校友征集回忆录，开展各类访谈采访工作，收集各类相关的老票据、老物件等，努力拾取有关厦大餐饮的闪光珍珠，展现厦大百年餐饮的文化与情怀，争取献礼厦门大学百年校庆。

由于本书的内容拟展现的时间跨度大，内容形式有访谈、有回忆录、有史料、有菜肴图册，加上2020年新型冠状病毒疫情的影响，给编撰工作带来极大的困难。对此，后勤集团领导班子高度重视，党委书记刘立荣、总经理林公明、党委副书记邓泽君、分管饮食工作的副总经理陈有亮等多次召集会议，研讨此书编撰工作；厦大出版社原社长蒋东明老师及编辑江珧玙老师等相关负责人多次到后勤集团指导协商本书出版工作；饮食服务中心主任江森民以及全中心上下积极协调配合本书的征稿、访谈、档案查询、资料收集、菜谱策划、老菜肴还原制作等工作；厦门南强后勤服务有限公司总经理罗阳及公司上下积极提供校外餐饮部分的资料；校宣传部、工会、团委、校友总会、出版社等单位积极帮忙本书的征稿宣传；新闻传播学院多名学生加盟本书的访谈与资料整理工作；一些曾经在后勤工作过的老领导、老职工热心参与其中，为编撰工作建言献策；许晓春老师加班加点，并发动个人社会资源，广泛收集厦大食堂老照片、老票据，积极开展访谈和撰稿；在本书已完稿即将刊印发行时，新调任来的后勤集团党委书记杨云良同样给予了本书大力的支持……

这其中还有一项要在这里说明一下，本书第四章是我主笔撰写的，主要涉及的是厦大后勤和后勤集团的历史回顾以及厦大餐饮的"今生"部分，收录的内容截至2020年12月26日。这一章内容及观点均掺杂了我个人的理解和看法，只能代表我个人观点，且由于水平和精力有限，难免存在遗漏和偏颇，在此恳请大家多多谅解，并欢迎大家批评指正。此外，我还有一篇个人的自述文《灶台上燃煮的青春——我与厦大餐饮的不解之缘》，放在第五章，是以我本人在后勤集团和饮食服务中心工作的经历和感悟为主线，对第四章厦大餐饮"今生"部分的内容进行一些情感上的补充与注脚。

为支持本书的出版，2019年10月16日下午，厦门大学出版社与厦门大学后勤集团签约共建；2020年9月1日，厦门大学官媒、厦门大学出版社公众号推出文章《百年拾光：家的味道！一日三餐里的百年厦大！》对本书进行宣传推介，引起社会和业界的广泛关注。

近两年的时间转瞬即逝。如今，这本凝聚大家心血和期待的图书总算要与读者们见面了。"丑媳妇总得见公婆"，不论好坏，我想，这本书都是厦大餐饮百年历史和文化的记载和解读，都是非常有意义的一本图书，希望大家能够喜欢。也在此祝愿厦大餐饮的明天更加辉煌！

执行主编：林琳
2020年12月26日

前言

　　当人们追溯美食的记忆，总会在不经意间思绪"穿越"。就如同我们回溯历史，时空的微妙关联也总是有迹可寻。

　　1908年10月，厦门港附近的"演武场"，美国"大白舰队"（The great white fleet）访问中国，清政府指定厦门作为接待美舰的地点。这是20世纪初中美外交史上的一个"高光时刻"，仪式隆重，盛况空前。在当时留下来的可称为"国宴"的菜单记载中，厦门的传统美食赫然在列。

　　时空交错，同样在这个"演武场"，13年后，迎来了一所在中国高等教育史上举足轻重的学府的诞生。1921年，陈嘉庚先生选址演武场，创办了福建第一所大学——厦门大学。当时的演武场，还是洋人打高尔夫球的地方，政府允许拨演武场的四分之一建设校园。于是，肇建之始，厦门大学沿着演武场一字排开，建成了最早的群贤楼群，此后，囊萤楼、同安楼、集美楼、映雪楼，纷纷拔地而起。教授和学生们，在涛声中，陆续走进了学校的大门。

　　或许，这才是这块土地真正绵延后世的"高光时刻"。

　　陈嘉庚筹建厦门大学，最初拟圈地9000亩，计划在1930年建成万人大学。据《厦门志》载，20世纪20年代，厦门人口大约为12.8万人，当时这样的城市规模，陈嘉庚先生能以远见卓识构建"生额万众"的大学，实属气魄宏大之举。

1

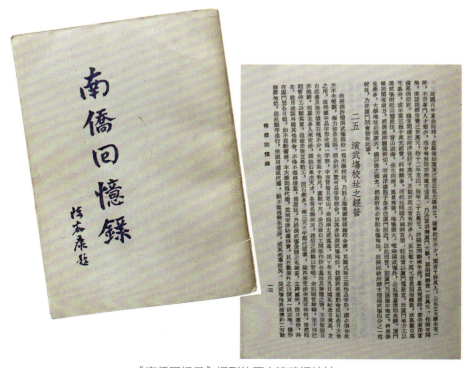

《南侨回忆录》提到的厦大演武场校址

　　有意思的是，一百多年后，那些曾经在当年"国宴"菜单上的菜式，不少在厦大食堂的餐桌上高频出现，厦大学生们因此可以骄傲地在朋友圈点赞母校的"好滋味"，而"厦大餐饮，家的味道"更是深刻地烙印于每一位厦大人的味蕾中。

　　味蕾，承载回忆，凝聚思念，也标记着时代的"风味"。

　　《厦门大学餐饮百年》在厦大百年校庆之际出版，正是用回忆、思念和"滋味"，认认真真地烹制一场属于校园、校友和所有热爱厦大的人的盛筵。翻开书页，似乎一切关乎厦大的独特风味便飘逸而出。

　　也许，它是我们与"先生们"的奇妙邂逅，从校主陈嘉庚先生，到林文庆、萨本栋、汪德耀、王亚南等历任学校管理者，到鲁迅、林语堂、顾颉刚、陈衍、余光中、蔡元培、陈景润等与厦大有过各自"往事"的名人，舌尖的记忆与历史的华章交相辉映。

也许，它是我们与厦大食堂光影流年的"久别重逢"。一幅幅老照片，一张张老票证，依然无言而清晰地诉说当年；一位位"厦大餐饮人"的口述实录，饱含薪火相传的浓浓情意；老食堂里的时代变迁，是历史烟尘中难以磨灭的旧"食光"；而今日的厦大食堂新风貌，也更蓬勃而鲜活。

也许，它将带领我们重温时光轴里的厦大味道。那些与历史"同频"的年代菜肴，令人难忘的经典"老菜"、特色风味菜肴名点，以及创新的"一日一师一菜"，都是"一饭一蔬皆历史"的最好见证；那些厦大餐饮的爱心传统，从免费米饭、除夕年夜饭到迎新故事、毕业聚餐，是箪食瓢饮的感恩教育，是春节留校师生的幸福港湾，更是"家的味道"的初体验。

也许，它也是我们重返校园里的一份"美食攻略"，那些怀旧的菜肴，那些成为最新朋友圈"打卡"的网红美食，你仍然可以按图索骥，和同学、校友、亲人一起回校大快朵颐。

当然，我们也不会忘了从建校至今，为"家的味道"而默默付出的所有辛勤的厦大餐饮人，他们的锅碗瓢盆交响曲，他们的锐意进取，他们的全心奉献，也值得被铭记在厦大百年餐饮的丰碑上。

还有，当我们向全球厦大校友发出征稿启事后，一篇篇充满回忆和感情的来稿，跨越时间与空间，为我们展现了一幅真实可感、有滋有味的厦大食堂的往事"长卷"，让我们欢笑，让我们缅怀，也让我们热泪盈眶。

厦大百年餐饮，精华万千，芳华无限。那么，现在，且把思绪融于味蕾，一起开启这一段美妙而深远的舌尖旅程吧！

目录

第一章　厦大餐饮·历史风味　1

写在前面　3

第一节　名人与厦大餐饮　5

陈嘉庚：老校主亲自规划厦大食堂布局　5

鲁迅：文豪笔下的美食"打卡"攻略　10

林语堂：幽默大师的人生"好胃口"　17

顾颉刚："吃货教授"的厦大美食小史　22

陈衍：书写近代烹饪"国民教材"　25

余光中：六十年后犹记厦大的蠔煎蛋　28

蔡元培：欢宴中的清醒思索　31

名士风骨：似水年华中的人生况味　34

第二节　先生们的"厦大风味"　39

林文庆：老校长的独特"饮食教育观"　39

萨本栋：箪食瓢饮　呕心沥血　43

汪德耀：为师生的"五斗米"而"折腰"　47

王亚南："经济学家校长"的一本食堂账　51

科学家和校友：一粥一饭中与时代共鸣　53

第二章 厦大餐饮·光影流年 59

写在前面 61

第一节 恋恋老照片：物质与精神交融的空间 63

"膳厅"与食堂 63

票证和餐具 66

第二节 厦大餐饮人：薪火相传 匠心独运 73

梁诗柱：半个世纪的"膳食渊源" 74

蔡长寿：历久"长青"的温暖回忆 77

江森民：为了舌尖上的那份期待 79

一汤一饭：饱含浓浓情意 83

第三节 你好旧"食光"：老食堂里的交响曲 90

建校伊始与长汀时期：转圜之间铸造厦大精神 90

20世纪50年代至60年代：特殊年代中勉力前行 94

20世纪70—80年代：技术管理革新勇立潮头 100

20世纪90年代至新世纪初：迈向"高校餐饮"新时代 107

第四节 且看新风貌：今日厦大食堂巡礼 113

勤业餐厅 113

芙蓉餐厅 116

南光餐厅 118

海滨餐厅 120

海韵学生公寓第一餐厅 122

海韵学生公寓第二餐厅 125

海韵园餐厅 127

厦门大学 餐饮百年

翔安校区竞丰餐厅　129

翔安校区丰庭餐厅　130

翔安校区芙蓉餐厅　132

漳州校区北区餐厅　134

漳州校区中区餐厅　136

漳州校区南区餐厅　137

厦大餐饮附中餐厅　138

马来西亚分校餐厅　140

第三章　厦大餐饮·家的味道　143

写在前面　145

第一节　一饭一蔬皆历史　147

与历史同频的"年代菜肴"　147

令人难忘的经典"老菜"　157

一日一师一菜　163

第二节　厦大食堂的爱心传统　173

免费米饭：箪食瓢饮的感恩教育　173

除夕年夜饭：春节留校师生的幸福港湾　177

毕业聚餐：凤凰花开时节的恋恋不舍　187

迎新故事：厦大"家的味道"初体验　201

第三节　被食堂"记载"的时光　211

返校校友必点的怀旧菜　211

学生眼中的食堂"治愈"记　214

朋友圈"打卡"的厦大美食　220

第四章　厦大餐饮·还看今朝　225

写在前面　227

第一节　厦大后勤四十年变迁　231

改革开放初期的摸索阶段（1984年之前）　231

综合改革和整顿发展阶段（1984—1999年）　232

后勤社会化改革探索阶段（1999—2002年年底）　232

后勤社会化改革实施和社会化后勤保障体系建立与发展阶

段（2002年至今）　233

第二节　后勤集团十八年　235

初创期（2002—2007年）　235

发展期（2008—2012年）　236

成熟期（2013—2017年）　238

升华期（2018年至今）　239

后勤集团成立以来获得的主要荣誉：　240

第三节　饮食服务中心二十年　242

启航阶段：重整行装，迅速扩张　242

休整阶段：重视管理，提升质量　248

腾飞阶段：多措并举，扬名在外　251

第五章　厦大餐饮·美味情缘　265

写在前面　267

小吃的回忆／陈传忠　268

有声有色的有益尝试

　　——厦大消费合作社／许高维　271

厦大往事：文史食堂及其杂忆／许闽峰　277

食堂排队大战／潘维廉（William N. Brown）　283

难忘的"酱油水巴浪鱼"／刘立身　287

我在食堂打工的一千多个日夜／郑启五　290

巴浪鱼、美食和厦大／郑振秀　295

竞丰膳厅的爱心／陈超贞　299

厦大食堂"老三样"与我的初恋／张耀祥　300

勤业馒头／颜亚玉　306

吃在变革年代／林　航　308

致80年代的青春／沈忠雄　311

母校，让我一生回味不尽／潘　亮　314

回忆厦大食堂二三事／陈晓松　317

民以食为天，美食美心情／彭永新　320

咔嚓咔嚓咬花蛤／土　龙　323

揾食杂记／单士勇　325

我的味蕾有"厦大味"／王有光　327

勤业斋的美味周边／周朝晖　329

一所大学食堂的美食传说／月　明　334

那盘火辣的青瓜肉片呀／阿　苏　338

我的食堂情缘／王艳丽　340

我的美味童年／蔡佩玲　342

海滨餐厅里的外祖父肖像／周　迪　344

夏天的四种味道／燕微风　348

一起吃早餐的日子／许晓春　353

目
录

厦食琐事／王明阳　357

舌尖上的母校／邵晓涵　361

厦大"饭团"／吴祥柏　363

我的"幸福食堂"／赖护鑫　366

"一日一师一菜"活动琐忆／田　野　369

等面条／郭巧华　372

十二年的"厦大餐饮"之缘／黄立功　373

为学校争光，为校庆添彩

　　　——"厦大餐饮"之体会／郑庆喜　374

难忘的"厦大餐饮"／叶志诚　376

灶台上燃煮的青春

　　　——我与厦大餐饮的不解之缘／林　琳　378

我在勤业的日子／张　岚　410

我和我的师傅／王　湘　412

饮德食和／简锦益　414

参考书目及文献　415

后　记　421

第一章

厦大餐饮

历史风味

写在前面

时光总如流水，记忆却历久弥新。

一座学府的气质，通常在其肇始之际，由其最初的"顶层设计"塑造。厦大的气质亦是如此，它诞生于一个中国从近代向现代转换的迷惘、求索、奋进、坎坷的年代，从它的奠基者们开始，就在方方面面留下了难以磨灭、延绵至今的人文印记，而一日三餐，以及围绕这"三餐"的历史记忆，也是这所大学气质最生动、最有"烟火气"的展现之一。

所以，餐饮之于厦大的意义，正在于，从建校之初，它就不只是一个"配套"，而是历经一代代厦大人的求索与实践，将厦大的人文精神、爱生如子的理念，深深烙印在了看似日常的三餐之中。

探微知著，许多人们熟悉的名字和场景，与厦大饮食的最初回忆密不可分。老校主陈嘉庚，从建校伊始，对师生的"物质食粮"与"精神食粮"就同样重视，而历任学校管理者，亦将其作为自己最大的牵挂之一：

林文庆校长以其独有的"饮食教育观"，在探索食物之于教育的关系之外，开展健康之于身体、学习的有效探索；抗战期间，厦大内迁长汀，在物质条件极度困难的情况下，萨本栋校长治下的"长汀时期"，厦大以"箪食瓢饮，短褐粗衣，夜烛晓窗"的精神，奠定了厦大"南方之强"的人文基座；国共内战时期，汪德耀校长鞠躬尽瘁，为师生

20世纪20年代中期厦大和演武场（紫日供图）

的"五斗米"而折腰；新中国成立初期，王亚南校长从经济学家的角度，带领师生，将节约粮食和自力更生变为一场卓有成效的经济学实践；卢嘉锡、田昭武则以"科学家"的视角和思维，不断优化着这所高校的舌尖"效率"……

而在那个群星闪耀的时代，我们耳熟能详的那些"大家"们，也与这段舌尖记忆有着各自的不解之缘。假如我们能"穿越"回那个时代，能够邂逅的精彩很多很多。

也许你能在中秋时节遇见在校园内漫步的鲁迅先生，他可能正一边构思今天给许广平的"两地书"里，该写点什么厦门的饮食，一边又脚步匆匆地去赴林语堂组织的"月饼聚会"；

如果你随着鲁迅先生的步伐来到林语堂先生的寓所里，或许可能看到教授们正大快朵颐的情景，林太太的厨艺，真是慰藉了从天南海北来到厦门的先生们的胃；

也许你能碰见著名的"吃货教授"顾颉刚，要是他有时间，必定兴致勃勃地带着你逛遍学校内外的各处美食"胜地"，顺带给你讲许多有趣的掌故；

运气好的话，陈衍先生或许会送你一本他写的《家事科烹饪讲义》，这可是中国教育史上第一部烹饪教科书，学会之后，你大概能当一个民国时期的大厨了；

假如你有缘遇上来厦门短暂"休憩"的蔡元培先生，记得听一听他在与厦大教授相聚的宴会上的慷慨陈词；

又或者，你与丰子恺、洪深、陈景润等先生不期而遇，只要你细细探寻，他们都会跟你讲上一段自己与厦大饮食的"独家故事"；

当然，也许你还可以听到当时年轻的余光中在湖边吟哦，你可以问一问他，为什么厦门的"蚵煎蛋"会成为他挥之不去的乡愁……

美食，有时正是历史重要的"侧记"，它以舌尖标记着时光的味觉记忆。百年厦大，名士荟萃，英才辈出，这些闪亮的名字，如同那些闪亮的日子一样，与味觉记忆交相辉映，诉说着不一样的时光荏苒，岁月悠悠。

第一节　名人与厦大餐饮

陈嘉庚：老校主亲自规划厦大食堂布局

在厦门大学最具代表性的建筑嘉庚楼群前，矗立着的这尊雕像，目光坚毅而慈爱，穿过岁月更迭，透过熙来攘往，始终注视着这座美丽校园的一草一木，似乎这种关爱从未远去。

作为厦门大学的校主，陈嘉庚先生也是杰出的爱国华侨领袖，著名的实业家、教育家和社会活动家。他倾其所有，从创办集美小学，到集美师范、水产、航海、商业等专科学校（即集美大学的前身），在"教育为强国"思想的指导下，决定扩大办学规模，创办一所培养社会所急需的各种专业人才的高等学府，以实现救国的宏愿。

回国办学前，陈嘉庚将南洋的实业交给胞弟陈敬贤和公司经理李光前管理，并特地将公司的高层、中层职员召集一起，设宴与同仁告别。宴会设在陈嘉庚的新加坡恒米厂，餐桌有意摆成一个"中"字，吃的是中国菜，饮的是中国酒，陈嘉庚以此向同仁表明，宴会摆设与美食的用意是"愿诸君勿忘中国，克勤克俭，期竟大功"。

在陈嘉庚的多方奔走和努力下，1921年4月6日，厦门大学举行开校典礼。虽然一开始还是暂借集美学校的部分房屋作为临时校舍，但厦大师生们并没有等太久，1922年，厦大第一批校舍落成后，师生

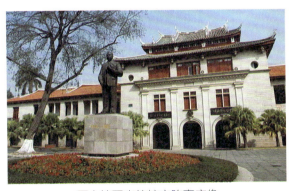

厦大校园内的校主陈嘉庚像

们便迁往厦门新校舍上课，随着后续新建的校舍有序落成，招生规模也逐步扩大。

民以食为天，师生们的一日三餐，自然也是校主陈嘉庚最为牵挂的事情之一。如果说教学楼提供的是"精神食粮"，那么食堂自然是不可缺少的"物质食粮"供应地。在厦大的初创期，陈嘉庚对于学校食堂的建设也常常亲自过问，精心安排。

在首批厦大校舍中，设有东西膳厅和东西厨房、教职工厨房。东膳厅和东厨房建于1922年，石木结构，其中东膳厅一层，建筑面积672平方米，使用面积571平方米；东厨房一层，建筑面积333平方米，使用面积267平方米。西膳厅和西厨房也在1923年投入使用，同样是石木结构，其中西膳厅建筑面积672平方米，使用面积571平方米；西厨房建筑面积555平方米，使用面积444平方米。而教职工厨房则建于1925年，建筑面积377平方米，使用面积264平方米。

至此，学校的食堂配备基本到位，但是对于校主和学校管理层而言，招生人数的持续增长、用餐环境条件的改善，乃至于后来的时局变迁等综合因素，都考验着学校具体而精细的管理能力，这其中，又有许多关怀备至的拳拳之心。

在1926年的一期《厦大周刊》中，刊登了一则消息，大意是：经过

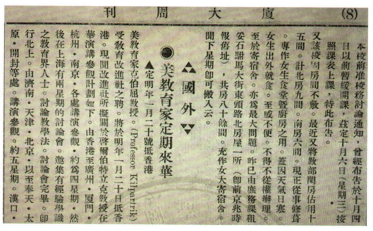

1926年《厦大周刊》有关女生食堂的消息

本校校务讨论，决定将教部闲房腾出修葺，专做女生食堂和厨房之用。在这则消息中，还特别说明了调整的原因——由于天气日益寒冷，女生外出就餐较为不便，所以做了这样的安排。建校初期，条件相对艰难，要考虑和协调的事情很多，但即便如此，学校的各种安排，很大程度上都基于为学生的周全考虑。

这样的细节比比皆是。1929年的《厦大周刊》八周年特刊，在介绍"厦大卫生处"的概况时，也提到了当时对厨房卫生的重视："除卫生处主任每日监督工人、视察各处、注意清洁外，对厨房的食物菜蔬等各项亦经常检查。"在饮食方面能够如此重视与精细，与校主陈嘉庚先生一直以来的关注是分不开的。

而当时的许多师生或许并不知道，因为时局原因，陈先生的企业经营一度陷入困境，但为了支付厦大等学校的校费，他不惜举债、变卖家产。1931年，他出售了过户给儿子的三幢别墅，全部充作校费。新加坡报纸以《出卖大厦，维持厦大》为标题，报道了这一消息。其拳拳之心，令人感佩。

抗战期间，厦大被迫迁往长汀。而此时的陈嘉庚先生，因为时局的原因，既要操心南洋事业的经营，更要为中国国内的抗战大业而奔走。即使如此，他依然时时心系厦大，并不顾路途艰辛与劳累，坚持要来长汀校区看一看，看看他们学业如何，也看看他们有没有吃得饱、穿得暖。

1940年11月9日，陈嘉庚先生莅临长汀视察，对于当年的许多厦大学子来说，这一次与校主的"会面"，都是永生难忘的回忆。当陈嘉庚先生走下汽车时，长汀城南郊响彻了"吁嗟乎南方之强"的歌声，热情的师生们几乎要把老校主"层层包围"，他们簇拥着陈先生，将他迎进礼堂。

在盛大的欢迎仪式过后，陈嘉庚利用在长汀逗留的两天时间，在时任校长萨本栋等的陪同下，几乎踏遍了长汀校区的每一个角落，检查校务工作，除了课堂、宿舍、图书馆、实验室，自然也少不了与学生饮食息息相关的食堂。离开长汀前，他欣慰地对萨校长说："厦大有进步……比其他诸大学可无逊色！"

抗战时期，艰难维持，老校主的激励无疑给了全校师生极大的鼓舞。

1940年11月，陈嘉庚先生到长汀时，与闽籍师生合影（翻拍自陈嘉庚纪念馆资料）

随着抗战的胜利，学校由长汀迁回厦门，由于院系扩大、师生人数增加，一时校舍不足，教职员和学生只好分散住宿于鼓浪屿、大生里、宏汉路等旧民房维持上课，在日常饮食方面自然也多有不便。

陈嘉庚先生看在眼里，也下定决心，待条件许可一定重新建设厦大。1950年，他最后一次回到新加坡，将其在南洋的诸多企业陆续"结束"或转卖，将款项悉数汇回国内。当年5月，他回到北京后，婉言谢绝了中央领导一再挽留他定居北京的盛情，决定回到家乡集美，将汇回国内的钱用来扩建厦门大学和集美学村。

1950年12月，在陈嘉庚先生的亲自主持下，厦门大学建筑部成立，计划将被日寇破坏的厦大校园恢复旧观，并做进一步扩建，同时计划厦门大学的办学规模逐步发展到三四万人，而教学设施、居住条件、饮食环境有关的事项，均在其列。

在主持扩建厦大基建工程期间，陈嘉庚经常从集美到厦大工地来回督察。或许，现在的人们很难想象，这个倾其所有建设厦大的七旬老人，每次过来，都要从集美龙王宫码头坐小客轮到厦门，上岸后再坐市政府的汽车到厦大。那时候，厦门的海堤还未修建，厦门与集美之间的来往主要靠小筏子和小客轮。客轮又小又破旧，经常拥挤不堪、气味难闻，可陈嘉庚先生和乘客挤在一起，想着厦大一天天重建的新貌，心里甘之如饴。

陈嘉庚纪念馆内雕塑，展现了暮年陈嘉庚在故居凭窗眺望大海的场景

经过陈嘉庚先生的精心擘画、亲自督建和全体基建职工的共同努力，从1951年起至1955年，厦大焕然一新，总建筑面积比新中国成立前全校建筑面积翻了一倍。其中，宿舍楼和教学楼以及公用设施有24幢，此后成为厦大学子们熟知和感念的"芙蓉第一"至"芙蓉第四"四座男生宿舍楼、"丰庭第一"至"丰庭第三"等女生宿舍楼都是在此期间建成，后来的"芙蓉餐厅""丰庭餐厅"等名称也都源自于此。而当时建设的"竞丰"膳厅，更大大改善了师生们的用餐条件，后来又陆续新建了可容纳三百人的侨生食堂，也奠定了厦大食堂布局的全新"路线图"。

面对着欣欣向荣的厦门大学，陈嘉庚先生曾满怀激情地对身边的人说到他心中美好的未来场景："将有万吨十万吨的外国和本国的轮船从东海进入厦门，让他们一开进厦门港就看到新建的厦门大学，看到新中国的新气象，那巨大的客轮中将载来许多来厦门大学、集美学校学习的华侨子弟！"

如今，在厦门集美的"嘉庚公园"归来堂的展厅内，许多游人都会看到这样的一段介绍，令人不胜唏嘘：

"陈嘉庚先生一生节衣缩食，简朴持身。他为集美学校和厦门大学兴建百十座雄伟的高楼大厦，晚年自己的住宅却是一所简朴的二层楼，既小且暗，但他十分怡然。他曾有数百万财产，晚年他却为自己规定的伙食标准为：每天五角钱，经常吃番薯粥、花生米、豆干、腐乳加上一条鱼。"

1961年，陈嘉庚先生逝世。临终前，他把自己在国内银行的存款300多万全部捐献给集美学校和其他公益事业，没有留一文钱给子孙。

陈嘉庚故居

鲁迅：文豪笔下的美食"打卡"攻略

"不必说碧绿的菜畦，光滑的石井栏，高大的皂荚树，紫红的桑葚；也不必说鸣蝉在树叶里长吟，肥胖的黄蜂伏在菜花上，轻捷的叫天子忽然从草间直窜向云霄里去了。单是周围的短短的泥墙根一带，就有无限趣味……"

作为入选中学课文的名作，鲁迅的《从百草园到三味书屋》对于很多学生来说，几乎可以倒背如流，它甚至出现在了若干届考上厦大的学生们的高考语文试题里。但很少有人知道，这篇经典散文，正是鲁迅在厦大任教期间创作的。

1926年3月26日，《京报》披露了一则消息——因触怒段祺瑞政府，鲁迅、林语堂等五十人被下达通缉密令。5月，林语堂先期到厦门大学担任国文系主任，并向鲁迅发出了邀约，请其担任厦大国文系教授兼国学院研究教授，随后向他预支了薪水和旅费。正为离家避难的颠沛所困扰的鲁迅，自忖北京已非其容身之地，决定离京南下，于当年9月由水路抵达厦大。

鲁迅在厦大的时光虽然只有短短数月，却是其写作和教学生涯的"高光时刻"之一。在厦大，他除了开设中国文学史和中国小说史两门课程外，还创作了故事新编《铸剑》《奔月》，撰写了《旧事重提》《故事新编》《华盖集续编的续编》《汉文学史纲要》《华盖集续编的小引》《坟》的题记及后记重要作品。此外，他还指导厦大学生创办《波艇》和《鼓浪》两种文学刊物。

鲁迅脍炙人口的名篇《藤野先生》，也同样诞生于厦大期间。说起这篇散文，人们都会记得文章开头，他以食物来比喻自己在日本仙台的境遇的一段妙语：

"大概是物以稀为贵罢。北京的白菜运往浙江，便用红头绳系住菜根，倒挂在水果店头，尊为'胶菜'；福建野生着的芦荟，一到北京就请进温室，且美其名曰'龙舌兰'，我到仙台也颇受了这样的优待，不但学校不收学费，几个职员还为我的食宿操心。"

或许，正是厦门的龙舌兰引发了鲁迅的文思。20世纪初，厦门大学尚处荒僻之处，野生芦荟随处可见。鲁迅有晚饭后在厦大附近散步的习惯，路上少不了邂逅一丛丛的龙舌兰，这也是他珍爱的"宝物"之一。1927年1月，鲁迅还特别请中山路照相馆的老板郭水生，为他与龙舌兰拍了一张"合照"。

暂时逃离了北京紧张的政治气氛，鲁迅在厦门的生活，有着更愉悦轻松和温暖的烟火气，尽管一开始，他也经历了不少饮食上的"水土不服"。从《鲁迅日记》的厦门篇，到厦门时人对于这位"周树人"先生的回忆，都可见一斑。

初到厦大，鲁迅住在生物学院三楼东南靠海的国学院，不久迁居集美楼上左边第二间房。在海边住处爬近两百级的楼梯倒不算什么，但他忍不住发表了对这里饮食的微词"此地的菜总是淡而无味"。毕竟，江浙口味与福建口味的差别，确实需要一点点适应的时间，鲁迅1912年在北京时候也曾有过"晚饮于劝业场上之小有天……肴皆闽式，不甚适口，有所谓红糟者亦不美也"的感慨。

鲁迅与龙舌兰的"合照"

随后的日记里，他自己关于饮食的记录也比比皆是。比如，在1926年9月20日的日记里，他写道："这一星期以来，我对于本地更加习惯了，饭量照旧，这几天而且更能睡觉，每晚总可以睡九、十小时……此地的点心很好，鲜龙眼已吃过了，并不见佳，还是香蕉好。"

两天后的中秋，他又做了记录："昨天中秋，有月，玉堂（注：即林语堂）送来一筐月饼，大家分吃了，我吃了便睡，我近来睡得早了。"

9月26日，他记下了自己的膳食安排："今天晚饭是在一个小铺里买了面包和罐头牛肉吃的，明天大概仍要叫厨子包做。又雇了一个当差的，每月连饭钱十二元，懂得两三句普通话……今夜的月色还很好，在楼下徘徊了片时，因有风，遂回。"

而在曾经帮鲁迅做过饭的厦大厨师陈传宗口述记录中，鲁迅在厦大期间的饮食故事，更可谓栩栩如生。

1926年10月1日，厨师们正在准备中午饭，突然从厨房门口走进一个人，个子不高，眉毛和胡子粗黑粗黑，短头发像粗刷子一样立在头上，穿一件蓝青色的长布衫。不等人们开口，他就自我介绍说："我是周树人。"原来，他是来了解厦大菜饭办得好不好的。厨师告诉他，每天备有鱼肉，中午有菜汤、豆腐汤。鲁迅回答道："我先吃几天看看，好，就在这里吃；不好，就走。"

陈传宗便开了张菜单给他，鲁迅想了想，便订好饭菜，还先交了50元钱。此后，每天厨师做好饭菜，由陈传宗送到"周教授"宿舍。他们也对这位大名鼎鼎的教授的饮食习惯越来越熟悉——每餐吃两小碗米饭，最爱吃炸鱼，特别是油炸咖喱鱼。数天后，鲁迅又对陈传宗说，他咸酸甜辣都喜欢吃，并强调自己还是最爱吃鱼，开玩笑说，只要做鱼给他吃即可。

说归说，他还是忍不住会在下完课后，到厨房走走看看有什么菜，顺便和厨师们聊上几句。有一次，他听陈传宗说自己会武术，大笑说："你有拳脚，这好。我来这里包饭，还可以得到你的保护啰！"

在陈传宗和他的同事们眼中，鲁迅是个平易近人的"好人"。就在离厨房不太远的地方，厦大学生创办了一个平民学校，学生主要是厦大工友的子女。鲁迅曾在这里受邀做过一次演讲，他在演讲时说道："没有什么人有这样大的权力，能够叫你们永远被奴役；也没有什么命运会这样认定，要你们一辈子做穷人！"这段话，深受广大工友们的欢迎。

更值得一提的是，在厦大期间，正是鲁迅与许广平"隔空"热恋的时期，当时许广平在广州，两人在130多天的时间里，往来书信就多达83封。后来，这些书信合辑为《两地书》，不仅成为中国文学史上的重要篇章，也是后来人们研究鲁迅的重要史料。鲁迅的儿子周海婴更是曾动情地说："厦大成就了父亲的爱情！"

在《两地书》中，最常见的内容就是饭菜合不合品、身体胖了还是瘦了，这正是恋爱中男士女士最爱聊的话题。1926年9月14日，鲁迅刚到厦门不久，便写信给许广平"汇报"："我已不喝酒了，饭是每餐一大碗（方底的碗，等于尖底碗的两碗）。"

有一次，他还开心地跟许广平说起自己去厦大附近一家小店买香蕉的趣事："我去买时，倘五个，那里的一个老婆子就要'吉格浑'，倘是十个，便要'能格浑'了。"他所说的"吉格浑"就是闽南语的"一角银"，"能格浑"则是"二角银"。"银"即是"钱"，"一角银"就是"一毛钱"啦。借着买香蕉吃的家长里短，他顺便给许广平普及了一下闽南语的"发音"，接着又开始开玩笑："好在我的钱原是从厦门骗来的，拿出'吉格浑'、'能格浑'去给厦门人，也不打紧。"

在爱情滋润中的鲁迅，似乎变得更加自律——不再洗海水浴、不喝酒后游泳、不半夜寄信和发牢骚、停止吃青椒而

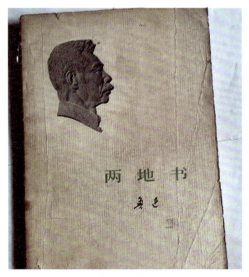

鲁迅《两地书》

改为胡椒，连烟卷也比之前少吸了。因为这些事会让他的"害马"（他在信中对许广平的昵称）担心。

只是无论如何，许广平还是不在身边，吃的问题，他只能"多元化"地解决。有时候吃食堂饭菜，有时候去小饭店吃或者请福州饭馆包饭，有时候请帮厨。再不济，买点面包和罐头、牛肉充饥，或者干脆把孙伏园的火腿拿来和干贝一起煮，自己就觉得算是一件很阔的事了。觉得苦闷无聊时，他会找来孙伏园，就着花生米，喝点绍兴黄酒，也是其乐融融。

当然，鲁迅对于生活的乐趣追求，和其对于时代的批判，至少都是一样的极致。所以，在厦大的这段时间，《鲁迅日记》《两地书》和其他人的相关记载，甚至都成为当年厦门饮食文化的一段颇有特色的"断代史"。

比如，他多次应邀到南普陀寺会友、参加活动，从1926年9月到1927年年初，他几乎每月必去南普陀吃一顿素斋。其中，10月22日，南普陀寺和闽南佛学院公宴名僧太虚法师（从美国讲佛学归来，在厦门逗留，鲁迅参与作陪，同席有三十几人，包括林文庆、顾颉刚等人。回来后，他给许广平的信中又俏皮地写道："这样，总算白吃了一餐素斋。"

当时一些著名的闽菜馆，也曾在鲁迅的笔下出现过，而他的好友孙伏园，更是他不折不扣的"饭友"。1926年11月10日，鲁迅与孙伏园出来买药、鞋帽和火酒后，便去思明东路著名的南轩酒楼大快朵颐。12月，他和孙伏园在"别有天"午餐，并花七个大洋买了个皮箱。12月和次年1月，他两次到鼓浪屿的闽菜馆洞天酒楼吃饭，1月份这一次，是与林语堂、川岛、顾颉刚、陈万里、李硕果等人，在洞天酒楼夜饭为其饯行，坐船回厦大后，还收到了朋友寄给他的《阿Q正传》英文译本。据说，鲁迅在洞天酒楼吃过的菜肴，有不少地道的闽菜——五香鸡卷、海蛎煎、红烧鱼唇、醋肉、白炒香螺、炒面线、封猪脚，以及花生汤、韭菜盒等小吃。

或许是渐渐适应了闽菜风味，后来，鲁迅对他吃过的一些闽菜馆评价颇高，称其"饮馔颇佳"。他还曾详细记录说："这里的酒席，是先上甜菜，中间咸菜，末后又上一碗甜菜，这就完了，并无饭及稀饭，我吃了几回，都是如此，听说这是厦门特别习惯，福州即不然。"

民国时期厦门思明南路一带街景，当时"新南轩"等酒楼均集中于此（陈亚元供图）

但最让他印象深刻的，或许是厦门的春饼（薄饼）。在他的好友川岛所作的《和鲁迅先生在厦门相处的日子》一文中，记录了鲁迅到时任厦大总务长周辨明家中吃春饼的事情。

"厦门的春饼是著名的……但一般餐馆中的吃法与家庭中的是有所不同的。吃之前，鲁迅先生和我都并不晓得。

……后来主妇来了，春饼也来了，色白，甚薄，和我们在市上所见的所谓春饼皮是一样的，只是大了些，每张饼的直径约摸有一尺来大。由主妇包好了交给我们吃，其中作料很多，很好。包的很大，我和鲁迅先生都只得用两只手捧着来吃，分左、右、中三次咬，才吃下一截去；至少可以说,我们吃的第一个春卷已经'其大盈把'了。一个刚吃完，第二个又从殷勤的主妇手上递过来了，比第一个还大，几乎像一个给婴儿用的小枕头。我和鲁迅先生还是左咬一口，右咬一口，中间再咬一口的勉强把它吃下去了；当第三个比小枕头还要大的春卷送过来时，我们已经无能为力了，只好道谢。"

川岛说，多年以后，鲁迅仍对这顿薄饼宴记忆犹新，他们都觉得，这样厚意而亲切的招待，不但"醉酒"而且"饱德"。尽管对于厦门的饮食逐渐习惯，但离厦的日子还是越来越近了，鲁迅终究放不下自己牵挂的许广平，决定去广州与其相聚。

离厦前，川岛、罗心田、毛瑞章等人送了他许多福建风味的食物，包括鱼干、酥糖、糟鹅、柑子，当然也少不了作家都喜欢的茶和烟卷。

第一章 厦大餐饮 · 历史风味

15

1月13日，林文庆校长在鼓浪屿最大的大东旅馆设宴为他饯行，宴会规模不小，宾主有四十余。只是席间林校长提到捐款事宜，鲁迅拿出小洋两角，说"我捐二十仙"，这是典型的"鲁迅风格"，校长还之，不肯收。这个小插曲，这让这顿欢送宴颇有点"不欢而散"的意思。

厦门春饼（杨炜峰供图）

就在饯行的这一天，他到西食堂跟厨师告别，并认真地结了账——从1926年10月1日至1927年1月15日共105天，吃饭共花了84元钱，除了之前预交的50元，又补交34元。

两天后，陈传宗叫上厨师潘国雄等几位工友，到鲁迅宿舍帮助收拾书籍和行李，捆上挑走。中午12点多出发路过西厨房时，20多位工友闻讯出来，一直欢送"周教授"到他之前演讲过的平民学校。行李上船放置好后，工友要去买点心给他在船上吃，他赶紧对工友说，点心不要买，还拿出大洋27元送给四位工友。其他工友们离开后，鲁迅从自己的日记本撕下一页纸，写上六个大字"浙江绍兴府人"，把纸条递到陈传宗的手中。

这张纸条，陈传宗一直保存在家里。直到解放初期，因为国民党飞机轰炸，他的房子在炮火中被夷为平地，纸条也一起被烧了。

厦大校园内的鲁迅塑像

短短数月的厦大生涯，既是鲁迅人生和文学历程上一次"真性情"的港湾，更有让人不断追寻的时代缩影。如今，鲁迅塑像仍静静矗立在厦大校园的中心地带，他的目光望着海的方向，只不知，那些时代的"风味"是否还会穿越历史烟尘，飘逸而来。

林语堂：幽默大师的人生"好胃口"

天上的月儿圆了，南国的微风仍旧带着一丝丝热意，但月下的长衫先生们，一片欢声笑语中。骰子声动，月饼上桌，大家玩得不亦乐乎，而后赏月聊天，尽兴而归。

这是1926年的中秋节，在鲁迅、顾颉刚的日记里，都留下了生动的印记。这天，作为文科主任、国学院负责人的林语堂，特地带了"一筐月饼"来给住在国学院的教授们品尝，而且依着厦门的传统民俗，大家要扔骰子玩"博饼"比大小，鲁迅在日记里兴致勃勃地记下："语堂送一筐月饼予住在国学院中人，并投子六枚多寡以博取之"；顾颉刚日记也有相关记录："玉堂先生送月饼来，掷骰食之。看月。"

这个中秋之夜，正处于厦门大学国学院的"黄金时代"。1925年，厦门大学正处在发展办学规模的时期，为了建成一流的大学，校长林文庆与校主陈嘉庚商榷后，决定广聘著名教授学者。第二年3月，北京发生震惊中外的"三一八"惨案，爱国学生遭军阀枪杀，时任北京师大教授兼教务长的林语堂，因支持学生爱国行动，与鲁迅等人都在北洋政府当局通缉之列。

林语堂在筹划离开北京前，暂避在好友林可胜家中，而林可胜正是林文庆的儿子，他便向父亲举荐了林语堂。不久，林语堂便动身南下，接受厦门大学聘任，筹建厦大国学院。

厦门可以说是林语堂的"第二故乡"，离他的老家平和很近，是林语堂少年求学成长的地方，鼓浪屿是他与西方生活接触的起点，同时也是他妻子廖翠凤的故乡。回到厦门，顺理成章。而脚踏在阔别许久的厦门，林语堂的心情自然是舒畅而兴奋的，他踌躇满志，准备好好干一番事业。

林语堂好交友，人脉关系不是一般的广。在他"朋友式"的感召和运作下，国学家沈兼士、古史学家顾颉刚、编辑家孙伏园、语言学家罗常培、哲学家张颐、中西交通史家张星烺、考古学家陈万里、作家章廷谦（川岛）等一众知名教授都加盟厦大，这其中自然也包括鲁迅，这一下，厦大的文科建设和国学研究能力大大提升。厦大文科盛况空前，"一时颇有北大南迁的景象"，有人说，林语堂把半个北大搬到厦大来了。

林语堂

林语堂来到厦大之后，先是接任文科主任，当时文科设有国文、外国语言文字、哲学和历史社会学等四个系。1926年10月，"为研究中国固有文化"，厦门大学国学研究院正式成立，林语堂出任总秘书长。在他的组织下，很快提出了10个研究选题，并计划出版10部专著，其中有鲁迅的《古小说钩沉》和《六朝唐代造像》，林语堂自己的《汉代方音考》和《七种疑年录统编》等。此外，国学院还有一个重大计划，就是编纂《中国图书志》，这将是一部包括春秋、地理、医学、金石等13类书目的洋洋巨著。

此时的林语堂，真可谓意气风发。在学生的回忆中，"当时林先生只有三十上下，经常穿长袍黑马褂，梳得亮亮的头发，俊秀英慧之态，不但光彩照人，而且慧气逼人。"用现在的话说，可以说是学生心中的"男神"。

只不过，因为种种原因，1927年2月底，厦大国学院宣布停办，林语堂也只好再次打点行装离开厦门。不过，据厦大教授朱水涌的回忆，国学院虽只办了半年，但成果已然十分丰硕，鲁迅的《中国文学史的研究》《嵇康稽考》《古小说钩沉》三大著作在厦大完稿；顾颉刚的《古史辩》第二册是在厦大写的；中西交流的重要著作、张星烺的《中西交通通信录》也在厦大写成。林语堂则在厦大开始研究方言，并领衔开创了闽南文化和泉州学等独特的研究领域，他所带来的现代科学精神和态度，更对厦门文科影响深远。

曾为1978级厦大学生的朱水涌，见证过厦大在20世纪70年代文学社团的另一个"黄金时代",他常常会回忆起1979年和同学们一起爬山寻找林语堂、鲁迅与社团的合影地,那时候大家啃着馒头、带着军壶,等待明月出来,诗兴大发,即兴作诗朗读的场景,似乎又"穿越"回了当年国学院教授们中秋赏月的意境。

同为著名作家,林语堂和鲁迅可谓"亦友亦敌"、相得相离,两个人的恩怨早已成为文学史上著名的公案。但在厦大期间,还是两人友情最深厚的期间,除了林语堂是鲁迅来厦大的推荐人之外,恐怕林太太的厨艺,也是重要的"推手"之一。

鲁迅自己在日记里写道,他来厦大的第二天,就"同伏园往语堂寓午餐",权当接风洗尘。此后,他和教授们到林语堂家蹭饭,似乎还真成了"家常便饭"。1927年1月7日,也就是鲁迅要离开厦门的前一周,也是"晚赴语堂寓饭,夜赴浙江同乡送别会",鲁迅即使要参加同乡送别会,还是忍不住要去林家那里再吃上一顿。

林太太名叫廖翠凤,是鼓浪屿大户廖家的女儿。两人成婚就在鼓浪屿的廖家别墅,结婚不久,这对新人就做了一件惊世骇俗的事情——把结婚证烧了,理由是结婚证书只有离婚的时候才用得上,反正不会离婚,烧就烧了吧。这件事情,也成为时人津津乐道的佳话。

林语堂是真有口福,因为廖翠凤出生于大户人家,厨艺极佳。女儿林太乙曾专门回忆母亲的厨艺:"厨房是母亲的活动中心。她爱热闹,常请客。她大量买菜,大开伙食。她烧出大锅大锅的厦门卤面,作料是猪肉、虾仁、香菇、金针、菠菜,是用鸡汤熬的。她的焖鸡尤其拿手,是用姜、蒜头把鸡块爆香,再加香菇、金针、木耳、酱油、酒、糖,用文火焖烂。还有厦门菜饭,也很好吃,是将猪肉丝、虾米、香菇、白菜、菜花、萝卜各炒香,再加进饭里焖熟,吃的时候撒胡椒,加黑醋。她的清蒸白菜肥鸭是有名的,鸭子蒸烂了,吃起来又嫩又滑,连骨头都可以吸,白菜在鸭油里蒸烂,入口即化……"

这段活灵活现的描述,光是看都令人垂涎三尺。由此可见,当年鲁迅和他的同僚们享受过何等的舌尖之福。从他们各自的文字记录中,大致可以梳理出他们吃过的"林家菜谱"——红烧猪脚、清蒸螃蟹、炖

林语堂（左三）、鲁迅（左四）与厦门大学"泱泱社"青年合影

鳗鱼以及厦门菜饭、炒米粉、卤面、猪肝面线、薄饼等闽南特色菜肴和主食，如果当时有"舌尖上的厦大"评选，想必他们都一定会认真点赞并给予大大的好评。

这不，鲁迅在给许广平信里就特别提到林语堂对他的关心，"玉堂的兄弟（他有二兄和一弟都在厦大）及太太都为我们的生活操心"。

即使后来各自离开厦大之后，因为对时局和世事的观点逐渐产生分歧，林语堂和鲁迅之间有了一些芥蒂，但1936年鲁迅去世后，林语堂在《悼鲁迅》一文中，依然记挂着当年鲁迅在厦大的事情："迅与我相得者二次，疏离者二次，其即其离，皆出自然，非吾与鲁迅有轻轩于其间也。吾始终敬鲁迅；鲁迅顾我，我喜其相知，鲁迅弃我，我亦无悔……我请鲁迅至厦门大学，遭同事摆布追逐，至三易其厨，吾尝见鲁迅开罐头在火酒炉上以火腿煮水度日，是吾失地主之谊，而鲁迅对我绝无怨言是鲁迅之知我。"

就算是在厦大这一段特别的"饮食之交"，这可以窥见林语堂其人的独特性格和气质。作为中国最早将"humor"翻译为"幽默"的大师，或许林语堂因有了一个厨艺精湛的太太，也常常用"吃"来表达自己的人生感悟：

"爱情当点心，婚姻作饭吃。"

"人世间倘有任何事情值得我们的慎重将事者，那不是宗教，也不是学问，而是'吃'。"

"'吃'为人生少数乐事之一。这个态度的问题颇关重要，因为我们倘非竭诚注重食事，我们将永不能把'吃'和烹调演成艺术。"

"我生来便是一个伊壁鸠鲁派的信徒（享乐主义者），吃好味道的东西最能给我以无上的快乐——不过那时所谓最好味道的东西只是在馆中所卖的一碗素面而已，而我渴想得到银一角。"

"凡是动物便有这么一个叫作肚子的无底洞。这无底洞曾影响了我们整个文明。"

还有一次，他在给廖翠凤写信说："我的肚子里，除了橡皮以外，什么也能够消化的。"

在厦大，林语堂不仅是缔造国学、文学体系的奠基者之一，更以其幽默和包容的个性，以他兼容并蓄的"好胃口"，为那个时代留下了一段段发端于舌尖滋味、留存于历史记忆的历久弥新的鲜活故事。

鼓浪屿廖家别墅

顾颉刚："吃货教授"的厦大美食小史

　　如果说，鲁迅和林语堂的厦大往事与餐饮息息相关，那么作为著名史学家的顾颉刚，他的厦大时光，几乎是一部和他史学成就"平行"的美食小史。

　　顾颉刚，中国现代著名历史学家、民俗学家，民间文艺学、古史辨学派创始人，现代历史地理学和民俗学的开拓者、奠基人。1926年下半年经林语堂推荐，顾颉刚赴厦门大学任国学院研究教授。在他来到厦大之前，他的《古史辨》第一册刚刚出版不久，颇受各界瞩目，所以一来到厦大，他的职级也由原来聘书上写的"助理教授"升为"研究教授"。

顾颉刚

　　在厦大良好的学术氛围下，顾颉刚的史学研究一发而不可收，他不仅在厦大写成了《古史辨》第二册，还借此机会在闽南考察风俗，撰写了《泉州的土地神》等著作。

　　甫抵厦大，林语堂便亲自来接他到鼓浪屿的林文庆校长家里喝茶、品茶点，聊叙甚久；大概是聊得太投机，第二天，他们又继续一起到林文庆家吃午饭，同席的还有潘家洵、沈兼士、陈万里、朱志涤等十余位教授。当时，顾颉刚对鼓浪屿和厦门大学的最初印象截然不同。

　　"鼓浪屿多富人居，红墙红屋顶照耀碧波绿树间，太鲜艳了，变成了俗气。"但他眼中的厦大显然更为大气——"厦门大学地极开爽，左山右海，襟怀畼甚。"

　　"畼"即"畅"之意，在这样舒畅的心情下，顾颉刚的研究工作开展得颇为顺心。不过，林校长家自然不可能常去大快朵颐，作为苏州人士的顾颉刚，对于日常的学校饭菜，一开始也同样不太能适应的。

　　"到厦门后最苦的事是吃饭，此间之菜既腥且淡……然不吃更无办法，只得忍之。万里等不能熬，乃拟将两日来包饭之厨子辞去，明日自办饭吃。然罐头食物其可久耶？"他排解舌尖之愁的方法，先是遍邀教授好友，到镇

20世纪20年代的南普陀寺旧照（翻拍自《画说厦门》）

南关、狮子洞、鸿山寺等胜地品茗；不久之后，夫人殷履安也到了厦门，他还兴致勃勃地带着她，一起到太平桥买菜和用具，这也是他第一次到厦门的市场买肉、菜、鸡蛋、酒等，并表示"自喜一洗贵族气"。

不过，作为一名资深"吃货教授"，顾颉刚很快便开启了他"吃遍厦门"的狂热舌尖之旅，而夫人殷履安自然也跟着他享了不少口福。一位研究顾颉刚的学者曾专门做过统计，单单以相邻厦门的南普陀寺为例，顾颉刚在厦大任教的260多天里，就在南普陀吃了13次饭：

1926年8月24日，第一次在南普陀寺吃饭，第一次见到文旦树和桂圆树，他还评价桂圆好多，种一棵一家人都吃不完；10月21日，"到南普陀陪宴太虚和尚"；11月6日容肇祖夫妻请他到寺里吃饭。而第二年的四个半月时间时，更是一发而不可收，南普陀几乎成了他的"第二食堂"，同席的知名人士数不胜数：蔡元培、马叙伦、容肇祖、黄仲琴、陈宗藩、黄德光、凌冰、张星烺、郝昺衡夫妻、罗常培……

但对于胃口大开的顾颉刚来说，其饕餮之地自然不仅限于南普陀，厦门市区有名的馆子，都留下了他的足迹——既有南轩、东园、光华、老珍源斋、乐陶陶、鼓浪屿洞天酒楼等经典闽菜馆，更有包括粤菜馆、素菜馆、西餐、日本餐室等各色风味。

而顾颉刚有个好习惯，吃完总要记下来点什么，或许是史学家的考证习惯所致，这也无形中为那个年代的许多闽菜、小吃做了一份特

别的"史学记录"。比如，在他1926年10月17日的日记中特别提到，南轩除了鱼翅燕窝之外，贵重的菜有烧猪，"以小猪仿烧鸭例烤之，味甚美，价须四五元"，看来这道菜价格不低；此外，他在漳州还品尝到闽南"整桌菜"，在他的印象中，当时闽南菜以烧猪为待客的贵重菜肴，而猪的肝肺等也都有入馔。

容肇祖夫妇

更有意思的是，他还曾在日记里描述了一个梦，梦境为与其心仪的谭慕愚小姐一起同坐听课，下课后，顾送她闽南的"四果汤"，他居然记得其中有松子，"芬芳香烈于口齿间，翟然而醒"，当真是梦得真真切切的。

厦大的校内各种宴请活动，他也经常不落下。不管是林校长宴请马寅初、孙伏园、姜立夫、张星烺、秉农山等名士的公宴，还是林语堂中秋节组织的国学院"博饼会"，他都欣然赴约。而正如孙伏园之于鲁迅，顾颉刚的主要"饭友"，就是时为厦大国文系讲师的容肇祖。

容肇祖是广东东莞人，夫妻俩都喜欢自己制作美食，所以多次邀请顾颉刚等人来品尝，粥、粉团、鸡子、螃蟹、汤圆、糖莲子等等，不一而足。他们也经常相邀到广德饭店、南普陀素菜馆、南轩等，互请吃饭。顾颉刚曾评论说，容肇祖夫妇像"小儿女"，天真强健而快乐，"见之甚羡，愧不能及也"。大家相处得颇为好玩，有时也会一起去海边捡贝壳后到外炮台、仙岩等去野餐。

直到1927年的三四月间，顾颉刚离开厦大之前，这些曾经一起欢聚的"饭友"们，又因此把之前下过的馆子再"巡回"了一轮。想必那时节，顾颉刚夫妇最不舍的，应该就是厦门的美食了。

说起来，顾颉刚和鲁迅之间，也有着一些说不清道不明的"恩怨"。因为顾颉刚最初反对川岛来厦大，曾劝林语堂不要聘他，但川岛恰好就是鲁迅的好朋友，"孰知这一句话就使我成了鲁迅和川岛的死冤家"。然而，后来听说林语堂还是决意聘川岛来厦大，顾又自己写信通知了川岛，在川岛到厦大当天，顾颉刚还特意让人给他送来一大碗红烧牛肉和一碗炒菜花，以美食作为欢迎之礼。但如此一来，难免给疾恶如仇的鲁迅，留下一个顾颉刚口是心非的不好印象。

尽管有些不和，但在厦大的日子里，他们却不得不经常同桌吃饭，正如顾颉刚日记所述，"我乃与沈兼士、鲁迅、张星烺同室办工、同桌进食，惟卧室不在一处耳"，据说鲁迅还曾在饭桌上与黄坚怄气。

而在后来，欢送鲁迅的几次饯行，顾颉刚也基本都有参与。就在1927年1月初鲁迅要离开厦门前，当时《民钟报》报出"鲁迅之行系由国学院内部分为胡适派与鲁迅派之故"，当月8日，鲁迅和林语堂、顾颉刚、陈万里等人一起到鼓浪屿的《民钟报》澄清此事，要求报社作出更正声明。后来由《民钟报》的李硕果做东，大家一起又"搓"了一顿，顺便为鲁迅饯行，在鲁迅和顾颉刚的日记里，还都认真地记录了这次宴请。

那个年代的教授们，名士之风尤甚，所谓的"恩怨"之外，或许在美食的场景里，大家并无芥蒂，唯得一"至情至性"耳。

陈衍：书写近代烹饪"国民教材"

1926年12月中旬的一天，一位老先生来到顾颉刚的宿舍，后者大喜过望，与其相谈甚欢。过了些天，顾颉刚便迫不及待地约了丁山、郝昺衡一起去回访这位老先生，并拿出自己在泉州买的《柳洲诗话图》请他题字。没想到第二天，老先生便又把书送来，顺便告诉他，自己隔天就要回福州老家了。

听到这个消息，顾颉刚面露怅惘之色——这位大他27岁的陈衍先生，俨然已是他的"忘年之交"了。临别之际，竟颇为依依不舍。

陈衍，福州人，字叔伊，号石遗，晚称石遗老人，曾用笔名萧闲叟，以精深的诗学、儒学、经学、朴学、史学、经济学等综合造诣，在清末民国初文坛上享有盛誉。他早年幕游各地，1916年回闽之后，曾任任《福建通志》总纂。1923年至1926年在厦门大学任教，曾任国文系主任、国文正教授。

陈　衍

作为当时著名的诗论家，他论诗交友，教授学生，建树极丰，其诗友里包括周殿熏、黄瀚、虞愚、林尔嘉等在厦门名噪一时的人物。在他来厦大任教后的诗歌里，"横舍高楼壮海滨"一句，也成为当时人们对这所新建学校的经典评价之一。

厦门大学第一届学生叶国庆曾经在《我们那时候》一文中提到，当时的学校有一个诗社叫作"苔岑"，社员有三十多人，每学期会征集诗歌一到两次，出题的就是毛夷庚和陈遗石（陈衍）老师。

但陈衍的另一个头衔，很多学生或许并不清楚。早在1915年，他便以萧闲叟的笔名编著过《家事科烹饪讲义》，在中国烹饪史上，首次将烹饪方法、菜谱编著成书，且正式成为国民教学的教材。

《家事科烹饪讲义》全书共三万多字，经教育部审定将其列为全国中、高级师范学校和女子中学必修课程的教材，并定名为《烹饪教科书》，由上海商务印书馆印刷。1934年，经修改后取名《烹饪法》，到1948年共出版过三万册左右。

该书分作前编与后编两部分。前编的"总论"，由"绪言""饭菜论（上）""饭菜论（下）""荤菜论""素菜论""锅灶及诸燃料""刀砧及诸杂器""盘碗""作料"及"食品不能分时令"10篇组成；后编则是合计126道菜式的做法，广涉猪、羊、鸡、鸭、鱼、虾及各类菜蔬做法，但都是日常家居菜品。书中更汇聚了烧、煮、炒、氽、蒸、炸、卤、烩、炖、熘、爆等烹饪技法，可谓包罗万象。

民国期间，坊间流传着多种私家菜谱，仅商务印书馆就出版有《陶母烹饪法》《俞氏空中烹饪》《英华烹饪学全书》《家事实习宝典》《家政万宝全书》《实用饮食学》等，唯有陈衍的《烹饪教科书》署有"教育部审定"，成为中国教育史上第一部烹饪教科书。

能写出这样级别的著作，可见陈衍本身一定是一个不折不扣的"美食家"。

在《陈石遗集》的题解里，作者陈步有这样的描述："陈衍治家勤俭，极富生活情趣，每以'君子不必远庖厨'自况，以诗会友之余，常亲自下厨作膳，以佳肴奉客。陈家菜在当时颇负盛名，闻说当时福建省主席陈仪即盛赞陈家菜较北京谭家菜有过之而无不及。因此视本书为'陈家菜谱'，亦无不可。"

职教丛书教科委员会审查通过

烹饪法

萧闲叟 编
杨陰深 校

商务印书馆发行

陈衍著《烹饪法》

说起来，陈衍还有一个忘年交，便是以《围城》蜚声文坛的钱锺书。

钱锺书非常敬佩陈衍的学识和人品，他曾写《论诗友诗绝句》称颂陈衍："诗中疏凿别清浑，瘦硬通神骨可扪。其雨及时风肆好，匹园广大接随园。"诗中所说的"匹园"是陈衍的诗楼，而"随园"正是清代大诗人袁枚的住所。钱锺书把匹园与随园相比，有一语双关之意，一是说陈衍的《石遗室诗话》正与袁枚的《随园诗话》相类；二是说两人都是知味之人，袁枚有《随园食单》流传后世，陈衍则有《烹饪教科书》为人们留下烹饪之大观。

自明清以至民国，中国的饮食文化从传统到兼容，蔚为大观。而作为标志性著作的这两部书，又各有千秋。例如，《烹饪教科书》的总论部分，有点类似袁枚《随园食单》的"须知单"，但较之袁枚的观点，陈衍有些与其相结合，有些则截然相反。

在"食物不能分时令"一节中，陈衍则明显相异于《随园食单》的"时令须知"。袁枚说"冬宜食牛羊，移之于夏，非其时也，夏宜食干腊，移之于冬，非其时也"，意为要尊重自然规律，所食不能非时。

陈衍则反其意，特别申明："食品不能分时令，猪羊鸡鸭，四时皆有，不能强派定某时食猪、某时羊、某时食鸡、某时食鸭也。惟鱼与蔬菜，四时不同，有此时所有，为彼时所无者。然南北亦各不同，如南边鸡四时皆有，鸭则夏秋间新鸭方出，北边鸭四时皆有，鸡则夏季新鸡方出。故食品不能断定某为春季，某为夏季，某为秋季，某为冬季。只有预备多品，分门别类，以待随时随地酌用之耳。"

除此之外，《烹饪教科书》也全然不同于一般的中国食谱中所谓"盐少许，酱油少许"的做法，都会言明"酱油一两，糖三钱"等，很具科学精神。

厦大校友、闽菜专家刘立身在其《闽菜史谈》中，特别表达了对陈衍与《烹饪教科书》的看法，"陈衍的人生实际上跨清末与民国两时期，加之属名士之列，多有书载其美食之事"。他还提到了清朝徐珂《清稗类钞》里记载的陈衍戏作《饮酒和陶》诗十章，以及陈衍晚年充满烟火气的诗：

"晚菘渐渐如盘大，霜蟹刚刚一尺长。独有鲈鱼四鳃者，由来此物忌昂藏。"

既是一首有趣的好诗，又有满满的画面感，陈衍先生的饮食文化修为由此可见一斑。他在厦大任教期间，也正是这所新兴的大学最具想象力的创业期，尽管从现有的文献中没有找到其与厦大餐饮的直接关联故事，但他所著的这本"国民教材"，影响深远，当年厦大的大厨们，或许多多少少都曾受益于此吧。

余光中："六十年后犹记厦大的蚝煎蛋"

"先生，请你为我们的校友们题几个字吧！"

满头银发、面容清瘦的余光中先生停下手中的笔，抬起头来，居然思索了半晌，又提起笔。大家的目光随着他的笔尖移动，只见第一行是："六十年后犹记……"

大家心想，这位大诗人，暌违母校这么多年，他记住的到底是什么呢？

余光中另起一行："厦大的蚵煎蛋。"

人们愣了一下，然后都会心地大笑起来——这位大诗人，还真是位老顽童呢！

这是2014年10月，台湾诗人余光中再次回到母校，在学校用餐时的一则轶事，从此也在校园中成为美谈。假如那个年代有"直播"，恐怕诗人就是为厦大食堂的"蚵煎蛋""带货"了呢。

"蚵煎蛋"，闽南和台湾也称为海蛎煎、蚵仔煎，是极具地方风味的小吃。余光中对于厦大"蚵煎蛋"，还真是相当有感情。有一次，他在泉州接受采访时，听到有人说到泉州的小吃很多时，兴致马上就来了："我以前在厦门大学读书时，特别喜欢吃海蛎煎，泉州哪里可以吃到？"

也许对于有着"乡愁诗人"标签的余光中，海蛎煎正是他对厦大、对当时校园生活的一种"乡愁"的凝聚吧！

1949年，祖籍福建永春、就读于南京金陵大学的余光中，转学来到厦门，进入厦门大学外文系二年级学习。在厦大短短的一个学期，21岁的余光中正式开始了他的诗歌创作，先后在厦门的《江声报》和《星光日报》上发表了七首新诗。可以说，厦大时期是余光中在文学特别是诗歌道路上的最早起步阶段。

"六十年后，犹记厦大的蚵煎蛋"

余光中

在厦大就读的时间不长，但是厦门给他留下了许多美好的回忆。入校后，家人在附近万石山的半坡上租了一套民房给他住。他还曾经得意地把这段经历写在自己的一篇散文中：

"从市区的公园路到南普陀去上课，沿海要走一段长途，步行不可能。母亲怜子，拿出微薄积蓄的十几分之一，让我买了一辆又帅又骁的兰苓牌跑车。从此海边的沙路上，一位兰陵侠疾驰来去，只差一点就追上了海鸥，真是泠然善也。"

虽然后来到了台湾，但每每思念起对岸的厦门和厦大，他仍然感慨万千。他说自己少年时住在千叠百障的巴山里，心情却向往海洋，每次翻开地图，看到海岸线就感到兴奋。所以，他在《海缘》一文中又提到自己与厦门大学的缘分：

"在厦门那半年，骑单车上学途中，有两三里路是沿着海边，黄沙碧水，飞轮而过。令我享受每寸的风程……隔着台湾海峡和南中国海的北域，厦门、香港、高雄，布成了我和海的三角关系。厦门，是过去式了。香港，已成了现在完成时，却保有视觉暂留的鲜明，高雄呢，则是现在进行时。"

彼时的厦大，规模远没有今天这么大，但无论是校外的天风海涛，还是校园里的一草一木，都激发着青年余光中心中澎湃的诗情。1949年6月22日，他在厦门《星光日报》上发表了他生命中的第一首诗《扬子江船夫曲》，这是一首描绘川江船夫的诗歌，风格深受臧克家的影响，除了写作，他还翻译外文书、写论文，厦大的茂盛而火红的凤凰树下，就这样走出了一代文学大家。

青年时期的余光中

自古以来，文人多好"吃"，文豪苏轼、

陆游等都是大"吃货"。而余光中对于蚵煎蛋的思念，也跟他自己对吃有独特的感悟有关吧。他曾经在自己的文章中提到"吃"与文字的关联："如果菜单像诗歌，那么账单如散文，稿费吝啬像小费，呕吐吧，文学评论是食物中毒。"

文人总是有趣，说到茶，他说"富春茶香，扬州口渴，扬州菜香，举国口馋"；就连说到水蜜桃，只用八个字"忙了舌头，闲了牙齿"，就把吃桃子的情形描绘得活灵活现。

2014年10月，余光中再回母校，在能够容纳数千人的建南大礼堂做演讲，言辞情真意切，感人至深。整个大礼堂人满为患，场外还有许多人慕名前来，争睹其风采。而人们也回味起他在《浪子回头》一诗里，关于厦大求学的那些诗句：

> 母校的钟声悠悠不断
> 隔着一排相思树淡淡的雨雾
> 从四十年代的尽头传来
> 恍惚在唤我
> 逃学的旧生
> 骑着当日年少的跑车
> 去白墙红瓦的囊萤楼上课……

蔡元培：欢宴中的清醒思索

1927年早春时节，蔡元培从厦门大学的一场欢场宴会中作揖道别，坐着渡船回到鼓浪屿的"厦门酒店"。夜深人静，他又翻出自己的日记，把这些天听到的关于厦门通商的历史、码头贸易的情况一一记录下来，甚至还记下了在厦大看到的罐头、铁锅和文昌鱼……

涛声阵阵，蔡元培似乎又闻到了海洋特有的"腥味"，他苦笑一声，想起不过就是几天前，他曾经跟这个味道相伴了好多天呢。此前的蔡元培，已经正式辞去了北大校长的职务，一个多月前皖苏浙三省组织了"联合会",公推他为委员会主席,联合会提出的政治主张,第一条就是划这三个省为民治区域。这惹怒了当时的闽浙皖苏赣五省联军总司令孙传芳,他下令取缔这个联合会,并缉拿以蔡元培为首的团体领袖。

孙传芳的命令是"格杀不论",秀才遇到兵,还是走为上计吧。于是,南国初春但仍冬意浓浓的时节,几艘小帆船正从浙江急急驶向福建海域,这船上原本装的是一箱箱的带鱼,但现在却"藏"了几位长袍马褂的先生。

蔡元培

入夜,东北季候风大作,几叶扁舟,漂泊海上,闻着满船的鱼腥味,听着船家转舵时呼叫的声音,船身时而剧烈倾斜起伏,其他几位先生不免觉得有点毛骨悚然,都说随时都要落下海底喂鱼去也。只有蔡元培,不但没有晕船,还终夜在打着"腹稿"作诗。

一路"漂流"到了福州,正好遇到已经到厦门大学任教的顾颉刚,相见甚欢,顾说,厦大有很多著名学者,不如趁此机会,一起见见?蔡元培欣然同意,从福州转到厦门,住进了鼓浪屿的"厦门酒店"。此时厦大的国学研究院,正汇集了一批"北大南迁"的学者,北大老校长到来,大家自然是衷心欢迎,一天里,参观、演讲、公宴、私宴排得满满的。

这一次相对匆忙的"逃亡"生涯,有了厦大这个港湾,更何况有厦大的美食作陪,蔡元培自然对这个南方岛城的"鱼腥味"颇有了更多的好感。

但吃归吃,当恨时感怀之际,在厦大的饭桌上,蔡元培还是那个蔡元培。

在厦大的一次宴会上,有人吃着吃着,突然站起来说,现在的学生,不守本分读书,专欢喜做政治活动,不该啊,不该啊。蔡元培闻声而起,疾言厉色地说道:"只有青年有信仰,也只有青年不怕死。革命工作不让他们担任，该什么人担任！"

而就在第二天，他应厦大浙江同乡会之召，报告浙江革命工作，说到动情处，这个已经德高望重的老先生，竟然当众失声痛哭，让在场的人面面相觑，不解其意。这一天，竟然是他的六十岁寿辰。

在时人的眼中，以"思想自由、兼容并包"而缔造了北大精神的蔡元培，是一个风光无限的教育家。但或许也只有他知道，在一个特殊的年代，一个以改造和变革社会为己任的士人，此时此刻，心中的悲苦从何而来。

很多人也不知道，以北大青年学生为主力的"五四运动"之后，这位全国高校最知名的掌舵人，却也一度陷入纠结。他一边为他的学生陷入各类"学潮"被捕而奔走，一边也希望自己的学生能够更加专注学业。在他心中，热情可嘉，但过犹不及，学生的最大天职，仍是学习。

直到他正式辞去北大校长之时，这个纠结仍如影随形。说来也巧，就在他来到厦门，准备真正"放松"一下心情之时，集美学校正发生一次学潮，起因是校长禁止学生加入任何政党，学生便奋起罢课。正好蔡先生来厦，就请他居中调停，大概是蔡先生面子大，总算是慢慢平息下来。

与此同时，由于鲁迅辞职，厦大的学生也颇为不忿。但蔡元培并不想过多涉入，不如还是多在日记里，依着自己的"厦大美食记忆"，把物产与经济的关联好好做一番思考。

厦门的短暂"休憩"，对于曾经"步履不停"的蔡元培来说，殊为难得。不久，他赴南京，陆续就任国民政府的大学院院长、司法部部长和监察院院长等职务，但把精力主要放在组建中央研究院上，并出任院长，开始专注国家民族的文化教育和科技事业，相继辞去了其他职务。

1929年，鼓浪屿士绅"鼓浪屿延平公园筹备组"，想筹建公园来保护日光岩公地，同时征求社会名流题诗，镌成摩崖石刻。鼓浪屿工部局华董李汉青向蔡元培发出邀约，没想到蔡先生竟欣然答应，很快就题了一首七绝诗。诗云：

鼓浪屿蔡元培题字石刻（翻拍自《厦门摩崖石刻》）

叱咤天风镇海涛，指挥若定阵云高。
虫沙猿鹤有时尽，正气觥觥不可淘。

　　这首诗如今依然镌刻在鼓浪屿的摩崖石刻上，或许，后世的人们，能读得出一种更大的包容和胸怀；又或许，这样的诗意，早已萌发在他仓皇避难的"带鱼船"上，在他一次次于厦大的教授聚会上既欢畅又清醒的思索中，在惊涛拍岸的礁石旁，一路吟唱。

名士风骨：似水年华中的人生况味

　　厦大的百年历史，依海而生，傍海而行，与它有着交集的人们，也总有自己与"厦大风味"的诸多渊源。

　　20世纪40年代后期，时任校长汪德耀聘请多位知名学者来厦大执教，受聘于外文系的洪深教授就是其中之一。因为学校当时没有专用的大会场，作为当时厦大最大的集合场所，就是位于映雪楼东边的东膳厅。平常做食堂，有大事时做会场，不少重要的文化讲座、有名的学术报告和演讲就是在那里举行的，真可谓是"物质食粮"和"精神食粮"双丰收了。

　　有意思的是，当年厦大学子记忆最深刻的几场讲座，内容竟然也都跟饮食颇有关联。

　　洪深虽为外文系教授，但精研电影，他在东膳厅的《电影艺术和技术》讲演，便颇为经典。当时，校内外听众，把偌大一个东膳厅挤得水泄不通。虽然

洪深

麦克风故障，但洪深教授并不以为意，反而更加中气十足，妙语迭出。

据1948级土木系学生严家骥回忆，洪深教授在提到声音的情感化问题时，还举了一个有趣的例子。他说，有一次巴黎文艺界在一家波兰餐厅欢迎来访的著名波兰女演员，会后请她讲话，她提到剧本上文字内容和表演没有太大关系，主要的是在音调，大家表示不信。于是，女演员随手拿起桌上一本印刷品，用波兰语念起来，只听得声音愈来愈凄凉，喉咙嘶哑，表情哀怨。听的人大为感动，竟至潸然泪下。念了多时，女演员戛然停住，把手中的印刷品给大家看，居然是餐厅的一本点菜本，刚才所念都是各种菜名，却使大家感动得泪流满面。

说到这里，东膳厅里笑声和掌声经久不息，据说，此后还真有厦大学子到膳厅对着各种菜式进行"表演"，引为一趣。

1949年12月7日，厦门《江声报》上有刊出报道："漫画家丰子恺应厦大之邀，于今日下午7时，在该校东膳厅演讲《艺术的精神》。汪德耀校长拟于今晚假南普陀招待素餐，并请洪深等教授作陪。"

1949级银行系学生陈少珊就是当时在东膳厅的听众之一。据其回忆，丰子恺先生的演讲主题是"真、善、美"。在示范如何欣赏美时，丰先生还在黑板上画了两组各三个苹果，一组三个等距离，另一组则距离不等。他说，距离相等的一组太板，不美；而另一组三个苹果，通过画家安排最适当的位置，就显得画面美多了。深入浅出，师生们听了深受启发，其实丰先生演讲的内容，既是艺术工作的哲理，又何尝不是为人处世的哲理呢？

后来，陈少珊听说丰子恺先生要在中山路原市商会三楼办漫画展，又和同学饶有兴致地去参观。漫画大部分是丰子恺和弘一

丰子恺漫画《糯米粥》

法师合编的《护生画集》中的内容，其中有一幅让人印象深刻——画题为"开棺"，画的是一个已被打开的椭圆形鱼罐头，里面明显暴露着几条"死鱼"。据说当时去看的学生们，后来吃鱼罐头时，还会不由自主地想起那幅漫画。

陈景润在工作中

那时候的东膳厅，还有另一个功能，就是每逢周末放电影，门票只需5毛钱，不算贵。然而在1950—1953年，有一位厦大数学系的学生，三年来一次电影都没有去看过，人家觉得他是一个"怪人"。他的名字叫作——陈景润。

在同学们眼里，陈景润是一个和善的老实人，但似乎性格孤僻且不修边幅。他的眼中里似乎只有那些字母、数字和公式，口袋里永远装着一支笔和几张纸，一有空就在上面写写画画。

1950年新中国刚刚成立不久，需要培养大批大学生。陈景润当时中学还没毕业，是以同等学力参加了高考而进入厦门大学。那一年厦大招收了784位本科生，同时还招了10位研究生，但是念数学的只有4人。

读书期间，陈景润每天经常要完成100道微积分题，而他的生活非常节俭，一天只吃两顿饭，常常买了馒头咸菜配白开水就完事了，为的是要省下钱来买书。他自己曾跟同学说，饭可以不吃，书不可以不念。他对数学的热爱就已经达到了如痴如醉的程度，所以同学们又给他起了一个外号，叫作"爱因斯坦"。也有的同学私下用高尔基的话形容他：像一个饥饿的人扑在面包上一样。

从厦大毕业后，他被分配到北京四中当教师，却因为口齿不清，学校拒绝他上讲台授课，只能批改作业，后被"停职回乡养病"，一度工作和生活都陷入困境，甚至在福州摆了一个地摊出租连环画以维持生计。

这个事情被时任厦大校长王亚南校长知道了，王校长爱才心切，赶紧让数学系的方德植主任把陈景润请回厦大，安排在数学系的资料室工作。这样，既解决了他的温饱问题，也让他有比较充裕的时间来学习数学。

再次回到厦大之后的陈景润更加废寝忘食地投入工作中，他所住的地方叫作"勤业斋"，就在厦大著名的勤业食堂旁边。而陈景润依然故我，继续沉迷于数学研究，或许，只有那写在一张张纸上的公式，才是一心"勤业"的陈景润，最好的科学"食堂"吧。这个"食堂"，终于让他登顶数学之巅，为人类的科学财富做出了无可替代的贡献。

2009年新中国成立60周年大庆，厦门大学老校主陈嘉庚入选"100位为新中国成立作出突出贡献的英雄模范人物"，而作为曾经厦大学生的陈景润，入选"100位新中国成立以来感动中国人物"。

而在2011年厦门大学成立90周年校庆当天，有一个特殊的铜像揭幕仪式，铜像主人，是我著名的固体物理学家、教育家、社会活动家谢希德。至此，厦门大学先后共有八尊铜像落成，依次为：陈嘉庚、林文庆、萨本栋、王亚南、罗扬才、陈景润、谢希德、卢嘉锡。其中，谢希德是唯一的女性。

谢希德于20世纪40年代就读于厦大数理系，1951年获麻省理工学院博士学位。回国后，谢希德长期任教于复旦大学，1989年当选为第三世界科学院院士。她在厦大的室友庄昭顺曾回忆，抗日烽火中，她们跋涉高山与深渊，到长汀古城，踏进厦大的女生宿舍笃行斋，开始厦大求学之路。那段时间，这些坚韧的女生们，把膳厅也当成了学业与友情交融的思想"食堂"。

谢希德的父亲，在厦大长汀时期曾任理学院院长、教务长，1943年7月

谢希德

31日，他给同乡朋友蔡咏春写了一封信，这封信不仅是厦大长汀阶段的重要史料，从中还可窥见他对爱女的赞赏。在信中，他描述了厦大于抗战时期的坚持："萨校长励精图治，校事蒸蒸日上，学子欣欣向学。社会一般人之评议，认为东南区各公私立大学之冠。廿六年秋仅有学生二百人左右，今则有八百壮士。"

接着说到女儿的时候，谢玉铭也毫不掩饰自己的满意之情："小女希德进厦大理工学院数理系，成绩为全校冠，本年谅可获得嘉庚奖学金（校中最优之奖学金，除供膳宿外，每月尚给四十元之零花费用，每年约合四千元）。"

而"诺贝尔物理学奖"获得者、曾为厦门大学名誉教授的杨振宁，因其父亲的缘故，也与厦大有着彼此"青年时期"的交集。1928年，杨振宁的父亲杨武之回国后，厦门大学聘他为数学教授，杨振宁便随着父母到了厦门，就读于厦大附小（即现在的演武小学）。

1995年8月30日，杨振宁在厦门大学演讲时回忆说：

"在三分之二世纪以前，1928—1929年，我曾在厦大校园内居住了一年，度过我的童年时代的一年光阴。对那一年的经历，我有极好的回忆。那时我家住在听说现在叫作白城的区域，紧靠海边。美丽的海、美丽的天是我人生旅程的一部分。我觉得那一年，是我一生中关键性的一年……厦门那时比起今天虽然是一个很旧、不那么先进的城市，可是比起那时的合肥还是非常先进的。我在合肥时，全城没有电，我第一次用上电就是在厦大。"

生活琐细，却成为与厦大关联的名士、科学家们挥之不去的记忆。或许，在他们留驻于厦大或长或短的光阴中，那个时代的百般"滋味"，无形中也造就了一种风骨，一种坚守，一种挥之不去的人生况味。

杨振宁

第二节 先生们的"厦大风味"

林文庆：老校长的独特"饮食教育观"

这一天，陈梦韶正在宿舍照顾一位生病的同学，突然有人敲门，开门一看，呀，外面站着的这位戴着眼镜的长须先生，莫不就是林文庆校长么？还没来得及向校长问好，林文庆示意他不要惊扰了病人休息，将陈梦韶叫出来细细询问同学病情，还给了不少"贴心提示"——陈梦韶心想，都知道林校长是医学博士，今日一听，果然专业！

看望完学生，林文庆又带着膳食部门的负责人，来到学校膳厅视察，除了指导卫生工作外，还特别交代厨师说，每周要煮掺了薏米或绿豆的甜粥一次，因为学生身体发育需要红糖，另外，多做一些有猪血的菜，因为猪血含铁质多，何况也便宜。

这样的场景，在林文庆担任厦大校长期间很常见。当时的师生对此十分感念。厦大的百年"食事"，自校主陈嘉庚和林文庆校长始，历经沧海桑田、人事更换，其间的人文关怀一脉相承，更与这百年来的时代变迁同频共振。

时间回到1921年，厦大建校之初，陈嘉庚最早聘请的校长叫邓萃英，但邓萃英后来接受北洋政府的职位，到任不久就辞职了。与此同时，曾经担任孙中山机要秘书和个人保健医生的林文庆，也收到了两份电报，一份是

林文庆

孙中山请他当外交部部长，另一份，就是担任厦大校长的邀约。林文庆毫不犹豫地选择了后者。当年七月，他正式就任，并表示，要把厦大办成一座"生的非死的、真的非伪的、实的非虚的大学"。

林文庆，字梦琴，1869年10月生于新加坡。在莱佛士书院毕业后，他成为首位拿到"女皇奖学金"的华人，因此得以赴英爱丁堡大学攻读医学。23岁获得硕士学位，回到新加坡行医，数年后，成为当地名医，并从事实业，成为一个地位与财富并驾齐驱的标准"成功人士"。陈嘉庚在南洋期间，正是因为林文庆的点拨，从试种橡胶树起而成巨富，在创业过程中也颇得林文庆支持。

作为私立时期厦门大学校长，林文庆在厦大创建初期，受命于危难之中，执掌厦大16年，既是陈嘉庚倾家兴学的执着追随者，也是厦大校园文化传统的开创者。而他从到任伊始，便从医学角度，对食物与教育的关系进行了深入的思考和实践，有这样的一位校长，当真是学生之福了。

1922年4月12日的《厦门大学周刊》，刊发了林文庆校长的《食物在教育上的关系》一文，这篇文章可谓是林文庆独特的"饮食教育观"之集大成者，在中国高校教育理论史上也极为罕见。

文中先开宗明义提出了自己核心观点——"人要保持其健康的生活，必须有适宜的食品。有效和未成年的动物要求食品有两个目的：第一，为着生存；第二，为着成长。"以此为立论，他又进一步展开论述：

"新鲜的食品，如同菜蔬，鲜肉等等，含有重要的滋养质素叫作'伟大民'（注：Vitamin，即维生素），这种质素就是人体健康的要料。缺了这种质素，自然要病弱的。我们可用吃米的实例去证明他：米壳中含伟大民很多，但是我们吃米，常常把那含伟大民最多的部分——米糠舂去不吃。为了这个缘故，如非从别的食物，如菜蔬、水果、壳果、鲜肉等得着充分的伟大民补足他，脚气病一定要发生的。近年在军队学校牢狱里头，此病常常发现，常人每疑为是空气不佳，水土不服，其实脚气病发生的原由，没有别的，只为少了伟大民哩。"

所以，他的教育观之一便是："食品与学校的关系，其重要不减于

林文庆在《厦门大学周刊》上的"食物与教育"观论述

课程。学生如果没有适宜食品的供给一定发生胃肠病、便秘、泄泻、痢疾等症。直接的弱了身体,间接的损失脑力,虽富有天才,用功研究,终归无用的。所以不良的食品能使聪颖的学生,丢了无数宝贵的光阴,得着最少的效果……是故,'如何供给食物'这个问题,就是现在学校最重要的一个问题。"

此后,林文庆在《厦门大学周刊》还多次刊登"食物在教育上的关系"的后续论述,并且有专业和严密的医学观点作为支撑。除了"伟大民"之外,对于蛋白质类、淀粉及油类、无机盐类在日常饮食中的原理和应用,论述极其详尽。或许,在当年,除了厦大膳食部门之外,对读过他这一系列文章的师生来说,也是非常好的饮食与健康知识的"科普"了。

例如,说到蛋白质,他便耐心地进行了阐述:"使动物不恃蛋白质,则断不能存在。吾前不云乎:动物体中的细胞,时时有新陈代谢的作用;时时需生力原素以资营养。今使泄而不收即必枯竭而死。蛋白质是营养要素中最重要的。但是这种质素,每日每人所需不过少许,且须与他物混合而食。若吃得太多，或竟专吃一种则使胃部疲于奔命，不病不止……"

校长的重视与专业，也使得创建初期的厦大，对于膳食板块给予了足够的重视。当年《厦门大学周刊》的报道中，经常看到与之相关的消息：

"卫生处廖主任会同庶务课人员实行检查，凡厨房浴室便所沟渠等均力求清洁，本校素以卫生称此后，当益加进步无疑。"

"餐室所闻：本月三日周辨明先生对于学生膳食问题极形注意，兹为利便起见，准予学生各邀六人为一棹，经于本日举行，安排就绪，一时学生颇形喜跃云云。"

"本校林校长于十六日（星期二）上午十时余偕同建筑部主任田渊添、卫生处主任许雨阶、学生指导委员长林玉霖先生等，巡视校内各处房屋，西至西膳厅及印刷所，东至博学楼等处。"……

窥一斑而见全豹，在厦大主政16年，林文庆处处用心，为这所学校几乎付出了一生的心血。1927年，学校资金不足，他捐出全年工资6000元，甚至把自己给人看病所得，乃至夫人的私房钱都捐出来；1934年，陈嘉庚因世界经济危机的冲击而破产，厦大濒临倒闭，林文庆三次回东南亚，放下身段，沿街沿户劝捐，为厦门大学筹措教育经费。

陈嘉庚曾说，林文庆"在南洋之事业，如数十万元之家产，与任数大公司之主席，按年酬金以万数"，但为了厦大，他全部放弃。

在林文庆任校长期间，厦大共培养本科生646人，预科生490人。1937年，厦大转为公立大学，他回到新加坡。1957年，88岁的林文庆因病去世，临终时将在厦门的别墅和51英亩私人土地中的60%都捐给了厦大。

在鼓浪屿，一幢依山而建的老别墅，路牌编号是"笔山路5号"。这便是林文庆曾经的私家宅第，现在它仍然属于厦门大学。

如今，厦大的校训也仍然是林文庆当年亲定的"止于至善"。出自《礼记•大学》："大学之道，在明明德，在亲民，在止于至善。"

在中国的南方，厦门这座海滨城市，能以拥有一所厦门大学为骄傲。而作为真正意义上创校校长的林文庆，在去世前不久接受采访时，只轻描淡写地用一句话总结自己的一生——"我是生活艺术的毕业生，主修：宽容。"

萨本栋：箪食瓢饮　呕心沥血

1937年7月，厦门大学教务长周辨明同时听到一个好消息和一个坏消息。好消息是，厦大被批准正式改为国立大学，而从国外赶回来赴任的新校长，是曾经在清华大学跟他颇有交集的萨本栋。

但坏消息接踵而至，7月7日，卢沟桥发生事变，日本人发动全面侵华战争。这所风景优美的大学，用不了多久，就将完全暴露在日本炮舰的射程笼罩之下，哪里还能容下一张安静的书桌？

巧的是，周辨明的父亲周之德是鼓浪屿有名的牧师，多年前便在福建长汀四处传教了。所以，萨本栋听从了教务长的意见，决定将厦大内迁长汀。这一年的年底，厦大300多名师生，拖着沉重的书籍和行李，越过崇山峻岭，风餐露宿，徒步近一个月到达长汀。

校舍虽然有，却只能因陋就简，但在萨本栋、周辨明等人的带领下，师生同心，自己动手修建各种设施，竟然一步步修建起占地达150亩的毗连校区，学生达到1000多人。

萨本栋1921年以优异成绩从清华学校毕业，赴美留学后又回到清华园。他的授业恩师梅贻琦，正是后来著名的西南联大的

1940年11月，陈嘉庚（右）与萨本栋合影于长汀

"主持"校长。而同样是因抗战而内迁,厦大也和西南联大一样,从1937年到1945年,在困境中成就了新的传奇,"南方之强"的称谓,正是从长汀时期真正成型。

初迁长汀,物质生活十分清苦,教学之外,吃便是首先需要解决的问题。萨本栋经过调查,让膳食部门做了细致而务实的安排。比如,派人到产粮区采购大米、黄豆,由学校自己制作豆腐,提倡吃糙米饭,既省钱,又富营养;早期每日供应"两稀一干",后期逐渐达到"一稀两干";早餐一勺黄豆或腌菜、萝卜干,中餐一盘水煮青菜,汤由公共大桶里取用;条件所限,平常配菜多为芥菜、山芋及萝卜,而学生更苦中作乐地把海带称为"铁板",把空心菜叫作"钢管"……

条件允许的时候,学校也尽量想方设法弄到一些肉,来给学生增加营养。但最让学生开心的,是饭量不加限制,这一点尤其受到当时的流亡学生和贫困的内地学生所欢迎。只是缺粮时期,大家也只能忍一忍,每当这个时候,很多人都知道,萨校长也跟大家一样,没有优待,"率先垂范"吃起了地瓜。

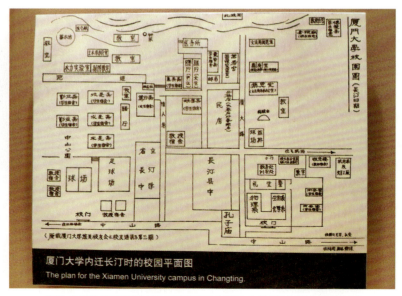

厦大内迁长汀时期的校园平面图(翻拍自陈嘉庚纪念馆资料)

对于萨本栋来说，学生的身体健康与教学工作同等重要。所以，除了经常到学生食堂查看膳食质量外，他甚至要亲自操心食材的问题。有一段时间，黄豆供不应求，价格上涨，他便想方设法向各方交涉，要求对每个学生每天供应二两平价黄豆，好不容易才争取到相关方面的支持，保证了学生不仅有豆浆喝，而且几乎三顿饭都有一碟黄豆搭配。

但对于一些正处于特别能吃的年龄的学生来说，有时候对校办的膳食也有不满情绪，某次竟至酝酿"罢课"。萨本栋闻讯后，马上召集学生在大礼堂开大会，他先认真听取了学生的意见，继而耐心说明校方的难处，并提出改善之道。这样"信息透明"的做法，让学生报以热烈掌声表示满意，罢课之事也就此平息。

关于萨本栋平易近人的许多故事，在学生中广为流传。一次师生全体大会上，萨校长作报告，特别提到，博爱斋的新生同学饭量特别好，每月能吃米二斗八升呢！一时学生哄堂大笑。经济系学生徐麦秋当时在博爱斋被选为膳食委员，每天经办计发食堂用米，他曾回忆说，自己"对按用膳人数计算合理用粮多少没有概念，是否浪费甚或走漏更是茫然"，然而萨校长操持校务大事，同时讲授多门重要课程，终日辛劳，席不暇暖，却连食堂用米事务也要过问，并如数家珍，实在令人佩服。

"箪食瓢饮，短褐粗衣，夜烛晓窗"，是长汀时期厦大的真实写照。但为了让大家尽可能有更好的学习和生活条件，萨本栋率领全校师生，一面尽力节流减少学校正常支出，一面设法"开源"。在节流方面，萨本栋自己带头降校长俸，按三成五支领，校长公馆仓颉庙仅有卧室和饭厅（兼会客厅）两间。萨夫人也是勤俭持家，在空地种菜，还经常用自制的点心款待来访的学生。

厦门大学当时已实行导师制，学生会到导师家里蹭饭吃，帮助师母洗菜、洗碗，导师与学生聚餐喝茶，畅谈学问与人生。在文学家施蛰存看来，这样的情景，成为战时厦大一种特殊的人文环境和氛围。

而"开源"更加考验萨校长和学校管理层的智慧。他多次出面向当时的教育部力陈学校办学困难，不断为厦大争取经费；同时，"因地制宜"，积极设法获取长汀县政府及周边地区人民的支持；在他的努力下，厦门大学甚至还收到了美国波士顿、斯坦福等大学师生赞助的款项。

当年的校务会成员之一邹文海教授曾说过一件笑中带泪的"趣事"。萨校长为了筹集学校必要的宴请和聚餐费用，想方设法筹集"独立财源"，而这个"财源"竟然出自"全校粪便经人承包后所得的价款"，没想到这一来，倒真是筹集了可观的金额。学校同仁们一面佩服萨本栋涓滴归公的精神和创意，又不禁调侃道，我们的聚餐亦可称为"粪便宴"也。

为厦大学生申请"战区膳食贷金"，是萨校长的又一创举——把定额的嘉庚奖学金改变为供应全年的膳食费，增加免费生和贷金名额，设立生活自助委员会，为学生介绍工作，为家庭困难的学生介绍校外兼职工作等等。贷金制度是当时南京政府教育部创立的适用于战区学生，每月贷金额不低于伙食费。萨本栋校长领导下的厦大校方对学生资金的管理和使用非常重视，为了保证把有限的贷金用好，组织了有学生代表参加的膳食委员会，听取代表意见，进行民主监督管理，膳食经济公开，按时公布收支账目。如果膳食有结余的时候，每逢节日膳委会常会要伙房做些荤菜，让大家打打牙祭。那时候物价虽然有上涨，但学生伙食质量似乎没有什么降低。

长汀时期还成立有学生参与的膳食委员会，推行食堂民主监督管理的做法，为此后半个多世纪厦大食堂餐厅的民主管理树立了典范。厦大的食堂历来重视与用餐师生的互动，通过学生膳委会这个良好的桥梁，通过各种相关的活动加强与师生的沟通交流，推动食堂管理的有效进步和提升。

1942年《厦大学生手册入学及宣科要览》里有这样的记载：学生进入厦大之后，奖学金、助学金、贷金、闽西救济金等各种津贴使其生存得到基本保障，挑灯夜读时，再也不用担心"第二天的饭钱"如何解决了。

1943年，"二战"出现重大转折，中国人民开始看到胜利的曙光。萨本栋心中燃起了新的希望，他计划在这五年来迁汀后厦大发展的基础上，针对逐年增加的学生数量和日益增长的学习生活环境需求，扩建教室、校舍和相应的设施，其中就有大膳厅的安排。

在长汀校区主政八年来，萨本栋治校有方，筚路蓝缕，辛苦经营，使得战时的厦大反而声誉日隆，有外国学者称赞其为"加尔各答以东最完善之大学"。1947级土木系的学生林昌骏这样评价他心目中的萨本栋校长——"萨校长把自己的生命和智慧作两根支柱搭了一个梯子：让厦大从最底层攀到最高层，成为全国名校之一；他又留给后人一个宝贵财富，那就是萨本栋精神"。

萨本栋任校长期间的"嘉庚奖学金"名单

然而，多年的呕心沥血，让萨本栋的健康每况愈下，在抗战胜利的前一年，他提出辞呈。送行会上，厦大师生上台，为他演唱了一首告别歌。这居然是一首英文歌，反复出现的歌词是："SUSAN，BRING YOUR HUSBAND BACK！"SUSAN是萨本栋夫人的黄淑慎的英文名——学生们用这样"亲密无间"的歌词，表达了他们对校长夫妇衷心的热爱：

"SUSAN，请记住带你的丈夫回来呀！"

1946年，厦大设立"本栋奖学金"。三年后，萨本栋逝世于美国加州医院，再也没能回到热爱他的厦大师生的身边。

汪德耀：为师生的"五斗米"而"折腰"

1944年5月，萨本栋因身体原因辞去校长一职，汪德耀被委任为代校长，抗战胜利后不久被正式任命为国立厦门大学校长。而汪德耀所面对的，不仅是学校的战后重建工作，还有，如何在之后波诡云谲的时势中，保全这所大学最宝贵的人与资产。

抗战胜利后，厦大的首要任务就是复员厦门，这时候全校已经拥有四学院、十五学系，教职员工总数为内迁长汀时的五倍。与此同时，学校着手招收1945学年度的新生。考虑到日据期间校舍、膳厅等都损毁严重，遂决定让一年级的新生先在鼓浪屿上课，待演武场校舍扩展后再行迁入。

汪德耀

就这样，厦大成为全国最早在收复的沦陷区中开课的大学之一，"前来请求旁听者甚多"。但毕竟新生院设在鼓浪屿，在生活管理和膳食方面，也给校方提出了特殊的要求和挑战。当时的学生回忆说："新生院由文学院周辨明院长担任，终能开学。汪公则两地照料，有时还要到南京教育部公干，京沪聘教师，其忙可知。"

由于新生院的学生来自四面八方，生活和饮食习惯各异，院部关心他们的生活，加强对他们的管理，督促卫生习惯，另外在膳食方面注重食品安全卫生。不过，战后重建，米价昂贵，教育部汇拨学生的膳费又杯水车薪，所以膳厅每天所用粮量每每超过定额。不得已，院部经过研究之后，改行"定量分配法"。

具体来说，就是早餐每人三两（旧制，每市斤16两）米煮稀饭，午餐每人八两米，晚餐每人七两米，都用小草袋蒸之，每人一袋，可谓"童叟无欺"，既便于管理，又公平合理。

与此同时，厦大校舍的重建工作也在有序进行。日据期间，厦大校园被日本侵略军据为军营，校舍毁损惨重，其中西膳厅（大膳厅）和教职工厨房全部被毁，东西厨房和东膳厅也被损坏急需修缮。汪德耀校长组织相关方面力量，紧急制订厦大复兴建设的计划，"一为恢复旧有之楼屋，一为应许扩充之楼屋"，其中就有"大膳厅一座，建在原址，约需款一亿元"。1948年西膳厅在原址上建成，为砖木结构一层，建筑面积433平方米，使用面积377平方米。

然而，厦大复员工作还未完成，1946年6月，国共全面内战就爆发了。汪德耀和厦大又迎来了新的考验。

内战阴云笼罩下的厦门，通货膨胀剧烈。1946年7月，厦门米价便高达每石11万元，较抗战前上涨一万多倍。厦大教职员工"以平均一千五百倍之薪俸应付一万余倍之物价，窘迫负债无以为继"。而物价更是日日跳，金圆券银圆券走马灯似地换个不停，学生和教授们的生活均极为困难。教授们一听到发薪水了，就抢着拿图章去排队，因为早拿到薪水和晚拿到，购买力会差非常多。

1947年物价继续飞涨，厦大师生生活困难。5月17日，厦大全体同学发表《为请求教育部增加经费调整公费生副食费罢课宣言》，罢课三天，参与到全国各高校轰轰烈烈的"反内战，反饥饿"运动当中。学生贴出了"我们要吃饭"的标语。教授们的日子也不好过，当时四十多岁的虞愚先生每次领到的薪水就够买一担米，到鹭江道买米，还舍不得坐车，就跟在米车后面跑回来。教授如此，职称更低的教职员们就更不必说了。

1948年，国民政府滥发金圆券，通胀情形继续恶化，厦大学生几乎到了连米都吃不到的地步。这一年学生运动一浪高过一浪，"反内战、反饥饿、反迫害"的示威游行全面展开。学生疲于奔命，厦大教职员工的生活也难以为继。以最高标准计算，厦大教授一个月只能拿三千元不到的薪酬。而按当时的物价计算，这笔钱可以买二十多斤米，或是三担柴，或是三十斤菜花，或是不到十码质地最劣的土布，但总之是买了这样就买不到那样了。

1949年年初，厦大几近断炊，校舍甚至都被抵押出去借款买米，可谓山穷水尽。为了果腹，厦大学生组织起各种形式的自救活动。卖水队用手推车将淡水从五老峰运往市区，按市价八折出售，甚至有做打石工、卖香烟、上街卖艺、织羊毛衣、挥锄垦荒……为了生存，厦大同学只得暂时放下手中的书本，不断奔走。

凡此种种，让汪德耀校长心急如焚，他一面鼎力支持学生的自救运动，一面多次向国民政府、教育部及福建省政府致电求救，但都石沉大海。

"我们要吃饭"的标语

1949年年初的《江声报》报道说，"厦大教职员薪津及公费生主副食费也久未发下，汪德耀校长勉力向各方面挪借，然各债主已催甚急，前欠未清，再借免言，该校教职员及公费生生活大起恐慌……闻汪校长不日将飞榕乞援"。

为维持全校"生计"，汪校长想尽一切办法，与福州有关方面的斡旋，暂向央行借到利息高昂的款项，解教职员工和学生的燃眉之急，但后来这样的款也没有着落了。1949年年初，台湾台北《成功日报》发起援助厦大穷苦学生的捐款运动，汪校长复函叙述学校三年来为安定员工生活所作的各种努力，并对闽台相关帮助人士表示感恩，同时表示"所有捐款以办理经济菜团，专以救济清寒学生生活为限"。

那段时光，或许是厦大最难熬的日子，汪德耀作为校长，也付出了让人难以想象的各种艰辛努力，无数次因学校的关系而"为五斗米折腰"，此间纠结之心境、责任之重大，或许只有他自己最清楚。学校屡屡陷于"关张"的困境，靠着他与全校师生的艰苦努力，方得以勉力支撑。

不过，对于当时年轻的学子们而言，这段日子却是别样的人生磨炼。有女学生后来回忆说，自己来厦大读书前五谷不分，因着这艰难的日子，居然对种菜也有了兴趣，真正懂得了"自力更生"的意义。

而在一位1949年毕业的学生的回忆中，则是这样写的："青春的回忆让我永远觉得快乐，生活充满希望：笃行楼前少女美梦、大德记眺望的孤帆远影、优美南普陀的暮鼓晨钟、梅林的芳香、难忘的信箱、美丽的校园、敬佩的老师、一群好友——这些均是让我一生难忘的厦大生活，我必须自强不息，止于至善，来回报母校的栽培及给我生存的力量。"

王亚南："经济学家校长"的一本食堂账

清晨，凉风习习，位于"大桥头"的厦大校舍建筑队临时工棚里，工人们还在酣睡。一位头发斑白的老先生，散步来到这里，看着这三百多号人挤在一起、又黑又闷的工棚，不禁皱起了眉头。

回到厦大，他马上叫来学校基建部门的负责人，了解情况，并当场决定修建处用自筹资金的方式建造一幢单身工人宿舍楼，修建处的近千名职工听闻此消息，纷纷参加义务劳动，这幢三层石木结构的建筑，只用了四十多天就竣工完成投入使用。借此机会，一幢200多平方米的新厨房膳厅也同时建成，两项工程造价才花了11万元。

教师职工们私下都说，有这样的"经济效率"，应该是因为我们有一个经济学家出身的校长吧。

这位"老先生"，正是时任厦大校长的王亚南。这一年，已经是他就任校长的第10个年头。而就在前一年的8月，一场12级以上的强台风正面袭击厦门岛，竟把厦大的东、西膳厅和厨房都刮倒了。在王亚南的亲自过问下，厦大迅速启动"东迁西移"——把东膳厅厨房迁移到东边社南面的锅炉房北面，并将其扩大到三座，建筑面积增加了一倍多；而西膳厅和厨房则迁移到下沃仔的成伟楼北面，因为住在西边的只有外文系学生，所以很

王亚南

第一章 厦大餐饮 · 历史风味

务实地保留了原有的建筑面积，甚至略有减少。

王亚南校长是大名鼎鼎的《资本论》的翻译者，在这位经济学家的治下，厦大的建设发展，尽管经历了新中国成立以来极为特殊的一个时代阶段，但一直稳健、高效且"经济"，膳厅和厨房的建设就是典型的例子。

在他就任校长的第二年，厦大出台了一个"集体用膳办法"，由校长办公室公布。据当时的《新厦大》讯，"准备已久的同学集体用膳办法自1951年11月1日起正式实行。男女同学都集中在东膳厅用膳，校方这次对膳桌面盆设备添置许多，并由校长办公室公布了集体用膳的时间，多年来的努力这次成功了，厦大同学都为集体生活走向规律化而高兴"。

不仅如此，20世纪50年代初，厦大膳食科就常以"红旗奖"来举行卫生竞赛，敦促厨房工友们重视食品卫生工作。可以说，与初生政权的欣欣向荣同步，厦大也进入了一个从学习、工作到生活的蓬勃发展时期。

但那毕竟是一个物质条件相对匮乏的年代。所以，"经济学家"校长王亚南，也常常从实际出发，做出贴合实际的决策，从某种意义上，也是其经济学思想在厦大的一种有效实践的过程。

1955年5月11日，针对粮食供应不足的现状，王亚南亲自撰文，提倡节约粮食的意义，并说明各种节约办法，得到了广大师生的积极响应。

王亚南在文章中指出，在社会主义建设的时代背景下，应当响应党和政府提出的节约粮食的号召，正确认识节约粮食的重大积极意义，并在这个问题上尽自己的一份力量。他呼吁大学师生们，不仅有责任带头节约，还有责任向周围的人、亲戚朋友宣传节约政策，宣传节约粮食的意义和道理。

他特别提到，"我们学校膳食科的工作同志们工友们，经常就注意不浪费粮食，那是值得称道的"。

当时，厦大在王亚南校长的带领下，从各科室到广大师生员工，积极响应国家号召，尽量做到人人不浪费粮食，积极想办法节约粮食，并认真"钻研"出不少创意。比如，膳食科厨房工友们采用了饭卡制度，

王亚南关于节约粮食主题的文章

并研究用面盆蒸饭的"调节法",每天比过去可以节约10～20斤粮食。

学生中也掀起了节约粮食的热潮,由生物系三年级同学签名,历行每天节约一两米。此后,大学部许多班级同学、速成中学同学都纷纷联名向学校提出建议和保证,并且踊跃提出各种节约粮食的办法。经济系三年级同学提出"一干两稀"的办法,得到了化学、物理、历史、会计、统计等系和速成中学的热烈赞同;而历史系大四同学则精细地算出,实行"一干两稀"之后,全校每天可以节约粮食750斤!

在王亚南校长务实治校政策和方法的指引下,在特殊的历史时期,厦门大学再一次"自力更生",人人心里有一本账,人人踊跃贡献创意,这对于身处新中国发展与建设初期的年轻学子们来说,更是一次大型的"经济学"知识普及和应用过程,对于他们后来的人生而言,可谓受益无穷。

科学家和校友:一粥一饭中与时代共鸣

一粥一饭,当思来之不易。在厦大百年历程中,从历任校长,到学校的各级管理者、师生,在不同的时空里,在看似日常的锅碗瓢盆的交响曲中，勾勒着时代的印记，交织着人文、科学与时代共鸣的旋律。

福建省摄影行业协会副会长、厦大摄影协会会长李世雄一直珍藏着一张"老照片"，这是

卢嘉锡（左三）与学生一起蹲着吃饭（李开聪摄）

他的父亲李开聪先生20世纪50年代末拍摄的。在照片中，一位戴着眼镜的"年轻"老师，正端着饭碗蹲在地上，和他的学生一起边吃边聊，开怀大笑。这位老师，就是后来曾担任中国科学院院长、厦门大学副校长的著名科学家卢嘉锡。

卢嘉锡，台湾台南市人，祖籍福建省永定县。他不满13岁就考上了厦大预科，两年后预科毕业，旋即升入厦大本科，在本科阶段的4年（1930—1934年）中，他一直都是陈嘉庚奖学金的获得者，19岁就从厦大化学系毕业，其辅系数学的学分也同时达到主系的要求，可谓"神童"。

赴美留学毕业后，卢嘉锡又回到母校任教，任化学系教授兼主任。他的课深受学生欢迎，因为他不仅声音洪亮，而且把枯燥的化学课讲得生动活泼，据说因为听他讲课的人多，经常连最大的教室都不够用。

在新中国成立前夕，国民党当局要求学者去台湾，今天派人送船票、明天派人送机票，但卢嘉锡总是以"家里人多，舱位安排不足"为由推脱。与此同时，担任厦门大学"应变委员会"常委兼副主任的他，却一直设法为饥荒困境中的厦大教工、家属买米送菜，资助困难学生。

事实上，卢嘉锡从美国回来后，赶上的正是国民党统治下物价飞涨的时候，最困难时，卢太太把结婚戒指都卖掉来换钱度日。但他心里牵挂的最多的，仍是他的学生。只要勤奋读书的学生，家里再穷，他也想办法接济，一些学生会在他吃饭的时候上门求教，他来者不拒，放下筷子热情接待，还邀请学生一起吃饭。

1947年10月，在厦大掀起的助学自救运动中，卢嘉锡亲自在《江声报》撰文，呼吁社会各界重视、支持厦大的"清寒"学子们，也为参与助学运动的学生打气。他大声疾呼："厦市自从船舶畅通以后，市面已经渐见繁荣……试看剧场戏院，常无空位；婚丧等事，也常是大事铺张，便是明证。能够移一部分不必要的开销，如寿礼贺仪等来帮忙清寒的同学们，那不是一举数得吗？"

新中国成立后，正好地处东南沿海的厦门，常受台湾的国民党军袭扰，特别是理学院和工学院两个重点学院的教学工作受影响更大。为了防止意外，也为了有一个正常的教学环境，厦门大学于1951年春奉命疏散到闽西的龙岩。

这两个学院正是卢嘉锡领导的，他以一个科学家的思维，预先制订了一个详细的疏散计划。当师生们跋涉300公里到达龙岩时，眼前的景象把大家惊呆了，不只宿舍、教室，连食堂都已经安排得井井有条。卢嘉锡院长指挥若定，很快保证了教学和日常膳食工作进入正轨。

蔡启瑞先生曾回忆说，卢嘉锡提出科学家的"元素组成"应当是C3H3——清醒的头脑（clear head）、灵巧的双手（clever hands）、洁净的习惯（clean habit）。不管是作为科学家，还是领导者，这样的"元素组成"，或许也正是厦大这所百年高校的科学与人文底色吧！

这样的"元素"一直薪火相传。20世纪80年代担任厦大校长的田昭武教授，也是以科学家思维治校的实践者。

20世纪50年代末至60年代初中国的"三年困难时期"，田昭武在厦大任教、搞科研，那时候，地瓜和地瓜干成为厦大师生们的主食，牛皮菜、空心菜都是师生们的果腹之物。当时，田昭武的儿子田中群才五六岁，他后来回忆说："记得在最困难的时候，我们家最有营养的食品就是鸡蛋，一天也就煮一个鸡蛋，而父母亲却给了我和姐姐，一人半个，而父母亲都连半个鸡蛋都没有尝到。"

而那时厦大食堂最"著名"的一道菜，被师生们称为"无缝钢管"，其实就是盐水煮空心菜——形容没有油水的空心菜杆，犹如钢管令人难以下咽。而田昭武和其他教授一样，在吞咽着为了果腹而吃的"无缝钢管"之时，却在无怨无悔地为祖国而投身科研。这正应了鲁迅说的那句话：吃的是草，挤出的是奶。那时，田昭武的"蓄电池"及自催化电极过程的理论研究正值攻坚阶段，身体上营养不良，却靠着精神上的强大力量，成就了一个个丰硕的科研成果。

也正因为这样，在担任校长后，田昭武对于学校包括膳食在内的"民生工作"，不仅十分重视，而且以科学家的思维不断寻找最优的"解决方案"，且卓有成效。

上任后不久，田昭武就发现，自来水、用电、烧火做饭等问题，耗去了教职工许多宝贵时间，对于后勤膳食部门来说，也是极大的困难。那一时期，学校行政经费少，需要解决的问题又多，缺水问题最为急迫。由于厦门市本身供水不足，能提供给厦大的用水就更少了。校内地势低的地方自来水每天大部分时间是"涓涓细流"，地势较高的地方，如凌峰、国光、大南一带的缺水问题更为严重，教职员工苦不堪言。

田昭武带领后勤部门有关人员现场勘查了学校的供水设施，并要求后勤部门了解厦门市每天向厦大供水的准确数字。掌握了一手具体资料后，学校向厦门市交涉并取得支持，扩大了进水水管的管径，供给厦大的自来水随之增加了，同时，学校采取加强管理、安装水表等办法节约用水，大大缓解了长期缺水问题。

1983年5月，田昭武到武汉参加全国高校校长会议，打听到武汉、浙江等地高校已经开始用上了煤气。当时厦门还没有使用煤气，用的是蜂窝煤或煤球，烧火做饭常常要花去很多时间，也造成了一定的空气污染。从武汉回来后，田昭武就在行政会上提出使用煤气的问题，并交代总务处落实。总务处多方打听、四处联系，

田昭武（翻拍自1981年《厦门大学》纪念刊）

最后找到广东茂名的"渠道"，学校买了一辆煤气车，把煤气运回厦门，再由学校安排统一装瓶、发送，这一下，不仅在一定程度上为厦大的膳食工作解决了"能源"问题，还开创了厦门市使用煤气的先河。

有人曾问田昭武：为什么一个科学家教授要对这些"小事"如此上心？他回答说："如果这些问题没有解决，烧饭问题没解决，那将影响到教学及科研质量的提高。老师少花时间在挑水、烧饭上，就可以把精力用于备课、搞科研上，岂不是件好事？"

厦大的"餐饮"故事，吉光片羽，却都弥足珍贵。厦大高等教育研究院博士生导师、中国高等教育学科创始人潘懋元，1941年就来到厦大，见证了学校数十年的变迁。他记得，无论物资紧缺的抗战时期还是物资充裕的时代，厦大食堂都做到了让学生吃"饱"。抗战期间在长汀，肉、菜品种稀少，但学校食堂还保证了早上供应稀饭，午饭、晚饭供应米饭，并对学生不限量。如今学校的免费米饭政策，也延续了这一传统。

在曾任厦大党委书记的经济学教授、博士生导师吴宣恭的记忆中，1947年他刚到厦大时，学生食堂没有椅子，大家都是站着吃饭，不过，当时的食堂菜品倒并不简陋，除了供应大众菜品之外，也有小炒可以选择。而且，食堂的小炒物美价廉，碰到家里有亲戚来，他就经常带他们去吃食堂的小炒。多年以后，他的孙子从厦门一中考入中国人民大学，去后不久就跟家里人说，还是厦大食堂饭菜好吃呀！

曾任厦门大学常务副校长的郑学檬教授，1956年从浙江考入厦大，当时学生食堂是八人一桌，四菜一汤，米饭随便吃。每次吃饭，软、硬两种米饭盛在大木桶中，摆放在餐桌中间，大家按照自己的饭量来吃，但每顿饭都能吃得"很饱"。1958年金厦两地"炮击"时，晚饭时间特地提前到下午四点，吃完饭大家都要躲进防空洞里。

到了1959年，国家经济出现困难，厦大食堂供应的菜品比以前有所减少，几年后又好转，但即便是在"文革"期间，厦大的食堂依然千方百计保证大家的膳食质量。郑教授觉得，厦大食堂的历史，实际上也是国家经济形势的小缩影，餐桌上饭菜的变化，无不反映着不同年代国家的经济生产状况。

历史系教授庄解忧则对当年"老师当大厨"的场景记忆犹新。曾经有一段时间，学校实行各个系办食堂，为了让学生尽量吃好点，各系都绞尽脑汁想办法。尤其是三年困难时期，为了能在有限的地瓜、青菜等食材基础上做出花样，各系挑选一些有厨艺基础的教师进驻食堂帮忙，庄解忧也在其列。

在食堂"工作"八个月的时间，庄解忧觉得，老师们都成了"巧媳妇"——虽然不是做无米之炊，却要在有限的粮食和蔬菜上做足文章，想足花样。她说，每天早上六七点钟开始，他们就去食堂，帮助制定食谱、洗菜、维持秩序、给大家"打菜"，从早忙到晚，很累。不过，看着师生们能吃饱吃好，心里高兴，同时也体会了到食堂工作的艰辛，这是一段美好的记忆。

曾任厦门大学分管后勤工作副校长的郑志成1953年来厦大读书，也一样体验过学校的"四菜一汤、八人一桌"的吃饭方式，喝过学校每天两次的免费豆浆。后来，他分管学校后勤工作时，对厦大食堂的感觉也更为深切。

他回忆说，一直以来，历任厦大领导都非常重视食堂工作，为保证蔬菜粮食的安全，食堂坚持现场采购，再困难都不会让食堂少于20种菜品，并定期组织学生开会征求饮食意见。而学生不仅会提出中肯的意见，还会经常到食堂帮厨。这是厦大一个热爱劳动、尊重劳动的好传统，也仍然保留了下来。

而1953年进入厦大工作、曾任总务处副处长的刘昌新，回忆起刚进厦大时的情形，有着满满的"温暖感"——"当时每天早上起来，宿舍门口都会预备好热气腾腾的豆浆供大家免费喝，9：20的课间操期间，教室门口也会准时出现热豆浆，这件事一直坚持到1955年"。刘昌新说，"那时，喝着热豆浆，心里感觉真暖和，幸福着呢！"

第二章

光影流年

厦大餐饮

写在前面

锅是战场，铲是兵器，炉火一旺，"战事"便起。

一日三餐，是人们生存之所需，更是生活的柴米油盐酸甜苦辣最集中的场景。在所有"三餐"的场景中，最能集中体现人间烟火气的，莫过于食堂；而在所有的食堂场景里，高校食堂由于有了正处"白衣飘飘年代"的青年学子，更凝聚着青春、成长与未来的无限寓意，他们就在这样特别的三餐滋养下，奔向各自人生的"战场"。

说起对于厦大食堂的记忆，校友、老师、学子们或许会"脑补"出不同画面。

最先出现在脑海里的，也许是那一座座从外观、内景到菜式都各具特色的食堂，早期，它们也被称为"膳厅"。按最早《说文》的解释，"膳"者，"具食也"。不过古代的"膳"，通常只有皇家、达官贵人才有"用膳"这一说，普通人只顾得一日温而三餐饱则足矣。

然而俗说又说了，"莫欺少年穷"，莘莘学子，刻苦求学，他们中的许多人，都将成为时代之中坚、国家之栋梁；而为他们传道授业解惑

"厦大餐饮"成为厦门餐饮业的一个特殊亮点

的人，也一向是受人尊敬的"师者"。从这个意义上说，高校之"膳厅"，恰如其分，而又普惠平等。

在膳厅和食堂的空间里，则"流动"着饭票、菜票、饭卡、饭盒的无数交互，它们或为凭证，或为容器。师生们用它们，无形中衡量着自己的饭量、胃口与获得感。不管多少年以后，想起它们，或偶然再"翻到"，便有无数回忆伴随着当年的饭菜香味奔涌而来。

百年厦大，尽经中国近现代的节点变换，每一届学子身处其中的几年，更是一个时代大节点的小小微缩，互相之间，都不可替代，也无法"交换"。所以，当我们串珠成线，去追忆那些已成历史的"老照片""老物件"，来盘点如今食堂的全新风貌，它们就构成了一幅长卷，一幅时代的生动的拼图。

当然，更不能忘记的，是在锅铲翻飞的背后，那些为学子们感受"家的味道"而默默奉献的厦大餐饮人，当我们去还原他们当年的汗水和辛劳、付出与慰藉，我们更能品读出，属于这座校园"风味"背后的动人故事。

没错，"膳"字最早即从"善"，对于以"自强不息，止于至善"作为校训的厦门大学，"膳"之"善"，如何解读，让我们在光影流年里来共同追溯。

第一节
恋恋老照片：物质与精神交融的空间

"膳厅"与食堂

东膳厅旧影（翻拍自《国立厦门大学60周年纪念刊》，台湾校友会编）

1. 东膳厅

始建于1922年的东膳厅，既是无数厦大学子心中的美食记忆，更承载着悠悠时光。早年间，厦大许多重要的学术讲座、报告也都在东膳厅举行。

2. 早期厦大膳厅及厨房

厦大膳厅、厨房等，从初建时起，就同样有着浓浓的嘉庚风格。

厦大早期建筑还原透视图，最左侧为西膳厅、厨房（翻拍自《厦大校史资料》第八辑）

3. 长汀校区校园平面图

抗战期间，厦大迁往长汀。在长汀校区的规划中，膳厅是最重要的"配套"之一，也是长汀时期厦大师生共克时艰的时空坐标。

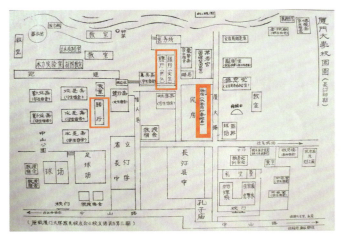

长汀时期校园图，其中标出的位置为膳厅及学生"打牙祭"的民房
（翻拍自《厦大校史资料》第二辑）

4. 1952年食堂内景

新中国成立之后，厦大进入新的发展阶段，而学校管理层对于学生膳食工作的重视，仍然一脉相承。

1952年的食堂内景（紫日供图）

5. 1953年竞丰食堂外景

食堂后面的建筑为芙蓉二，画面上面田地为当时的"下沃农场"。

1953年竞丰食堂外景（紫日供图）

6. 20世纪80年代勤业食堂

陈景润在厦大任教期间，就住在勤业食堂附近的宿舍，而他也用自己的研究精神，完美诠释了"勤业"的含义。

20世纪80年代勤业食堂（翻拍自《厦大校史资料》第八辑）

7. 20世纪80年代竞丰食堂

竞丰食堂，是在新中国成立后由陈嘉庚亲自主导的厦大新一轮扩建中建成的，当时的设施也比之前的膳厅更为完善。

20世纪80年代竞丰食堂（翻拍自《厦大校史资料》第八辑）

8. 1980年招待所食堂（外专食堂）设计图

　　这是一份珍贵的食堂设计手稿，从中可以看到厦大一直以来在食堂建设与规划中的用心与创意。

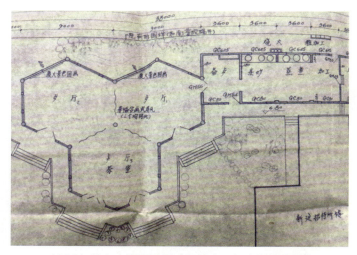

1980年外专食堂设计图（翻拍自厦门大学档案馆）

票证和餐具

1. 20世纪50年代"5分"餐券

年代感十足的纸质餐券，特别注明"爱护保存，不可涂画"。

20世纪50年代"5分"餐券（陈国忠供图）

2.1966年第一食堂的"1分"开水票

一手拿着饭盒，一用拿着热水瓶，一分钱打一瓶开水，是学生们记忆深刻的生活场景。

1966年第一食堂"1分"开水票（陈亚元供图）

3.1979年3月的外文食堂职工工作证

20世纪70年代，厦大的食堂体制以系办为主，校系共同管理。1974年年初，学校开始实施食堂体制调整，全校调整为机关、外文、经济、物理、化学、生物、文史（中文、历史合办以中文为主）、数海（数学、海洋合办，以数学为主）等八个食堂和一个锅炉房。

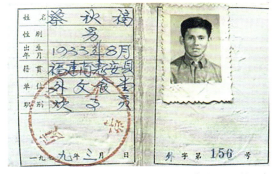

1979年3月的外文食堂职工工作证（陈亚元供图）

1980年5月，根据国家对经济制度需要实行改革的精神，厦大开始对原有的膳食管理制度进行初步的改革，打破固定用膳点的旧框框，实行营业额计奖，统一使用饭菜票等办法。

4. 20世纪70—80年代饭票及菜票

　　当时一分钱的菜票，早上可以在食堂买咸菜配稀饭，早餐打稀饭一般用到饭票2～3两。

20世纪70—80年代饭票及菜票（计统1978级校友郑毓捷供图）

5. 1980年厦大食堂菜票

　　1980年5月厦大食堂统一收归膳食科管理之后，菜票统一印"厦门大学食堂"（以往印的是各系的食堂名称）。

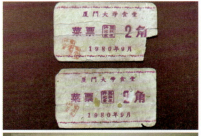

　　2角菜票，当时可以买得以八分小碗装的精瘦肉一份（无青菜垫底）；一个卤鸭蛋或者荷包蛋、肉汤0.15元，大肥肉外带小半碗肉汤0.15元；两条1.5×4.5厘米左右的配料清炖鱼0.15元；有豆腐垫底的清炖排骨汤罐则需要0.30元。总体来说，算得上价廉物美。

1980年厦大食堂菜票（陈亚元供图）

6. 福建省、厦门市"商品购买证"

20世纪80年代初，厦大教师、职工日常购买粮、油、肉、糖、味精等，仍需凭"购买证"及各种粮票、肉票、糖票等，这些票证如今也成为特殊年代的珍贵记忆。

福建省、厦门市"商品购买证"（陈亚元供图）

7. 20世纪80年代末至90年代初菜票

1987年左右，厦大食堂开始启用塑料饭菜票代替之前的纸质饭菜票。塑料菜票便于回收消毒，也更结实耐用，相对于纸质菜票来说较为卫生。

据校友回忆，20世纪90年代，到水房打开水，一热水瓶5分；素菜5角左右，荤菜则为8角到1.5元不等。对男生以及一些"食量"较大的女生来说，一顿饭大约2.5～3.5元就可以吃得足够"潇洒"了。

20世纪80年代末至90年代初菜票（林公明、凯蒂、柯斯等供图）

8. 金龙卡、教工卡及校友卡

从1995年起，厦大开始在海滨食堂试用"金龙卡"，后来推广到全校食堂。从传统饭菜票到刷卡时代，支付方式的变迁，也是对高校食堂传统钱粮交换售饭菜方式的颠覆性创新，提高功效，减少排队，降低了成本，也完善了管理，更杜绝了饭菜票流通中的交叉污染，开启了伙食乃至整个高校后勤信息化管理的先河。

后来，金龙卡又升级为智能一卡通，并逐渐拓展为在图书馆、超市等多处通用。

随着技术手段的不断进步，教职工卡以及后来的"校友卡"，也成为教师、校友到学校食堂就餐的"随身装备"。

金龙卡、教工卡及校友卡（校友杨芬、洪红等供图）

厦大金龙惠众卡（林琳供图）

9. 食堂饭盆

随着时代的变迁，厦大师生到食堂打菜的饭盒、菜盆可谓五花八门。20世纪七八十年代，最具代表性的就是搪瓷饭盆，既结实耐用，其"容量"也相当大。

食堂饭盆（陈国忠供图）

10.1990年膳食科"教师节味精供应券"

教师节由膳食科发给教职工的平价味精券两斤，每斤7.5元。凭票供应一直到1993年左右才取消。

11.厦门大学公共户口商品购买证

厦大1977级校友许闽峰，至今仍保留着当年厦大学生每人每学期一张的"厦门大学公共户口商品购买证"，当时主要用于厦大商店购买其他定量供应的副食品和生活必需品。

在许闽峰的回忆里，厦大商店坐落在校门口外公交总站旁边，为一个大间的营业厅，沿墙的四周都是玻璃柜台。那时凭证专供的有每月半斤白糖、二两茶叶、一包香烟、半块肥皂、半斤茶

1990年膳食科"教师节味精供应券"
（郭亚成供图）

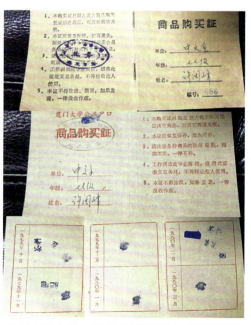

厦门大学公共户口商品购买证（许闽峰供图）

料（如厦门特产"鱼皮花生"）；逢重大节日还会另发"酒票"，可购买半斤散装的厦门高粱酒等。

每买一样商品，售货员就盖一个有商品名称的小蓝戳，表示已买过。像牙刷、牙膏、毛巾、文具之类的也有卖，不用凭证。由于一学期连同放假合计六个月，所以购买证上也是六个格子。

12. 学生购饭菜票证

20世纪80年代至90年代初，购买饭菜票需要"购饭菜票证"，上面写有粮食每月定量，并说明本证仅限本人使用，粮食关系转移时，应将此证还给膳食科。

学生购饭菜票证（王有健供图）

第二节　厦大餐饮人：薪火相传　匠心独运

在厦大的百年"味道记忆"里，几代厦大餐饮人的努力、奉献、坚持、传承，薪火相传，匠心独运，才成就了"厦门第一锅"的美誉，锅铲翻飞之中，他们谱写着独特的味觉"交响曲"。

民国时期一直到20世纪五六十年代的厦大"老餐饮人"里，诸如陈传宗、方彦清、曾文金、陈车成、江火星、陈增官、郑秋霖、陈明辉、陈亚三、陈炳祥、林玉祺、黄四水、何阿招等，是厦大餐饮最早的奠基者。其中，陈传宗生于清朝末期，1925年至1929年在厦大西膳厅做饭，曾给当时在厦大任教的鲁迅做过饭；黄四水曾在民国时期厦门有名的自来水公司和亚细亚公司等担任厨师，精通西餐，又能主厨满汉全席，1950年开始在厦大食堂当厨师，直至1972年退休。

从私立时期一直到新中国成立初期，校主陈嘉庚和历任校长，便多方奔走努力延请当时厦门的资深厨师来厦大指导、帮忙，乃至聘请他们为厦大厨师，而当年的陈慈铭、柯清普、林水仙、肖学勤、王志强等优秀敬业的老餐饮人，为厦大的餐饮发展做出了重要贡献。

改革开放以来，厦大餐饮进入新的"快车道"。1986年8月，全国高校伙专会在哈尔滨诞生，同年10月，福建省高校伙专会在厦门大学宣布成立，厦大食堂迎来与时俱进的改革和提升阶段，对餐饮队伍的建设也提出了新的要求。

厦大餐饮在梁诗柱、蔡长寿等老一辈餐饮人的指导和带领下，以福建省高校伙专会为依托，大力培养高校厨师和管理人才，此过程中涌现了江森民、郑亚涂、纪进财、曾秀宝、蔡建辉、曾国强等新一代优秀的厦大餐饮人才，他们如今已经成为厦大餐饮的精英骨干力量，也一直为培养年轻一代的餐饮人才而无私奉献。

经济体制改革呼唤高校伙食工作的率先变革，1999年厦门大学膳食科改制组建厦门大学饮食服务中心，2002年厦门大学后勤集团成立，"饮食服务中心"隶属后勤集团管理。厦大餐饮的发展翻开了另一个新的篇章，餐饮队伍建设也进入了一个新的时期。2017年，"厦门市江森民中式烹调技能大师工作室"获批成立以来，饮食服务中心形成了一支由江森民、江显清、林庆展、袁俊涛、王志强、史勇超6位"闽菜大师"和史勇超、王志强、周伟雄、陈聪辉、颜小敏5位"闽菜名师"组成的大师团队，为全面提升饮食服务中心厨师团队的整体实力、传承技艺、弘扬闽菜文化、引领高校团膳发展起到了带动作用。

百年沧桑，人才辈出，本节撷取的一个个厦大餐饮人的故事，也是一个个生动的时代剪影。

梁诗柱：半个世纪的"膳食渊源"

梁诗柱，厦门大学总务处原副处长、膳食科原科长，福建省高校伙专会原会长。1959年，20多岁的梁诗柱来到厦大工作，从此开始了他与厦大半个多世纪的渊源，直到1996年退休。刚到厦大时，他被分配到锅炉房工作，当时所有的食堂基本上都是到锅炉房蒸饭，用木盒子统一蒸再分到各个食堂。锅炉房同时还负责全校热水的供应，比如

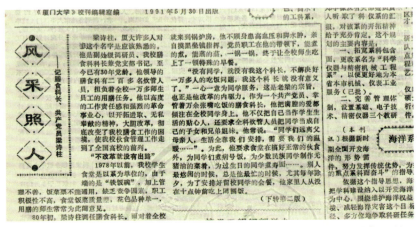

1991年5月30日 校刊《风采照人——记膳食科长、共产党员梁诗柱》报道

有关蒸饭单位的开水、冬季澡堂热水及蒸馏水的供应。可想而知，工作是相当辛苦的。

在梁诗柱的记忆中，在那个物资相对匮乏的年代，为了保证食材的供应，尽量改善师生的生活，厦门大学先后创办了养猪场、养鸭场、豆干厂、面食加工厂等，还发动食堂职工开辟菜地种菜、自制酱油和咸菜。大家不计较辛劳付出，只为了能让学校的师生员工吃饱、吃好。

食堂职工合影图（前排右二为梁诗柱）

老梁记得，当时的养鸭场在集美杏林一带，有一年刮台风，他还被派去那里值班，度过了一个惊心动魄的晚上。鸭场的鸭蛋以低于市场的价格供应各个食堂，成了师生餐桌上的卤蛋、咸鸭蛋，在困难时期尤为珍贵。

令老梁印象特别深刻的，当属20世纪80年代初他调任膳食科科长之后，食堂开启的改革之路。

1980年年初，根据国家对经济制度需要实行改革的精神，厦大开始对原有的膳食管理制度进行初步的改革，并出台了一系列相关政策文件。老梁走马上任的第一年，就在厦大率先开展了食堂管理的改革工作。"我们当时就成立了采购组，自负盈亏，独立核算，说起来应该是如今的现代化新型采购的'鼻祖'了。"

新的改革措施逐渐展开——打破固定用膳的旧框架，在全校各食堂统一饭菜票，让师生员工可以择优选择食堂用膳；炊事员按营业额计奖，提高他们的工作积极性，推动了各食堂饭菜品种及服务的改善。1981年，改革已初见成效，趁热打铁，新的改革措施继续出炉，比如，膳食科按食堂营业总额20%向学校提取包干经费，把食堂的经营业绩与每个炊事员、管理员的经济利益挂钩起来；1981年下学期，食堂统一收归膳食科管理，每个食堂实行定额包干节约奖；1985年又推行"用工聘任合同制""岗位津贴责任制"等做法，充分调动员工的积极性，逐步在校内形成了多层次、多结构、多形式的膳食服务系统……

"我们把民主引入大学的餐饮管理，比如成立学生伙食管委会，学生对学校的伙食具体有什么意见，或者有什么要求，就通过这些管委会的学生反映到我们这边来，便于我们在工作中进行改进。那时候，我们每个月再忙都要抽时间听听学生的意见，了解他们对于食堂饭菜的口味、价格等的看法。"老梁回忆道。

为没有回家过年的学生准备除夕年夜饭，一直是厦大后勤的一个传统，老梁作为当时掌管着万余人吃饭的膳食科长，更是把这个事情看成重中之重。每年的除夕，为了安排好留校同学的会餐，老梁总是亲自到现场各种监督指导，直到很晚才回到家，多年来，他家里人从来没有在十点钟前吃上除夕团圆饭。

"没有同学，就没有我这个科长，不解决好师生的吃饭问题，我这个科长就没有意义了，苦一点累一点都不算什么。"除了监督食堂的日常伙食安排，老梁还建议食堂为生病的学生特别煮病号饭，为少数民族学生制作无猪油的菜肴，为过生日的学生准备闽南特色的寿面，为期末考试的学生提供夜餐……从膳食上为学生提供各种人性化的细心关怀，老梁总是乐此不疲。

有一件事老梁印象特别深刻，那是1990年6月29日晚，九号强台风袭击厦门，全校停水停电，锅炉无法开炉供气煮饭，老梁一清早就跑到学校锅炉房，他不顾当时自己有高血压和脚水肿，亲自摸黑坐镇指挥，带领职工们奋力应对，能煮的饭菜就煮，能蒸的就蒸，克服困难端出了一锅又一锅热腾腾的菜，终于让全校师生吃上了一顿特殊的早餐。

往事历历在目，而对于老梁来说，一切的付出，都是他作为厦大"老餐饮人"最自豪的所在。

蔡长寿：历久"长青"的温暖回忆

蔡长寿，国家高级技师，厦门大学膳食科原副科长。正如其"名"，老蔡和厦大餐饮的缘分，也拥有着"长寿"、长青的温暖回忆。

1971年，蔡长寿从福建师范大学调到厦门大学膳食科工作，近半个世纪，和厦大餐饮结缘，不断致

1986年媒体刊载的"厦门厨师芳名录"上，获得一级厨师称号的厦门大学蔡长寿和陈明辉名列其中

力于福建省烹饪培训中心的工作和厨师队伍的培训，为培养福建省烹饪人才做出了突出贡献。

1981年从文史食堂离开后，老蔡就专职开始负责培训中心的相关工作，他自己也是"主力"授课老师之一。膳食科组织力量自己编制规范的教材，理论和实操结合，力求全方位地提高厨师和管理队伍的水平。

作为当时福建省唯一的一个高校后勤烹饪培训基地，这里的培训对象主要是各食堂的管理员、计划员、炊事员、厨师，除了厦大之外，福建师范大学、福州大学、华侨大学等福建其他高校的"学员"也来学习，厦大则尽量为外地学员提供免费住宿。

在培训收费上，实行厦大的固定工不收费，临时工则由食堂先行垫付，服务期3年满后退还费用，以尽可能地鼓励大家学习进步。培训中心上课的地点，主要在如今逸夫楼的位置，但也没有固定教室，海洋食堂因为人相对少且宽敞，也是授课教室之一。授课时间多为每天

福建省高校烹饪技术培训中心实习店

地址：厦大一条街23-24号
电话：25102转268、27109
电挂：0633
副主任：蔡长寿

该实习店经营饮食小炒、海鲜野味、荤食素菜，承办中、高档次宴会酒席，风味小吃以小笼包见长，另设卤味柜台，还开设冷饮、咖啡专座，兼营烟、酒。

该店面对南方名寺——南普陀、傍临海内、外闻名的高等学府——厦门大学，游览之余，佳看美酒、咖啡饮料，令您心旷神怡。

该店设有客座120席，露天饮座，别有风趣。服务质量较高，可为顾客提供各种满意的服务。

当年"福建省高校烹饪技术培训中心实习店"的广告（翻拍自1988年《厦门经济特区企业登记年鉴》）

下午的2：00—3：30，这是炊事员、管理员们的相对闲暇时段。培训采取半脱产形式，上完课，大家继续回去工作，学习工作两不误。

培训中心培养出的"高徒"中人才济济，有江森民、骆松富、柯孙信、张金满、罗阳等高校餐饮的中坚力量，而厦门名厨唐网腰、林天明、陈后志等也曾在培训中心参加过学习。

说起培训的"成果"，蔡长寿印象深刻的，则是一些有趣的镜头。比如，参加培训的厦大厨师团队，1984年起参加福建省高校烹饪比赛并连续两届获得一等奖，而厦大膳食科非常重视这些比赛，还为参加比赛的人员特制了西装，在"颜值"上也与菜品相得益彰。

1988年，膳食科炊事员参加福建省高校烹饪比赛的部分菜肴作品
（郑庆喜供图）

1999年冬在武汉举办的第四届全国烹饪大赛，厦大获得"快餐专项金奖"——当时获奖的主食有芥菜饭、炒米粉两道主食，另有两道汤清味美的汤菜，而厦大团队很用心地启用了一次性快餐盒，在那个时候，这是特别能让评委们耳目一新的。

当然，获奖的最主要原因，还是在于手艺上的用心。大家千里迢迢地将海蛎干、虾米、干贝、干葱头、同安小芥菜、泰国米、米粉等食材从厦门带到武汉，只为了做出地道的闽南风味。比如，芥菜饭特地用大骨汤熬汤来吊味，出锅前撒入煸香的干葱头增味，让挑剔的评委们也不禁交口称赞。

1999年退休后，蔡长寿依然心系厦大餐饮的发展，为厦大厨师队伍的传帮带和菜肴的传承、创新提供各种关心、指导。而此后，从培训中心走出的厦大名厨江森民，继续致力于推动和传承，2005年，厦大后勤职业技能鉴定站正式成立，在当时厦门市劳动和社会保障局关于同意设立该鉴定站的函件中，鉴定站主要鉴定的工种为初、中、高级中式烹调师、西式烹调师、中式面点师、西式面点师等，建立和完善职业资格证书制度，又掀开了餐饮人才培训新的一页。

江森民：为了舌尖上的那份期待

江森民，国家高级烹调技师、高级公共营养师、注册中国烹饪大师、闽菜大师。现任厦门大学后勤集团饮食服务中心主任，曾兼任多所院校、培训机构及军队两用人才厨师培训班教师，是厦门市职业技能鉴定高级考评员、质量监督员，多年以来作为福建省及厦门市烹饪协会常务理事，为餐饮行业发展做出了积极贡献。

江森民精通闽菜、粤菜，尤其擅长花色冷盘制作，同时对传统的四大菜系涉猎较广、颇有研究，他的菜肴博采众长，代表作品有"金鸡报晓""双凤朝牡丹""圆融豆腐藏真气""方健红虾撒异香""油氽鲜虾丸"等。

江森民多次代表厦门大学参加全国性的烹饪大赛，弘扬和推广厦

《厦门晚报》关于江森民与厦大餐饮团队的专题报道

门美食文化，1984年开始参加福建高校烹饪比赛连续两届获得一等奖，2014年全国第四届烹饪比赛中成为快餐组的唯一奖项优胜奖获得者，在第七届全国烹饪技能大赛总决赛获特金奖，随后又获得"2016年度中华金厨奖""闽菜大师金爵奖""注册中国烹饪大师"。2017年5月，江森民被中国烹饪协会授予"中国餐饮30年杰出人物奖"。

在烹饪技术钻研创新的过程中，江森民结合高校餐饮的特点进行菜肴改良创新，其出品的菜肴"金汤太极丰收鸡""一颗红心香酥鸡""玉米浓汁豆腐虾"等，均获得"福建名菜"

江森民大师工作室

荣誉称号。

在他的带领下，厦大餐厅发展出颇具高校特色、融合厦门本地饮食风格的独特"厦大饮食文化"，呈现出丰富多样的品种，大众菜肴、宴会菜肴、面点应有尽有。勤业餐厅远近闻名的馒头、南光餐厅供不应求的"老婆饼"，深受学生喜爱的蒜香蒸排骨、红烧大猪脚，竞赛菜肴黄金鳕鱼卷、金丝虾球、百花蟹黄面等近200种菜肴，构成了独特的"厦大餐饮"美丽画卷。

厦大每年的"毕业冷餐会"是万千厦大学子最美好的记忆。2016年，江森民倡导并与师生经过一次次头脑风暴，为每一道冷餐会菜肴赋予极具情怀又充满诗情画意的菜名，让校园美食与饮食文化相得益彰——"芙蓉映月""木棉花开""映雪玉皎"描绘了厦大独有的风景；"五老峰下""石井之巅""群贤毕至"充满了厦大人文特色；"流金岁月"承载着一个时代的青年风华正茂的理想；"'牵须'谨慎""展翅高飞""胸怀天下""蒸蒸日上"等菜名则传递了学校对满天下桃李的殷切希望。

"厦大餐饮，家的味道"这一口号，从1999年饮食服务中心成立之后传诵至今。为了这朴实的口号，江森民用了几十年的精力，以一身技艺为用餐者烹饪"家的味道"，以管理构建"家的安全"、传递"家的温暖"、分享"家的快乐"。

江森民团队与后勤集团相关负责人合影，一支专业的团队，
凝聚的正是"家的味道"的诚挚心愿

"所谓家的味道，其实就是家常味道和家庭温馨。学生远离家乡，对家里的味道是最熟悉的，家常菜以下饭为主，口味要重一点，鲜度要高一点，菜汁要多一点，配料也要多样化一点，才能刺激食欲。学生来自五湖四海，俗话说，'死桌活饭菜'，我们每个餐厅每餐都供应近百种菜品，尽量让师生们都能找到属于自己的家常味道。"江森民说。

不仅如此，他还带领餐饮同事积极走出校门，让"厦大餐饮"成为厦门市知名品牌。2000年，他带领厦大餐饮团队竞得厦门林德叉车厂餐厅经营权，以此为契机，越来越多的学校、企事业单位餐厅和"厦大餐饮"共管共建。

2017年，"江森民中式烹调技能大师工作室"正式成立，依托工作室，培养了一大批优秀的烹饪人才。他指导的团队参加全国高校烹饪比赛多次获得金奖，连续两年在"中国梦·劳动美"烹饪技能竞赛中获得"优秀组织奖"，2014年六人参赛获"两金四银"，2015年五人参赛获"三金两银"的好成绩；在第七届全国海鲜烹饪技能大赛中获得"团体优胜奖"，三人参赛获"两特金一金"……这一切，源于他善于运用多种方法"授人以渔"，传播钻研进取的正能量，锻造厦大餐饮技术队伍。

"每个学期，都要对所有餐厅的厨师长进行培训，主要是根据大锅菜的特点，对工艺流程、成菜时间和各种味型的把握，进行相对标准化培训，这些标准和基础味道把握准了，不同的食材就可以进行丰富的搭配。"每次培训，江森民都亲自上阵教学，他还经常利用在圈内的资源，不断邀请各大菜系的大师不定期来教学，其中不乏蜚声厨界的川菜大师、鲁菜大师等。

除了培训，江森民更多的工作是餐饮流程的标准化制定和针对大锅菜的研发。"中式烹饪随不同厨师的技艺和发挥波动很大，即便我们不断地进行统一的培训，但厦大各餐厅的菜品依然有明显的落差，这种超大规模的餐饮，需要探索一种标准化的工艺制作流程。"

低调内敛的江森民，一次又一次在炉灶前施展着自己的才华，一盘又一盘在餐桌上呈现的美味佳肴，都是他心中感恩、祝福厦大的无声表达。在他的影响和栽培下，一批又一批年轻的厨师们迅速成长起来，共同为做好厦大师生的餐饮尽心尽力。

一汤一饭：饱含浓浓情意

每一位厦大餐饮人，都有着自己独特的食堂记忆。从他们的讲述中，我们能够感受到在一汤一饭中饱含的浓浓情意。

曾国强，现任公寓二期食堂经理，他从1977年开始在生物食堂当学徒，后来先后在经济食堂、化学食堂、第一食堂、海滨餐厅等食堂就职，可以说，基本上在当时各个院系的食堂都有工作过，20世纪80年代初还当过采购员。

因为勤劳，学得也快，曾国强当了一年学徒就开始掌锅，师从程福春计划员（当时的计划员，相当于厨师长）。1986年，到北京大学参加食堂办伙的相关培训，当时厦大膳食一共派了3个人去学习，可以看得出学校对于青年餐饮人培养的重视。

在曾国强的回忆中，当时食堂里，唸汁、沙茶酱都是员工自己调制的，咸菜也是自己制作，老师傅们手把手地传授制作的方法和技巧，年轻人认真学习，记在心里，认真实践，很快也就上手了。早期食堂菜肴以闽菜风味为主，过年和节假日，食堂会制作卤鸭、狮子头、红烧肉、海蛎炸、炒米粉等给学生加餐。

20世纪七八十年代，食堂和学生的互动就挺多，每周六下午各个院系都有组织学生义务来帮厨，帮助洗地板、洗餐厅。到了90年代，周末晚上，学生们还会来食堂举办舞会。他们有自己的乐队，现弹现唱，食堂的工作人员都会给他们提供各种准备和帮助。

曾国强的父亲曾文金，也是厦大老一辈有名的大厨，烹饪技艺精湛，尤其精通素食。王亚南任校长期间，曾文金在当时的教授餐厅专门为教授们办伙，当时还有聘请了厦门新南轩、绿岛饭店的大师傅们来指导切磋办伙经验。父子两代人一起献身厦大餐饮工作，也是一段佳话。

郑亚涂师傅1980年来到厦大化学食堂，曾师从李福生、师公陈增官等大师傅。他的记忆相当有"数字化"的感觉。从1980年5月开始，厦大对原有的膳食管理制度进行了初步的改革，即打破固定用膳点的旧框框，实行营业额计奖、统一使用饭菜票等办法。

按照改革后的机制，食堂工作人员平均每人每月的营业额（菜票收入）标准为440元。凡符合这个标准的食堂按1.6%计奖；超过480元的按2%计奖；低于440元但在400元以上的按1.2%计奖；360～400元的按1%计奖。这样，食堂办得好与不好，就跟每个炊事人员直接的经济利益联系起来了，因而充分调动了每个人的积极性，食堂越办越好。

1984年8月，郑亚涂调到勤业餐厅工作，那个时候勤业餐厅还叫作"小餐部"。为了满足广大师生员工的需要，更好地为用膳者服务，学校创办了馒头生产车间及小餐部，这两个单位实行利润留成制管理办法，均收到了较好的效果。比如，馒头除了每天能够保质保量供应学生食堂外，还满足了两个教工供应点的零售需要，质量也逐步上升，1982年产量达到28.7万斤。

"有一年，厦华彩电10周年庆，要办一场宴会，50多桌，当时是我办的。我去找我师公陈增官，跟他说，我接了很大一场酒席，人家都笑我，不过既然接了，总要做，您来现场帮我压压阵吧。"郑亚涂回忆说，当时的勤业餐厅有楼上楼下，小餐部是在楼下。办桌要等楼上教工餐厅开完饭，才赶紧请楼上的同事帮忙。这算是厦大当时接的最大的一场办桌了，许多"生猛海鲜"的出现，都相当惊艳。

在化学食堂工作期间，因为每年都有高考改卷的老师在那里就餐，餐标比较高，对菜肴烹煮也提出了较高的要求，但郑亚涂和他的同事们，每次也都高标准地完成了任务。2004年7月，作为有丰富经验的老餐饮人，郑亚涂被派往漳州筹备餐厅，直到退休。在他心目中，作为厦大餐饮人，最主要的精神就是吃苦耐劳、任劳任怨、无私奉献，把学生的要求当成餐饮人自己的追求。

纪进财师傅1979年来到女生食堂工作。当时肖学勤老师傅担任食堂的计划员，肖师傅以食堂为家，甚至春节都没有休息，他业务纯熟，白糖不用称，一拿就是一斤整，而且精打细算，处处为食堂着想，给纪进财树立了很好的学习榜样。

后来，纪进财先后到教工食堂、化学食堂、物理食堂、文史食堂、丰庭食堂、石井食堂（也称第六食堂）、诚毅食堂、万人餐厅、芙蓉餐厅等处工作，可称得上是厦大的"食堂通"了。

1986年，纪进财和另一位同事，被派往四川大学专门培训川菜。此前，厦大食堂菜肴里以闽菜为主，纪进财和同事学习了四个月，带回了回锅肉、水煮肉片、麻婆豆腐等传统川菜菜肴烹制技术，外省来的学生吃了表示"很对胃口"，特别是来自湖南、四川等地吃辣的学子们，开心不已，因为这些菜肴帮他们解了思乡之苦。

蔡建辉师傅1979年到生物食堂工作。在他的印象中，刚开始，食堂的豆腐一周供应一次，有炸豆腐，也有卤的，学生还是比较喜欢的。之后厦大自己有了豆腐厂，天天有新鲜的豆腐供应了。

1982年，他去上海参加培训后，赶着在开学时回到厦大，筹备海外教育学院的留学生食堂。1983—1984年间，留学生虽然只有20多人。当时的教工食堂，一半服务教工，一半就作为留学生餐厅，一天的餐标是10美元，学校为了照顾留学生的口味需求，在烹制方法还有调味品采购等方面还是下了不少功夫，这正是厦大一直以来爱生如子、关爱侨生传统的最好佐证。

现任勤业餐厅经理曾秀宝，1984年12月来到经济食堂，从切菜女工做起。她记得，以前没有绞肉机，切肉都是要手工切。每天上午8点多，厦港一带卖猪肉的摊主就会送肉过来，刚把菜切完，就要去切肉，工作安排得很紧凑。

"当时的计划员许新红让我配合砧头（砧板），从那个时候起我开始接触掌锅，直到1986年担任计划员。梁诗柱科长说计划员要有厨工证，所以半年后我就脱产去培训班学习，9月份开学又返回经济食堂做计划员兼掌锅。"事实上，掌锅是很辛苦的活儿，对体力和技术要求很高，而那个时候女性掌锅极少，曾秀宝是其中的佼佼者。1990年，她又到了工人食堂（在现东苑餐厅的位置），也是当计划员，她还记得当时有个铁皮屋，卖小炒和快餐，很受学生欢迎。

1991年，有了丰富管理经验的曾秀宝被派去筹备海滨食堂。1993年起，她在海滨餐厅、女生食堂、石井食堂工作，2001年曾被派去筹备海韵学生公寓一期食堂B餐厅，此后到勤业食堂，一直到现在。

　　曾秀宝说起早年掌锅的情景，特别记得，当时是烧煤，自己拖煤球、撬煤炉，等到开伙时间点，如果火还没上来，就得去砍木头烧柴火。"在经济食堂时，我们分两组，一组在食堂内工作，另一组要去芙蓉四后面的小铁皮屋，要手推一个很大的推车，三餐都要过去卖。现在想来还是蛮辛苦的，不过我们都坚持过来了，一想到师生们吃到可口饭菜的开心劲，我们就很欣慰了。"

　　时光流逝，有许多早年间为厦大膳食工作任劳任怨、兢兢业业的老师傅，已经离开人世，但在他们留存下来的资料里，我们仍然能够找到曾经岁月里的点滴感动。

　　20世纪50年代来到厦大上班的肖学勤师傅，1984年获得"五一劳动奖章"，并曾获得邓小平同志的接见。在他曾经的口述中，他记得，在副食品供应不太丰富的年代，他跟采购员和其他师傅一起商量研究，尽量提高伙食质量，做到品种多样。主食每天供应菜包、肉包、面条、粉干、干饭、稀饭互相调剂，菜谱有蛋包、炸鱼干、炸鱼、瘦肉排骨汤、猪内脏、五香条、炸肉片等。到70年代末开始恢复了"小灶"，这是"调剂胃口"，照顾病号的好措施。

　　1957年1月29日的《新厦大》曾刊发过膳食科陈明辉师傅的一篇《不要让浪费粮食之风再起》的文章，有着满满的时代记忆。比如，文章提到了"代盛饭没有好处，不要随便把饭倒掉"等建议，也批评了学生中存在的一部分浪费粮食的现象。

　　让他印象深刻的还有关于"如何解决排长队"的问题，当时学校最大的文史食堂，供应着三个系近700名学生的用膳。原先卖饭菜的窗口比较少，同学们吃一顿饭要排很长的队，最长的要等上个把钟头。为了解决这个问题，食堂多开了三个供应的窗口，职工也打破分工的界限，连炒菜的老师傅、采购员、管理员都一起上阵，为学生打饭。

　　而在陈增官师傅早年的回忆里，则提到了20世纪70年代锅炉房蒸饭的场景。当时用的是木蒸笼，很大，需要两个人抬，全部是"纯人工"，还要拉煤、挖红土，烧完再把煤渣拉出来，很辛苦。事实上，在还没有用锅炉之前，食堂是自己蒸自己煮大锅米饭，而"锅巴"居然成了当年最香最脆的"馈赠"。

那时候的毕业会餐，炒米粉、炒面、红烧肉、红烧鱼、青菜、炸豆干，已经是极致的美味，学生们还会来敬酒，敬师傅和工人。办完桌，夜晚还没有路灯，男员工送女工回家，保证他们路上的安全。这样的镜头，早已成为年代记忆里挥之不去的温暖场景。

在20世纪50年代开始的校报中，常常出现关于餐饮人的专题报道，每一帧"剪影"都弥足珍贵。一个个或许人家并不太记得的名字，陈慈铭、曾学勤、陈明辉、蔡美兰、柯清普、林水仙、王志强……却有如一张张时代的"餐饮名片"，与全体厦大餐饮人一道，镌刻在百年厦大的记忆中，余味悠长。

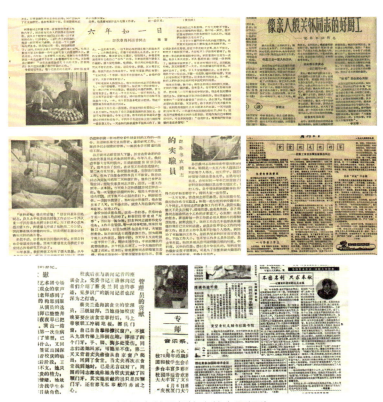

校报中关于餐饮人的专题报告

时代剪影，雪泥鸿爪。一张张或许已经略微发黄的老照片，一幅幅珍藏的"老奖状""老证书"，一次次也许只是当年"随手"的拍摄，一张张淳朴而热烈的笑脸，共同描绘出厦大"老餐饮人"的风采。时光虽然老去，但永远值得怀念。

老照片

当年的合影

第三节
你好旧"食光"：老食堂里的交响曲

不管在哪个年代，大学生这个特定的群体，正处于身体和心灵最蓬勃的"发育期"。所以，在高校所有的消费类型中，饮食消费所占的比例都不小，而基于校园这样一个特定的环境，这其中又有很大一部分是食堂消费。社会经济的发展，对大学食堂提出了越来越高的要求，食堂的建设也随之不断完善和提升，以满足就餐师生的不同需求。

而食堂不仅是大学生就餐的地方，是每个同学几乎每天必到的场所，更紧密地联系着大学生的学习、生活和健康，甚至成为他们娱乐、人际交往的重要"场景"。厦大食堂的变迁，不仅仅是为学生提供越来越好的"吃饭场所"，更潜移默化地影响着一代代学生的学习与成长。这也使得不同时代的食堂，在一定程度上折射和反映出时代的发展变化。

所以，在厦大，食堂文化建设也是学校校园文化的缩影。以餐饮文化为主导，以校园精神为底蕴，秉承"三服务、两育人"的宗旨，经由一代代厦大"膳食人"的努力，在提供丰富、营养、安全的餐饮服务的基础之上，营造整洁、温馨、舒适的就餐环境，通过组织积极向上、健康有益、具有教育导向和公益性经营理念的相关文化活动，全面丰富了校园文化的内涵。旧"食光"里的印记，锅碗瓢盆，是由远而近的校园交响曲，余音绕梁。

建校伊始与长汀时期：转圜之间铸造厦大精神

"全体同学在一间膳厅吃饭，宿舍四人住一间，桌四张，椅四只，灯光交映，吟咏之声相和。膳厅八人一桌，钟鸣而食，欣笑之声相闻……"将近三十年后，叶国庆对于当年厦大膳厅的记忆，仍然栩栩如生。

作为厦大首届学生，叶国庆于1921年考入厦大教育系，毕业后留校任教。这段文字，是他1948年10月14日发表在《江声报》上的"我们那时候"一文提及的。对于厦大最"资深"的校友们来说，那样的"食光"令人无比怀念。

建校之初，厦大的食堂建设紧锣密鼓，据《厦大校史资料第八辑》记载，从1922年到1925年间，东膳厅、东厨房、西膳厅、西厨房、女生厨房、教职员厨房相继建设及落成，占地面积从300多平方米到600多平方米不等。此后，"吃饭问题"也一直是学校管理中的头等大事之一，在当年的校内相关报刊及资料中，都留下了鲜活的记载。

在《厦大周刊》第一百廿六期（1925年11月7日），有一则"校闻"为《整顿教职员膳食问题》，特别提到："本校博学楼后原有厨房一所，嗣于暑假期间，暂行停止，该处一时权供印刷所临时办事处之用，近印刷所已迁往囊萤楼边之空房办公，本校为便利教职员起见，仍在该处设一厨房，将该屋中间隔分为二，一半为膳厅，一半为烹饪所，定膳者皆在该膳厅用膳，膳费普通每人每月大洋六元，优等每人每月大洋七元，定六人一席，至本校原有东西两厨房，改由

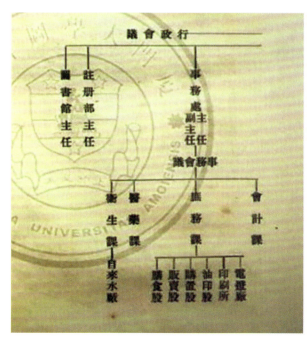

《厦大十周年纪念刊》刊登的学校组织机构图显示，当时膳食科属庶务课管理

学生会办理，教职员中有愿照学生会章程，预缴膳费于学生会膳食部仍向东西厨房订膳者，亦可听便，业已由保管股主任周辨明先生传单通知各教职员矣。"

1926年1月30日的《厦大周刊》第一百三十八期《建筑部消息汇志》说："囊萤西边之膳堂自暑假间改建以后，气象一新。从前系用紫色油漆，现改用灰色，尤觉美观。

映雪楼东首之膳堂，膳桌系用水门汀制，颇为清洁。惟坐凳仍系普通木凳，故不免有移动缺少之憾，现已召匠改制水门汀之固定坐凳云。"

在当时有限的条件下，学校也不断建立更加完善的膳食管理体制，竭尽所能，转圜之间，但求周全。同时，通过"校闻"公开透明地及时向师生传达信息，字里行间，都是一片关爱之情。

抗战时期，厦大内迁长汀，膳厅问题也依然是重中之重。

1946级会计系的校友曹大斑曾回忆当时的情景："校园里有多个膳厅，中心广场膳厅是老大。它位于广场西边，与囊萤斋毗邻，映雪斋对面，距笃行斋一箭之遥。走进膳厅大门，迎面是天井，台阶上架着一条长长的水槽，装有一排龙头，细水长流，三餐不断，水槽两端各置大木盆一只，满盛热水，是专供用膳人洗刷食具用的。膳厅很大，整齐排列着许多方桌和长凳。"

在相对艰苦的环境下，膳厅给学生提供的，却也是明媚的时代记忆："可容多少人用餐?我说不清也没有数。学生用膳虽有定时，却不一律，由于课时不同，用膳有先有后，或早或迟，高峰时门庭若市，迟来向隅，站着吃饭的也不乏其人。我住映雪斋时，因膳厅近在咫尺，常端饭菜回'家'去吃。夏天赤膊，冬日烤火，好不逍遥自在。低峰时门可罗雀，同学人据一桌，独霸一方，任你谈笑风生，只不许喧哗酗酒，膳厅规章不得有违。"

当时，学生吃的是"九二米"（每百斤谷出米92斤），饭可供饱，没有限制。菜肴虽然相对单调，却是"四季常青"——青菜、甘蓝、青蓝、芥菜，随季节变化，一人一盘。"手到摘来，犹有余热，倒挺方便。

喝的菜汤只有盐味，没有油水，面上还浮着些许葱花和菜叶，发出诱人香味，令人馋涎欲滴，你想进而捞取沉在桶底依稀可见的汤料，那非一勺之功，非有相当耐心和'水中捞月'的技巧不可。"苦中作乐，甘之如饴，学生们一边努力求学，一边尽量填饱肚子，是满满的"正能量"。

据当时校友回忆，有一段时间，男女同学进去餐厅后，经常分开来吃饭，而且是站着吃饭的，因为没有椅子，就连礼堂听报告也是站着的。但当年不少同学都在日记里面提到，在长汀时期的厦大时光，物质虽苦，精神上却是愉快安详的。学生们都充满着希望，厦大"大的团体"给了他们这种信念和力量。

厦大教授郑朝宗在《汀州札记》中，也曾提到当时这种"精神"的重要性："抗战胜利后一年，厦大从长汀迁回鹭岛，海滨邹鲁毕竟不同于落后山区，三十多年来，学校面貌变化之大，培育人才数目之多，

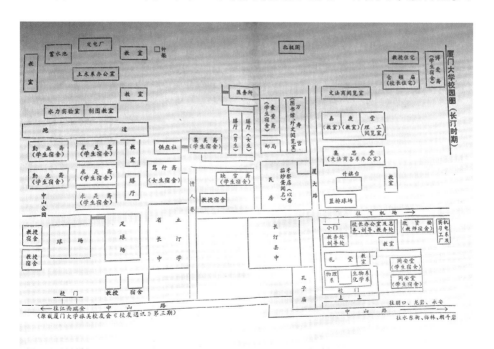

长汀时期的学校地图

远非当年所可比拟。然而，人们决不会因此而低估长汀时期的成就，那是在十分艰苦的环境中奋斗得来的。一切事业的完成总要靠两个条件，即精神的与物质的，长汀时期的厦大靠的主要是前者。"

20世纪50年代至60年代：特殊年代中勉力前行

有一座很多"老厦大"人印象深刻的食堂，叫作——丰庭。它的名字听起更像如今某一幢房地产项目的名称，而在20世纪五六十年代，它却有着自己"曲折"的经历。这座建于1952年的食堂，连膳厅加厨房共四座，然而，1959年，强台风袭厦，它遭受重创。第二年，一座新的丰庭膳厅便重新落成，除了可容纳1600余人用餐的一层膳厅外，它的二层成了厦大的托儿所。

新中国成立之后，在陈嘉庚先生的亲自主持下，厦大开始了新一轮的扩建。和当时厦大建筑部营造的其他校内建筑一样，数年间拔起而起的一座座新食堂，不仅都有中西结合、博采众长的外观造型，更有着自己独特的时代传奇。

1953年竣工的竞丰大膳厅，属于当时的芙蓉区建筑群，建筑面积1544平方米，使用面积1378平方米，是当时厦大最大的一个食堂，独得一个"大"字。关于"竞丰"二字的由来，有两种说法：《陈嘉庚与厦门大学》一书中说，李光前先生家乡有处"竞丰堂"，寓意五谷丰登之意，陈嘉庚即以此命名，纪念李光前长期以来大力资助厦大所做的努力；在一份校史资料中则提到，"竞丰"是引用李光前家乡——南安梅山镇（又名芙蓉镇）李氏祖居地竞敏村、丰庭村各取一字而成。

而"芙蓉镇"之名，也关联着与之相关的厦大学生宿舍及食堂。1951年竣工的芙蓉膳厅，后来虽几经变迁，却一直是芙蓉宿舍楼男生们挥之不去的舌尖记忆。除此之外，在20世纪50年代的扩建大潮中，原有的东膳厅、西膳厅、东厨房、西厨房等都得以重新修缮或扩建。但最值得一提的，是1957年建成侨生食堂。

新中国成立后，许多华侨和港澳同胞都有回祖国投资、参加祖国建设的愿望，侨生教育工作的重要性也日益凸显。厦门的海外华侨众多，也是侨生聚集的"重镇"，这从1963—1964年的"厦门市大中学校归国华侨学生、侨属生统计表"中可见一斑。

1963—1964年厦门市大中学校归国华侨学生、侨属生统计表

所以，厦大兴建侨生餐厅，在一定程度上也照顾了华侨学生的口味和饮食习惯。

与此同时，学校膳食管理的机制也在不断完善。当时厦大的食堂由行政部门、学生代表及办理膳食工友三方共同组成"膳食管理中心小组"，借以确定各种制度和措施，改进膳食质量，提高营养，调剂口味，以保障学生健康。而专设的学生膳食委员会则参与关于监察、检查部分的工作。食堂工作也有了更多新"创意"，比如设立病号食堂，又针对生源拓展进行口味调整，北方口味、闽南口味和福州口味荟萃。

每个年代有每个年代的"关键词"。20世纪五六十年代，全民记忆的关键词除了"列宁装""布拉吉""粮票""公共食堂""广播体操""打麻雀"的生活印迹，也有"土地改革""公私合营""全民炼钢""金门炮战""三年自然灾害"以及层出不穷的"运动"，厦大食堂的"小历史"，也同样一路见证时代特殊的历程。

50年代起，厦大办起了养猪场。在顶澳仔、中和、胡里山、东孚等，都有厦大的"养猪区"，生物系的师生还为此给予科学指导。在这个全体国民大抓农业生产的年代，学校党政领导号召全体师生多养猪、多养鸡鸭鱼虾、多种蔬菜，尽量让大家吃饱吃好。比如胡里山养猪场，1957年由原思明农场拨给厦大作为养猪场使用，1961年10月，厦大给思明农场投资21000元作为使用该地的交换条件，此后又建有猪舍、仓库等，大约于1979年左右结束营业。而70年代后期大规模的养猪场停办后，有的食堂仍会根据自身条件继续养猪。

1959年就到厦大就职、曾任膳食科科长的梁诗柱回忆说，厦大自50年代起还曾先后自办养鸭场、馒头加工厂、豆干厂，食堂的员工自己种菜，自己制作酱油、咸菜等，在物质匮乏时期实行生产自救，发展副业生产和副食品加工，保证了食材的供应，争取了物资的主动权。

在1958年3月一次学校会议上，膳食科代表陈炳祥做了题为"六个月后养猪

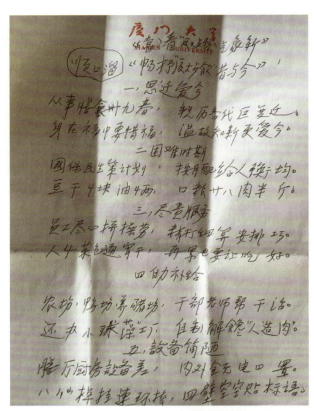

膳食科退休员工王志强手稿，以诙谐的诗句回顾了当年厦大食堂艰苦奋斗的真实场景

八百头，膳厅厨房三个月内成为四无单位"的发言，其中的数据和信息十分细致：

"（膳食科）包下今年学校新增加的伙食供应，不增加管理人员和厨工，每年为国家节约7000元。扩大养猪生产，今年6月增至400头，比原来提高266%。六月以后，每五个用膳人饲养菜猪一头，预计今年6

月之后养800头，比目前增加533%。争取在1960年起，做到猪肉自己供应。1959年开始逐步实行豆油（酱油）等主要配料自制。克服一切人为的浪费现象，即刻研究推行少米多出饭的方法。三个月内从根本上改掉不合卫生的操作习惯，做到卫生好，争取六个月内膳厅厨房内彻底消减四害（老鼠、苍蝇、蟑螂、蚊虫）。"

1959年12月12日《新厦大》报道里，当时膳食科提出了六个月后养猪800头的目标

在1955年1月学生代表和膳食科全体职工举行的联欢会上，时任膳食科科长陈慈铭表示，在反空袭斗争的紧张状态下，膳食科已经顺利地完成了1954年的工作任务，保证了同学们的正常学习生活，膳食科的同志平常还抽出时间自己养猪，一学期就为国家增产2600多元，同时也提高了膳食质量。

膳食科下属的各单位代表也都纷纷提出保证，表示在今后的工作中想办法找窍门，加强改进膳食的研究工作。比如，在最近的考试期间，要宰杀18头肥猪，争取多买鱼，改善汤菜的鲜味，保证准时开饭，注意豆浆、馒头、开水的工艺，做好饭菜的保暖工作，以增进同学的身体健康，使他们保有足够的精神参加考试。

在"计划经济"的大背景下，面对实际形势，膳食科也想方设法寻求改善采购的方法方式。为使"计划菜单"与市场、采购同步，使每天菜肴更好地与季节性结合，膳食科发动各厨房"计划菜单"工友与采购人员组成采购小组，共同上街采购。这样不仅能够灵活主动地掌握市场的情况，同时使得调味、配菜更加机动，提高菜肴的质量。

办法总比困难多。1953年12月10日的《新厦大》头版报道提到，膳食科为了搞好膳食，派员到内地采购煤块、松材、毛猪、黄豆等食物，仅11月份就节省了326万元左右，同时发挥潜力调整工作，缩减原来由学生膳费负担的七位工友，每月节约164万元，这样每年可以节约5880万元左右。

1953年12月，芙蓉厨房安装小型锅炉成功，开始用蒸汽蒸饭，这是膳食工作上的一个重要改良。利用小型锅炉，不但实现同时蒸饭烧开水，还有充分的蒸汽供应化学系、生物系以及医学院所需要的蒸馏水。

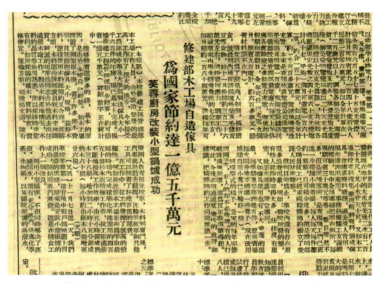

《新厦大》关于芙蓉厨房改装小型锅炉成功的报道

1960年4月4日的《新厦大》总结道：过去蒸饭，各个膳厅用大灶烧饭，需要70多人，还忙不过来，并且耗柴量大，烧的时间长，效率不高；实行蒸汽化之后，24人就可以解决烧饭问题，一下子节省了不少人力。饭也烧得比过去好，不仅不夹生、不烧焦，焖得又软又香，而且每天还节省煤球1000斤左右。

在精简节约、技术改良的同时，膳食科的工作质量仍然精益求精。膳食科根据季节的更替和学生各时期的要求，拟订出多样化的菜单，送到统计科，把伙食营养标准做初步的核对后，还请化学系、生物系的专家分析，具体地计算出营养价值。

有一次，膳食科计划采购小组在精简节约的讨论中，叶安国、吴荣两位同志提出要由自己运回每天到厦门市区采购的食物和蔬菜等等，这样可以节省运费，当场又有多名工友主动报名参加运送。这个建议得到了学校的支持，学校特购板车一辆供运菜之用。1954年1月开始，参加运菜的几位工友每天上午都到厦门市区，把1000多斤的食物和蔬菜，一车车运回学校来，每月节省运费150多万元，省下来的钱也都用于提高伙食的营养和质量。

爱生如子，在困难时期也不例外。1959年1月《新厦大》刊发的《响应党八届六中全会的号召：办好食堂，第一食堂管理委员会做出重要决定》中提出七项相关措施：第一，从本月下旬起实行包饭，以解决买菜拥挤的问题；第二，委托各单位代售菜饭券；第三，增加保暖设备，增加炖罐供应，添设现炒部，使大家有热菜吃；第四，发售肉类定量菜券，保证每人每月得到一定数量的肉食供应；第五，改进荤菜烹饪方法，做到美味可口；第六，开设病员食品部；第七，提倡群众自己洗涤菜碗饭钵，培养劳动观念，减轻厨工同志的负担。

《新厦大》关于把技术革新推向系列化的"鼓劲"报道

20世纪60年代，食堂贯彻当时国家的粮油定量供应政策，按照规定的供应标准按人按顿粮米下锅，要求不得随意克扣斤两和浪费粮食，必须按照国家规定的粮油计划，分期分批拨领并专粮专用，合理安排生产（供应）。

一定要把食堂办好

党委加强食堂工作领导 作出八条决定

1960年4月《新厦大》报道，陆维特书记等同志亲自下食堂检查膳食工作

对食堂的粮油实物管理指定专人负责，建立健全粮油实物的收支存登记制度，做到收有凭、收有据、账货一致、账账相符，定期公布食堂财务和粮油的收支情况，日清月结，及时上缴回收粮票。还特别加强了粮油的保管工作，防止粮食霉变、变质以及其他损失。

20世纪70—80年代：技术管理革新勇立潮头

历经时代洗礼，中国迈入了一个新的发展阶段。20世纪70年代后，除了继续新建敬贤厨房、招待所膳厅（外专食堂）、女生食堂等，食堂工作管理的集约化与效率化也不断被提上日程，1974年，学校党委会决定，将食堂调整为外文、经济、物理、化学、生物、文史、数海、机关食堂和一个锅炉房，此后数十年乃至沿用至今的许多食堂名称，也正是由此而来。

技术和管理革新大潮也在食堂悄然兴起——实现炊具机械化，购置切面机、切馒头机和绞肉、切菜、制作水饺等炊事机械、制作面包；开展养猪种菜，改善师生生活；节约用煤、用水电；开展以岗位责任制为中心的劳动竞赛……

1978年，在学校的总体指导精神下，当时的12个食堂热烈开展劳动竞赛活动：化学系的食堂克服了厨房拥挤等困难，想方设法改变主副食的食品花样，受到了同学们的喜欢；机关食堂几年来坚持烧煤渣，每年为国家节约100吨左右的原煤；经济、数学、物理、海洋、文史等食堂通过开展竞赛活动，也都有了进一步的变化。在竞赛活动当中，无论管理员还是采购员、炊事员，无论正式员工还是临时工，无论老师傅还是年轻的工人，都齐心协力、争做贡献，争取获得"流动红旗"。

而爱生如子的传统进一步强化。1978年的暑假前，化学系和文史哲食堂率先供应夜点，其他六个学生食堂也跟着效仿，受到同学们的欢迎。接下来的寒假前，全校学生食堂普遍推广这样的做法，教工食堂也向单身教职工供应夜点。当时的师生还记得那些温馨的夜晚：晚上10点钟前后，全校的食堂热气腾腾，有的供应馒头、炒米粉、米粉汤，有的供应热面汤，还有包子、水饺等。文史哲、外文等食堂还把热乎乎的点心送到离食堂比较远的女生宿舍和理论班宿舍，炊事员同志们的辛勤劳动，让同学们很受感动。

一些当年的教职工和学子们回忆起来，那种暖心的场景依然历历在目。"天已经很黑了，食堂的职工正在收拾饭菜、碗盆准备下班回家，这个时候，历史系的一个同学一手拿着饭碗，一手捂着微微发肿的脸颊走进了食堂，望着米饭发愁。这是怎么回事儿呢？热心的卖饭师傅们马上前去探问，才知道这位同学牙齿疼，不能吃硬干饭。可是食堂每天晚上煮的面条汤已经卖光了。老师傅二话不说，即刻开动火炉，砂锅下料，精心煮了一碗可口的面条汤，当这位同学端到汤面的时候，心里十分激动，对旁边的同学说，我们的食堂真好。"

新的面貌催生新的机制，从绩效挂钩到"半企业化管理"。1978年改革进入实质阶段，开始采取季度评奖（每人每季度分别发放10、8、6元等三季奖金）的办法来提高大家的积极性，让食堂的效益与员工的利益挂钩；1980年5月，打破固定用膳点的旧框框，实行营业额计奖，统一使用饭菜票等办法，各食堂加强经济核算和计划管理，食堂面貌发生大变化，饭菜质量提高，花色品种也增加，改变了买饭菜排长队的现象。

备扩大供应品种。

复习考试期间供应夜餐

学期末，复习考试，同学们一般都较紧张劳累，炊事员同志看在眼里，想到青年人废寝忘食地学习，只借三夕显然热量不足。因此，在去年暑假前，化学系和文史哲食坐首先供应夜点，其他六个学生食坐也跟着这样做，受到同学们的欢迎。今年寒假前，全校学生食坐普遍推广，教工食坐也向单身教职工供应夜点。一到晚上十点钟前后，全校的食坐热气袅袅，有的供应炒米粉，有的供应热面汤，还有的是包子、水饺。文史哲、外文等食坐还把热乎乎的点心送到离食坐较远的女生宿舍及理论班宿舍。同学们很受感动，赞扬炊事员同志们的辛勤劳动。

（校体委报导）

文史哲食坐自从去年下半年开展社会主义劳动竞赛以来，面貌大有改变，去年连续两个季度获得先进食坐流动红旗，受到同学们的赞扬。所见所闻，令人感动。

一碗热面汤

一天晚上，天已经黑了，食坐职工正在收拾饭菜、碗盆，准备下班回家。这时，只见历史系的一位同学一手拿着饭碗，一手捂着微微发肿的脸颊，走进了食……

煮点……

群众来信

文史食堂办得好

因事晚归的同学以及刚经过大运动量训练的校系奥运动员队队员们，可以在这里买到热气腾腾的饭菜，或在右侧的"小炒部"买到喷香可口的猪肝、瘦肉面。在筋疲力尽、饥肠辘辘的时候，听到的是食堂师傅和事务工作人员的热情话语，咽下的是美味的饭菜，这跟自己家里还差多少呢？文史两系的同学自豪地称赞自己的食堂说："这样的'后勤部'真好！我们没有后顾之忧，就能更好地投入到学习、工作和锻炼中去了！"

衷心希望文史食堂越办越好！也希望学校有更多这样的好"后勤部"！

•小元•

每天晚上，当有些食堂关门的时候，文史食堂里仍然灯火通明。

新厕所的新问题

编辑同志：

在集美Ⅰ和集美Ⅱ楼之间新建一个式样美观的厕所，这方便了师生上厕。但新厕所存在一些新问题，现水冲不高楼房较远，加上内部设计不合理，因此臭气常常随风卷入教室、中文系资料室及文科教师阅览室，使师生无法进行正常学习。如不采取措施，势必影响同学们的学习和身体健康。为此，我们建议：

1、改进大便冲水装置及大新度，使易于滚落粪池。

2、在两排大便处增加水槽上，多放水箱便使用者便后及时冲净。

3、工人打扫厕所时，应在课外时间进行（现在一般是在课间一、二节课），同时增加每天冲洗次数，加强厕所卫生。

中文系学生 公琴……

遣送回家。

（保卫部）

校开放简易浴室

[本刊讯] 为满足师生员工洗澡需要，校锅炉房附设简易浴室，经初步整修后已于六月一日开放。简易浴室设男女两部分，男浴室内大池供应温水，入浴者用面盆盛出使用，女浴室从锅炉房将热水池装水、使用。开放时间，每星期一至星期六每天下午四点半到六点半，星期天上午九点到十一点，下午四点到六点。

（总务处通讯员）

于利用课外时间制作……服务。
了数十套幼儿教具，八……

（柯碧察）

校印刷厂职工赶印《英语九百句》

本刊记者摄

物理系食堂越办越好

最近以来，物理系教工和学生普遍反映，系食堂越办越好。

物理系食堂原来是"老落后"，长期以来广大师生意见纷纷。其一，主食呆板。偶尔搞点面条之类，不但罕见，而且"其味贫乏，其质稀烂"，碰到卖一次包子，那更是机会难得，大家争先恐后；其二，菜谱单调，即以中餐而言，黑常不离老三样：肥、瘦肉片、清蒸鱼。

但近段以来，此种现象大为改变。每日中午，主食除大米饭外，常有有包子、花卷、粿条、面食、米饭，乃至于不便加工的水饺，菜谱除肉类肥瘦兼有，青菜养养不少外，还时有蛋品、鱼丸、猪血、豆芽之类，在色、香、味方面，也颇见用心，以致于不少师生食欲大增，自然，这是和食堂职工同志的辛勤劳动，钻研技术分不开的。为此，部分教工在食堂墙上贴出红榜表扬。当然，目前尚存在一些不足处，大家提了几点有益的建议，比如今后在保证主食多样化的同时，要适当掌握数量，菜价可作适当调整，力求经济实惠，早上多搞点小菜，卖饭菜多开窗口等等。

（物理系学生会报导组）

1978—1982年厦大校刊读者来稿及相关报道关于对各食堂变化的"点赞"

1981年下学期开始，食堂统一收归膳食科管理，全面铺开试行半企业化管理办法，每个食堂的行政设备实现定额包干节约奖。在当时的一份工作报告里，列出了一本"账"：按照新办法规定，每个食堂每个工人一个月的营业额达到675元的按7.1%提奖；达到600元按6.5%提奖；达到550元按6%提奖；达不到营业额标准（440元）70%的扣月工资5%，食堂盈亏额超过3%的扣奖金5%。这套办法试行的结果，全科每人平均奖金8元，其中最低的4元，最高的可拿十几元。这样，食堂办得好与不好，就跟每个炊事人员直接的经济利益挂钩起来了，因而充分调动了每个人的积极性，使食堂越办越好。

　　1980年暑假，全省高校运动会在厦大召开，一千多名运动员的吃、喝、洗等都样样服务周到，炊事人员更是在盛夏高温的工作条件下，放弃休息，不计报酬，夜以继日地工作了一个多星期，出色地完成了任务，受到各兄弟院校的好评。而学校管理者们深知，这靠的不是物质刺激，也不是什么规章制度的约束，而是人的"先进思想"。

　　伴随着改革开放步伐的加快，厦大的膳食工作进一步进行企业化发展和改革，其中，烹饪培训中心和"伙专会"的成立，都是过程中重要的里程碑。在2017年出版的《福建餐饮》中，有一篇题为《小店出名徒》的文章，就深情地回忆了那段历史：

　　"1986年10月16日，福建省高校后勤管理委

《福建餐饮》刊登的《小店出名徒》文章

员会伙食分会成立，同年，福建省高校烹饪培训中心实习店在厦大一条街也开张了！

蔡长寿，原厦门大学膳食科副科长，是烹饪培训中心实习店负责人。回忆起那段故事，老蔡感慨良多，'当时食堂的厨师技术力量后继乏力，青黄不接，在这种背景下，我受命组织成立了实习店，为厦大并兼顾省内高校餐饮培训新生的厨师力量，对当时各学校管理员、保管、计划员甚至部分干部都进行培训。没想到在成立运营之后，影响越来越大，甚至连当时驻扎厦门的31军、水警警备区部队都派出了厨师参加我们的培训，影响之大、辐射之远都出乎了我的意料'。"

20世纪80年代，厦门餐饮发展进入快车道，与此同时要面对的是厨师队伍技术力量的青黄不接、厨师等级认证相对薄弱等问题，因此，进行相应的提升和认证培训是非常有必要的，"福建省高校烹饪培训中心"在厦大应运而生。培训中心邀请到了当时厦门的一些老师傅，林年平、陈梦凡、纪荣益、黄渠泉等老一辈的师傅，以及童辉星、陈永川、黄种成等中青骨干，他们与厦大膳食科蔡长寿、陈明辉、何阿招等老一辈的培训力量相结合，从理论和实践进行全方位的指导和培训。

回忆起当年厦大的"福建省高校烹饪培训中心"的贡献和影响，当时参加培训实操指导的教师童辉星、陈永川两位元老级注册中国烹

"福建高校烹饪培训中心实习店"旧影

饪大师依然记忆犹新。

"在厦大培训中心举办的这些相关的培训，规模、层次还是比较高的，另外，培训中心的实习店，也为学员们提供了很好的实操场所，让他们能够得到锻炼和实习。厦大的这个培训中心课程设置还是非常合理、周到的，可以算是厦门正规化的厨师职称评定培训正式揭开序幕的标志之一。"童辉星说。

而陈永川也认为，"这个培训中心为厦门乃至省内重要的餐饮单位、宾馆、酒楼、工矿企业、部队军区等机构的厨师骨干力量培训提供了很好的平台，对厦门餐饮业发展做出了很大的贡献，特别是在传帮带和新生骨干力量的培养起着非常重要的作用"。

曾经参加培训中心举办的中级厨师培训班的唐网腰、林天明等几位学员，如今也是厨界名师，但说起当年培训的点点滴滴，依然满怀感慨。

唐网腰回忆道，当时培训合格的学员才能获得由劳动局颁发的厨师等级证书，整个培训过程挺严格，一般采取脱产的形式，时间3～4个月。当年的考核级别也分得很细，从二级厨工到特一级共10个级别，一级一级地考，最后才有资格成为技师、高级技师。

林天明说，"我们当时参加的是1985年冬天举办的厦门市中级厨师培训班，为期4个月，有理论和实操学习，学员有来自鹭江宾馆、厦门宾馆、集美宾馆、湖滨饭店等知名酒楼宾馆的大厨，以及学校、部队、工矿企业食堂的管理员，这个厨师认证培训全面提升了厨师们的素质，

1985年冬举行的厦门市中级厨师培训班结业合影

也为厨师们从业提供了保障。我们那批学员，后来基本都成为各单位的中坚骨干力量"。

　　培训班一年2期，一期30人左右，从1986年到1998年一共举办了26期培训班，培养了700多人的厨师队伍，为全省餐饮行业输送了大量优秀餐饮人才；同时培训人才得到劳动局考试承认，在经过原料知识、切配技术、烹调技术、营业卫生和成本核算五大方面的全面综合培训后，获得由劳动局颁发的厨师等级证。

　　在举办培训班之前，厦大组织参加"福建省高校第一届烹饪比赛"曾铩羽而归，没有获得较好的名次。举办培训班之后，在第二届比赛中，厦大几乎包揽了所有最高奖项。这是厦大充分利用现有条件大胆创新的结果——老厨师大锅菜经验丰富、技术水平高，但年事已高、大赛经验少；而年轻人好学肯练、敢想敢做、精力充沛，由他们冲锋在前，老师傅居后坐镇，不断获得一个个好名次，涌现出了以江森民、骆松富、柯孙信为代表的大量优秀人才，他们如今都成为福建餐饮界各个领域的骨干力量。

　　烹饪培训中心实习店，也成为全省"伙专会"各高校食堂与社会

福建省"伙专会"四届四次全会合影

各方面餐饮力量交流互动的基础。1986年8月全国高校伙食专业委员会成立，这是中国高校膳食工作的一个划时代事件，同年，福建省高校伙专会在厦大宣布成立。"伙专会"作为推动高校后勤事业特别是伙食领域改革发展的重要力量，成为福建省教育厅重要决策的参谋。

20世纪90年代至新世纪初：迈向"高校餐饮"新时代

党的"十四大"之后，随着计划经济向市场经济转化，厦大适应社会主义市场经济新形势发展，积极推动后勤的改革和发展。而高等教育的高速发展，学生规模的扩大，也对高校食堂管理提出了越来越高的要求。

支付方式改革也成为一个新的"里程碑"。1995年9月15日，新区食堂（第三、九食堂）推行金龙卡，后来推广到全校普及，也成为十年之后厦大"智能一卡通"（图书馆、超市等通用）的前身。金龙卡是一种取代菜票，方便学生用膳、洗澡、打开水且具有储钱功能的卡，与之配套的是微机管理。金龙卡的推行给学生的日常生活带来了很大的方便，之前因为菜票引发的卫生问题、假菜票问题也迎刃而解，食堂、澡堂、开水房的财务管理也走向正规化、科学化。

校刊关于新区食堂推行"金龙卡"的报道

食堂、餐厅建设继续大踏步前进。90年代后，陆续建成了化学食堂、东苑食堂、逸夫楼、风味餐厅、大丰园餐厅、南光餐厅等。许多当年的厦大新生收到的"录取通知书"上，印着的就是厦大逸夫楼国际学术交流中心的图片——它建成于1991年3月，是学校进行国际、国内学术文化交流的重要场所，也是来到厦大的国内外旅游观光者和商贸洽谈的下榻之处。逸夫楼下设餐饮部、工程维修部、客房部和小卖部等服务部门，实行企业化管

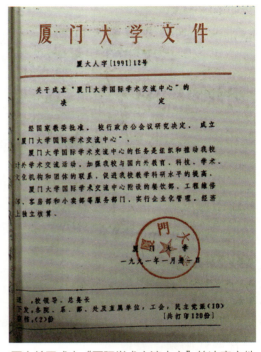

厦大关于成立"国际学术交流中心"的决定文件

理，经济上独立核算。1993年年底立项扩大餐厅规模，90年代中后期，不少院系的毕业会餐都在这里举办。

更多的创意与革新不断涌现。自90年代中后期开始，改善学生的健康饮食已成为行业关注的问题，以不锈钢及密胺餐具为代表的公用餐具在高校食堂普遍推广使用，统一了餐具并严格消毒管理，极大地方便了师生，释放了餐厅空间，促进了安全卫生；厨房与餐饮面积比从原来的3∶1到1∶1，有效改变了原来相对脏、乱、挤的局面，饮食条件也得到非常大的改善；1995年自助餐具出现；1999年小分量菜的试行推出、"三角盘"开始使用……

1997年2月的《高校后勤》杂志，刊登了郑庆喜的一篇名为《厦大的食堂文化》的文章，生动地描述了厦大食堂在20世纪90年代的全新风貌：

"走进厦大食堂，伴随你的不再是叮叮当当的盆碗交响曲，而是那'美丽的西双版纳，留不住我的爸爸''你的脸上，还有微笑吗?'的优

美旋律。迎接你的也不再仅仅是炊事员大姐单调的脸，悬挂式高清晰度大屏幕上演员的笑脸，令你心情愉悦，这就是厦大食堂文化的特色之一——视听享受。

厦大食堂文化的特色之二就是消毒碗筷、汤勺和托盘的供给。'来了就吃，吃了就走'，结束了天天带饭盆去上课的历史，也省去了刷盆洗碗的麻烦，可以说是'处处方便得悠闲'。不过在省了你时间的同时，是否也培养了你的惰性，就不得而知了。

不知你注意过没有，在厦大的每一个食堂里，都设有膳食民主监控大队执勤点，定期有人值班。此景可说是厦大食堂文化的特色之三：及时反馈同学的意见，促进食堂工作的改进。那里设有意见簿，你尽可以大发牢骚……"

1999年，厦门大学饮食服务中心的组建正式提上日程，这是因应全国高校后勤工作改革的一个重大举措。在当年的《厦门大学饮食服务中心组建方案》中，中心的职责包括：贯彻执行学校有关伙食工作的指示精神，做好师生员工伙食供应工作；负责学生区开水供应和澡堂浴室的管理服务；开展多层次、多形式的经营服务活动；检查和督促各饮食单位的卫生状况，严防食物中毒事故发生；积极配合学校做好育人稳定工作。

饮食服务中心下设办公室、财务部、餐饮部、经营部等，实行企业化管理和"主任负责制"，逐步建立起富有特色的中心内部经营服务管理制度，建立健全一系列内部管理规章，如文明服务制度、考核奖惩制度、成本核算制度、物资采购保管制度、餐厅卫生制度、安全管理制度、民主监控制度等，逐步

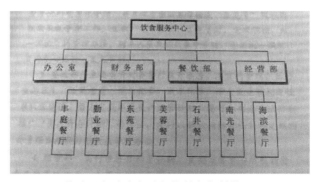

饮食服务中心组建初期的组织结构图

试行"以岗定责，以责定分，以分定酬"的岗位计分制。

饮食服务中心成立后，一方面稳定校内市场，严格控制各餐厅原料物资的统一采购，开展多层次、多形式的经营服务，促进"自选餐厅"在校内的推广，为实现规范化管理、标准化服务、社会化经营的目标而努力；另一方面，开拓校外市场，开发拳头产品，扩大对外经营服务范围，推出"流动快餐车"为校内外提供送饭菜上门等优质服务。同时，申请筹建"菜篮子"基地，建立食品加工厂，形成产供销一条龙，增强规模效益，降低成本，稳定物价，方便广大师生。

2002年12月，厦大后勤集团宣告成立，作为福建省唯一的一所985和211重点大学，后勤改革再次迈向全新局面。在新的管理机制下，翔安食堂、竞丰餐厅、芙蓉餐厅、南光餐厅等，或新建，或"焕新"。而高校食堂的社会化变革，也在2006年起拉开序幕。为满足师生需求，厦大食堂开始实行"多元化办伙"，打破原先封闭的餐饮概念，开拓高校与企业双赢的局面。

此后十几年间，厦大后勤集团以提高学校伙食管理水平、规范学校餐饮服务市场秩序、促进新型学校饮食服务保障体系建设为目标，还成立了专门的餐饮公司（厦门南强后勤服务有限公司），走出校门服务社会，取得了良好的社会效益和经济效益，成为厦门市政府特别指定"校园午餐工程"的承办商之一，并拥有了有"厦门第一大锅"的美称。近40家企事业单位为"厦大餐饮"托管，"厦大餐饮，家的味道"这一口号在厦门家喻户晓。

先进管理制度更成就了绿色创新"5D厨房"。原材料进行集中采购、贮藏、加工、生产及配送，产品为食品半成品及成品，更适用于大型办伙及区域集中供应，实现了规模化、集约化、标准化，有利于节省空间以及机具人力等办伙成本，并充分运用先进的信息化物流管理支撑。

地方风味食品也逐渐进入厦大食堂，打破了传统伙食一统天下的局面，特色突出，效益明显，成为厦大餐饮新"口碑"的一个重要部分；新品菜肴不断研发和推出，各种糕点名点、饮品水果乃至四果汤、烤串等"网红食品"也逐渐在厦大食堂出现，形成了与学生新消费需求配套的"快时尚"。而学生们也更加"爱"上了食堂，这里越来越宽敞明亮，甚至成了许多学生的"自习室"。

时光荏苒，但新的饮食"风情"，总让学子们念念不忘，也留存下许多难忘的镜头。

2016年，"老食堂"勤业餐厅重新开业，元旦这一天，在新落成的勤业圆形餐厅里，由厦门大学学生膳食委员会协办的"饮食服务中心职工岗位技能大比拼之烹饪技术与菜肴展示会"正在举行。学校领导和各界来宾、学生代表，兴致勃勃地参观了主题各异、各具特色的校内的12个餐厅展台、校外托管经营的35家餐厅代表展台以及采购组展台等。

为了这次比拼，厨师们纷纷拿出看家本领，黄金鳕鱼卷、金丝虾球、百花蟹黄面、芒果慕斯等近200种菜肴，展示出一幅幅美景、美器、美食的完美饮食画面。其中，主题为"从田间到餐桌，希望的田野上"的采购组展台，搭建出厦大三校区农校对接及厦漳大桥、翔安隧道模型；海滨餐厅将菜肴放置在蓝色海洋的装饰上，厦大校门的造型，烘托出"海上花园，南方之强"的展台主题；漳州南区餐厅以竹简、笔架、烛光穿插于菜肴之中，展现富有历史韵味的"谢师宴"主题；芙蓉餐厅的旗帜乘龙船而来，配上庆典大蛋糕，与"金玉满堂"的主题高度贴合……

厦大餐饮的创意，也在不断通过新的媒体传播形式，为社会公众所熟知和传播。比如，有段时间，南光餐厅公告的"接地气"菜谱，就在人们的"朋友圈"传开了："一炒出来就卖光的菜"（海蛎煎3元、地三鲜2元、大排骨4.5～5.2元、炒鲜鱿鱼3.8元）、"现阶段好吃的素菜"（白菜心炒香菇1.8元、干锅土豆片2元、黄豆芽木耳丝1.2元）等，价格实惠又美味！"

南光餐厅的创意公告，引发报道及关注

这也让许多无缘来厦大体验美食创意的人们，心里痒痒的。

新的时代，新的创意，也是一代代厦大餐饮人"心"的凝聚。

2018年端午节后，《厦门晚报》的一篇报道特别提到了厦大的"大锅菜"。在采访中，记者饶有兴致地问厦大后勤集团饮食服务中心主任江森民：面对厦大庞大的餐饮服务体量，有没有碰到什么"大"的难题？

难题？肯定是有的。厦大三个校区有15个餐厅，每天服务近6万名师生，同时还对外经营了35家企事业单位的餐饮服务。传统的烹饪技艺主要针对的是宴会菜肴，量小而精致，这些经验面对如此大的餐饮服务体系，必须进行转换，食材如何采购、加工以确保安全、新鲜，口味、菜品如何选择来满足多样化的需求，这是一门"大学问"。

对于大餐饮来说，食材的安全、新鲜远比口味重要。为此，饮食中心团队选用本地食材，以方便品控并减少运输环节的新鲜度损失，不定期对招标选定的食材供应商进行实地考察，每周都要从采购的食材中取样，送到市场监督管理局下属的检测机构进行检测，确保安全。

在口味设定上，更提出了"家的味道"的口味选择。所谓家的味道，就是家常味道和家庭温馨。家常菜以下饭为主，口味要重一点，鲜度要高一点，菜汁要多一点，配料也要多样化一点，才能刺激食欲。学生来自五湖四海，每个餐厅每餐都供应近百种菜品，尽量让师生们都能找到属于自己的家常味道。因此，厦大餐饮逐渐形成了以闽菜为主，兼顾其他菜系的多样化特点。

"江森民中式烹调技能大师工作室"的成立，更是承担起厦大培养更多高级中式烹饪师的重任，负责餐饮流程的标准化制定和针对大锅菜的研发。每个学期，都要对所有餐厅的厨师长进行培训，主要是根据大锅菜的特点，对工艺流程、成菜时间和各种味型的把握进行相对标准化培训，这些标准和基础味道把握准了，不同的食材就可以进行丰富的搭配。

从建立中央厨房的规划，到成立专门的研发团队，进行大锅菜菜品的创新和总结，再到编制针对超大型餐饮的管理规范、工艺流程和烹饪技法的操作教程，厦大餐饮人在新的世纪，依然不断"在路上"。

第四节　且看新风貌：今日厦大食堂巡礼

勤业餐厅

勤业餐厅位于厦门大学思明校区，距离大南校门100米左右，建于1979年，1981年正式投入使用。因为其建筑形状呈椭圆形，也有很多老校友习惯称它"圆形餐厅"。

"老"勤业餐厅的老面馒头、巴浪鱼、小笼包、面线糊、五香卷、沙茶面、炒米粉、炒海瓜子、炒田螺，堪称一代厦大校友的校园青春记忆。2013年，勤业餐厅进行改扩建工程，2015年年底竣工试营业。改建前，厦门当地媒体报道称——《厦大勤业餐厅将重建，粉丝难舍最老食堂"馒头味"》；而改建后，《厦门日报》也专题报道：厦大勤业餐厅"王者归来"，楼更高饭更香馒头随便买。

改扩建后的勤业餐厅由原来的两层变成四层，地下一层是加工区，地上三层为餐厅，总建筑面积10790平方米，三层楼可以同时容纳2500人用餐，成为厦大本部最大的食堂。餐厅除了楼梯扶梯还配备无障碍升降梯，主要是方便退休教师或者行动不便的人。餐厅内部实现高度机械化作业，配有洗消一体的霍巴特洗碗机、超声波清洗机、大型物件清洗机、日本进口的米饭电加热生产线、包子生产线、切菜机、刨片机等，依托机械化操作提高生产效率，更好利用人力资源为师生服务。

勤业"老面馒头"，一直是大家心中勤业餐厅的招牌菜肴，也是历届老校友回校的标配。不少校友不远万里回校后还会带上一二十个，最远的居然带到了大洋彼岸。在改建过程中，这个大约110克重的"五毛钱"馒头甚至还惊动了校领导——由于买馒头的人实在太多，晚来的经常买不到，有师生"愤"而上书给校领导，后来，勤业馒头只好实行限购。得知餐厅要改建时，据说不少人的第一反应也是：馒头呢？

馒头怎么办？

新勤业餐厅的一二楼设有大众快餐窗口，同时结合不同特色小吃满足在校师生教职工；二楼则经营特色牛肉煲、一品卤锅、刀削面、拌面、热汤面等；三楼的自助餐厅还承担了学校各部门的培训、会议、院庆等供餐活动，能够举办600人左右的自助餐晚宴。

在各种节日、传统节气和季节更迭的日子，勤业餐厅还会推出各式各样的小吃窗口为师生增加用餐多样性。比如冬至的汤圆、端午的粽子、腊月的八宝粥、夏日的绿豆汤、冬日的羊肉煲，更别提要"排上长队"的夏季凉拌面、秋冬四物汤面、现炸大鸡腿、甜品以及每到12月都会出现的小火锅。

而每一次校友的集体返校，也在勤业餐厅留下了许多美好的"镜头"与回忆。2018年勤业餐厅承办厦大1977/1978级校友纪念高考恢复40周年供餐活动、厦大1988级校友入学30周年自助餐活动，其中1988级校友纪念入学30周年感恩母校活动中，勤业餐厅为1800多名返校校友及家属举办了丰盛的自助餐——两张15米长的自助餐台，根据怀旧主题烹制了美味的厦门特色小吃和20世纪80年代的经典菜肴：面线糊、卤大块豆腐、三层肉、排骨、猪脚，以及不可或缺的巴浪鱼……而还有校友强烈要求吃海瓜子，毕竟，在当年，物美价廉的海瓜子是大学生私下聚会的必点菜。为了满足校友的愿望，虽然当时不是海瓜子盛产的季节，餐厅还是特意去批发市场采购了一批最大的海瓜子，让校友们重拾当年的记忆。

2020年伊始，新冠肺炎疫情来袭。从春节假期开始，勤业餐厅就按要求每日对所有员工进行行程摸排登记，开业前组织在厦门且符合上岗条件的员工到岗，对上岗员工加强防疫知识培训，包括如何正确佩戴口罩和手套，如何正确洗手、消毒，如何做好防疫期间的服务保障工作等。

2月中旬，虽然同学们尚未返校，老师们已经正式上班，勤业餐厅也提前做好了准备工作，为老师们安心上班做好后援。餐厅上下进行了一次彻底的大扫除，员工们擦拭桌椅，喷洒消毒。整个餐厅冲刷洗净、不留死角，窗明几净、一尘不染。供餐期间，餐厅严格做好晨检工作并登记，每日早中两次为在岗员工测体温，严禁身体情况异常的员工上岗。同时加强消毒，使用热风消毒柜、紫外线灯消毒备餐间，使用84消毒液对餐厅各区域进行不少于两次的消毒。

为了保障师生用餐安全，餐厅尽量加快师生点餐、取餐速度，减少人员聚集。同时改变供餐模式，全部改为套餐打包的方式，每餐推出4种不同的套餐。为适应新的供餐模式，餐厅撤去三分之二的桌椅，拉宽桌子间距，留出安全的用餐距离，在餐桌上设置隔板，放置"一人一桌"提示牌，并通过LED大屏进行用餐引导。

特殊时期，勤业更加"勤业"，更加令人安心，而一切，都是源于爱心与用心。

勤业餐厅

勤业餐厅琳琅满目的菜式

勤业老面馒头

芙蓉餐厅

芙蓉餐厅（含东苑餐厅）坐落于厦大思明校区芙蓉学生宿舍区，其原址是厦门大学风味食堂、文史食堂、物理食堂、海洋食堂。毗邻著名的"最文艺的隧道"——芙蓉隧道，是厦门市首批"食品卫生等级A级单位"中两所高校学生食堂之一（另一个是厦大海滨餐厅）。

作为千禧年后厦大建设的第一个餐厅，芙蓉餐厅是思明校区历史上最大的"餐饮集散地"。1998年起，学校对芙蓉宿舍园区进行综合改造，原址四个食堂陆续拆除，重新进行设计，建造为两栋餐厅——芙蓉楼和东苑楼。2001年厦大80周年校庆，芙蓉餐厅和嘉庚主楼"颂恩楼"等一批重要建筑同期落成，成为厦大"80后"的成员之一。它也是厦门大学餐厅建设中首次对嘉庚建筑风格进行延续的餐厅。

东苑餐厅于2020年进行升级改造，一楼采用明档点餐等多种供餐形式，为师生提供更多个性和品种选择；二楼为多功能大厅，具备承担自助餐、培训活动、会议服务等形式的用餐和服务功能；三楼为风味餐厅。

在东苑餐厅二楼多功能大厅，还将不断构建"第二劳动课堂"。这个独特的"课堂"将拥有复合的功能：提供在校生烹饪教学服务，培养在校生基本劳动能力，让同学们学会基本烹饪技术，了解中华美食文化，能独立完成家庭烹饪水平；为出国留学或访学的师生提供基本烹饪技能教学，提高生活技能；为厦大的外国留学生开展中式烹调教学，传播中华传统美食文化，透过中华美食更好地了解中国；面向社会开展丰富多样的面点和中式烹调培训，创造社会、经济双效益。2020年11月28日上午，学校在东苑餐厅二楼举行"厦门大学青年劳动实践基地"揭牌仪式，并顺利开办"新时代中国特色社会主义劳动教育"实践课程。

芙蓉楼和东苑楼由连廊连接，呈两个"C"字形。东苑楼开口向东，芙蓉楼开口向大南校门，伴有一个小小的鱼池，形成依山傍水的厦大建筑特色。由于正处思明校区的中点，在2016年新勤业餐厅落成前，也一直占据厦大餐饮思明校区的"C位"，是厦大餐饮的技术培训基地、厦门大学留校师生年夜饭举办地、厦门大学幼儿园指定供餐单位、厦门大学游客餐饮服务定点餐厅、福建省教育厅指定职工餐厅服务团队、少数民族学生定点用餐餐厅、厦大老年大学烹饪技能培训基地。

餐厅总建筑面积3500平方米，分四层。一层主营地方特色，共有座位数540个；二层主营大众饭菜，共有座位数640个；三楼主营风味小吃，共有座位数500个；四层为中心职工宿舍。经过多次全面装修改造和"气改电"提升，如今的芙蓉餐厅成为一个综合服务实体，是厦门市食品安全A级单位、厦大"5D"现场管理体系达标餐厅，餐厅团队同时还负责福建省教育厅的供餐工作。先后获得"全国百佳食堂"称号、"福建省工人先锋号"称号。2016年"莫兰蒂"台风防抗和灾后供餐工作中，团队成员充分发挥党员先锋模范作用和组织战斗堡垒作用，为学校防抗工作和灾后重建做出了巨大贡献。

芙蓉餐厅以菜肴品种丰富多样著称，自成立以来深受广大师生欢迎，为满足全国乃至世界各地学生的口味需求，不断研发并推出新菜肴。其中铁板炒面、酸菜牛肉面、瓦罐汤、银耳莲子汤、蒸菜系列、芋圆藕粉羹、五彩凉粉、炸串、酱香饼等受到师生的追捧。餐厅崇尚"美食共享、互学互进"的管理技术精神，多次举办面向学生、老师的厨艺成果展示、厨艺技能培训、中西点DIY活动，深受师生的欢迎和喜爱。

2019年12月，芙蓉餐厅与厦门大学新闻传播学院学生共同合作的课题"芙蓉餐厅菜品征集活动"，引发巨大的社会反响，树立了良好的口碑。其中，一句"毕竟快过年了，阿姨也想冲业绩"也冲上了热搜，

芙蓉餐厅 　　　　　　　"芙蓉餐厅菜品征集活动"，成为网络热点

东苑餐厅二楼多功能厅

活动网络点击量迅速过亿。

受此激励，学生在征集海报上"贡献"了花甲粉、凉皮、煎饼果子、可乐鸡翅、驴肉火烧、佛跳墙、炒螃蟹、锅包肉、刀削面等169道菜品，餐厅从中挑选了四十道菜品供同学们票选，最终有15道菜品正式入选食堂菜单。许多厦大校友不由得感叹："母校一如既往地宠学生，厦大学子简直不要太幸福了！"

南光餐厅

南光餐厅位于厦门大学南光路11号，毗邻三家村广场，地处学生上下学必经之路，前身为厦门大学化学食堂（餐厅一楼原称为"第七食堂"，二楼原称为"第十食堂"）。餐厅始建于20世纪80年代，2002年正式更名为南光餐厅，2009年5月重新装修。

餐厅属于"麻雀虽小、五脏俱全"的类型，总体建筑面积1100平方米，建筑为钢筋砼结构，共两层。一层主营风味小吃、中西式点心、套餐盒饭等，共有座位数200个；二层主营大众饭菜，共有座位数460个。平均每餐就餐人数为2500人，最高值为3700人。一直以来，餐厅秉承"厦大餐饮，家的味道"的服务理念，致力于成为一家时尚亲切的学生餐厅，也是历届厦大学子心目中"有求必应"的餐厅。2001年厦大80周年校庆，餐厅第一次承办较大规模的宴会招待返校校友，出色完成任务。

"南光巴浪鱼"是数几十年来老校友共同的温馨回忆；"南光老婆饼"则是年轻校友的甜蜜回忆；而南光的早餐，也是在校师生至今每日心心念念的美食。

南光餐厅的早餐曾连续四年（2015—2018年）夺得"厦大十大美食"榜首。其早餐以品种丰富多样取胜——馒头、花卷、饺子、烧卖、鸡蛋吐司、饭团寿司、火腿煎蛋、口味多样的煎饼、包子、小蛋糕、薯角、薯条、鸡排、猪排、鸡米花……种类多达35种，还有永远喝不腻的豆浆，以及或甜或咸或淡的粥品，正是唤醒厦大人每一个美好早晨的美食"伴侣"。

餐厅另一项深受师生喜欢的食物，是下午茶的点心系列，主要有蛋挞、可颂、老婆饼、蛋黄酥、香芋酥和熔岩蛋糕等。每次产品出炉前半个小时，就开始有师生在排队等候了。因此，排队买点心，成为午后时分南光餐厅一道别样的风景线。厦大校报和《厦门晚报》都曾对此进行过专题报道。

餐厅厨师团队以闽南厨师为主，因此菜品口味较为闽南化，偏清淡。在坚持主推闽菜的基础上，餐厅一直坚持创新，开设的特色菜窗口先后推出了川菜系列、拌菜系列、煲仔系列、吃鸡系列，均受到广大师生的好评和追捧。目前餐厅广受欢迎的特色菜有大块红烧肉、红烧大排、蚂蚁上树、椒麻兔、脆皮鱼条、地三鲜和咸水鸭等。此外，餐厅还提供各类套餐、夜宵和茶歇定制服务，为学校各类活动、晚会、会议提供餐饮保障。

南光餐厅是一家以中青年员工为主的餐厅，团队积极向上、

南光餐厅

团结而有活力。餐厅积极组织各项文娱活动打造高素质的饮食服务团队，比如，为方便与留学生交流，组织简单的英语口语培训；为提高技能，组织岗位技能练兵；为促进团队的协作和沟通，组织员工生日会和春游素质拓展。2013年，餐厅荣获后勤集团"先进集体"称号；2017年1月，获福建省高校协会后勤管

南光餐厅的下午茶点心系列，是学生们的"大爱"

理分会授予的"高校伙食工作先进集体"称号；2018年1月，获福建省教科文卫体工会工作委员会授予的"五一先锋号"称号；2018年12月，获得福建省高等教育学会后勤管理分会伙食专业管理委员会授予的"十佳好食堂"称号。

2016年，在抗击"莫兰蒂"台风中，南光餐厅的温馨服务登上央视《朝闻天下》栏目。2017年起，每年7月接待全美优秀青少年中国访学团，组织者称赞南光餐厅"周到服务，促进中美交流，友谊万古长青"。餐厅提供多项个性服务，如为特殊人群定制菜肴、提供免费的凉茶或姜汤、电子屏幕时常播放天气冷暖的温馨提示等，坚定做一家"有求必应"的学生餐厅，打造"阳光厨房"，营造"家的味道"，让师生吃得温馨、吃得放心。

海滨餐厅

厦门大学海滨餐厅，面朝大海，位于法学院与厦大海滨教工住宅区之间，毗邻艺术学院，由此成为法学院和艺术学院师生用餐的不二选择。如今，海滨餐厅在厦大已有30多个年头，一代又一代的"海滨人"，

陪伴了青年学子的成长，也见证了海滨餐厅的变革和发展。

海滨餐厅的前身分别是第三食堂（海滨餐厅一楼）、第九食堂（海滨餐厅二楼），建于1990年，1999年重新装修以后更名为"海滨餐厅"。

海滨餐厅

海滨餐厅刚刚建成，就迎来了厦门大学70周年大庆，它也因此成为校庆办宴会的首选，成功接待了法学院、艺术学院的很多校友。

餐厅建筑面积为1067平方米，共有两层，能同时容纳将近800人用餐，最高峰时用餐人数将近1200人。作为厦大较早开设自选餐的餐厅，海滨餐厅的餐点赢得了很多学生的喜爱，还吸引了很多校外的学生也前来用餐。由于特殊的地理位置，海滨餐厅一直秉持"满意服务，感动服务"的宗旨，致力于不断研发新品种，不断提升服务品种，不断改进管理方法，努力为广大师生办好伙食。

海滨餐厅以饮食服务中心江森民大师工作室为基点，积极参加厨师培训，还配合中心举办厦门市A类厨师比赛，开阔眼界，提高技术水平。如今，海滨餐厅每周固定推出4～5个新菜，口味涵盖香辣、清淡以及香酥。其特色菜主要有：水煮鱼、水煮肉片、水煮三鲜、金汤鱼、三杯鸡、海蛎煎、梅菜扣肉、烤鸭、糖醋鱼条、鱼香肉丝、泡椒鸡爪、番茄牛腩、闽南炸醋肉、糖醋肉、香菇猪脚煲、海滨餐厅版烤鱼、特色小火锅等。

而牛肉刀削面也是海滨餐厅的一大特色，牛肉弹而松软，香菇饱满厚实，白萝卜甘甜多汁，白菜清脆爽口，面条滑腻劲道，面汤香浓醇厚，吃上一口，"简直不要太满足"。很多顾客都是特地绕了半个厦大的距离来吃上一碗。另外还有四个特色小吃窗口——圣农食品、客家美食、西北拉面、莆田卤面，广受欢迎。

餐厅的糕点也是一绝——蛋挞、蛋仔饼、饭团、韭菜饼、南瓜饼、紫薯酥、蛋黄酥、甜甜圈、炸枣、鸡蛋饼、红糖馒头、南瓜馒头，还有手抓饼盒子、寿司、肉粽、手抓饼、肉饼等，

热腾腾的小火锅，是海滨餐厅暖心的"爆款"之一

令人食指大动。根据很多师生都注重养生的特点，海滨餐厅还提供多种健康鲜榨饮品，如花生浆、紫薯汁、红豆浆、玉米汁、核桃红枣浆、百香果养乐多等。

海滨餐厅位于厦大"生活区"，这一区域居住了大量的教职工，而且还有很多都是子女不在身边的老人，因此推行亲情服务特别重要。餐厅的服务员对待这些老人像对待自己的亲人一样地关心，有一次，一位老爷爷在就餐时突然犯病抽搐，餐厅经理和工作人员及时发现并通知家属，及时送医，受到了家属的肯定。

念念不忘，必有回响。"暖心餐厅"的服务，得到了广大师生的普遍肯定。2015年，一位老教授还捐赠了一万元给餐厅，作为对餐厅的鼓励，这在厦大的餐厅里是从来没有出现过的事情。2019年，一位厦大退休老教师为海滨餐厅送来了锦旗，表扬餐厅员工拾金不昧。

海韵学生公寓第一餐厅

海韵学生公寓第一餐厅位于曾厝垵片区的厦大海韵学生公寓19号楼，是该片区学生公寓一期工程配套建设的第一家学生餐厅，见证了海韵学生公寓的一步步壮大和变化。餐厅开办于2001年秋季，已有近

海韵学生公寓第一餐厅

二十年历史，原名为"学生公寓餐厅"。伴随着海韵学生公寓另一家学生餐厅的建成开办，更名为"公寓一期餐厅"，后统一命名为"海韵学生公寓第一餐厅"。

餐厅总建筑面积共计3000多平方米，分两层。餐厅始终践行"厦大餐饮·家的味道"的服务理念，努力为海韵学生公寓内的师生员工提供美味、健康、安全的餐饮服务，是数以万计入住厦大海韵学生公寓学子共同的回忆。

餐厅靠山而建，早期夏天膳厅一楼没有空调，只有吊扇，吃得"满头大汗""一身湿"，也是许多人独特的记忆。2015年夏季，在学校的支持下，餐厅重新进行了装修改造，以崭新的面貌、时代化的风格、舒适的座椅、冰爽的空调，为师生员工提供了一个更加温馨的用餐环境。目前，餐厅共有座位数1000多个，能同时容纳1000多人用餐，高峰期每餐用餐人数超过2000人。

餐厅一楼供应大众饭菜，并有卤味和地方面食、水饺、砂锅等小吃，其中陕西面、酱香饼、肉夹馍等独具地方特色，得到了广泛认可；二楼分为左、右两个部分，右边是为清真师生员工提供民族饮食服务的风味餐厅，左边则是汇集福建地方小吃的特色小吃城，共有5个档口，分别供应莆田、沙县、龙岩等地方的美味小吃。

餐厅历来重视与用餐师生的良好互动，通过学生膳委会，协助同学们举办诸如包水饺、中秋博饼等活动加强与师生的沟通交流。近年来，与厦大新闻传播学院研究生合作互动，结合学校的米饭补贴政策，在米饭供应窗口设置了"匀饭处"，让同学们在打完饭后可将自认为"多"出的米饭自行匀到打饭处的盆里，也可在认为饭量不够的情况下自行从盆里匀出米饭添加，以此倡导同学们按需用饭，开展"节约粮食"教育。

餐厅众多特色菜是学子们独特的"海韵记忆"

目前，每餐均有几十名同学在"匀饭处"匀饭，取得了良好的效果。2017年，中央人民广播电台中国之声"光盘行动"大型调查活动走进第三站——厦门大学，对餐厅设置的"匀饭处"进行了宣传报道。

为满足部分师生员工对于清新、健康的饮食需求，餐厅自2018年4月23日起在膳厅一楼开设了专门的素菜窗口，在午、晚餐时供应素菜。餐厅安排专人负责该窗口，确保取材新鲜、色泽美观、烹饪方法和口味多样，品种包括叶菜类、根茎类、果品类、菌类等，烹饪方式上注意三减——减油、减盐、减糖，满足了差异化的用餐需求。

顺应时代要求，餐厅全体员工主动转变观念、改变方法，不断突破和更新，于2019年暑假起全力配合推进厦门大学后勤5D现场管理体系在餐厅的落地工作，取得了良好的效果。体系落地后，厨房面貌焕然一新，"干净、整齐、有序"成为餐厅新名词，并被饮食服务中心评为"厦门大学后勤5D现场管理体系示范餐厅"。餐厅同时为厦门市"雪亮工程"首批视频接入单位，实现贮存场所、粗加工场所、烹饪场所等后厨关键部位，以及洗消保洁等重点环节的透明、公开，全力打造"阳光厨房"，让师生吃得放心。

海韵学生公寓第二餐厅

海韵学生公寓第二餐厅位于曾厝垵学生公寓二期，餐厅东朝学生公寓运动场，西临海韵8号楼。餐厅于2006年8月建成开办，原名"海韵东苑餐厅"，后统一命名为海韵学生公寓第二餐厅，师生习惯称其为"公寓二期餐厅"。餐厅总建筑面积7189.8平方米，共分为4层。

餐厅员工一贯秉承"厦大餐饮，家的味道"的服务理念，"炮制虽烦必不敢减人工，品味虽贵必不敢减物料"的职业精神，用心烹饪每一道菜肴。餐厅开办初期，二楼供应大众菜肴，三楼供应自选菜肴，四楼为包厢。因入住公寓二期学生人数不多，为避免资源浪费，餐厅于2010年下半年对经营模式进行了调整，取消三楼原有的自选菜肴和四楼包厢，保留原有二楼的经营模式。同时为丰富菜品、满足师生的消费需求，对菜品进行了升级，现餐厅二楼菜品花样多，融入南北风味，好吃不贵，设有特设菜肴窗口、小炒窗口、沙茶面窗口、铁板系列窗口、莆田卤面窗口、砂锅窗口等，赢得学生赞许。

餐厅的早、午、晚餐各有特色。早餐品种有馒头花卷、菜包、肉包、手工烧卖、手工水饺、手工扁食、面条、蛋挞、蜂窝蛋糕、江南风味梅菜酥饼、南瓜饼、奶酪培根卷、菠菜油条等50多种。特色午晚餐菜肴则有金皮火腿、泡椒猪脚、手工莲藕丸、芥末

用餐高峰期，餐厅管理井井有条

猪皮冻、凤眼培根等。

小炒窗口一直是公寓二期餐厅的一块"宣传招牌"，每一届公寓片区甚至入住本部的学生都对其印象深刻。小炒主要以川菜系列为主，有水煮牛肉、水煮肉片、水煮鱼片、酸菜牛肉、酸菜肥肠、梅菜扣肉、松鼠鱼、稻香肉等数十种菜肴。

2010年，厦门大学后勤集团饮食服务中心统一对各学生餐厅进行了气改电工程，公寓二期餐厅同样将原来的燃气锅全部更换成电炒锅，

创意的"厦大版"糕点，充满浓浓校园味

更新电蒸饭柜，极大提高了员工的工作效率，改善了工作环境。2012年，厦门大学漳州校区大一、大二学生全部返迁厦门本部后，入住曾厝垵学生公寓的学生人数增加。为做好伙食供应服务，满足师生需求，餐厅再一次调整，通过丰富面食品种，满足了学生对面食的需求；通过不断地改变菜肴花色，丰富菜品，稳步提高办伙水平。

餐厅历来重视与用餐师生的互动，以学生膳委会为桥梁，加强师生间的交流与沟通，同时也积极配合学生举办的各类活动，比如冬至包水饺、中秋博饼、端午包粽子等，为学生提供活动场所。有一年的冬天，天气特别冷，但餐厅全体员工坚持起早摸黑，认真做好一日三餐。厦大软件学院的同学自发组织了一个暖心的活动，他们事先摸底调查，根据餐厅员工的不同岗位，为他们分别送上不同的礼品，有护手霜、围巾、手套、耳套等，并在餐厅大门的展板上贴上了许多他们想对员工说的内心话，深深感动了每一位员工，也让人们看到厦大学生"感恩、体贴"的一面。

随着高校伙食业的飞速发展，餐厅全体员工主动转变观念，改变工作方法，不断地突破创新。2018年，餐厅在二楼大厅安装"明厨亮灶"监控系统。2019年10月，全面推进厦门大学5D现场管理体系在餐厅的落地工作，被中心评为"5D现场管理达标餐厅"。2019年11月，成为厦门市"雪亮工程"首批视频接入单位。

海韵园餐厅

海韵园餐厅位于曾厝垵西路软件园一期创新大厦C区一层。2006年，为了解决厦门软件园一期园区内员工及厦门大学海韵园校区师生用餐难的问题，厦门软件投资发展有限公司与厦门大学后勤集团经协商，签订了租赁协议，开始为厦门大学海韵校区师生员工和软件园区企业员工两个群体提供餐饮服务。

作为厦门软件园一期的配套餐饮服务实体，海韵园餐厅始终坚持"三服务，三育人"的宗旨，在引入"厦大餐饮"饮食服务体系的同时，又根据服务对象的特殊情况着力提供"多种经营"和"多层次服务"，满足所服务群体的消费需求。例如，学生与上班族对菜品的喜好略有不同，餐厅通过掌握学生下课时间和企业下班时间，调整菜肴出菜时间，努力做到贴心服务。多年来，餐厅以规范的管理、完善的设施、优质的服务、良好的卫生条件及特有的厦大文化餐饮品位得到了普遍的认可，有效保障了厦门软件园一期的饮食卫生安全。

海韵园餐厅总建筑面积2000平方米，共

海韵园餐厅

设座位数460个，主营快餐和砂锅，为满足全国各地不同地区就餐者的饮食习惯，餐厅每日提供菜肴品种50样以上，其中干锅包菜、口水鸡、梅菜扣肉、皮蛋瘦肉粥等特色菜肴深受人们喜爱。

十几年来，海韵园餐厅经过几次大大小小的改造。最初的结构，液化气储存间位于餐厅建筑主体内部，存在极大的安全隐患。2013年，在厦门软件投资发展有限公司及厦大后勤集团的支持下，重新在建筑主体外搭建了一个燃气间，专用于储存液化气瓶，解决了多年来的安全隐患。

2015年，海韵园餐厅对操作间、供餐大厅进行相应的装修改造，撤除操作间内卫生间，改变原有加工区功能设置，按照行业标准对原料加工、制作、菜肴配送及餐具洗消流程进行重新设计。同时改变大厅供餐菜台设置，将供餐窗口由原先的"环形"变为"一字型"，便于菜肴配送，供餐流程更合理，也为用餐人员提供了一个更加安全、卫生、舒适的就餐环境。除建筑主体改造外，餐厅的设施设备也不断升级，近年来，绞肉机、和面机、土豆切丝机、电磁大锅灶的投入，不仅有效提高工作效率，也使加工生产更加规范化。

此外，因服务群体不同，餐厅自开业以来一直采用不同的售价标准，服务员需要熟记两个价格。这不仅容易造成用餐人员误解，餐厅员工在日常刷卡操作中也不免忙中出错。2018年5月，餐厅对金融卡机进行了升级改造，实现了自动加收功能，从而使餐厅全面统一菜肴定价，有效解决了用餐者长期以来对菜肴价格的误解和不满。

为了紧跟信息化建设，餐厅开始探索智能支付新模式用于替代原有的现金支付模式，作为试点单位率先投入智能支付设备进行餐卡的

探索智能支付新模式，受到用餐者的好评

充值业务，方便快捷的支付方式受到了软件园区内企业的一致好评。

海韵园餐厅一手抓硬件设施建设，一手抓软件管理规范。依托"色标管理""明厨亮灶""5D现场管理"等先进管理手段，提升监管效能。2019年"厦门大学后勤5D现场管理"体系在餐厅落地并有效运行，餐厅整体环境焕然一新，员工养成良好的操作规范，有力保障了餐厅安全生产。

翔安校区竞丰餐厅

竞丰餐厅位于翔安南路4221-125号。一期餐厅始建于2012年2月，8月28日正式开业，是厦门大学翔安校区首家餐厅，"竞丰餐厅"命名延续思明校区原来经济食堂的命名。

餐厅共有三层楼，总建筑面积9200平方米，能容纳6000人用餐。餐厅一楼设有大众菜肴、精准扶贫窗口、捞面窗口及砂锅窗口；二楼设有轻食窗口、大众菜肴、卤味一品锅、一日一师特色菜肴及风味餐厅；三楼有云集各地方小吃的小吃城。

为满足师生多元化的饮食需求，竞丰餐厅推出的"轻食"窗口，提供低卡路里、低脂肪、高纤维、制作简单、原汁原味、健康营养的美食。为实现"轻食"简约而不简单的用餐理念，餐厅在菜品研发方面煞费苦心，想办法既保留食材的原汁原味，又努力克服因低盐、少油带来的与传统"重口味"造成的口感不佳的冲突。

餐厅的用心得

端午节包粽子活动，是竞丰餐厅最有"节"味的时候之一

到了广大师生的认可，兴奋的用餐者在意见簿上留言："今天的'轻食'也太棒了吧！新菜种类多，又很健康。"

餐厅利用学校资源优势，与厦门大学公共卫生学院共建"健康小屋"，为师生员工不定期免费量血压、体重检查，进行膳食指导。为更好地帮扶厦大定点扶贫县宁夏隆德，竞丰餐厅于2019年一楼新设"厦门大学精准扶贫宁夏隆德县特色食品窗口"，取用宁夏隆德县张树村采购的牛肉、土豆粉等食材，推出了牛肉粉丝、牛肉拌粉两种产品，为厦大师生奉上颇具特色的美味。

在学校探索帮扶新模式、创新推进"消费扶贫"的新路上，竞丰餐厅全力配合，不断创新方式方法，让全校区师生都能通过消费参与扶贫，实现品尝美食与消费扶贫的共赢，为学校扶贫工作发挥应有贡献。

精准扶贫宁夏隆德县特色食品窗口

餐厅为提高大众菜肴的品质，投入大量精力和心血，一方面派厨师外出学习交流、参加比赛，致力于提高菜肴质量；另一方面进一步改善用餐环境，创造惬意、舒心的用餐氛围。面对大型供餐，餐厅克服压力大、人手紧、任务重等多重考验，咬紧牙关，勇挑重担，出色完成诸如服务金砖、除夕团年饭、毕业生聚餐以及各学院大型国际会议供餐等任务，得到了用餐者的一致好评，赢得了学校领导的信赖，不仅提升了自身的价值和影响力，也把"厦大餐饮"这个金字招牌越擦越亮，名声越打越响。

翔安校区丰庭餐厅

翔安校区丰庭餐厅位于翔安区新店镇，北依香山山脉、南临翔安南路。餐厅整体分为三层楼，总面积约10860平方米，可同时容纳3300人用餐。餐厅配备电磁炒灶、蒸饭柜、进口全自动洗碗机等厨房设备，以及厨具消毒柜、吸地机等用具。

餐厅建成于2013年8月，汲取嘉庚建筑中西合璧、兼容并蓄的建筑特点，利用虚与实，水平与垂直的简洁线条勾勒，加之拱券、出砖入石等细部符号的现代手法重组，简约而不简单，营造出简洁、大方、厚重、典雅而又具有开放精神的"丰庭餐厅"。

餐厅一楼是以闽菜为基础的南北融合的大众窗口，以及丰富多样的砂锅、轻食、多种口味的面食、卤味等窗口，二楼除大众窗口外，还有小铁锅菜、麻辣烫、卤面、牛肉拌面、一日一师等窗口；三楼是以各地风味小吃为特色的小吃城。餐厅早餐供应饭、面、菜、汤等70余种，午、晚餐供应100余种。坚持每周菜肴更新并公告推荐，尽量满足来自五湖四海师生的用餐需求，芽菜扣肉、粉蒸排骨、炸茄盒、培根金针菇卷等特色菜肴深受师生欢迎，瓦罐汤、糕点、麻辣烫等为餐厅饮食的主要特色。

丰庭餐厅开业之初就率先推出餐具自助分类回收，通过精心设计的收碗台、清晰明了的回收提示，营造出文明的用餐环境。开业至今，餐厅不断以"5D现场管理"规范自身，在后勤集团"安全生产年""人

翔安丰庭餐厅

才建设年"等系列主题活动的带动下，通过餐厅内部的巡检制度，不断规范员工操作习惯。

餐厅还承担了厦门大学翔安校区幼儿园的供餐任务。为确保幼儿园供餐安全、营养，餐厅严把进货源头，要求原料优、鲜、精细，专人与幼儿园营养师研讨菜单，专人采购、验收，专人、专锅、专灶烹饪并试菜，专人分餐配送，盛具回收后专人清洗，消毒到位后装进专间保洁柜内，专柜、专位存放。对送餐车辆精心改

您好!
每天您们提供给我们很好吃的料理，谢谢!!
由于我身体的问题，我每天一顿（胃）吃饭。（一次）
以前，我住在日本的时候，不能吃米饭。现在也不吃米饭。
在日本，我一点儿也没吃肉和鱼。
但是来中国厦门，现在我能吃肉和鱼。
托您们的福，我身体天天好了。
在厦大翔安区食堂，您们的笑容最好看！谢谢 笑脸相迎!!
我好喜欢中国！所以放假以后，不回日本，在这里过年的。我找到了工作。（打工）
放假期间去岛内工作。
每天您们工作辛苦了！一天到晚，您们太辛苦了！谢谢!!

2014年1月8日　海外学院 惠美

学生在用餐后的留言，是餐厅最大的欣慰。图为日本学生的留言

装，使其更安全。人员配备选择责任心强、照顾幼儿经验丰富的"精兵强将"。幼儿园多次邀请餐厅在家长开放日做供餐情况分享，并对餐厅的辛勤付出表示诚挚谢意。

翔安校区芙蓉餐厅

厦门大学翔安校区芙蓉餐厅，位于厦门大学翔安校区芙蓉湖畔西侧，于2016年4月6日校庆之日开业，是目前厦大校内最年轻的餐厅。

餐厅原名"翔安校区教工俱乐部"，又名"超珍楼"，由爱心校友捐资兴建，主要是为校区教工在教学之余提供健身、休闲餐饮、娱乐场所，分别设置了健身房、咖啡廊、中餐厅、西餐厅、台球室、棋牌室、

报告厅等功能分区。而后随着校区教工数量的增加，定位为教工餐厅，并正式命名为翔安芙蓉餐厅。

翔安芙蓉餐厅

餐厅为两层廊柱式建筑，延续了"穿西装，戴斗笠"的嘉庚风格，隔湖与校区主楼群对望。餐厅一、二楼总建筑面积2553平方米，共有座位396个，可供师生约600人用餐。餐厅面积虽小，却很精致。餐厅一楼包含操作间和中餐大厅，主营快餐、堂食、点餐，其中粑子肉、锡纸烤猪蹄、口水鸡、酱鸭、水煮鱼、干锅包菜、蜜汁南瓜、酸辣白菜等菜品深受校区师生喜爱。一楼小吃部专营冬粉鸭和牛肉面，酷暑难耐、缺乏食欲时来一碗冬粉鸭，清淡爽口的鸭汤，搭配绵软的冬粉，佐以冬菜的咸香，足以开胃提神；寒风凛冽的冬季则适合来一碗浓香的牛肉面，让用餐者褪去浑身的寒气，暖胃、暖身、更暖心。

二楼的自助餐大厅，在日常供餐之余，为校区各部门、各院系提供会务自助餐；二楼北面走廊尽头临湖的会议用餐室，环境优雅，视线开阔，适合小型学术会议用餐。站在餐厅二楼，校区芙蓉湖尽收眼底，学子们在远处的白色石拱桥上徐徐穿行，天鹅在湖面优雅地畅游，水底白云似雪，岸边绿草如茵，惬意的用餐环境让教职工可以在紧张的工作后，放松身心，大快朵颐。

餐厅厨师在闽菜的基础上，积极开发川菜、鲁菜等，结合校区教职工的身份属性和职业特点，考虑到健康营养的用餐需求，一边提升就餐环境，一边把菜品做精、做细，在菜品新鲜程度和食品质量安全上下功夫，聆听教工的呼声，精准切合需求，先后推出酸汤牛肉、毛血旺、麻辣翅中、脆皮烤肉等特色菜肴，深受用餐师生的好评。

餐厅特色菜

在朝气蓬勃、充满活力的队伍的努力下，餐厅以最优质的饭菜和站立式微笑等服务迎接每一位教职工回"家"吃饭；一直把优质服务作为工作重点来抓，健全监督体制，实行明厨亮灶，将餐厅后厨通过监控设备，在所有教职工和学生面前展示；使用电磁炒灶、洗碗机等现代化厨房设备，既提高了工作效率，也节约了人力及能源消耗；大力推行"5D现场管理体系"，强化细节，从培养员工的行为入手，按照区域管理制度和管理要求，做好餐厅内每一个工作区域、每一个工作岗位的整理、清扫、清洁工作，督促员工养成良好的工作习惯，做到标准化、规范化管理。

在保证教工菜肴供应的前提下，餐厅为提高会务接待水平投入大量精力和心血，多次出色完成接待任务，得到了接待宾客的好评。

漳州校区北区餐厅

北区餐厅，位于厦大嘉庚校区靠北的位置，紧挨着校区最大的宿舍楼群，是全校师生主要供餐点，依山傍水，风景秀丽，周围也紧挨着田径场和大型超市，可谓是全校的生活中心。

餐厅秉承了厦大一贯的建筑风格，殿檐斗拱、外形独特、气魄宏大。餐厅一共分四层，总面积约为12500平方米，可同时容纳一万余人用餐。北区餐厅于2003年夏与厦门大学漳州校区同时建成，伴随着漳州校区历经十几年的成长。

餐厅不断研发菜品，推陈出新，从最初单调的快餐形式演变成以一家集闽南风味、西餐、各色小吃为一体的餐厅。餐厅一层以大众菜肴为主，菜肴荤素搭配，南北风味一应俱全，麻辣烫、酸菜牛肉面、香菇鸡面、沙茶面、冬粉鸭、拌面、铁板炒饭、卤料等味美样多；二层为自选餐厅，自选菜台上供有各式各色菜肴、糕点、时令水果，异彩纷呈，精致诱人；三层风味小吃城以各地小吃为主，各具"风骚"，其中属西北拉面、重庆小面、手工水饺、莆田卤面、酸汤鱼等也不遑多让；四层风味餐厅尊重少数名族习俗饮食文化，让不远万里来厦读书的少数民族学生感到熟悉和亲近。

北区餐厅

北区餐厅一直坚持着以学生为本的经营理念，不仅满足同学们的味蕾，还尽可能地利用自身的资源，为学生提供方便。例如，一楼餐厅在学生们用餐完毕后，还会开放一片区域，为学生提供一个交流学习的地方，学生们可以在这里复习，社团也可以在这里讨论方案的实施计划，还经常可以看到一群同学围

舌尖上的满足，来自厨师的精心烹饪

在一起庆祝部门的"生日"，一起吹蜡烛，满脸都洋溢着幸福。

餐厅门口还贴心地摆放一个专门区域，很多学生会把自己在用餐时候捡到的饭卡、钱包、钥匙等放在桌子上，很多学生在餐厅落下的东西都会跑来这里寻找，失而复得的开心溢于言表。

漳州校区中区餐厅

中区餐厅坐落于嘉庚学院中部，依山傍海，环境优雅，餐厅主要分为一、二楼两个楼层，总面积达到4000多平方米，餐厅可容纳近1600人同时用餐。

餐厅于2006年5月建成，餐厅一楼供餐模式以小吃为主，二楼供餐模式以快餐自选模式为主。力求菜色花式丰富，打造让师生们"垂涎三尺"的特色菜肴，其中自选快餐以东北菜肴为主，锅包肉、小鸡炖

中区餐厅

蘑菇、猪肉炖粉条等为师生们所喜爱。小吃特色则结合了闽南风味，推出冬粉鸭、牛肉拌面、沙茶面、铁板炒饭四大享誉厦门大学漳州校区的品牌小吃。

说到闽南风味，牛肉拌面可谓是中区餐厅的头牌，最高峰期，做牛肉拌面的面粉一天就要用去两百斤，排队的人从拌面的窗口排到餐厅的大门门口。拌面纯手工拉制，再淋上师傅特制的酱汁，加牛肉片三两，可谓"人间美味"；而冬粉鸭也是餐厅的另一特色，每天还未开餐之前，等待一品"冬粉鸭"的队伍已成长龙。

此外，餐厅为了满足广大师生的用餐需求，研制多种可口诱人的甜点，如炸鲜奶、椰丝奶块、布丁等，从手到口，从口到心，

炸鲜奶是年轻学子们的"心水"甜品

都延续着中区餐厅对于食品特有的感知方式。这些味道，跳动于嘉庚学院师生们的肯定与好评之中，才下舌尖，又上心头。

为了更好地服务好师生、更到位地了解师生们的用餐需求，餐厅通过微信、微博、贴吧、电话等多种渠道及时地了解用餐者所需与建议。凤凰花开，一季送走老生，一季迎来新生，成长中的中区餐厅，在人和食物里，在爱与温暖里，让青春的情怀都能在这里得到最温暖妥善的安放。

漳州校区南区餐厅

南区餐厅坐落于嘉庚学院的南部生活区，三面环山、东向大海，与厦门大学思明校区隔海相望。餐厅建成于2004年7月，主体建筑沿用"嘉庚风格"融合中西建筑文化，采用圆柱形环绕结构，体现出因地制宜的建筑构思和多元融合的创新精神。

餐厅整体分为四层楼，其中二至三层为餐厅经营区域，单层面积约2800平方米，总面积约8400平方米，可同时容纳1500人用餐。现有电磁炒灶、煤气炒灶，传统明火炒制与现代环保能源生产相结合，为餐厅菜肴多元化的供应奠定基础；使用洗碗机等现代化机械设备，保证餐具清洗质量的同时，大幅降低员工劳动强度。

餐厅二楼以闽菜为基础，又融合南北口味的大众菜肴。此外还设有丰富多样的特色小吃、面食窗口，如砂锅、铁板烧、手工拌面、炒饭炒面、面点等；三楼是以麻辣特色为主打的川菜窗口，该特色窗口由来自四川的厨师精心主

南区餐厅

理，口味麻辣辛香、色香味形俱佳。时常可以看到师生围聚在川菜窗口前，商议着选择自己心仪的佳肴。当毛血旺、宫保鸡丁、水煮类等热腾腾、香喷喷的佳肴摆在用餐者的面前，他们大快朵颐、乐在其中。

餐厅通过学生座谈、微信联系、现场意见簿等多种途径加强与用餐者的沟通，及时反馈用餐者的意见、建议，处理用餐者关切点，做到"条条有回复、件件有落实"，拉近了与用餐者的距离，增进了彼此的了解，进一步做好供餐工作。

2013年10月，南区餐厅承办"厦门大学嘉庚学院十年华诞校友自助午餐会"。在十

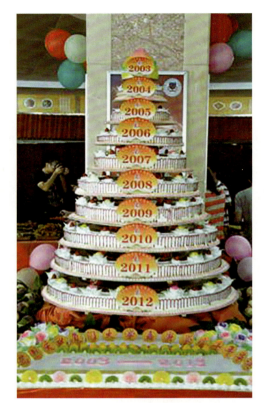

嘉庚学院十周年的"十层大蛋糕"

层大蛋糕下，桃李芬芳，代表着嘉庚学院桃李遍天下，十层台座写着"2003—2013"，代表了嘉庚学院已经毕业、走上社会的十届学生，也代表着嘉庚学院十年的蓬勃发展。声声的祝福和别致设计的蛋糕背后，是饮食服务中心的技术力量与员工一夜无眠、忘我工作的成果，更是献给嘉庚学院十年校庆最殷切的祝福。

厦大餐饮附中餐厅

厦门大学后勤集团饮食服务中心附中餐厅，是厦大附属实验中学唯一餐厅，毗邻厦门大学漳州校区，依山面海，与鼓浪屿隔海相望。餐厅于2009年9月份开业，以服务学校教职工为主。

厦大附中餐厅于2009年10月份开始启用，餐厅共四层，总共有1700个座位，平均每餐就餐人数为2000人，以环境优雅、技术精湛、注重特色、服务周到而在师生中享有盛誉。餐厅主要经营项目包括自选大

厦大餐饮附中餐厅

众快餐（主打闽南菜)、砂锅、沙茶面、手工面、面点等，五香酱牛肉、海鲜豆腐煲、宫保鸡丁、水煮肉片等广受欢迎。

餐厅设立现场管理台，方便师生与餐厅现场交流建议。餐厅承办学生包饺子、包粽子，还有老师们的"跟大厨学一招"等活动，曾获得"餐饮服务食品安全示范单位""十佳食品安全示范餐厅"等荣誉称号。

餐厅坚持内部培养为主的用人原则，"授人以鱼不如授人以渔"，让员工在成长过程中为餐厅创造价值。基于餐饮的行业特点，加班是节日常有的事情，每逢节日的时候，很多轮流休班的员工都主动留下来加班，一天下来，服务员都是满脸通红，大姐厨师们衣服里也都浸满了汗水，但没有一个人抱怨，没有一个人喊累。坚持"三服务、两育人"的办伙方向，始终坚持以顾客为中心，以师生的需求和利益为出发点和落脚点，附中餐厅一直持续认真努力。

学生们快乐的快餐时光

马来西亚分校餐厅

2014年10月17日，厦门大学马来西亚分校正式开工建设，于2016年2月正式开始办学。分校位于马来西亚首都吉隆坡，占地900亩，总建筑面积30万平方米。生源主要来自马来西亚、中国和其他"一带一路"沿线国家。

厦门大学马来西亚分校正门

厦大是中国大陆首个在海外设分校的大学，被称为"马来西亚与中国之间的友谊桥梁"，也是响应国家"一带一路"倡议的实际行动。而把学校办出了国门，办到了陈嘉庚先生曾经奋斗的"第二故乡"马来西亚。厦大人一直认为，这是"历史的回馈"，是对陈嘉庚先生、对马来西亚的一种感恩。

分校风景与厦大交相呼应，亦有主楼和芙蓉湖，餐厅也是叫芙蓉餐厅、凌云餐厅。巨大的落地窗，明亮整洁的餐厅，单是用餐环境就让人心情格外愉悦。这里有不同种族、不同肤色、不同文化的老师和同学，包括中国人、马来人、马来华人，还有一部分国际生，除了有文化的碰撞，饮食文化也是非常多元和丰富。

厦大人亲昵地称这所分校为"马校"。秉承厦大"爱生如子"的传统，在"马校"，同样尽力让学生在厦大找到家一般的温馨幸福，食堂自然也是美食云集。食堂供应中餐、马来餐、印度餐和西餐、泰国餐等美食，晚上供应到8点，尽量做到让不同国籍、不同饮食习惯的师生都能吃到家的味道。

中餐菜式丰富多样

马来餐厅里有特色的椰浆饭、沙嗲、咖喱、加央酱、烤饼……大马特色的美食肉骨茶，尤为美味，混合中药、香料和肉排熬制多个小时的浓汤，特别下饭。

中餐则有川菜、粤菜、闽菜和西安小吃，其中，冒菜、红烧肥肠饭、回锅肉、酸辣土豆丝、海南鸡饭、云吞面、鱼丸汤、水饺、炒饭等都很受学生欢迎，而牛排、鸡排、面包、甜甜圈，更是喜欢西餐和烘焙类食品的学生的不二选择。食堂适合聚餐，也适合单点，有时候还经常可以看到学生们在吃混搭的餐品，比如"马来餐+叉烧+肠粉+拉茶"，比如"四川冒菜+咖啡+面包"，或是干脆"冬阴功汤+日式寿司"等，多元化的饮食风情尽显其中。

用餐环境干净整洁

　　值得一提的是，马校宿舍每一层的公共区域都有小厨房，设有冰箱、微波炉等，可谓"超豪华配置。"

　　饮食是对外交往的一张重要名片，厦大马来西亚分校食堂饮食的多元化，既体现了厦大开放包容的风气和爱生如子的传统，也有助于宣传中华文化，推进更多国籍和肤色的师生了解中国博大精深的美食文化。

中华美食文化与各国风味"混搭"，是马校餐饮的一大特色

家的味道

第三章

厦大餐饮

写在前面

说起"吃"这件事，或许对于正当青春年华的学子们来说，总能找出自己的"诗意"来："风吹过，洋紫荆下了一场花雨，你路过，我的世界有了一次相遇，相遇在南光，携手共余生。"

在学子们的回忆中，食堂所"记载"的时光，或许不像是食堂大师傅抡着大勺在大锅里大刀阔斧炒出来的味道，倒像是"妈妈"在收拾得井井有条的厨房里，怀着爱意在烹饪。"妈妈"知道孩子喜欢吃，所以尽可能做得好吃。厦大食堂这种家常的味道，背后是满满的温暖。

在厦门的几年间，学生们常常因为食堂的某道菜、某个场景而被"治愈"。比如，在军训的某天，掐着表去排队，却被告知没有"老婆饼"了，于是点一个菠萝蛋糕，没想到也很好吃，本来沮丧的心情顿时变得愉快起来；或者，一次寻常的午餐，"她"抱着一沓书过来，"我"接下她的书："你可以坐我旁边。"于是，一边吃饭，一边聊了彼此的喜好，发现选的竟是同一个老师，于是乎成为饭友，食堂成了一个"秘密基地"……

而毕业多年后，成了"校友"，只要说起食堂，总还会觉得，食堂餐盘碰撞的声音显得那么动听，饭菜也还是记忆里的味道。如果可以，回到食堂，停留一会儿，仿佛就可以让时光走得慢一些、再慢些。那些平凡的小事，那一条巴浪鱼、那一个勤业馒头，那一盘炒三丝，不知不觉竟成了生命里弥足珍贵的回忆。

吃好饭，对高校大学生更是重要。中国幅员辽阔、地大物博，各地物产和饮食习惯存在差异，长期以来形成了许多风味。对于来自天南海北的厦大学生而言，吃饭，也不再是简简单单地填饱肚子，更是对家乡情结的一种回味，而新的口味，则是他们认识世界的一种"味觉体验"。在如今，微信朋友圈、微博乃至短视频等新媒体，也成为学生分享自己食堂故事的一个最好载体。

　　人文关怀是一所大学最可爱的地方，看似无形，却能被处处感知。厦大的食堂和菜肴，在细微处流露的真情与责任背后，是一所大学所秉持的价值观和所追求的精神气象。作为教育部直属的综合性全国重点大学，国家"211工程""985工程"重点建设院校，师生们来自全国各地，风俗习惯和饮食习惯各不相同，为了满足广大师生们的口味需求，厦大后勤餐厅发展形成了特色突出、风味多样、可口宜人、应时应季、讲求美感、注重营养健康和食品安全的供餐结构，用心烹饪"家的味道"，以管理构建"家的安全"，传递"家的温暖"，分享"家的快乐"。

　　是的，"厦大餐饮，家的味道"——关于菜肴的回忆，构成了独特的"厦大餐饮"美丽画卷，不管是在校生，还是多年后返校的校友；不管是在朋友圈，还是在几十年后重聚的餐桌上——这幅画卷由一个个人的回忆形成宏大而精细的拼图，宏大到可以镌刻时代，精细到能够承载时光留给我们的一点一滴的感动。

1985年，化学食堂待售的部分菜肴（郑庆喜供图）

第一节 一饭一蔬皆历史

与历史同频的"年代菜肴"

从建校伊始到长汀时期，直到新中国成立之前，伴随厦大筚路蓝缕的"创业期"，厦大的餐饮故事，乃至这其中的一道道菜肴，既凝聚了一以贯之的"爱生如子"的理念，又与历史同频，可谓"一饭一蔬皆历史"。

在浩如烟海的历史资料中，从早年间的学校管理者、校友的文献中，我们选择了15道代表菜肴（以民国时期为主），它们，和它们背后的故事，或许略显"朴实"，但其承载的历史风味却绵长而悠远。

1. 甜薏仁粥

甜薏仁粥以薏米、大米为主料，营养丰富，鲜甜可口，堪称厦大年代菜肴里的"甜蜜记忆担当"。薏米含有大量的纤维素以及其他营养物质，有祛湿的功效，对于防治因为潮湿气候容易引发的脚气病效果明显。厦大的甜薏仁粥，特别选

甜薏仁粥

用红糖来调味，这也源于当年以林文庆校长为主的厦大领导很关心学生的膳食，考虑到年轻学生身体发育需要红糖，所以特别指定厨房每周至少有一次要用红糖烹煮掺有薏米（或绿豆）的甜粥。

有着深厚医学背景的林文庆校长，对学生的营养健康不仅极为重视，而且颇有研究。他曾经在自己的文章中提及：各种壳类的内皮，都含有"伟大民（维他命）"，若磨舂得太精细，就把大部分的"伟大民"

和盐分都去掉了；我们吃精白的米或麦粉的时候，如果不多用些生鲜的菜蔬、蛋、肉、牛奶和水果，一定会发生脚气病，甚至可能致死。所以他认为，学校、军队和船中，若要不发生这种病症，最好的法子，就是不吃舂的白米和磨精的麦。

老校长的细致关爱，化为了学生甜蜜的记忆。20世纪20年代初，厦大首届学生叶国庆（1921年考入厦门大学教育系，毕业后留校任教）在其发表于1948年10月14日《江声报》的《我们那时候》一文中，就特别提到当时学校对学生生活饮食的关心："当时许多外省同学不能适应闽南潮湿的气候，容易患脚气病，学校每星期就会分发一次面包和甜薏仁粥，每到这个日子，大家都吃得大腹便便的，很是开心。"

2. 猪血

《绛洞花主》《阿Q剧本》《鲁迅在厦门》的作者、早期厦大毕业生陈梦韶曾回顾道："他（林文庆）当校长初期，对学生爱护备至。同学有病，卧床不起，他和校医常到宿舍巡视。他劝同学要多吃猪血，说猪血含铁质多，又便宜。"

猪血

厦门常见的猪血做法，是用青蒜一起翻炒，炒后稍焖收汁；也可切块后放入油锅里，加入葱花、姜末、蒜末炒至深色起锅装盘。

3. 油炸咖喱鱼

早年间曾在厦大西厨房当过炊事员的陈传宗在其口述的《我所见到的周教授》一文中（刊于1982年7月出版的《天风海涛》），提到当时鲁迅在食堂包饭的情景——每天三餐饭，厨师做好后由他送到鲁迅宿舍，在他的印象中，鲁迅每餐吃两小碗米饭，最爱吃炸鱼，特别爱吃的就是油炸咖喱鱼。

许广平曾经说过，鲁迅喜欢刺少的鱼，因为剔鱼刺要多花费时间。

而作家萧红在其回忆鲁迅的文字中，也提到先生喜欢吃炸物。油炸咖喱鱼取材自厦门本地产的鲨鱼肉，去骨和刺，腌制后挂脆浆糊，再炸酥，食时斩块，淋上咖喱酱，是旧时厦门烧酒摊比较常见的炸物，多配有芫荽、黄瓜片、西红柿片等。

油炸咖喱鱼

咖喱酱是从南洋一带经由华侨舶来的调料，油炸咖喱鱼也印证了当时厦门作为东南重要口岸与东南亚国家的往来所带来的饮食格局变化，其中的海丝风情亦可窥一斑。

4. 炒豆腐干丝

川岛（章廷谦）在《和鲁迅先生在厦门相处的日子里》文中提及，1926年12月底，他到厦门的第二天午后，便给鲁迅送去糟鹅、茶油鱼干、麻酥糖等，"我们去的时节，鲁迅先生刚吃完午饭不久，碗盘未撤，

炒豆腐干丝

桌上放着一个五寸红花碟子，剩有半碟子菜，是炒豆腐干丝"。

于是，"我们就从那剩下的半碟豆腐干丝说到饭菜，鲁迅先生说今天这个还算是好菜，可吃下半盘去"。

炒豆腐干丝以干豆腐丝为主料，葱姜分别切段和丝之后，放入加油的炒锅中煸炒，再放入干豆腐丝翻炒即可，也可加入少许辣椒调味。

5. 红烧牛肉

同样，在川岛的回忆中，他接受厦大的聘请之后，12月24日偕家人乘船到达厦门。到达的第一天，鲁迅兴致勃勃地召唤了林语堂、罗常培等人一起迎接，并为他们一家安排好主厨，先安排到镇北关外周

辨明先生的家里暂住。

当天晚上，已先行到厦大国学院任教的古史学教授顾颉刚派人送来一大碗红烧牛肉和一碗炒菜花，算是对他们"隆重"的欢迎。虽然此后短暂的相处里，川岛、鲁迅和顾颉刚之间互生嫌隙，但想必当初那

红烧牛肉

一碗红烧牛肉，带给川岛的初次印象和心情还是很不错。"已经过了冬至了，厦门还是初秋的景色，在海滩上散着贝壳。像我这样一个久居北方的人，乍到此地，面对这样自然环境，确是感到新鲜的。"

红烧牛肉是一道传统菜品，主要材料是牛肉，配以其他辅料，香辣、五香等口味，汁稠、肉酥香。

6. 厦门卤面

卤面是闽南特色小吃之一，分为漳州卤面、厦门卤面、泉州卤面等，依地域饮食习惯，味道略有不同。但卤面选的面，一般都为碱面，闽南话称"水面"，碱面的韧度与卤面的稠滑完美结合。

厦门卤面

汤是卤面的重要精华，评价一碗卤面是否好吃，就要看这碗浓郁香滑又略带点甜的汤头。在熬上许久的大骨浓汤里加入各种配料，等煮出味道后加入湿淀粉勾芡，最后在沸腾的汤里打上蛋花，卤面的汤头就做成了。卤面滑爽，色泽鲜丽，极为甘美可口。

林语堂的夫人廖翠凤女士擅长烹调，林语堂在厦大任教期间，多次邀请鲁迅、孙伏园等人到其家中吃饭，卤面便是林太太的拿手主菜之一。廖翠凤经常烧出大锅大锅的厦门卤面，汤头用熬煮入味的鸡汤，作料则有猪肉、虾仁、香菇、金针、菠菜，是非常地道的厦门做法。

7. 薄饼

闽南地区有春节、清明节和三月节吃薄饼的习惯，特别是清明节期间尤为普遍。薄饼的叫法也略有不同，有薄饼、润饼、春卷、春饼等各种叫法，是福建传统名小吃之一。薄饼由皮和馅两部分组成，薄饼皮用面粉做成，讲求薄和柔韧，

薄饼

市场上有专门制作饼皮出售的摊点。馅料主要以猪肉丁、冬笋、豌豆、豆芽、豆干、虾仁、胡萝卜、海蛎等为主料，搭配海苔、花生酥、鳊鱼干油酥、甜酱等佐料。

卷薄饼是一门技术活，可以先在皮上抹点甜辣酱，加入焖熟的菜料、油酥海苔、油煎蛋丝、肉松、芫荽和花生酥等，卷紧实之后，一口咬下去，馅料喷香，脆嫩甘美。此外，薄饼还可以油炸，那就成了另一种厦门小吃"炸春卷"了。

1926年岁末，鲁迅离开厦门前在周辨明家品尝的薄饼宴，给他留下了很深刻的印象，曾有相关文字记叙了当时吃到的热情的主妇递过来的"比小枕头还大的薄饼"，这是他在厦门的美好回忆之一。

林语堂作为地道的闽南人，自然从小就吃了不少薄饼，后来虽然一家人搬到了美国纽约，还坚持吃薄饼的习俗，传统的配料、佐料一个都不能少，三女儿林相如还会自己烙薄饼皮。次女林太乙曾在书中感叹道："在厦门的烹饪中，没有什么比薄饼好吃的了……"据说林语堂比较馋嘴，卷薄饼时经常包裹太多的料，很多时候还没开吃皮就破了，弄得浑身都是菜肴的汁液，这位深谙"生活的艺术"的大师对薄饼的垂涎，可谓跃然纸上。

8. 焖鸡

林语堂在厦大国学院任教时，当时从北京来的鲁迅等教授学者们很多是他的故交，也是经由他推荐前来的，林语堂常常会尽地主之谊，请

他们到寓所吃饭改善伙食。而林语堂夫人廖翠凤经常亲自掌勺下厨的菜肴中，有一道美味的焖鸡就是先生们的"心水"之选。

焖鸡

林太乙曾详细地列出了廖翠凤当时焖鸡的"菜谱"：先用姜、葱、蒜头把腌制过的鸡块爆香，再加入香菇、金针、木耳等配料，再用酱油、酒、糖调味，文火焖上几个小时直至焖烂。焖烂的鸡肉吃起来又嫩又滑，连骨头都可以啜，鸡肉和香菇、金针等配料香气互相渗入，使菜的香味发挥到极致。

鲁迅当时在给许广平的"两地书"里，多次提到林语堂对他的关心，"玉堂的兄弟（他有二兄和一弟都在厦大）及太太都为我们的生活操心"，想必在舌尖上的"操心"里，也会有这一道色香味俱全的焖鸡吧。

9. 盐煮黄豆

长汀时期的厦大，战时物资短缺，物稀价贵，又地处贫瘠封闭的闽西山区，战争威胁无处不在，师生的膳食问题面临各种挑战。时任校长萨本栋非常重视师生的膳食安排，总是想法设法保障师生最基本的生活需求。为了增加学生的营养，提倡吃糙米

盐煮黄豆

饭，并且派人到产粮区采购大米、黄豆，由学校自己制作豆腐。

当时学校为每个学生争取到每天供应二两平价黄豆，保证学生不仅有豆浆喝，而且几乎三顿饭都有一碟黄豆搭配。盐煮黄豆是最常见的做法，偶尔也会用一点点肉皮汤熬煮，此时大家都很激动。

每日的黄豆餐可口又营养，长汀特产黄豆既作为主要副食，也成为长汀时期艰苦朴素生活的标志食品。"黄豆加笔杆，顺利完成了四年学业"——当年的学生们曾这样戏说。确实如此，长汀时期很多学生记忆中的早餐都是和那一碟碟、一勺勺黄豆有关，"煮得极烂，味道香极了"。而且打豆子的厨工"一人一勺，不讲情面"，大家自觉地认识到，"这是抗战时期厦大学生的基本营养，在那种困难时期能有此公平待遇，现在回想起来知足矣"。

不少同学在回忆里提及，当时大家身体都还挺结实的，记忆中似乎找不出同学中有面黄肌瘦、弱不禁风的，除了基本的营养保证，主要还在于学校的学习气氛良好，长汀的自然环境优美和师生精神面貌的奋发向上。长汀时期"爱国、勤奋、朴实、活跃"的校风体现在日常生活的各个方面，大家提倡弘扬"箪食瓢饮，短褐粗衣，夜烛晓窗"的俭朴风气，盐煮黄豆何尝不是其中的一个生动写照呢！

10. 蛋花汤

在抗战的最困难的日子里，厦大千方百计为贫困学生解决经济困难。而部分学生为改善生活而兼职，这些社会实践的演练，为同学毕业后走向社会奠定了有益的基础。

有长汀时期的学生回忆："兼职目的是赚钱，改善生活有了钱，两三人一起劈栏或分摊，

蛋花汤

找一家合宜小酒家，炒一大盘牛肉，上一大碗蛋花汤，一壶老酒，共话'皇帝牛食麦'，一醉方休。"可见，当时就算一道普普通通的蛋花汤，也算得上是珍馐佳肴了。

1946级机电系的卢传曾校友，曾经以"西膳厅"和"蛋花汤"为主题写了两首诗词。蛋花汤在他的笔下，饶有意趣：

《蛋花汤（花非花）》

大木桶，花鱼湖，

鱼下游花上浮。

静看湖中鱼穿梭，

动惊鱼花无觅处。

11. 雪里蕻炒肉丝

在《厦门大学1946级级友毕业
五十周年纪念特刊》里，教育系学
生王光奎有一段关于"海德公园"
与食堂吃饭的回忆。他说，快毕业
的时候，汪德耀校长要聘请他任教
育系的助教兼大学训导员，当时厦
大已陆续搬回本部了，然而厦门物
价飞涨，金圆券贬值，除了教授的

雪里蕻炒肉丝

宿舍餐厅，其他食堂都是以港币来计价，每次点一个菜，要分油、盐、
饭、菜分标单价，总共加起来才是这一盘菜的总价。

"比如雪里蕻烧肉丝，我点一下这个菜，李老师会点什锦汤。那大
家同一张桌子吃饭，其他的同仁也不时地又加其他的菜肴进来，然后
这样就变成全席，然后大家一边吃一边聊。谈笑风生，佳味纷呈。"

"即使是在特殊的困难时期，大家这样一边吃饭一边畅所欲言，不
论是政治、经济、法律、动植物学、文学诗词、人生哲学，不同的独
特见解，交错辩驳，煞是热闹。让人如坐春风，获益匪浅，和教室课
堂能获得的不太一样，有的时候呢也会大放厥词，宛如英国海德公园
肥皂箱上的演讲。于是大家就把师生们在食堂里面吃饭一边轻松交流
的事情，戏称'海德公园'，一提到这个，就彼此心知肚明地知道是去
餐厅吃饭了。"

在"海德公园"里，这道经典的雪里蕻烧肉丝，其做法是：里脊
肉腌制后切丝，放入油锅里稍煸炒后盛出，再放蒜末、干辣椒爆香后

加入雪里蕻，最后放入肉丝一起翻炒。在当时的厦大食堂，雪里蕻炒肉丝也好，什锦汤也好，吃饭有时候成了师生们沟通交流的轻松有趣的媒介。

12. 糙米饭

糙米饭

长汀时期，萨本栋校长的治校方略里，除了教书育人，解决师生的温饱问题亦是头等大事。他除了严格抓好学生的体检工作，还亲自督促办好食堂，每天一粥两饭，以黄豆、豆制品、"钢板"（指海带）、"钢管"（指空心菜）、红白萝卜为基本菜肴，每周加几片肉片，保证粗粮、蔬菜和豆制品的供应，维持师生基本的营养保障。

为了增加学生的营养，萨本栋校长提倡吃糙米饭，既省钱，又富营养。从现代营养学眼光来看，糙米比精白米含有更多维生素、矿物质和纤维，营养成分较高，是一种健康食品。只是口感较粗，质地紧密，煮起来也比较费时。

食堂用米的琐碎事务，萨本栋都要亲自过问，他自己跑政府、求富户，派人到产粮区以优惠价格采购。1941年4月，他向教育部要求增加经费的信函报告里提到，"上月糙米每市石80元，本月起由90元涨至180元。教职员及直系家属、工友等650人，学生465人，每生食米需37.8元，蔬菜、柴炭、油盐10元，膳食共47.8元，原缴18元，余下29.8元需要由学校垫贷"。可谓事无巨细，关心备至。

那时候学生吃饭和青菜都不需要付费，每天三餐凭写着名字的竹签去领取即可。战时条件所限，平常配菜多为笋（或笋干）、芥菜、山芋及萝卜、黄豆和豆制品，每周加几片肉片，尽量保证最基本的营养健康，学生中则流传一句话"九二米，四季青，清汤光水"，是当时清苦生活的写照。

学校为了照顾贫困学生，实行汤、饭不限量，早期每日供应"两稀一干"，后期逐渐达到"一稀两干"，让学生吃饱为止。虽然战时物资短缺，菜色少但吃得饱，当时很多大学学生吃米有限量，不够要自己另买食物吃饱。"横向"对比，就连当时著名的西南联大的学子们，有时候也只能吃考验牙齿和耐心的由"谷、糠、秕、稗、石、砂、鼠屎及霉味"组成的"八宝饭"，厦大能做到汤、饭不限量，又提供物美价廉的糙米饭，实属不易。

13. 板栗焖鸭

长汀时期的学生们有着自力更生的精神，除了吃食堂之外，"大二"以上的学生，开始自己学着烹调，从最初的笨手笨脚到后来的得心应手，菜肴花样渐次丰富。由此，他们的"烹调记忆"也更加精巧起来，各种聚餐聊叙场景多少年之后

板栗焖鸭

也历历在目。在他们自己动手的菜肴里，有几道特别值得称道。

比如，板栗焖鸭就是一道经典"土菜"。位于闽西山区的长汀盛产板栗，秋季是板栗的收获季节，正好越冬前鸭子肉质肥厚鲜美，板栗焖鸭便成了应季的家常菜。

板栗肉质松软、甜香可口，和鸭子一起焖煮，吸收了鸭肉的咸香，又使得鸭肉的滑嫩中多了一份清香，油而不腻，营养价值也是不错的。有板栗果腹，又有难得的鸭肉解馋，可以算是当时相对"高档"的肴馔了。

"简易版"肉燕

14. 蛋皮包的"简易版"肉燕

长汀时期战时物产单一，学生自己烹调，只能在原料搭配和手法上尽量多用工夫。将鸡蛋打成液在锅里烤成薄片，做成外皮，仿闽菜肉燕的做法，里面包入馅料入锅蒸煮，便成了学生版的蛋皮包"肉燕"。

传统闽菜肉燕内馅为肉泥、虾干、荸荠末加调味拌匀而成，湿润过的肉燕皮包上后从中间捏紧，使边缘自然弯曲成长春花形，上笼屉蒸熟，再放入水中煮沸。燕皮脆爽，肉馅荤香。

而长汀时期学生们自制的简易版创意肉燕，针对市面上买不到肉燕皮的情况，因地制宜地进行改造，外皮用了蛋液做成的薄片；而原料和配料上也相对匮乏，蛋皮包裹手工自制的肉蓉和酱油、盐等制成的简单馅料，成形后在锅里蒸熟后，再放水里煮，煮沸后加入点葱花。自己动手，吃起来也是难得的美味。

15. 蔬笋羹

有时候难得有猪肉打牙祭，学生们会将猪肉和各种蔬菜一起剁碎，调上地瓜粉揉成块状蒸熟，再切成小块，泡入清汤中，美其名曰"蔬笋羹"。如何反复揉搓，让干粉深深嵌入肉和蔬菜纤维里是这道菜的关键，很考验制作的功力和耐性。蔬笋羹汤绵肉嫩、鲜香滑润、营养丰富。

蔬笋羹

"蔬笋"来自苏轼《赠诗僧道通诗》的"语带烟霞从古少，气含蔬笋到公无"，本意用于描述僧诗的清寂幽深。这里"蔬笋羹"虽看似单调、不精美，却是那时候长汀厦大学子们难得的美味佳肴。"蔬笋羹"名字清雅的诗意，也反映了特殊时期厦大学子们乐观向上的精神面貌。

令人难忘的经典"老菜"

新中国成立之后，厦大进入了全新的发展阶段，而自20世纪50年代以来，在每一个不同年代的"横截面"，厦大的餐饮事业，以及当年的"老菜"，对于如今已毕业多年的"老校友"们来说，依然是念念不忘的记忆。

为了留存这些记忆，厦大后勤集团饮食服务中心特意组织各食堂大厨，依据当年的资料和老厨人的回忆，精心"复原"制作了多道当年的"老菜"，将菜谱也分享给校友和读者。或许，怀念这些味道的校友们，也可以自己动手来"复原"一下呢！

1. 焖地瓜干饭

主料：地瓜、糙米。

做法：将地瓜刨皮洗净切成小块备用，糙米洗净浸泡1小时，捞起放入锅中，加入地瓜搅拌均匀。清水淹过糙米1.5厘米，焖煮40分钟，掀起锅盖，让蒸汽散发10分钟即可食用。

焖地瓜干饭

口感：软嫩、有浓郁地瓜香气。

2. 炒盐水空心菜梗

主料：空心菜梗。

辅料：蒜头、干辣椒。

炒盐水空心菜梗

调料：盐、味精、料酒。

做法：将空心菜洗净取主梗，将菜梗切成约1厘米长的小段，用适度盐水浸泡半小时备用。起锅下少量油烧热下蒜头片、干辣椒段煸香，再放入空心菜梗大火爆炒。加味精、料酒，翻炒均匀至断生即可。

口感：香脆、微辣。

3. 咸鸭蛋

主料：鸭蛋。

辅料：红土、水。

调料：盐、冰糖、高粱酒、花椒粒。

做法：将红土、水、盐、适量高粱酒、花椒粒、冰糖搅拌均匀成糊状，把鸭蛋包裹好。将裹好的鸭蛋密封放置15～20天。食用时再将鸭蛋取出，洗净起锅蒸20分钟后，用冷水冲凉，对半切开即可。

口感：咸香鲜嫩。

咸鸭蛋

4. 干炸巴浪鱼

主料：巴浪鱼。

辅料：葱、姜、生粉、面粉、加饭酒。

调料：盐、味精。

做法：将巴浪鱼宰杀洗净，双面各剖二刀，便于入味。加葱、姜、加饭酒、盐、味精腌制静置半小时。拍上生粉和面粉的混合

干炸巴浪鱼

粉，起锅烧热倒入冷油，油温至六七成热放入巴浪鱼，炸至金黄成熟即可。

口感：酥脆鲜香。

5. 红烧肉

主料：三层肉。

辅料：八角、香叶、姜片。

调料：白糖、盐、味精、高粱酒、老抽。

做法：将三层肉切成3厘米方块，焯水，控干水分备用。炒锅放少许油，倒入适量的砂糖煸到微红色，调入少许老抽。倒入三

红烧肉

层肉煸炒到肉表面微红，加入高粱酒、盐，加水、八角、香叶、姜片，小火焖40分钟。放少许味精，旺火收汁。

口感：酱香、肉嫩。

6. 酱油水带鱼

主料：带鱼。

辅料：青蒜、红辣椒、姜、蒜头。

调料：酱油、味精、糖。

做法：将带鱼宰杀洗净切成5厘米长的小段，青蒜、红辣椒斜切成3厘米的小段。起锅烧热倒入冷油至七成热，放入带鱼炸至酥

酱油水带鱼

硬定型捞起。锅中倒少许油，放入姜片、蒜头片、红辣椒段炒香，加入适量酱油、白糖微炒，加水烧开放入带鱼，煮至九成熟放入青蒜，收汁即可。

口感：鲜香。

7. 姜丝插老蛏

主料：老蛏。

辅料：姜丝、葱丝、红辣椒丝。

调料：盐、味精。

做法：老蛏洗净竖插入炖盅，加盐、味精、姜丝蒸15分钟。放入葱丝、红辣椒丝，起锅烧热下油加热至八成油温，淋上即可。

姜丝插老蛏

口感：鲜甜清香。

8. 鲇鱼煲

主料：鲇鱼。

辅料：葱、姜、蒜头、红辣椒、青蒜。

调料：酱油、味精、盐、生粉、糖、加饭酒。

鲇鱼煲

做法：将鲇鱼击晕投入80°～90°的热水中除去黏物，宰杀洗净切成3厘米的小方块，加盐、味精、料酒、生粉进行腌制备用。青蒜、红辣椒切成小段。起锅下油将葱、蒜头炸至微金黄色捞起放入煲锅中，将油烧至七成熟，鲇鱼下锅炸至表面定型捞起。锅中下入少许油放入姜煸炒，加酱油微炒，下水、味精、糖，放入炸好的鲇鱼、青蒜、红辣椒煮开，放入煲锅中煲至10分钟，淋上加饭酒即可。

口感：软嫩、葱香、爽口。

9. 咖喱土豆鸡

主料：整鸡。

辅料：土豆、姜。

调料：咖喱、鲜奶、糖、盐、味精。

咖喱土豆鸡

做法：将鸡宰杀洗净，砍成3厘米左右的小块，土豆切成2厘米的菱形块。起锅加水煮开下入鸡块，焯水洗净备用。锅烧热倒油，放入姜煸炒，加咖喱粉、鲜奶微炒。加水煮开放入鸡块、土豆，中火微煮，下适量白糖、盐巴、味精收汁至熟。

口感：微辣、鲜甜。

10. 芋泥香酥鸭

主料：嫩鸭。

辅料：芋泥、鸡蛋。

调料：糖、盐、生粉、面粉、面包糠、猪油、香葱头。

做法：将鸭宰杀洗净，下卤水卤50分钟，去骨切成长方体小块。

芋泥香酥鸭

将芋泥加盐、糖、生粉、猪油、葱油花搅拌均匀，将鸭肉包裹成15厘米长方块拍上生粉备用。而后，芋泥鸭块涂抹鸡蛋液后裹上面包糠，起锅烧热下油加热至油温三四成热，下入裹好的芋泥，炸至金黄捞起，切成2厘米的长条块即可。

口感：酥脆、芋香。

11. 素炒三丝

主料：高丽菜、红萝卜、春笋。

辅料：洋葱。

调料：盐、味精、料酒。

做法：将高丽菜、红萝卜、春笋、洋葱切丝，红萝卜、春笋焯水沥干。起锅下少量油放洋葱煸香加入料酒，放入高丽菜丝翻炒至半熟，再放入红萝卜丝、春笋丝焖煮，后加入调料翻炒至熟既可。

口感：色泽艳丽、清脆可口。

素炒三丝

12. 牛肉汤

主料：牛肉。

辅料：姜、枸杞等。

调料：盐、味精、白胡椒粒。

做法：将牛肉切丁焯水捞起放入高压锅。下姜、枸杞、白胡椒粒及其他药材，压至20分钟熄火冷却后，打开锅加调料即可。

牛肉汤

口感：药膳清鲜、清甜。

13. 海蛎炸

主料：海蛎。

辅料：姜、大蒜。

调料：盐、味精、胡椒粉、地瓜粉、香炸粉。

做法：海蛎洗净沥干，放入姜、大蒜、盐、味精、胡椒粉、地瓜粉、

海蛎炸

清炖排骨汤

胡萝卜木耳烩腐竹

香炸粉轻轻搅拌均匀。起锅下油，至油温达120度左右，用手慢慢抓起海蛎糊成团下入油锅中，炸至金黄成熟捞起即可。

口感：外酥里嫩。

14.清炖排骨汤

主料：排骨。

辅料：冬瓜、姜。

调料：盐、味精。

做法：将排骨砍成4.5厘米长块状焯水、冬瓜去皮切丁，放入炖锅炖60分钟，加调料即可。

口感：清甜可口。

15.胡萝卜木耳烩腐竹

主料：胡萝卜、黑木耳、腐竹。

辅料：洋葱。

调料：盐、味精、胡椒粉。

做法：将胡萝卜切片，与黑木耳、腐竹一起焯水。起锅下少量油加热，投入洋葱炒香后加入胡萝卜、木耳、腐竹焖煮，下调味翻炒至熟，勾芡淋上明油即可。

口感：软嫩、鲜甜。

一日一师一菜

风味一路沿袭，但随着时代变化又推陈出新。如今的厦大食堂，每一个都有自己独特的"标签"，有自己引以为豪的代表菜式。

"技传承·传帮带"，是厦大后勤集团饮食服务中心对于管理骨干、厨师队伍后续力量培养的独特模式，由此衍生了"一日一师一菜"的创意与举措。

"一日一师一菜"是指一天、一位大厨、一道菜肴、落地一家食堂，依托饮食服务中心"闽菜大师"和"闽菜名师"团队，在三校区各食堂巡回展示，交流厨艺、研发菜品、开设专窗，制作并售卖菜肴，以此活跃校园餐饮文化，传承百年餐饮"匠心"精神。这其中的许多精品菜肴，也值得我们认真记录与品味。

1. 香芋肉片羹

主料：后腿肉。

辅料：芋头、青红椒。

调料：盐、味精、料酒、蚝油。

香芋肉片羹

做法：先把芋头蒸熟，用搅拌机搅拌成泥备用。把切好的肉片腌制入味，起锅烧水，水开后下入肉片，煮至肉片熟透捞起备用。在搅拌好的芋泥中加入调料，调制成汤羹，再放入芋头、肉片煮2分钟，放入青红椒后起锅装盘。

口感：肉嫩、芋香。

2. 风味宫保鱼丁

主料：巴沙鱼柳。

辅料：红辣椒、线椒、花生米、花椒、姜、大葱、鸡蛋清、吉士粉

调料：豆瓣酱、酱油、麻油、料酒、鸡精、糖、盐、醋、淀粉。

风味宫保鱼丁

做法：花生用冷水浸泡后，滤水炸熟，剥去花生膜备用。线椒、红辣椒各切丁备用。巴沙鱼柳切丁腌制几分钟上浆，入锅炸至金黄捞出沥干备用。另起油锅下葱段、姜片煸香，加豆瓣酱、花椒、加饭酒，

炒红辣椒段、线椒丁，下鱼丁及调味翻炒均匀即可。

口感：微辣、酸甜、香。

3. 脆皮糖醋鱼

主料：巴沙鱼。

辅料：黄瓜、西红柿、芝麻、淀粉。

调料：甜辣酱、番茄酱、醋、糖、盐、淀粉。

做法：先将鱼洗净切成条状，腌制入味，拍上粉炸至金黄。将甜辣酱、番茄酱、醋、白糖以1∶1∶1∶1的形式调成汁。起

脆皮糖醋鱼

锅烧油，放入蒜头片煸香，再加入调好的汁烧开后勾芡淋油。再将炸好的鱼条装盘淋上芡汁，最后放入黄瓜条和西红柿条，撒上芝麻即可。

口感：酥脆、酸甜。

4. 辣子鸡

主料：白鸡。

辅料：芝麻、花椒粒、小米椒、红辣椒、青辣椒。

调料：红油、料酒、淀粉、鸡精、食盐、白糖。

烹调过程：白鸡切块，加料酒、盐、味精、葱、姜入味，腌制15分钟。红辣椒、青椒切段备用。将入味的鸡块加淀粉抓均匀，

辣子鸡

入油锅炸至金黄捞出沥干备用。另起锅下少量油再下葱、姜、小米椒、花椒粒炒香，加入青、红辣椒段，再加入炸好的鸡块翻炒，最后加入熟芝麻淋上热红油即可。

口感：香辣。

5. 香辣麻油鸡

主料：鸡胸肉。

辅料：小米椒（干）、葱、姜、蒜头、青辣椒、花生、鸡蛋、生粉。

调料：盐、鸡粉、生抽、红油、花椒油、芝麻油、八角、花椒粒、食用油、料酒、豆豉、蚝油、糖。

香辣麻油鸡

做法：选上好的鸡胸脯肉清洗干净，将洗净的鸡肉放入锅中加入清水，将姜片、料酒、八角、盐、葱放入锅中，鸡肉煮熟捞起备用。将煮熟的鸡肉用手撕成条状，放入盐、鸡粉、鸡蛋、料酒、姜汁，搅拌均匀腌制3分钟，起锅烧油至五成热，把腌制好的鸡肉加入生粉拌均匀，放入锅中炸至金黄备用。把所有调味根据比例调好放在碗里备用。起锅放入少许麻油，放入花椒粒小火煸炒，再放入小米椒、葱、姜、蒜头，煸炒。再放入葱段、青、红椒丝，将炸好的鸡肉放入锅中。把调好的调味汁放入锅中加入少许麻油大火快速煸炒，最后放入炒好的去膜花生出锅装盘。

口感：香辣、咸香。

6. 豉汁酱爆香嫩鸡

豉汁酱爆香嫩鸡

主料：鸡肉。

辅料：京葱、红甜椒、小南瓜。

调料：鲜露、豉油鸡汁、味精、蒜头、红油、姜、豆豉、料酒。

做法：先将鸡肉切丁渍及淀粉上浆腌，小南瓜、京葱、红甜椒、蒜头、姜切丁备用。将鸡肉、小南瓜、红甜椒滑油捞起。重新起锅，将蒜丁、京葱丁、姜丁炒香后，加入料酒、豆豉、鸡汁、鲜露调味，加入鸡肉、小南瓜、甜红椒，大火爆炒入味，淋上辣椒油后出锅装盘即可。

口感：柔嫩、豉香。

酱油水银丝香嫩肉

7. 酱油水银丝香嫩肉

主料：猪里脊。

辅料：豆芽、生姜、青葱、红辣椒、柠檬、小米辣、干葱头、鸡蛋。

调料：酱油、盐、味精、白糖、老抽、鸡精、胡椒粉。

做法：先把干葱头炝成葱头油备用。将生姜、红辣椒、生姜切成菱形小块状。将猪里脊切片，加盐、味精、鸡蛋、胡椒粉腌制后加入淀粉上浆。锅里水烧开约90摄氏度，下猪里脊轻轻烫一下捞起备用。豆芽炒熟垫底，将捞好的猪里脊放在豆芽上。锅里放少许油，加入姜片、葱段略炒一下，放入酱油，调成酱油水汁浇在肉片上，最后在肉片上放入切好的葱丝、红辣椒丝、柠檬片，锅内留油烧至八成热淋到肉片上即可。

口感：肉嫩、咸鲜。

8. 葱香白玉烩蚝仔

主料：海蛎。

辅料：水豆腐、干葱头、生姜、小葱、红辣椒。

调料：盐、味精、胡椒粉、酱油、鸡粉。

做法：海蛎洗净滤干，放入盐、味精、胡椒粉抓匀入味，下地瓜粉拌均匀。水豆腐切丁汆水捞起，海蛎汆熟葱头切片炸葱油

葱香白玉烩蚝仔

花备用。起锅加热，下少量油，下生姜煸炒，下水、酱油、鸡粉、豆腐、海蛎，煮开放红辣椒、胡椒粉、葱花，撒上葱油花即成。

口感：咸鲜。

9. 姜母鸭

主料：嫩鸭。

辅料：米酒、生抽、老抽、盐、味精、食用油、卤料包、香麻油、白糖、八角、香叶、桂皮。

做法：将鸭清洗干净切成小块，姜清洗干净切成厚度一样的片。锅内加水小火烧开，将切好的鸭过水，再用凉水冲洗干净。将炒锅烧热加香麻油，下姜片炒至金黄色，下鸭肉翻炒到表面略显金黄色，下米酒、生抽、白糖翻炒，然后加入汤，放八角、香叶、桂皮用大火烧开调味，小火焖煮。

姜母鸭

口感：酱香、肉质软嫩。

10. 沙茶鸭

主料：光鸭。

辅料：姜片。

调料：沙茶酱、花生酱、冰糖、盐。

做法：光鸭洗净，砍成小块，下盐巴、味精腌制20分钟。起锅将沙茶粉加水加盐、味精、冰糖、花生酱调成沙茶酱，锅烧热放油，下入鸭块，炸至三成熟捞出。热锅下油放姜片，翻炒几下放鸭块、

沙茶鸭

沙茶酱，快速翻炒，至鸭块全部裹上。装盘盖上盖蒸30分钟，取出再淋上一些调好的沙茶酱即可。

口感：微辣、鲜香。

11. 川香麻味里脊肉

主料：猪里脊肉。

辅料：杏鲍菇、红甜椒、青椒。

调料：辣鲜露、鲜花椒、美极酱油、花椒油、蒜头。

川香麻味里脊肉

做法：里脊肉切条腌制入味上浆，杏鲍菇、红甜椒、青椒切条备用。将猪腰条、杏鲍菇、红甜椒、青椒过油。热锅下油，蒜头炒香，下入主料和辅料翻炒，下入调料焖煮至熟，勾芡即可盛菜装盘。

口感：麻辣、鲜香。

12. 蚝油肉片

主料：后腿肉。

辅料：白菜梗、青椒、红椒。

调料：盐、味精、蚝油、辣鲜露。

蚝油肉片

做法：把切好的肉片腌制入味，起锅烧油，下入肉片炒至熟透捞起备用。起锅下少量油放入配料，炒至断生，倒入肉片调味翻炒后即可出锅。

口感：咸鲜香嫩。

川香麻辣煮牛肉

13. 川香麻辣煮牛肉

主料：牛里脊。

辅料：豆芽、黄瓜、白菜、生姜、青葱、灯笼椒、花椒、鸡蛋、芝麻、芫荽。

调料：盐、味精、火锅底料、花椒油、豆瓣酱、辣椒油。

做法：先将牛里脊去皮膜、切片、腌制、抓粉备用。将黄瓜、白菜切细条，豆芽洗净备用。锅内烧水至90℃，下牛肉片轻轻烫水备用。锅内放少许油将姜片炒香，下豆瓣酱炒香，加水，略微开，去掉浮沫杂质，下切好的黄瓜、白菜、豆芽、过水捞起垫底。牛肉片置上，再放入灯笼椒、花椒、芫荽，红油烧热淋于灯笼椒上即可。

口感：麻辣香嫩。

14. 香酥麻辣鸡丁

主料：鸡胸肉。

辅料：生姜、蒜头、青辣椒、红辣椒。

调料：吉士粉、盐、味精、花椒油、辣椒、面粉、生粉。

做法：先将鸡胸肉切丁腌制入

香酥麻辣鸡丁

味，拍上调制好的生粉下锅炸至金黄捞起。将青辣椒、红辣椒切段加辣椒一起下锅炒香，再加入炸好的鸡丁翻炒，出锅前淋上花椒油翻炒即可出锅装盘。

口感：麻辣酥脆。

15. 酱汁香芋红烧肉

主料：三层肉。

辅料：芋头、八角、香叶、姜片。

调料：白糖、盐、味精、排骨酱、高粱酒。

做法：三层肉切3厘米方块，焯

酱汁香芋红烧肉

水，控干水分，芋头切5cm×3cm厚片，炸热备用。炒锅放少许油，倒入糖炒到微黄色，倒入三层肉煸炒到肉表面微黄，加入高粱酒、排骨酱、盐，加水、姜片、大料，小火焖40分钟。放少许味精，旺火收汁。装盘时用炸熟的芋头片垫底，红烧肉盛装在芋头片上即可。

口感：酱香、肉嫩。

16. 川味香嫩鸡肉

主料：去骨鸡腿肉。

辅料：小南瓜、蒜头、姜、红辣椒、京葱。

调料：麻辣上汤、盐、味精、白糖、麻油、花椒、料酒、淀粉、干辣椒、辣椒油。

做法：先将鸡腿肉切块腌制，小南瓜、京葱、蒜头、姜、青辣椒、红辣椒各切丁备用。将鸡腿肉、小南瓜、青辣椒过滑油捞起。热锅下适量油，将蒜丁、京葱丁、姜、花椒、炒香后加入料酒、豆瓣酱、麻油上汤以及调料，加入鸡肉、小南瓜、青辣椒、红辣椒，大火爆炒入味，淋上辣椒油后出锅，加入熟芝麻即可。

川味香嫩鸡肉

口感：微辣、香嫩。

17. 香菇焖鸡翅根

主料：翅根。

辅料：香菇、姜蒜。

调料：米酒、味精、食用油、卤料包、排骨酱、白糖、盐、蚝油。

做法：将翅根清洗干净切成块，姜切片，蒜切片，香菇清洗干净。翅根过水冲洗干净。将锅烧热下少许油烧至120℃，下姜片、蒜片炒至金黄色，下翅根、香菇，加入汤，下排骨酱、糖色卤料包，用大火烧开调味，小火焖熟至酥烂，即可装盘。

香菇焖鸡翅根

口感：酱香、软嫩。

18. 唥汁鱼条

主料：草鱼。

辅料：三层肉、红辣椒、姜、蒜苗。

调料：唥汁、盐、味精、蚝油、辣鲜露、白糖、料酒、黑醋、胡椒粉、生抽、淀粉。

做法：把切好的鱼条腌制入味。

唥汁鱼条

起锅下油，油温至五成热时，将腌制好的鱼条拍粉下锅炸至表皮金黄，捞出备用。锅底放少许油，将三层肉丝煸出香味，放入姜丝煸炒后加汤汁调好味。将鱼条倒入调制好的汤汁中，烧开放入红辣椒、蒜苗，调入唥汁，加入明油，起锅装盘。

口感：汁香、微酸甜。

19. 蒜泥白肉

主料：三层肉。

辅料：姜、葱、花椒、黄瓜。

调料：味精、盐巴、辣鲜露、麻油、辣椒油。

蒜泥白肉

做法：将洗好的三层肉改刀放入加有姜、葱、花椒的开水中煮15分钟，取出待凉切薄片。黄瓜去皮切片放在盘底，再把切好的肉片摆在上面，淋上调好的蒜泥汁，洒上香菜即可。

口感：软嫩、鲜香。

20. 黑椒鱼片

主料：巴沙鱼。

辅料：青甜椒、红辣椒、葱、姜、蒜蓉、鸡蛋清。

调料：盐、料酒、黑胡椒汁、黑胡椒粉、吉士粉、淀粉。

黑椒鱼片

做法：用刀将鱼肉片成薄薄的鱼片，加入少许料酒、食盐、姜、蛋清和少许淀粉，拌匀腌制。鱼片拍粉下油锅炸至金黄色捞出，油烧至六七成热，再复炸一次，炸至鱼片色泽金黄、外酥里嫩。捞出放入盘中，浇上调好的黑胡椒汁即可。

口感：软嫩、汁香。

第二节　厦大食堂的爱心传统

免费米饭：箪食瓢饮的感恩教育

或许，如果不是在烽火连天的抗战时期，没有人会发现，一盘黄豆竟是人间至味。

抗战时期，厦大内迁长汀。时任校长萨本栋有如勤劳的"主妇"，精心计算着每一分钱的支出，学校自己制作豆腐，提倡吃糙米饭，甚至将茅厕对外承包以增加收入。在学校入不敷出的时候，萨本栋校长带头只拿35%的工资，节衣缩食。

共克时艰的要务之一，除了确保正常的教学秩序，最重要的，就是让学生"吃饱"。

1944年考入厦大机电系的老校友周咏棠，多年以后回到厦大时，也感慨万分地回忆道，战争时期，学生们都十分穷苦，但学校早餐会免费供应一盘煮得很烂的黄豆，午餐则免费供应一盘蔬菜，饭也不要钱，这样，没钱的学生也有饭吃了，也不用自己去买菜，至少，肚子是能填饱的。周咏棠把学校的这份恩情记了一辈子，他后来到了台湾，基本上把自己炒股赚来的钱都捐给了厦大。

厦大教授潘懋元，1941年到厦大长汀校区就读，此后在厦大已度过了近八十年时光。他说，抗战期间在长汀，肉、菜品种稀少，但学校食堂坚持保证早上供应稀饭，午饭、晚饭供应米饭，而且对学生不限量。

而如今，厦大"声名在外"的免费米饭政策，延续了这一爱心传统。2008年，国内物价经历了一次较大幅度的上涨，有一次校长办公会时，时任校长朱崇实拎着一袋大米到了会场，为的就是提议学校为学生提供免费米饭，还要求食堂要准备免费菜汤，对免费汤还有要求，不能是"洗锅水"，里边要有一些菜。他的想法是，提供"免费米饭+免费菜汤"，家境贫困的学生即使一分钱不花也可以填饱肚子，当然，学校的资助政策一个也不能少。

2008年3月28日起，厦大正式实行米饭补贴的政策，即对在校全日制学生免费提供米饭（包括稀饭和干饭），这在全国高校中当属首例。厦大为学生提供免费米饭，它的意义不仅仅在于米饭本身，其中更蕴含着学校的一片教育"用心"。

首先，是培养学生的"感恩奉献"之心。课堂、食堂是高校教育的两大场所，米饭补贴政策正是"在食堂中育人"的一大体现。提供免费米饭，让学生，特别是贫困生体味到了真正的人文关怀，切切实实饱了他们的胃，暖了他们的心。"今天接受母校的爱心，明天把爱心送给别人"，这一政策蕴含的"爱心"教育将使更多的学生热爱厦大，进而热爱社会和他人。

其次，一视同仁的平等中亦蕴含着尊重之意。米饭补贴政策既是普惠，也体现了一种平等的仁爱之心。而这一政策的最大受益者是贫困学生，不仅解决了他们的温饱问题，这种运用公共政策的形式减轻他们因个别接受救济而容易产生的尴尬、自卑等心理负担，让贫困生更有尊严地接受善意。

再次，培养学生的节约意识。提供免费米饭也是一种良好的"节约教育"，厦大要求学生应树立"节约粮食"的观念，杜绝浪费现象。米饭补贴政策施行的同时，要求学生"自觉遵守按需原则，一人一卡，不打包外带"。从实施情况看，比起之前的"花自个儿的钱买米饭，爱吃多少吃多少，吃不完倒掉"的现象，更多的学生因感受到免费米饭的特殊意味，不再随便浪费，使得浪费现象大大减少。目前，绝大部分的学生按量取饭，很少存在剩饭的情况。

在这个政策的基础上，厦大后勤集团努力推动让食堂成为同学们成长的"加油站"，开展食堂服务课堂，将落实学校免费米饭政策与"光盘行动"结合起来，赋予其更多的"育人"功能：通过开展"排队日"活动，引导学生按需购餐、节约用餐、文明就餐，做到真正"光盘"。

学生公寓第一餐厅还设置了"匀饭处",同学们在打饭后,觉得米饭过多,可将盘中的米饭拨到匀饭处;觉得米饭太少,可以从匀饭处补一些米饭,以此来满足同学们对米饭需求量的个性化需求,从而减少浪费。免费米饭和光盘行动实施后,有的餐厅泔水量从2700公斤/年,降低到1800公斤/年,减少了900公斤。

在提供免费米饭后,厦大又实行了免费提供矿泉水和厕纸,朱崇实校长当时有个观念——"给学生最好的,他们也会去追求最好。"他认为,学生们在学校喝的是矿泉水,走出校门后如果他喝不到干净的水,也许会想方设法改变现状,为自己,也为他人。他认为,这就是大学的影响之所在。

感恩与爱心的传统,还在不断延续。2020年10月17日,在深圳举行的第七届厦门大学全球校友会会长暨校友代表大会上,厦大深圳校友会宣布,2021年到2030年的十年间,将为母校所有在校生的米饭和矿泉水"埋单",为此,深圳校友会设立了"箪食瓢饮 衔环涌泉"项目,用于资助"学生免费白米饭及矿泉水"经费开支,承诺,承担第一期持续10年(2021年—2030年)的费用,每年推荐一名校友或者一个团体捐赠当年费用给该基金。

有人做了一个测算:以2020的物价为基准,如果要"承包"厦大四万名在校生一年的米饭和矿泉水,一年要掏666万元,而10年总共要捐出6660万元。换句话说,从2008年到2020年,厦大的免费米饭和免费矿

2020年10月17日,在深圳举行的第七届厦门大学全球校友会会长暨校友代表大会

厦大深圳校友会宣布，2021年到2030年的十年间，
将为母校所有在校生的米饭和矿泉水"埋单"

泉水是学校掏钱的，此后，将有更多地校友参与到这个独特的善举中来。

厦大深圳校友会理事长孙小荔说，这件事的意义是：传承感恩文化，固化大爱形式。她说，之所以决定为学弟学妹的米饭和矿泉水买单，并不是厦大学生"吃不起饭"，而是为了让来自贫困地区的学弟学妹能和来自城市家庭的孩子在吃饭方面，没有任何区别，他们能把所有注意力放在学习上，更能把感恩文化传下去。

"箪食瓢饮"，意为是一箪食物，一瓢水，形容读书人安于贫穷的清高生活；而"衔环涌泉"，寓意感恩报德，终生不忘。这也是参与倡议和捐赠的"学长"们的共同认知——对于学弟学妹们来说，他们吃的米饭还是免费，喝的矿泉水也是免费的，但是，他们心里的感受不一样：这是学长、学姐捐赠和提供的，相信他们会把这样的"感恩、责任、奉献"装进胸怀，在心中播下爱和善的种子。

这一点，一位毕业于2010年的本硕连读的校友，就曾经在自己的网络帖子里有生动而深情的回忆：

"我记得2003年到厦大报到时（我走的绿色通道，助学贷款），在我旁边有一位瘦瘦的小伙子，跟他一起来报到的是村长。村长对报到处说明了小伙子的家庭情况，说他是一名孤儿，到厦大报到的路费是村民集体捐赠的。

当时厦大已经有提供免费汤了，如西红柿蛋汤等等。后来在食堂又碰到那位小伙子几次，食堂的阿姨都会给他的米饭打上菜汤再送点菜。所以2003年那会儿，对于贫困学生来说吃一顿饭只要付米饭钱。2008年时我读研二，米饭开始免费，我就想到有许多贫困同学可以免费吃饭了。厦大有很多助学金，还有奖学金和勤工助学，我整个学生

免费米饭窗口和匀饭处

生涯通过打工、家教，还有助学金、奖学金，都可以自己付学费和生活费，还能存下一点。我对厦大母校充满了感激和感恩。"

除夕年夜饭：春节留校师生的幸福港湾

"每年的除夕，全国各地的游子即使跋涉千里、辗转多地也要在除夕之前回到家乡和亲人们团聚，为了一起吃一顿年夜饭，促膝长谈一起守岁。在守岁那么一段时光里，闪烁着人间温情的光辉，无论你是风尘仆仆的游子，还是牙牙学语的孩童，或者是阅尽人间冷暖的老人，在这一夜里倾诉衷肠，一起抒豪情、话家常、谈事业、展未来，短短的数个小时，却让我们守住了心灵的寄托，守住了温暖的情怀，守住了无尽的眷恋，守住了未来的憧憬，在一处幸福的港湾里，再也不用担心外头的风雨飘摇。"

2017年除夕，时任校党委副书记林东伟曾用这样诗意的语言描述他对年夜饭的感悟。而那一年，他和学校的相关领导，按照厦大的惯例，参加了除夕大年夜学校的"年夜饭"——对于留在厦门、学校过年的师生们来说，厦大每年的"年夜饭"，更是在学校这个幸福港湾里"温暖情怀"的一次次美好回忆。

早在20世纪50年代，厦大就有除夕夜食堂为广大师生提供食品供

第三章 厦大餐饮·家的味道

应和聚餐的习俗。1959年的《新厦大》刊登的几篇文章，就详细描述过在那个相对"困难"时期的年夜饭场景：

1959年1月16日《新厦大》提到除夕夜聚餐的文章

"临近新年，也是厨房工友们最为忙碌的日子。集美、鼓浪屿的几位厨工同志赶回学校帮忙，但是大家还是从早忙到晚。有的四处争取货源，有的专研技术利用代用品做各种各样的菜色。在元旦以前，党委宣传部还召开一次会议，对教工、学生膳食做了专门研究，解决了不少具体问题，也鼓起了厨工同志的干劲。

除夕大年夜的时候，在游园晚会中开辟的食堂食品供应部，特别准备了各种包子类、甜点、面点、什锦卤味、美酒、水果等经济化的大众食品供应，品种数以千计，深受群众欢迎，什锦卤味一共1000多份，前后不到两个小时就全部脱销了。购买者达到三千余人，供应到五月，仍然有人不息的来往。1959年新春的报晓钟声响了，同学们跑到厨房向厨工道好问安，祝贺新年进步，鼓舞了厨工的信心和干劲。"

这一传统多年来一直延续。近二十年来，厦大除夕围炉晚宴由后勤集团饮食服务中心承办，后勤集团充分重视，在学校党委和相关领导的指导下，饮食服务中心和承办年夜饭的相关餐厅全体员工加班加点、提前做好各项准备工作，为留校师生奉上了丰盛、美味的年夜饭。除了年夜饭外，学校还为留校的全体学生免费提供正月初一至初三共三天的免费用餐，让留校学生高高兴兴过个和谐快乐的春节。

有的年份，三校区几百桌年夜饭同时开席，堪称"超级年夜饭"，浓浓的年味不仅让这个"大家庭"有着别样的温馨，也让新年美好而特别。近年来，年夜饭更是努力在厉行节约和"让学生吃好"中寻找平衡，餐桌上有虾、有鱼、有蟹、有鸭，而且兼顾南北方的习俗。而随着厦大越来越国际化，年夜饭上的"外国面孔"也越来越多，年夜饭吃出了"国际味"。

每年的这个时候，提供年夜饭的餐厅就像在举行一个其乐融融的大型家庭聚会：不仅有学生，还有学校领导、院系老师、辅导员和到学校看望学生的亲朋好友。几十张圆桌在几百平方米的餐厅整齐铺开，大家围坐一起边吃边聊，年味四溢，真情浓浓。基本上从腊月二十九开始，食堂师傅们就要开始为这顿年夜大餐忙活起来，每年都有上百名师傅和工人投入其中，要一直忙到大年三十晚上9点多钟，才能回家和家人团聚。

师傅们的心血当然没有白费。当一道道菜端上桌时，年轻的学生们不仅争相动筷，而且不忘拍照，在朋友圈中不断晒着"幸福"。其实，从还没有微信朋友圈的年代开始，直到现在的移动互联时代，从校内校外媒体到如今的自媒体和师生们的"朋友圈"，留下了许多关于厦大年夜饭的温馨记录。

2007年校内媒体，以"爆竹飞天送狗岁，春花遍地缀猪年"为主题，报道了当年的除夕年夜饭："2月17日下午4：30开始，校本部的芙蓉餐厅人头攒动，1200多位留校师生员工欢聚一堂，共度新春佳节……师生们纷纷举杯共饮，喜迎新春。同时，在一海之隔的漳州校区，漳州校区党工委书记、管委会主任黄如彬等领导也与留校的600多名师生员工围炉过年，其乐融融。晚宴沉浸在欢乐、祥和、喜气的气氛中。"

2008年除夕夜，又一场充满欢乐和情意的年夜饭开启。"1000多名留校师生欢聚一堂，共度新春佳节。校党委副书记辜芳昭首先代表学校致辞，转达学校对全校师生员工的新年问候，并特别代表学校对近期家乡遭受罕见雨雪

2008年年夜饭，师生其乐融融一起过大年

冰冻灾害而滞留在学校的同学表示慰问……与此同时，在隔海相望的漳州校区北区餐厅三楼，校区党工委书记、管委会主任黄巧萍等领导也与留校的400多名师生围炉过年。50多名印度学生和10多名穆斯林学生与大家共进除夕晚宴，更是为漳州校区除夕围炉晚宴增添了热闹气氛。"

"新年快乐！"伴随着热烈的掌声和欢呼声，校领导和各职能部门负责人共同切开蕴含美好祝愿的新年蛋糕，告别硕果累累的癸巳年，迎接充满希望的甲午年——这是2014年厦大年夜饭的场景。近百桌年夜饭在两个校区准时开席，各院系的老师、辅导员们与学生结伴而坐，一同品尝丰盛美味的年夜饭，畅谈家乡的过年习俗，分享学习生活的点点滴滴，并为彼此送上新年祝福，现场洋溢着佳节的喜庆与欢乐。

2014年年夜饭，校领导向留学生敬酒并合影

2015年2月18日，农历甲午年除夕，厦大为留校的900多名师生置办百余桌年夜饭，不仅为他们送上家的味道，更为他们送上家的温暖。在年夜饭开始的几分钟后，不少学生就开始迫不及待地争相在微信朋友圈中发图"晒幸福"。在海对面的漳州校区，虽然只有20多名学生留校，但嘉庚学院的领导也依然"雷打不动"地与留校学生共进晚餐、共度除夕，并看望从外地来和学生一起过年的亲朋好友。

2015年，学生在朋友圈晒出的厦大年夜饭切蛋糕场景

转眼到了2016年。这一年，厦大的除夕年夜饭，不仅惊艳了师生，也惊艳了整个厦门。《厦门日报》以"除夕大围炉心里暖

2016年，媒体聚焦厦大有"国际味"的年夜饭

融融 厦门大学年夜饭吃出国际味"为题进行了专题报道，记者还特别报道到了厦大留学生们在学校过年的鲜活故事。

"怎么在厦门大学近150桌的年夜饭人群中脱颖而出，让人过目不忘？巴西人顾天佑和阿尔巴尼亚人玛萨拉昨晚使出大招:穿汉服！当天，厦门大学为春节没有回家的师生准备年夜饭，在厦大攻读世界经济的博士生顾天佑和玛萨拉穿着汉服参加，汉服是他们从淘宝买来的。

昨日下午，厦门大学在勤业餐厅教工食堂举办留校师生大围炉。在四分之一足球场大的勤业餐厅，他们不断地引起旁人的注目。玛萨拉说，这是他们第一次过中国新年，他们还特别做了一番考证：要穿旗袍还是汉服？最终认为，穿汉服应该更符合春节。

厦大的年夜饭，因为顾天佑们的加入，而呈现传统、现代、国际的气质。每年春节，厦大都为留校的师生操办年夜饭，但是，现在的人已经搞不清楚这一习俗始于何年——它就这么一年一年传下来。

今年有1000多名厦大学生没有回家，有的因为家乡路途遥远，有的因为毕业实习等原因。这一数字比往年更多，校方在思明校区开了85桌，在翔安校区开了57桌，在漳州校区还有2桌。"

2017年，《厦门日报》等媒体再次聚焦厦大年夜饭。这一年，厦大的年夜饭共摆了150桌，而在厦门日报社的新媒体平台上，用了这样幽默的语言，来描述这顿"全厦门最大的年夜饭"，让看到的人们不禁感叹，原来"别人家的大学"这么好：

要说咱身边的厦门大学，
真是"网红体质"，
校友会开成演唱会，
动不动就募集个上亿资金，
分校办到马来西亚，
到别的校区串个门还得坐飞机。

你以为这就完了？
就在昨天，除夕晚上，
厦大又做了一件"大"事！
它摆出了厦门最大一场"年夜饭"！

这顿年夜饭有多大？
厦大摆了150多桌大圆桌（横跨三个校区），
招待了1500名师生！

不仅场面大，
菜色还很丰盛，
今年的年夜饭有十四道菜，
虾、蟹、鱼、肉、鸡都没缺席，
还有水饺、玉彩大拼盘、大明虾、香辣冬蟹、清蒸鲈鱼、
脆皮双乳鸽、黑椒牛肋骨、沙律南山骨、八宝芋泥。

现场的三层蛋糕也是非常抢眼，
最上面一层还是公鸡的造型，
很符合今年的主题呢！

　　2018年，厦大年夜饭又开了170桌，继续当仁不让地成为全厦门最大的年夜饭，再次成为当年春节厦门的"热搜"话题之一。一位学生

勤业餐厅主会场三层大蛋糕　　　　　　年夜饭菜单

厦大大厨美轮美奂的食雕作品

在朋友圈发出了自己的感悟："寒炉煮热汤，温酒话家常。美好的食物，是将人们连接的最古老而有效的方式。年夜饭已上桌，在食物的万丈光辉里，把一年中积压的负能量远远甩在脑后。"

或许，学子们的感悟最真切，也最有代表性。

1994级俄语专业的校友于树军，就曾在《厦大老师，遇见您真好》一文中提到，"记得有一年春节没有回家，林祖庚校长亲自请所有留在学校过年的同学吃饭，还给每人发了一个红包，现在想起来都温馨满满。"

"能和这么多人一起吃年夜饭，太难得了。"管理学院2012级本科生刘晓丹回忆说，在她备战雅思考试那一年，她选择留在学校过年，妈妈也特意从外地老家赶来陪她。这一天，她和妈妈早早来到勤业餐厅，凭"券"入场，和几个同学、师兄师姐坐在一起。大家举杯欢庆，边吃边聊十分开心。之前还担心女儿留校太孤单的妈妈此时也满脸欢笑。刘晓丹还记得，为满足留校学生不同的饮食需

2018年，主流媒体官微对厦大年夜饭的报道，引发"热搜"话题

求，学校还贴心地将年夜饭分成汉餐和清真餐两种。

2014年，就读于新闻传播学院的河北学生邵洋，想着自己即将毕业，就抓住最后一次机会留校体验。"原以为在学校过年没啥年味儿，没想到气氛还是很好的。"邵洋说，这是她永生难忘的一次过年。而与邵洋同级的2014级生命科学学院本科生图尔苏江·艾则孜，发现学校贴心地为来自新疆的他们准备了许多特色菜，包括地道的"手抓饭"，这让离家很远的他感受到了，真的是家的味道呢。

国际关系学院的留学生C.J.参加了两次除夕围炉。他的家是远在大洋洲的密克罗尼西亚，他说自己非常喜欢这样的中国式过年，"食物很丰盛，老师同学很热情，感觉特别好"。

在师生们挥之不去的"年夜饭记忆"的背后，是后勤集团和每位职工的默默付出。每一年的除夕这一天，都是他们最忙的一天。为了让同学们能吃上可口的年夜饭，各餐厅的员工们加班加点准备原材料、

搬桌椅、布置场地，每个细节都不放过。特别是在年三十中午还正常供餐的情况下，餐厅利用下午休息时间紧锣密鼓地把晚上的宴席场地布置出来，而且第二天一早还要正常供应早餐，员工们的辛苦可想而知。

每一年，餐厅也会贴心地根据学生的口味和饮食习惯来设计当年的年夜饭。有一年，翔安校区有许多印度学生留校，于是竞丰餐厅又特别准备了20桌印度餐，让印度学生在这个特别的日子也能吃上家乡的味道。

除了年夜饭，每年的寒假供餐保障工作，也是后勤集团十分重视的一项"暖心工作"。寒假到来前，根据学校寒假工作安排，饮食服务中心在完成岗位述职工作后，及时召开餐厅经理年终会议，总结本学期工作，并就放假前的卫生、安全、值班及寒假期间餐厅开放安排等问题，做了详细布置。会后，中心会将寒假餐厅开放安排在网上BBS后勤集团等版块进行公布，同时制作喷绘，粘贴于各餐厅醒目位置，便于师生及时了解。

在勤业餐厅拆除重建那一年，思明校区餐厅改变以往做法，改成视经营情况陆续关闭，延长其他餐厅开放时间，给师生充足的调整时间，尽量减小勤业餐厅拆除给校园供餐工作带来的影响。饮食服务中心办公室也利用周末时间完成整理，仅在1月20日一天就顺利完成搬迁整理工作，日常工作顺利衔接，尽量减小搬迁对日常工作的影响。

2020年，厦大迎来了一次"特殊"的年夜饭。就在年夜饭筹备工作进行得如火如荼之时，新型冠状病毒肺炎疫情暴发。在学校和集团的统一部署下，饮食服务中心迅速反应，重新设

2014年学校本部公布的本部寒假餐厅开放安排通知

计菜单、调整供餐方案，将原先的围桌供餐改为套餐打包，尽量减少人群聚集。为进一步加强防范，确保供餐安全，参与供餐的工作人员均提前测量体温，按要求佩戴口罩，以专业的态度为大家提供服务。

形式改变，年味不变。校领导也到场为留校师生送去节日的祝福。原先的围炉餐厅场地依旧张灯结彩，红红火火，营造了喜庆的过年氛围。饮食服务中心还特地准备了装有花生糖果的过年大礼包，送给前来取餐的留校师生。

校学生处等相关职能部门提前做好学生告知工作，餐厅加强人员疏导，同学们或打包回宿

2014年学校本部公布的翔安校区寒假餐厅开放安排通知

寒假期间，师生用餐保障有条不紊

校领导和后勤集团领导在2020年"特殊"的年夜饭现场

舍，或在餐厅享用美味，现场井然有序，没有出现过多的人员聚集。在年夜饭供餐现场，饮食服务中心还设置口罩分发处和体温检测处，免

费为同学们分发口罩，宣传病毒防控知识。

贴心周到的安排，让师生们既体验到了传统佳节的氛围，也感受到了学校的深切关怀。

那些年，校领导与留校师生大围炉

2006年1月28日除夕夜

2007年2月17日除夕夜

2014年1月30日除夕夜

2015年2月18日除夕夜

毕业聚餐：凤凰花开时节的恋恋不舍

在厦大，有一个时节充满了浓浓的"仪式感"，仿佛大自然在校园里特意展开的一幅让人永生难忘的图景，那便是凤凰花开的时节。当满树绽放的火红在厦大徐徐铺开，也就意味着，这一个夏天，又有一届的学生将告别亲爱的校园。

而在这个时节，不管是哪个年代、哪一届的学生，印象深刻的镜头之一，就是毕业聚餐。

"那是1981年的毕业晚宴，我记得标准至少24元/桌，10人，在当时这样的开销算很宽裕。主食呢，有炒米粉、炒面、包子，汤应该是海蛎汤或海带汤，但我记得最清楚的一道菜，是肥肉片炒青蒜叶，平常只能在小炒部才能吃到的，我们都馋了四年了。印象中，炸带鱼段、炒蛏、焦熘丸子、芹菜豆腐丝、西红柿炒蛋、酱鸭块，应该都有呢。"1977级中文系校友刘正明回忆起当年毕业聚餐，依然"如数家珍"。

1979级外贸专业的校友林航的回忆则更为感性："毕业会餐时，竞丰食堂为我们准备了丰盛的晚宴，可整个晚上，那些美味佳肴并不能勾起同学们的食欲，每个人的内心充满着离愁别绪，有些人借酒消愁甚至伤心落泪。想到了一旁为我们服务了四年的食堂工作人员，在班长的带领下，全班同学手举酒杯走到他们面前，挨个向他们敬酒，感谢他们这四年来的关照。别了，亲爱的母校！别了，竞丰食堂！对了，竞丰食堂的一位女工名叫"菜花"，对我们都很好，我们几个专门还跑进食堂里向她感谢和道别。"

从20世纪90年代到2000年左右，大部分"毕业会餐"都在逸夫楼餐厅、大丰园餐厅。1994级英语专业校友潘蓉回忆道："凤凰花开之时，红花绿树映衬在芙蓉楼前，此时是厦大校园最美的时节，却也是最令人动容、令人依依不舍的时刻。六月底的毕业聚餐在20世纪90年代末的校园，既是莘莘学子最期待的饕餮大餐，也是大家依依不舍互道珍重的人生最美好、最难忘的时刻。"

潘蓉记得，走进同学们神往已久，作为厦大校园最高食府的"厦大逸夫楼餐厅"，场内布置基本都是带转盘的十人大圆桌，这个时候，平日里食堂菜单上"小炒级别"的海蛎煎、酱油水巴浪鱼、海瓜子、炒米线只能算是基础菜肴，白灼章鱼、大梭子蟹才是在毕业餐上品尝到的"贵宾级"待遇的菜肴，再来个开胃川菜系的蚂蚁上树、水煮牛肉，加上标配的可乐和厦门本地啤酒，可算是"齐活"了！实际上，毕业聚餐吃什么已经不重要，无须待菜上齐，餐桌上频频举杯，互诉衷肠，八卦往事，豪言壮语，看似轻松，可能前一分钟还在相互调侃揭短，后一分钟就唏嘘哽咽转而相拥而泣。

而对大丰园的"芋泥香酥鸭"心心念念的一位1999级的学生，更把毕业聚餐的记忆写出了散文味："这次'散伙饭'，应该是我们最后用心相聚的时刻了，我觉得它的意义远不止一顿离别之宴这么简单。这个听起来直白得有些感伤的字眼，我相信总能在未来的某天唤起我们最难忘的回忆。谢谢你们出

每年冷餐会，校领导、后勤集团负责人都亲临现场指导工作

现在大学里的轨迹上，划过我的天空，你们必将留下痕迹，而我也必将会牢记这个痕迹。"

有一位学生则改编了林志炫的一首歌，来表达他的内心感受："时光的河入海流，终于我们分头走，没有哪个港口是永远的停留，脑海之中有一个凤凰花开的路口，有我最珍惜的朋友，还有最难忘的食堂的美食佳肴……"

在学生们无数关于毕业会餐的记忆的背后，则是厦大餐饮人用心的付出。每一年，差不多在毕业晚宴的几个月前，接待中心餐饮部就早早开始着手准备本年度毕业盛宴的各项工作。每一次，都结合往年的经验，从菜单设计，到与各院系订餐师生商讨接待计划，再到宴会的服务细节，都做了全面的策划。

为了让师生们品尝到餐厅的美味菜肴，每次都会准备多套特色菜肴供师生挑选；对用餐场地进行精心的布置，通过条幅、气球和各种装饰来营造就餐氛围；认真做好就餐中的各个服务细节，几乎每一年，都有毕业生评价："大大超过了我们的期望！"

2011年，厦大首次开启"毕业冷餐会"模式，延续至今，成为厦大乃至国内高校毕业季的一道独特风景线。说起冷餐会，一位后勤集团的员工也不禁感性起来："冷餐会的呈现，见微知著，越平常的一箪食

第三章　厦大餐饮·家的味道

一瓢饮，越体现厦大对万千学子的关怀。好似儿女即将远行时，母亲做一顿最美味的饭菜，默默又深情地祝福，当后勤人倾注热情与严谨做好所有餐品，一一呈给毕业生，就用最传统最直接的方式，向毕业生传递了学校的关心和祝愿。"

2011年，厦大首次毕业生"冷餐会"

　　的确如此，回顾起历年来的"毕业冷餐会"，每一次都凝聚着厦大餐饮人、后勤人的心血与诚挚。

　　2011年6月25日至27日，第一届厦大毕业生冷餐会在科学艺术中心一楼举行，五场冷餐会，接待毕业生及家长共11200人次。首次举办，便规模空前。接到任务后，后勤集团高度重视，成立供餐工作小组，制订详细供餐方案，精心布置，全面动员，力争把各项工作做实、做细、做好。

　　筹备过程中，在菜单设计、原材料采购贮存、餐具准备、食品操作流程、食品留样、食品安全、各餐厅供餐量及人员安排等多方面精心筹划，特别对食品的卫生、人员的安全、现场的布置效果等提出高要求，确保万无一失。

　　饮食服务中心的勤业、芙蓉、东苑、凌云餐厅及接待服务中心克服人手不足等困难，加班加点，在做好日常接待及供餐任务的基础上，全力确保冷餐会各项工作有序进行。勤业餐厅20多名员工连夜加班制作面点，芙蓉餐厅的糕点间深夜还灯火通明，饮食中心化验室工作人员对餐具严格检测，接待中心客房部员工一早便到岗清洗水果、分发食品，员工们连夜通宵备餐，集团各级领导亲临现场，在一线仔细落实各项工作……

　　据统计，五场冷餐会中，勤业餐厅共制作金银馒头、花卷、肉包达25000个，芙蓉餐厅共制作蛋糕、面包、发糕、千层糕达62000余个，这每一个小面点都出自餐厅师傅的一双双巧手。这期间，后勤集团还承担了每天两次的餐盘、桌椅运送摆放及现场保洁、垃圾清理等各项工作，确保冷餐会现场的卫生整洁。

毕业"冷餐会"模式至此开启，而每一年的冷餐会，都不是一成不变的，对于后勤集团的员工来说，凤凰花开时节，不仅意味着超出以往的工作量，更有许多提升和细节。

2012年6月28日至30日，第二届毕业生冷餐会举办，在总结去年经验的基础上，进一步完善工作机制，成立供餐工作小组，制定稳妥的供餐方案，从菜品选择、原材料采购贮存、餐具准备、食品制作、各部门分工合作及人员安排等方面进行了细致而周密的筹备。其中，负责制作菜品的勤业、芙蓉、凌云、南光、海滨、公寓一期等餐厅努力克服人手不足等困难，辛劳了一天的员工们每天深夜加班加点，通宵备餐。负责餐台服务的接待中心员工每天清晨便开始清洗准备水果，摆放食品，供餐过程中，各餐台专人负责，及时添补，服务人员不顾疲惫，忙碌地穿梭于人群之中，热情的服务、灿烂的笑容留给毕业生及家长们一份美好的回忆。集团办公室和公环中心承担了每天两次的餐盘、桌椅运送摆放及现场保洁、垃圾清理等各项工作，确保冷餐会现场的卫生整洁。集团和相关中心领导以身作则，在深夜备餐中，在每场冷餐会过程中，辗转于餐厅和现场，检查指导菜品制作，督促协调各项工作，有效确保了各项供餐任务的顺利完成。正是在员工们的辛勤努力下，三天时间里，科艺中心冷餐会成功接待了一批批参加完毕业典礼的毕业生和家长们。现场人头攒动，欢声笑语，大家品尝着美食，观看着大屏幕播放的学校及集团为毕

2012年毕业生"冷餐会"现场

业生送出的祝福短片，几分留念，几分不舍，大家纷纷举起手中的相机，记录下这温馨惜别的一切。

经统计，六场冷餐会共计接待毕业生及家长11820人次。与前一年相比，这一次冷餐会主食类、荤菜类和水果类分别增加了玉米、鸡中翅、鸡柳、西瓜4个品种，菜肴数量达15种之多；勤业餐厅制作的玉米馒头、花卷、肉包约为17730个，芙蓉餐厅制作的蛋糕、面包、发糕、千层糕约为60698个，南光餐厅提供并加工约3129斤西瓜，每一个面点、每一片西瓜都出自餐厅师傅的一双双巧手，几天下来，大家的手都起泡了，但大家都为能够通过自己的辛勤劳动为厦大学子献上一份毕业的礼物而感到欣慰和欢心。

2013年6月28日、29日，四场冷餐会共计接待毕业生及家长11225人次；仅是勤业餐厅就加工牛肉790斤、鸡中翅790斤、薯条1128斤，制作豆沙包5585个、玉米馒头2884个、南瓜饼11219个、黑胡椒鸡块11219个；接待中心提供当季水果5种近3000斤；南光餐厅负责现

2013年冷餐会后厨，食堂员工精心准备

场切削西瓜就达4109斤。冷餐会期间，后勤集团各单位通力协作，先后搬运、洗涤、消毒白圆盘15000余个，全部当餐用完即送至芙蓉餐厅三楼进行洗涤、消毒，在检测合格后及时配送至科艺中心使用。考虑到天气炎热，饮食服务中心在28日下午及时调整菜单，减少主食的供应量，相应提高水果的比重，保证师生在高温天气里吃得健康、舒心。

2014年的冷餐会前，各项环节与工序又有条不紊地开展了：

餐冷菜品精挑细选。考虑到冷食的口感特殊性及天气的炎热，制定出荤素合适、水果搭配的菜单，并邀请各部门人员试菜，确保食品安全、菜单合宜。有一次在试菜过程中，发现薯仔包蒸熟之后卖相欠佳，

2014年冷餐会后厨"整装待发"的菜品

立刻改换成炸水饺，并重新采购原料。

餐具消毒高效安全。当年，餐具清洗运用了最新引进的进口洗碗机，冷餐会专用餐具统一运到芙蓉餐厅进行消毒、检测，负责人签字封装。

严把原料采购贮存关。为让毕业生每顿冷餐都享受到鲜香的椒盐虾，饮食采购组要求供应商凌晨四点将活虾直接运至芙蓉餐厅，现场验收。

通宵加班制作餐点。芙蓉餐厅面包师傅彻夜加班，烘焙新鲜可口、数量充足的柠檬蛋糕；凌云餐厅、芙蓉餐厅供应种类较多，凌晨四点师傅们就已到岗，由于第二天用餐人数更多，更提前了一小时制作餐点；海滨餐厅、公寓一期餐厅员工也是加班加点、午间不休。

高速加工保证水果新鲜。南光餐厅在每日开餐前半小时切好千斤西瓜、哈密瓜，根据用餐情况，第二天又加大水果供应量、加派人手。

经历了几年冷餐会的过程，各部门分工合作、配合默契配合度更高了。公环中心在冷餐会前一天下午运送餐具到芙蓉餐厅进行消毒、检测、封装，并在冷餐会期间运送干净餐盘、回收使用过的餐盘，同时加大流动保洁力度、及时清理科艺中心周边的卫生；运输服务中心驾驶员们加班加点，安全运送翔安校区毕业生及家长至思明校区参加毕业典礼及冷餐会，共计运送36趟，运送学生1500余人次；在科艺中心咖啡厅冷餐会临时后台，菜肴先由专人验收、称重，再由备餐餐厅经理、现场管理、一线员工快速装盘；国际学术交流中心（原后勤集团接待服务中心）全面提供会场服务，管理人员和一线服务员在冷餐会现场不停奔忙、穿梭，补餐、摆盘，并维持会场的干净整洁……

学校领导也充分重视冷餐会工作。校领导亲临现场与毕业生及家长亲切交谈，并慰问所有工作人员。在后台，集团和相关中心领导以身作则，于每场冷餐会中，检查指导菜品制作，督促协调各项工作，高峰期更是亲自上阵补餐，有效确保了冷餐会供餐的顺利进行。

据统计，2014年的冷餐会，共接待毕业生及家长13880人次。每餐供应品种多达17种，四场下来，柠檬蛋糕、发糕、春卷、奶黄包、燕麦包、小笼包各制作13880个，玉米馒头2776个，炸饺1027斤，薯条957斤，荤菜类包括牛肉、鸡中翅、黑胡椒鸡块、椒盐虾、鸡柳、鸭大胸共3684斤，水果4858斤。

2015年的毕业冷餐会，恰逢端午佳节，6月20、21日两天时间里，后勤集团与国际学术交流中心合力，让毕业生们共同度过了一个与"粽"不同的毕业日。

尽管冷餐会已举办数年，可谓经验丰富，但这一年报名参加冷

2015年"粽"然离别季，欢聚冷餐会

餐会的人数再创历年新高，又是端午节期间，为此，后勤集团和国际学术交流中心高度重视，一个月前就开始部署、协调，研究制订解决方案：一是开辟新的用餐区，以应对人数增加；二是用餐区出口与入口分离，以防拥堵；三是精细制订供餐方案，在确保食品卫生安全的同时，更加关注食材的新鲜度和菜品的精致化及新品种的"尝鲜"；四是注重情感，特别为今年的端午毕业喜相逢量身制作甜咸粽子，增加节日的温馨氛围，使得这场毕业盛宴推陈出新、更上一层楼。

冷餐会筹备从策划到实施，各环节严把严抓。仅仅是餐品的甄选，

就集合了领导层、办公室、餐厅、采购组反复的商榷与考察，并结合去年的情况推优出新：卤牛肉、鸭大胸、椒盐虾学生爱吃，餐厅就继续烹饪；菌菇包、海胆丸、鱿米花新颖美味，平常不曾供应，特意来点"新鲜面孔"；端午节吃粽子是中华文化传统，肉粽、甜粽，厨师一个个手工包起，咸甜党均有口福。

由于用餐数据数次变更，集团及时跟踪，调整菜肴数量及对应时间，保证顿顿新鲜。为保海鲜之"鲜"，采购组经理每天凌晨三点多至芙蓉餐厅验收活虾。供应较多的餐厅，如芙蓉、凌云、海韵园，凌晨四点员工已到岗操作。机修组和餐厅送餐车来回奔走，让菜肴在开餐前全部到位。摆盘也有讲究，用餐区装盘的菜肴整齐美观、赏心悦目。供餐也根据实际调整，让学生满意，20日第一场冷餐会，因牛肉获得好评、玉鼠包遭遇"冷落"，领导讨论后迅速在第二场调整了供应分量。

食品卫生安全毫不含糊。冷餐会前两天，集团相关负责人、筹备组人员与原料供应商进行了试菜。各餐厅以冷餐会的标准制作、装载好菜肴运至芙蓉餐厅，集中点评口感味道、装盘卫生、运输保鲜等。除严格原料采购渠道及规范烹饪操作，保证食品本身安全外，餐具消毒上洗碗机依旧大展功夫。尽管已经日常在用，会前餐厅又仔细调试，确保清洗效果。餐具均统一装载运送、清洗消毒，杜绝二次感染。按照集团的要求，餐厅挑选有经验的员工服务冷餐会，并进行培训，规范着装，佩戴口罩、手套，呈给毕业生卫生安全的餐品。

冷餐会现场，集团领导现场督导、实时调度，各部门分工合作、默契配合，呈现优质服务。学生公寓与环境服务中心跟往年一样，在冷餐会举办之前及期间，做好餐具消毒、运送、回收及现场流动保洁等工作。运输服务中心继续承担运送远在翔安校区的毕业生及其家长们到思明校区校本部参加毕业典礼和冷餐会的任务，据统计共运行39趟，运送学生约1800人次。在冷餐会后台及现场，饮食服务中心和国际学术交流中心的员工们精诚合作，全力以赴提供优质服务。学生志愿者用心引导用餐、维持秩序，冷餐会现场秩序良好。

据统计，冷餐会两天共接待毕业生及家长15541人次，芙蓉、凌云、海韵园、海滨、南光餐厅供应品种共达19种，制作柠檬蛋糕9504块、春卷11820个、椒盐虾714斤、粽子11721个、牛肉609斤、翅根1855斤、海胆丸7900个、菌菇包4996个、黑胡椒鸡块306斤，水晶饺8200个等，还有水果近6000斤，口味丰富。

　　与校本部（思明校区）一样，漳州校区的冷餐会也是每年都认真准备，别具一格。2015年的毕业季，嘉庚学院环境科学与工程系、会计系、日语系、国际经贸系、财政金融系、管理学院的毕业生们，都会记得漳州校区南区餐厅精心承办的这场让"嘉"人们铭记心间的毕业聚餐。

　　早在本年度毕业典礼召开前半个月，南区餐厅与嘉院相关院系就已进行了几番沟通征询。餐厅根据院系各自提出的餐会差异化定制需求，定质量、定数量、定餐标，及时调整、敲定毕业餐会的菜色品种，并在短时间内将本次供餐所需的各类

2015年漳州校区冷餐会现场

生鲜食材足量保质地悉数采购到位。在兼顾完成南区餐厅日常时段的常规供餐后，参与毕业餐会备制的全体员工顾不上休息，便马不停蹄、各司其职地投入紧张繁忙的会场布置与备餐工作当中。

　　在汇集南区餐厅厨艺骨干集体智慧、贴心排定的毕业餐会菜单中，凉菜、热菜、酒水饮料、时令瓜果一应俱全。为了让应届毕业生们真切体会到后勤人的用心，餐厅掌勺师傅还特地等参加毕业典礼的同学们全部到齐后再炒热菜。

于是，当卤水大拼盘、清蒸鲈鱼、银丝蒸膏蟹、上汤娃娃菜、蚝油焖鲍鱼、茶树菇番鸭汤等一道道秀色可餐、香气四溢的美味佳肴依次上桌时，毕业生们在赞叹菜品精致、用料考究之余，纷纷轻动指尖、拍照上传微博与微信朋友圈，留恋厦大后勤餐饮为其倾情打造、诚意献上的味蕾欢娱。

食品安全无小事，攸关毕业生和任课教师们的用餐健康，不容丝毫怠慢闪失。毕业餐会供餐前夕，后勤集团相关负责人多次前往南区餐厅检查供餐筹备工作，并有所侧重地对鲈鱼、鲍鱼、膏蟹、活虾、田鸡、猪颈肉等餐会专供食材再次进行了品质抽检，最大限度确保烹饪食材的安全、卫生。南区餐厅全体员工不计辛劳、连续奋战、勤勉付出，6月27日至29日，南区餐厅累计席开近200桌、连续接待2025人次到场用餐。

2016年6月19日至20日，在思明校区的冷餐会上，极具情怀的菜名令冷餐菜肴充满了诗情画意，校园美食与校园文化相得益彰。

本次冷餐会按照校领导的要求，饮食服务中心特别邀请学生工作处的老师和同学代表，为每一道菜肴"冠名"："芙蓉映月""木棉花开"描绘了厦大独有的风景；"五老峰下""石井之巅""群贤毕至"充满了厦大人文特色；恰同学少年，风华正茂，厦大里的"流金岁月"承载着

2016年冷餐会现场

食堂工作人员为2016年冷餐会忙碌备餐

一个时代的青年理想；"'牵须'谨慎""展翅高飞""胸怀天下""蒸蒸日上"，传递出学校对满天下桃李的殷切希望。每张餐台旁，都有服务人员热情服务，他们身着统一的制服，穿梭于欢乐的用餐者身影之间，认真摆放好各色餐点，小心细致地将菜名一一对应摆放，用一言一行展现出厦大餐饮的服务文化。

冷餐会现场，精致美味的点心、新鲜现切的水果、品种多样的饮料，及时补充的菜肴，时时清洁的餐具和用餐区，饮食服务中心力求在各个方面做到最好。据统计，冷餐会两天共接待毕业生15955名，勤业、芙蓉、海滨、南光等餐厅供应菜肴及水果达19种，共制作蒸饺16155个、绿茶饼15726个、烤肠15560个、水晶饺10910个、柠檬蛋糕8316块、虾味卷8134个、发糕8265块、翅根1642斤、海胆丸7468个等，还有水果约6286斤，花样品种繁多。

象征鱼跃龙门的清蒸鲈鱼、代表未来前程似锦的瓜果大拼盘、寄寓事业大展宏图的虫草花鸡汤、祝愿生活红红火火的脆椒掌中宝、比拟收获甜蜜爱情的南区自制老婆饼……这是漳州校区餐饮部南区餐厅为嘉庚学院2016届毕业生们精心准备的一系列美味佳肴。为了给莘莘学子留下美好而又深刻的"嘉"园记忆，嘉庚学院各院系纷纷主动邀请漳州校区餐饮部南区餐厅承办毕业聚餐。

2016年7月3日至7月5日，南区餐厅累计

2016年精心布置漳州校区冷餐会

接待嘉庚学院英语系、日语系、国际经贸系、环境科学与工程系、会计与金融学院、信息科学与技术学院、管理学院2321人次用餐，开席230桌。毕业聚餐筹备期间，后勤集团相关负责人提前来到现场指导南区餐厅供餐筹备工作。在各部门及兄弟餐厅的共同协助下，南区餐厅全体员工共同努力、不辞辛苦，在确保餐厅照常供餐的同时，圆满地完成了2016年度毕业聚餐供餐工作。

算起来，这已经是南区餐厅连续十年获邀为嘉庚学院部分院系承办毕业餐会，在这或许是各奔前程之前的最后一次集体欢聚席间，满桌丰盛可口的菜肴代表了厦大后勤餐饮对莘莘学子寄予的殷切希望和真诚祝福，在享受佳肴的同时，学子们也对这四年给予了他们如家一般味道的厦大餐厅表示了感谢。

2017年的冷餐会共接待来宾近两万人次，勤业、芙蓉、海滨、南光等餐厅供应菜肴及水果达19种，共制作蒸饺16684个、绿茶饼16684个、烤肠16684个、水晶饺11678个、柠檬蛋糕8342块、发糕8342块、翅根1802斤、海胆丸8342个等，水果约6674斤，花样繁多，备受好评。

在2018年的冷餐会中，饮食服务中心利用官方微信公众号"厦大饮食服务中心"提前发布冷餐会"剧透"，展示筹备过程，吸引了更多的毕业学子前来用餐。两天里，共接待毕业生及家长17233人次，勤业、芙蓉、海滨、南光餐厅供应品种共20种，制作柠檬蛋糕8750块、

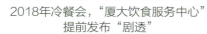

2018年冷餐会，"厦大饮食服务中心"
提前发布"剧透"

2018年冷餐会部分菜肴及命名

发糕8750块、春卷17500个、虾味卷8750个、勤业小笼包13500个、核桃包4000个、卡通包14000个、一口肠17500个、蒸饺17500个、海胆丸17500个、水晶饺12250个、薯条875斤、牛肉1575斤、翅根2625斤、黑胡椒鸡块394斤、椒盐虾875斤、鱿米花656斤、鸭胸875斤、西瓜6073斤、哈密瓜2581斤，品种繁多，口味丰富。

2019年6月22日至23日，四场冷餐会共接待了近20000名毕业生及家长，供应柠檬蛋糕9850块、发糕9850块、春卷19700个、虾味卷9850个、勤业小笼包15169个、核桃包4531个、卡通包15760个、一口肠19700个、海胆丸19700个、蒸饺19700个、水晶饺13790个、薯条679.65斤、牛肉886.5斤、翅根2127.6斤、黑胡椒鸡块354.6斤、椒盐虾689.5斤、鱿米花591斤、鸭大胸443.25斤、西瓜6698斤、哈密瓜2955斤。

2020年，因为受到新型冠状病毒疫情的影响，毕业生冷餐会停办。

每一年的冷餐会，都是厦大对万千学子的关怀与祝福。送君千里终须一别，厦大餐饮人以自己的辛劳向毕业学子们道声"珍重"，厦大餐饮人用心准备的一桌桌美味，给毕业生们留下了一份值得回味的厦大味道，使毕业生们胸怀对母校的感恩，奔向锦绣前程。

每年冷餐会，都凝聚着厦大餐饮人的心血和祝福

迎新故事：厦大"家的味道"初体验

厦大人都知道，凤凰花开的时节，既是告别，也是迎接。在厦门这个南国城市，凤凰花未谢，新一波的年轻学子又昂首迈入了校门。在很多厦大新生的"第一课"里，也一样有着"家的味道"。

2007年的9月15日到17日，厦大迎来了来自五湖四海的新同学，各项迎新工作如火如荼进行。作为后勤服务保障部门，饮食服务中心认真做好迎新供餐工作，努力给新生营造良好用餐条件，让新生及其家长在食堂吃得放心、舒心。

这一年，嘉庚学院招收新生 3300 多人，是历年来新生人数最多的一次。为了给嘉庚学院新学子提供温馨、宽敞的供餐环境，饮食服务中心利用暑假期间对漳州校区南区餐厅四楼进行装修改造，并于迎新前两天正式开张营业，嘉庚学院的同学们可以在这里品尝到各色小吃及中西菜肴。此外，根据外国留学生用餐的实际需求，饮食中心将漳州校区北区食堂四楼全部改造为印度生餐厅，为厦大印度生提供了更加完善和精致的餐饮服务。

新生报到前夕，针对今年新生人数多、迎新供餐工作任务重的情况，饮食服务中心高度重视，组织各餐厅、各班组骨干就迎新供餐工作进行了详细部署。为确保迎新期间伙食的正常供应，中心采购组、各食堂提前做好了办伙原材料采购、贮存工作。同时，为确保伙食安全供应，饮食中心组织人员对各食堂进行了全面安全工作检查，重点检查各食堂食品卫生安全、生产操作安全、煤气及水电安全、消防安全等情况。

经过全体厦大餐饮人的精心准备和努力工作，当年的迎新供餐工作顺利进行。迎新期间，各食堂丰富的菜肴品种，干净舒适的用餐环境，热情周到的服务，为新生和家长提供了优质、健康的餐饮服务，给他们留下了良好的印象。

2001年的迎新季，虽然是9月，但厦门依旧是"炎炎夏日"，酷暑难当。为更好地服务广大师生，自9月9日起，饮食服务中心各学生食堂为2011级新生及家长免费工供应凉茶。

为做好这项工作，饮食中心做了充分的准备，投入金额2万多元，由厦大医院医师开具凉茶配方，选取金银花、菊花、红玫瑰、淡竹叶、白茅根、麦冬、佩兰、甘草等具有清热解毒功效的药材，统一采购后配送至各食堂，并严格做好配料挑选、调试、熬制等一系列工序。

每个食堂都专门设置凉茶供应点，其中本部食堂九个、漳州校区食堂三个、三家村迎新点一个，分别都指定专人负责，免费供应全校师生员工饮用。据统计，芙蓉餐厅仅在9日的中、晚餐就送出了近800杯凉茶。

2012年9月15、16日，厦大本部和翔安校区一派喜气洋洋，醒目的标语、飘

迎新的第一杯凉茶，是"家的味道"的初体验

飞的彩旗迎接2012级新同学的到来。

而从9月5日开始，经过近一周的精心策划编排及印刷，新的一期《厦大餐饮迎新专刊》新鲜出炉，分发校办、校信箱、各迎新点及学生餐厅，专刊上刊登校园餐厅地图，给新生就餐提供便利，得到新生的好评。9月14日前，各餐厅门口统一布置盆景鲜花，欢迎新生家长们的到来。采购组在9月初做好各项物资的准备，机修组利用假期期间，全面检查餐厅的设施设备。

迎新期间，饮食服务中心上下齐心，根据《2012年饮食服务中心迎新工作安排方案》开展工作，中心办公室除配合好集团前往迎新点做好迎新咨询工作外，还安排人员留守办公室值班，接听师生反映问题的电话并做好鼓浪听涛有关饮食服务的信息反馈，同时财务室也前往海韵公寓园区餐厅协助迎新。餐厅员工更是放弃轮休的时间，海韵公寓第二餐厅延长了工作时间，从早上5点多一直到晚上近10点，有的工作人员凌晨3点多就到岗工作。员工以餐厅、中心为家，全身心投入迎新工作中。

2012年的迎新季，漳州校区北区餐厅的迎新和军训供餐任务略显"特殊"——由于本一学生搬回本部和翔安校区，根据嘉庚学院学生住宿的安排，漳州校区三个餐厅提前分流人员，北区餐厅员工由原来的158人减少到80人；迎新结束后，本一新生迁回漳州校区与嘉院新生共同军训。面临严峻的军训供餐任务，北区餐厅服务人员严重不足，经饮食中心协调，由各餐厅选派29名员工支援，同时餐厅临时招聘26名员工，解决了餐厅人员不足的问题。

由于组织得当，迎新及军训供餐工作进行得有条不紊。9月18日，新生报到期间，集团领导及饮食服务中心负责人亲临现场，指挥、协调、解决相关问题，为迎新工作的圆满完成提供了强有力的组织保证；餐厅员工全员参与，迎难而上，采取延长就餐时间、全天候为新生、家长和迎新工作人员及时提供卫生、可口的饭菜，赢得了新生、家长及迎新工作人员的赞誉。9月21日至10月5日新生军训期间，餐厅以高标准、严要求，认真组织实施，较好地完成了军训的伙食供应工作。

对于新生们来说，军训或许是入校伊始最"难熬"的一段日子。2013年的入校军训，漳州校区的"新兵蛋子"们却从"厦大餐饮"中感受到了别样的温暖。

食堂"好味道"抚慰着初来厦大的学子们的舌尖和心灵

一抹抹墨绿迷彩身影，一声声高亢嘹亮的口号，一年一度的漳州校区新生军训徒步拉练于9月9日凌晨5：20正式拉开帷幕。

根据先前嘉庚学院发来的任务协作函，参照往年惯例，后勤集团饮食中心漳州餐饮部继续承担此次拉练所需早餐制作配送任务。为此，后勤集团漳州校区服务办，饮食中心漳州校区餐饮部特别针对供餐事宜做了详尽布置，提前做好相应原料、食材采购，运送到承担此次拉练早餐制作配送任务的北区、中区餐厅。

而前一晚19：00，两家餐厅员工在照常当班供餐的同时，着手投入紧张繁忙的面点、菜品通宵制作当中。9日凌晨2：00，在完成各自定额数目的早餐制作后，又马不停蹄地进行食品分装作业；凌晨3：00，5000份早餐均已分装完毕；凌晨4：00，早餐如数装车；凌晨4：20，饱含后勤人辛勤汗水的5000份早餐运抵校区主楼分发点，并按协作函内容要求，四组员工原地待命等待发放。此时，距嘉庚学院院方要求的配发时间5：20足足提前了一个小时。

当参加拉练的新生得知手中热气腾腾、搭配营养的一袋袋早餐都是由这些不辞辛劳的餐厅大哥大姐们自愿放弃个人休息时间，连夜精心赶制出炉的，情不自禁竖起大拇指直呼"真给力"！

尽管彻夜未眠、熬红了双眼，但事关受训新生和参训官兵的个人饮食健康，不容闪失。餐厅员工们一丝不苟、严把食品安全品质关，整个拉练早餐制作、装袋、装车全流程安全、卫生、可靠。期间，北区、中区餐厅经理、现场管理员"齐上阵",通宵跟进督导早餐制作、协助员工们分装早餐。后勤集团相关负责人亲临一线检查工作,并有所侧重地对拉练早餐中的禽蛋、榨菜进行了品质抽检,最大限度确保拉练早餐熟食的品质安全。

正所谓"兵马未动,粮草先行",2014年的迎新季,厦大迎来了近5000名新生。迎新工作对于饮食服务保障工作而言,时间紧、任务重,饮食服务中心全体员工早准备、早落实,以饱满的热情、优质的服务迎接新生入学。

中心自暑假起就开始着手准备,为改善学生就餐环境,消除食品卫生隐患,各食堂积极有序地做好设施设备维护维修工作,芙蓉、公寓二期引进洗碗机,提高运行效率;采购组根据各食堂原料需求情况,提前联系供应商,积极组织货源,做好采购工作,保证了各餐厅迎新、开学所需原料的供给;迎新当天,所有餐厅打扫门庭,操作间、备餐间、大厅干净整洁,库房物资摆放有序,并更新了迎新宣传展板和条幅,新增加的服务项目标识醒目,食堂面貌焕然一新。

迎新期间,餐厅照例免费提供解暑凉茶,给新生及家长带来炎炎夏日中的一丝清凉、一份关心。为保证远道而来的学生及家长们能吃上新鲜的热菜热饭,餐厅延长供餐时间,从早上5:30到晚上8:00均开放服务窗口,据统计,仅芙蓉餐厅在新生入学报到第一天就接待了学生和家长4000余人次。新学年欢迎新面孔,各餐厅也推出新品种,在新生报到第一天,公寓二期餐厅就推出了四款新菜肴。

迎新工作既是一项常规性工作,也是一项重要和烦琐的任务。2015年8月25至26日,饮食服务中心全体员工又以饱满的热情、优质的服务迎接当年新生入学。

新学期供餐工作暑期总是提前开始筹备。中心大力改造公寓一期餐厅,顺利在新生入学时以全新面貌开放。机修组全面完成厨房机械设备的维保,提高了供餐效率及安全。为进一步保证餐具卫生,多个餐厅新增了消毒柜放置于勺、筷取用处。

为给新生提供干净舒适的用餐环境,各餐厅进行了彻底的清扫,不放过任何卫生死角，中心组织开展安全卫生自查。餐厅门前对联有所更新，餐厅面貌也随之改善。迎新期间，餐厅在电子屏上播放欢迎语、制作欢迎条幅挂在门前；安排专人在现场管理台值班，或制作就餐指南放于门口，引

食堂里的"欢迎语"，让新生和家长倍感温暖

导学生及家长就餐；免费提供凉茶，缓解高温下的炎热与疲累。为让家长有落脚歇息的地方，中心要求餐厅实行全天服务，保证不论何时新生及家长都能吃上热菜热饭。

2016年8月26日，是厦大附中喜迎新生的日子。作为厦大附中师生多年的餐饮服务提供方，饮食服务中心漳州校区餐饮部与厦大附中经过多次沟通协调，决定利用当年暑期对厦大附中餐厅一楼操作间的功能布局进行部分改造，为的是在新学期到来之际，为全体附中师生提供更为温馨舒适、宽敞明亮的就餐环境。此次整改，在解决餐厅操作间功能区布局不合理的现状的同时，也为饮食服务中心"5D"现场管理在餐厅的实行打下了良好的硬件基础。

由于厦大附中地处漳州开发区相对"偏僻"地段，周边都是待开发楼盘，尘土飞扬，区域大环境卫生条件较差。因此，在新生报到前夕，餐厅专门组织各班组骨干就迎新供餐工作进行了详细部署，并提前联系消杀公司对餐厅及周边环境进行消毒，提前做好办伙原材料采购、贮存工作。同时餐厅专门组织全体员工进行了全面而细致的卫生清洁工作，对餐桌餐椅、炉灶炊具等进行了维修、清洗，凸显整洁、干净、温馨的就餐环境。

而本科新生的迎新供餐工作，在暑假期间就开始有条不紊地推进。漳州校区北区餐厅装修改造工程自7月18日起正式动工，经过一个月马不停蹄的施工，北区餐厅一、二楼装修改造工程圆满完成，以崭新的

面貌喜迎"嘉"人。机修组则全面完成厨房机械设备的维保检修工作，保障供餐的效率和安全。采购组多处走访，为"舌尖上的厦大"寻找更多安全优质的食材，从源头上严把质量关。餐厅各部门更是紧锣密鼓地筹备原料，做好餐具保洁、饭菜质量监督、用餐计划等工作。

随着迎新日期的临近，餐厅在用餐环境、菜肴口味、服务质量等方面也全力以赴力求最佳。为提供更加干净舒适的用餐环境，各餐厅进行了彻底的清扫，不放过任何卫生死角，力求每个角落都干净清爽。为提供更多就餐选择，各餐厅竞相开发新式菜肴、丰富菜肴品种。为提供更贴心周到的服务，餐厅工作人员提前到位，在"岗前一课"上接受食品安全、服务质量、礼仪规范等强化培训。

8月24日至25日，2016年迎新工作正式拉开序幕，来自全国各地的新同学及家长满怀憧憬来到厦大。迎新期间，各餐厅在电子屏上播放欢迎标语，热烈欢迎新生的到来；在醒目位置备好自制凉茶、提供避暑休息处，以缓解新生及家长的暑热疲累；在门口张贴用餐指南、派工作人员引导用餐方法，耐心为其讲解如何使用校园卡，实时回应咨询，答疑解惑。此外，餐厅在平日供餐时间段基础上延长供餐时间，确保新生及家长在忙碌之后能够吃上热饭热菜，感受我们"五星餐饮，一心服务"的服务宗旨。

每年迎新季，似乎都有不一样的新"任务"。2017年，本硕博1万多名新生于两天内报到完毕，迎新压力比往年要大。饮食服务中心克服困难，提前部署，有序组织，扎实做好各项迎新工作。

为圆满完成迎新供餐任务，各班组在中心的指导下有序开展工作：为保证配送不掉链子，开学前采购组将五部大货车进行全面检修维护，确保迎新期间配送高效、及时；为确保迎新期间的物资供应，采购组多次与各餐厅沟通，确认餐厅所需物资，并且派出数名采购员到各大农贸市场、批发市场询价比价，到各基地考察食品生产流程，采购了蔬菜、大米、面粉、大豆油、鸡蛋、冻品等农副产品数十吨，确保迎新期间充足的物资供应和食品安全；机修组到各个餐厅巡查，全面完成厨房机械设备的维保检修工作，保障机械设备的安全运行；各餐厅彻底大扫除，清扫室内外环境卫生，并进行迎新动员，鼓舞员工士气；餐厅内的厨具清洗消毒，桌椅擦洗干净，摆放整齐；在各餐厅安排现场引导员，实时回应咨询，答疑解惑；经过"金砖会晤"供餐的连续高压状态之后，员工们没有休息，马不停蹄地投入迎新准备工作，迎新两天正值周末，全体员工坚持上班无休息……

各餐厅认真清扫，不留任何卫生死角

"岗前一刻"接受强化培训

厦大饮食人在打赢金砖会晤供餐这场"大战役"后间隔不到三天，又顺利完成了迎新这场"小战役"。

当然，军训供餐依然是每年的重要命题。2017年9月29日阅兵仪式后，为期半个月的新生军训结束。而这一年的军训任务重、压力大，就餐人数远甚平常。餐饮服务部积极联系军训办，合理安排、错峰用餐，为参训教官、教师开设专用场所，确保师生正常就餐；开餐前到各餐厅查看现场，要求各餐厅在每日工作结束后汇报用餐数据，以便及时掌握情况，同相关部门汇报沟通，调整备餐，让供餐工作更加顺利；征询校区领导、各营教官对供餐工作的意见和建议，并进行调整和改进。

一盘盘菜肴，承载一份份暖心

为同时保证新生和老生三餐的正常供应，各餐厅上下班时间相应提前和推后，员工每天5：30到位准备早餐，晚上近8点才下班休息，不辞劳苦，坚守岗位，9月21日学生拉练，各餐厅更是在5：20之前将早餐准备到位；根据训练计划有针对性地调整菜肴供应时间，更换菜肴品种和主副食品种，合理搭配荤素，保证军训学生在高强度的训练后能够享受健康营养的美食。

餐饮服务无小事，餐厅的每项工作都与军训的部署和师生的生活息息相关，翔安校区餐饮服务部坚持以服务为中心，提前计划、借鉴经验、注重细节、团结协作、竭尽全力，圆满完成学生三餐供应、拉练供餐、教官供餐、欢迎晚宴、欢送晚宴、凉茶制作、姜茶供应，以安全美味的菜肴、细致温情的关怀，打造了优质的饮食服务，让辛苦训练的新生和远道而来的教官在厦大餐厅尝到了"家的味道"。

时间来到了2019年，"南方之强"迎来新一批学子。根据当年物价上涨较快的情况，中心迅速反应，部署相应对策，采购组按要求及时做好原材料储备和购进工作，全力稳定餐厅原材料价格。各餐厅精心研究营养搭配制作菜肴，做好开餐准备工作。

迎新当天，骄阳似火，各餐厅LED屏上滚动播放"热烈欢迎2019级新同学"标语，迎接新生及家长的到来，并开放用餐区让他们休息歇脚。为确保每位新生及家长在用餐时间都能吃上热乎、可口的饭菜，所有餐厅都延长营业时间，满足用餐需求。

现场管理人员加强巡视走动，及时为需要帮助的新生及家长提供贴心的服务，热心引导他们进行消费卡充值。而"厦大饮食服务中心"更贴心地通过公众号

饮食服务中心公众号给新生的贴心"食堂来信"

及时发布用餐指引，帮助师生及家长快速了解厦大的用餐概况和用餐要点。

指导新生进行消费卡充值

经过两天的忙碌，饮食服务中心顺利完成了2019级迎新任务，迅速投入接下来的军训服务中，"用心做菜，用爱服务"，继续为广大师生提供高品质的餐饮服务。

第三节　被食堂"记载"的时光

学生的记忆最有年代感，而年代的记忆也经由年轻的记忆，留住时光的底色，经久不衰。当这些"记忆胶片"重新被冲洗，镜头里依然让人垂涎欲滴的，便是那一道道菜肴和小点，当年谓之"经典"，如今可称为"网红"。当年吃食堂的人老了，可是那一段段被食堂"记载"的时光、那一个个脱口而出的菜名，却永远鲜活。

返校校友必点的怀旧菜

1. 巴浪鱼

这一年，勤业餐厅接到了一个任务，任务关键词是："巴浪鱼"。而且下达这个任务的，居然是校长。原来，厦大1986级校友阔别多年后回到母校欢聚，而学校听说他们最想吃的，就是"当年"的巴浪鱼。不过，这个任务还是让勤业餐厅小小地犯了愁，毕竟，厦门本地的巴浪鱼已经不是30年前的品种，食堂采购人员找了许久，才在东山岛找到味道差不多的那一款。

巴浪鱼，学名蓝圆鲹，别名刺巴鱼、棍子鱼、池鱼、黄占、池仔等，在东海主要分布在福建沿岸。《厦门渔业志》中关于巴浪鱼有这样的介绍："是近海渔场群聚的主要鱼种。年渔获量从70年代中期起约占中上层鱼类总渔获量的40%～50%，居第一位，且资源比较稳定。"民谚称："巴浪巴浪，好吃不分尪（老公）。"生动体现了厦门人对巴浪鱼的喜爱。

20世纪80年代，巴浪鱼正是厦门最时兴的经济鱼类，食堂的炸巴浪鱼，每条两角，美味又营养，是大家改善伙食的不二选择。"那时候有几年巴浪鱼很高产，吃不完，就拿去晒，做鱼干。到处都在晒巴浪鱼，上弦操场也晒得满满的，空气中都是鱼腥味。"厦门渔业专家陈复授回忆说。

也因此，巴浪鱼成了一代厦大学子跨越三四十年的青春记忆，成为校友返校感受"厦大情怀"的标配。自1986级之后，1988级、1989级校友返校活动，都有到食堂吃怀旧饭、吃巴浪鱼的保留节目。

1988级校友返校的那一年，在《恋曲1990》怅惘的旋律里，巴浪鱼有效地调动了大家的聚会兴致。他们说着当年每个月23块的"特区补贴"，炫耀着自己至今珍藏的粮票和舞票，听着校友们当众情不自禁的朗诵，一条巴浪鱼在不知不觉中就下了肚。

巴浪鱼

巴浪鱼干

1989级是自从1986级校友开启全年段返校活动后，又一个全年段返校的年级。在他们与食堂接洽，筹备活动时，果然又提到这个保留节目：菜单中必须有当年的巴浪鱼！毕竟，多少年后吃过的珍馐美馔，都会败在最真挚的青春岁月味道里。

2. 勤业馒头

一直以来，不只在"校友圈"，在厦门的"吃货界"，用老面发酵的勤业馒头都是声名远扬。它个大、松软又有劲道，其中的奥秘就是采用传统的老面发酵，揉面充分。

20世纪70年代末，为了更好地满足广大师生员工的需要，厦大膳食科建立了面食加工厂、豆干厂分厂，同时创办馒头车间和小餐部。当时的《厦门大学报》报道，1978年7月，面食加工厂开厂后，在早晨和中午、下午下班前后，向师生员工供应馒头，每天加工面粉600～700斤。后来，陆续添置搅面机、切块机、饺子机、切面机等多种机械。开厂半年多来，就供应馒头87700多斤，平均每月17500多斤。

除了早餐供应馒头之外，还开设了"供应点"，每天定时向教工及家属供应。

讲究传统，重视传承，是厦大餐饮一代代师傅传下来的一个习惯，厦大很多食品不求高档，但求口味地道。作为厦大餐饮王牌之一的勤业老面馒头，经历十几年考验，仍然是历届老校友回校品尝的标配之一，更惹得诸多市民与游客想方设法一尝为快。

20世纪70年代《厦门大学报》关于面食加工厂的报道

勤业馒头是校友和吃货们心目中不变的"白月光"

所以，厦大学生中曾经流传一个段子："爱她，就请她吃勤业馒头！因为哈根达斯可以用钱解决，但勤业馒头常常抢不到。"

如今，不少校友不远万里回校后还不忘带上一二十个勤业馒头，有带去北京上海的，也有直接带到大洋彼岸的。厦大教授郑启五在博客上曾提到，他回土耳其带了一袋勤业馒头，机场偶遇老同学，边聊边吃，竟提前吃了个精光。

除了馒头，勤业餐厅的油条、沙茶面、生煎包、小笼包、砂锅，也在厦大吃货中享有崇高地位。或许，只能用"情怀"来解释人们对勤业的感情。一位厦大校友说，他还记得勤业餐厅的小笼包，他和当时的女朋友时不时要去那里点上一笼，然后海阔天空地聊，一笼能吃上好久。所以，改建后的勤业餐厅恢复一些古早味，小笼包就是其中一项，当然还包括留在很多人味蕾记忆中的生煎包、炸面包等。

3. 炒三丝

20世纪七八十年代，有些菜肴虽然并未成为传说中的"网红"，但却在特殊年代中，默默地熨帖着年轻学子们的味蕾，比如炒三丝。

顾名思义，炒三丝，就是把诸如油豆腐、洋葱、萝卜、马铃薯、高丽菜等随机三样切丝，有时还配了粉丝一起炒，实打实的家常菜。最早一份只卖一毛钱，而在学生们的回忆中，它相比高丽菜、菠菜、小白菜、空心菜等素菜（只卖五分钱）还算稍微"贵"了一些，但是多五分钱，依然阻挡不了大家用它打打牙祭、犒劳犒劳自己。

炒三丝

2008年元旦，厦门大学举行"纪念恢复高考暨七七、七八级入学30周年大会"，在自助餐区特设了"怀旧区"，除了巴浪鱼之外，炒三丝也赫然在列，引爆无数怀旧故事。

学生眼中的食堂"治愈"记

1. 西红柿炒蛋

食堂的早餐，菜品本身就是最大的吸引力，豆浆、吐司、煎蛋不必多说，最吸引我的，其实是"无添加"的酸酸的西红柿炒蛋，每次吃早餐必"打卡"。

有次连续吃了整整两周，阿姨看我的眼神仿佛在说：又是你，怎么又吃这个！我的怀念之感，包括了热腾腾的豆浆，包括了西红柿炒蛋，也包括左边窗口语气最温柔的阿姨、能看到早间新闻的第二排黄金座位和温暖明亮的环境带来的振奋感。

——王梓安（化学化工学院2018级本科）

2. 芙蓉餐厅的海蛎煎

芙蓉餐厅一楼现煎窗口的阿姨让我印象很深！每次傍晚时分，看到阿姨拿着小铲子一点一点小心翼翼地翻、煎，铁板上传来滋滋的声音。刚煎好的油酥酥或热辣辣的海蛎煎，真的是一种难忘的味蕾享受。

海蛎煎

阿姨人很好，总是会关切地问我一些小事情，有时候去得比较晚，放在窗口外煎好的已经凉掉了，她也会让我等等，然后精心为我再煎一份热的；有时候打的菜比较多，塑料盘里已经放不下小碟子了，她还会很细心地探出身来，帮我把煎好的海蛎煎放在我盛饭的碗里，这些小细节其实可能不算什么，但是想起来，阿姨每天都这么用心地为我们服务和付出，真的很感动！

——林毅（新闻传播学院 2018 级本科）

3. 南光炒菜

我时常在想，南光食堂这股独特的气质究竟是什么？芙蓉炒菜要大油大盐，磅礴而粗犷；而南光炒菜总要薄薄地勾上一层芡，把好几种复杂的味道柔和地包裹起来，湿漉漉暖烘烘，让食物在胃袋里变成摇尾巴的热带鱼。

芙蓉炒菜大方又单纯，土豆丝就是土豆丝，油麦菜就是油麦菜；南光的日本豆腐里却总要藏着几颗番茄，豆芽里非要装点韭菜，糖醋肉里逃不开黄瓜清新而怪异的爽脆。所以南光的风味暖和而复杂，就好像低纬度奔向高纬度的洋流，源源不断地给食客带来温热而新鲜的海水。

——潘鹤（新闻传播学院 2016 级本科）

4. 勤业的煎蛋

作为一个学建筑的人，总是会在一年的某个时候莫名其妙就忙得要死，莫名其妙就通了宵。都说初见最美，我觉得，通宵也是，而我在厦大第一次通宵后的早餐献给了勤业。

那是一个普通得不能再普通的晚上，晚上七点钟在勤业吃完晚饭，就到画室出图，本以为要画到12点，结果6点就结束了——哈哈，其实早上6点！头晕眼花的我跟喝醉酒了一样飘着进了勤业，凭借着"本能"点了一份煎蛋，准备吃完就回宿舍睡觉，谁想到，这煎蛋，绝了，那种刚出锅的口感戳一戳还有蛋黄慢慢流出来……

从此以后，无论如何，每次通宵都有了一种使命感，那就是去勤业吃早餐！

——杨晟一（建筑学院 2017级本科）

5. 需要排队的"点心"

有一个场景我相信每个厦大学子都不会忘，那就是傍晚六点的南光餐厅，排队的同学们都在等新鲜出炉的熔岩蛋糕、老婆饼、蛋黄酥……

如果说有什么可以扫除一天的疲倦与烦恼，那便是"热腾腾"的点心了，恰到好处的巧克力"熔浆"，酥软的外皮加上丰富的馅料……它们都是"治愈系"的代名词！

——章立沩（新闻传播学院 2018级本科）

排队只为这一口

勤业的点心，有点可爱哦

6. 难忘食堂那几盏自习灯

入学第一天的午餐是和爸妈在芙蓉餐厅吃的，当时他们看到食堂菜品多、好吃不贵，而且学校不止一个食堂，就放心了。后来，我经常在食堂吃饭的时候，拍照发到家庭微信群里，顺便问问爸爸妈妈吃了没，这成了我在每天繁忙的学习中和他们唯一的聊天时间，虽然可能只有短短几句，但还是让双方都安心了许多。

就这样，一张张照片成为我们聊天、相互关心的载体，让彼此放心。

考试前，有时会到芙蓉餐厅二楼复习，从午饭前到晚饭后，这期间要是食堂要关灯了，阿姨会特地留着在自习的学生们头顶的那几盏，当时便觉得心里一暖。背了一下午书后吃晚饭，就像是给自己奖励一样，点喜欢的菜坐着慢慢吃，半天的劳累就得到了释放。食堂就是这样一个贴心又能给人补充能量的地方吧！

——吴琦（新闻传播学院 2018 级本科）

7. 第一学年冬至的汤圆

清淡的南光、泼辣的芙蓉、丰富的勤业、"迷你"的海韵……每一个食堂都有自己的风味，美味和特色也各不相同，对于不挑食的我来说，待在学校真是长胖的好机会。

但食堂除了藏着众多美味，也是校园里最温暖的地方。有时候夜色刚刚降临，走到食堂看见明晃晃的光和熙熙攘攘的身影，听着轰隆隆运转的后厨机器，闻着扑鼻而来的熟悉香味，都会有"终于要开饭了"的激动，就像小时候放学回家，路上满脑子想今天吃啥一样。

第一学年的冬至，印象特别深刻，打菜时，阿姨特热情地和我说："来份红糖汤圆不，今天免费的！尝尝吧！"当然是果断要了一份。那是我在学校第一次吃到汤圆，姜糖汁包裹的小汤圆，味道真的特别甜，至今都忘不了。

——段思竹（管理学院研究生）

8. 铁板饭"幸运加成"

芙蓉餐厅的油泼面、南光餐厅的辣子鸡块、勤业餐厅的烤鸭……

都让饭点变成了一天之内的高光时刻。

早餐配白粥的感觉极其幸福，午饭能排到"铁板饭"仿佛得到幸运加成。一餐一饭都是一天的主要构成，吃饱喝足是刚需，我深深爱着我们的食堂。

——危皓雅（人文学院 2018级本科）

9. 老鸭粉丝汤

芙蓉餐厅有个窗口的老鸭粉丝汤，文火熬制的汤头非常鲜美，鸭肉嫩而不柴，没有添加过多的佐料，反倒激发了鸭肉本身的香甜。

老鸭粉丝汤

配上几个丸子和虾，脆弹的口感与粉丝的顺滑，使得这道菜口感层次更加丰富。油麦菜要放最后吃，清爽解腻，让人觉得能再来一碗。

——刘佳馨（人文学院 2018级本科）

10. 被砂锅油炸面线征服

2017年12月22日，那年我还研一，那天是冬至。我们班级群里南北方同学因为冬至是吃饺子还是吃汤圆聊得不亦乐乎，还有西北的同学说他们家冬至吃羊肉。得了，结果我在食堂一次性搞齐了这三样，而且全都吃光光了。

我吃过公寓附近很多的路边摊，也去过芙蓉和南光，但最忘不了海韵一期食堂的砂锅油炸面线，我给很多人"安利"，但她们都没有像我一样沉迷——研究生期间大概也就吃了大几十碗吧，别问，问就是中了砂锅油炸面线的"毒"。

——钱明惠（新闻传播学院 2017级硕士）

11. 调和味觉的"家"

厦大食堂，给我的感觉就像自己的"父母"一样，我们有时候会想要挣脱他们的怀抱——去到校外那些美味的餐馆满足自己被惯坏的味蕾，但我们始终无法缺少他们，每当我们疲惫不堪时，食堂是距离我们最近的港湾；当我们吃腻了外界的滋味时，食堂是调和我们味觉的家，外面的世界再好，缺少的是便利与回忆。

在这里想要感谢一直辛勤工作的食堂工作者们，希望我们的厦大食堂能越办越好，自强不息，止于至"膳"。

——吴世鸿（新闻传播学院2019级本科）

12. "不用谢"叔叔

我花了四年的时间想要在食堂"偶遇"一段爱情，可是拖鞋、T恤、打包盒让我错失了机会。所以我想，如果可以从头再来，我要一定好好吃饭。

但食堂仍然是有"爱"的地方。比如，它最吸引我的，不是它的老婆饼、熔岩蛋糕或者烤鱼，而是经常满脸笑容跟我说"不用谢"的收盘子的叔叔，往往一整天的好心情就从这句"不用谢"开始了。

——刘洁滢（新闻传播学院 2016级本科）

13. 消散寒气的烟火味

忘不了掐时六点依旧从前门延伸到后门的南光老婆饼排队长龙，忘不了约三两好友小聚的勤业小火锅，忘不了芙蓉食堂投票评选付诸现实的家乡美食。

记得一年寒假前的期末，勤业一楼开放了砂锅粥、面食、串串等夜宵，图书馆闭馆后裹挟着一身寒气进入烟火味的食堂，等着煮食的片刻，嘴里还叨叨念着刚才复习的知识点，却不再那么紧张了呢。

—— 罗可（新闻传播学院2016级本科）

朋友圈"打卡"的厦大美食

@ 在家翻照片时又开始想念在芙蓉的"新欢与旧爱"。

@ 六月，鲜红的小龙虾与火红的凤凰花。

@ 又到了吃蟹的季节，万分想念勤业的大闸蟹，还有最宠我们的食堂。

@ 东苑的菜好吃又好看，每一道都是"色香味"担当！

@ 港式茶点窗口里，一屉屉精致茶点散发着热气。烧卖皮薄馅满，虾饺皇虾肉饱满Q弹，一口下去汁水满溢，一天的闲适时光从此刻开始。

@ 听说，冬天和串串香最配哦！前往勤业夜宵区，第一个映入眼帘的就是串串香。如果是第一次尝试，你可以选柔软而脆嫩的香菇、美味有厚度的蟹肉棒，以及朴实而Q弹的贡丸。这些都是大家厂选频率较高的公认美味。

@ 丰盛的全料大碗粥——白色是粥的单纯，红色是虾的艳丽，灰色是肉丝的实在；当他们组合在一起时，他们就不再代表一种颜色，而是"美味"的诞生！

@ 深夜放毒！勤业小火锅来了，单看海报都已经忍不住要躁动了！

@ 最近的朋友圈被"平凡无奇"的厦大食堂给刷屏啦！东苑餐厅的各式港式茶点和时尚精美的寿司美轮美奂，惹得评论区的小伙伴们"口水直流三千尺"，高呼"真的酸啦"！

@ 作为"面食之王"的芙蓉餐厅，绝对是面的天堂！比如这道#酸菜牛肉面#，Q弹十足的面条，味道可口的酸菜，回味无穷的汤汁，再搭上几片牛肉，这样的"宝藏面"，你值得拥有！

@ 早餐绝不会马虎！不过，若要将各餐厅主打早餐分类，勤业餐厅绝对占据"炸货"之首！

@ "特色窗口"的三杯鸡，拥有大块饱满的鸡腿肉，浓醇的酱汁淋浇，连骨头都十分入味，你确定不想来尝尝？

@ 没错，"南忘鸡"，哈哈，看过《陈情令》的人不要说你不懂得哦。据说，这是厦大最抢手的鸡！群里抢先限购，但往往15秒就能结束战斗！美食特辑的结尾，一定得用它来压轴！

校报君还没有抢到过……吃过的小伙伴，欢迎在评论区留下你们的美食测评哦！

@ 勤业餐厅的烤鸭，点赞率很高哦！烤得焦焦的鸭皮，闪着令人眩晕的亮泽，一口咬下丰盈多汁的鸭肉，让人都快要吞掉舌头。

（以上部分图片及文字选自厦大网站和《厦门大学校报》公众号）

第四章　厦大餐饮

还看今朝

写在前面

历史的车轮滚滚向前，今日的我们，坐在厦大的食堂里，品味厦大美食"家的味道"，熏陶在厦大餐饮浓厚的饮食文化当中，心中难免好奇：这些年的厦大餐饮，究竟发生了什么？的确，伴随着厦门大学的发展，厦大餐饮也不断发展与变迁。而最大的一次变迁要从20年前的那场改革说起……

1999年，厦门大学后勤社会化第一轮改革中，总务处膳食科正式更名为"饮食服务中心"。2002年，厦门大学后勤社会化第二轮改革中，后勤集团于12月26日正式挂牌成立，饮食服务中心纳入后勤集团，正式拉开厦大餐饮新的发展序幕。

留存下来的档案显示，后勤集团成立之初，饮食服务中心的设置和规模与今天（截至2020年9月）的厦大餐饮还是有较大差异的，具体如下表所示。

厦大餐饮变迁（2003—2020年）

	2003 年的厦大餐饮	2020 年的厦大餐饮	
	饮食服务中心	饮食服务中心（校内）	厦门南强后勤服务有限公司（校外）
职能部门	办公室、餐饮一部、餐饮二部、保障部、市场部、财务部	办公室、财务部、培训部、漳州校区餐饮部、翔安校区餐饮部	办公室、品控部、财务部、物流信息部、营运部
保障部门	采购组、食品加工组、豆制品厂、机修组	采购组、机修组	采购部

	2003 年的厦大餐饮	2020 年的厦大餐饮	
	饮食服务中心	饮食服务中心（校内）	厦门南强后勤服务有限公司（校外）
人员情况	员工总数700多名。其中，硕士研究生学历2名，本科学历2名，专科学历20名；高级烹饪技师2名，特级厨师4名，一级厨师5名，二至五级厨师近60名。	员工总数2500多名。 其中，硕士研究生学历4名，本科学历93名，专科学历129名；中式烹调高级技师（一级）5名，中式烹调技师（二级）12名，中式烹调师高级（三级）84名；共17人次获得"闽菜名师"及"闽菜大师"荣誉称号。	
校内食堂	思明校区：芙蓉餐厅、海滨餐厅、石井餐厅、东苑餐厅、勤业餐厅、丰庭餐厅、南光餐厅、学生公寓餐厅、逸夫楼餐厅、大丰园餐厅、蔡清洁楼餐厅	思明校区：勤业餐厅、芙蓉餐厅、南光餐厅、海滨餐厅、东苑餐厅、凌云餐厅、海韵学生公寓第一餐厅、海韵学生公寓第二餐厅、海韵园餐厅 漳州校区：北区餐厅、中区餐厅、南区餐厅、厦门大学附属实验中学餐厅 翔安校区：竞丰餐厅、丰庭餐厅、芙蓉餐厅	

厦门大学

餐饮百年

| | 2003 年的厦大餐饮 | 2020 年的厦大餐饮 | |
	饮食服务中心	饮食服务中心（校内）	厦门南强后勤服务有限公司（校外）
校外托管餐厅	**学校类**：厦门一中餐厅、厦门二中餐厅、松柏中学餐厅、厦门海洋学院餐厅、厦门华厦学院餐厅 **企事业单位类**：厦门机场餐厅、厦门可口可乐餐厅、厦门软件园餐厅、思明区政府餐厅	**学校类**：厦门一中餐厅（初中部、高中部）、厦门外国语学校餐厅（初中部、高中部）、厦门翔安技师学校餐厅、厦门双十中学餐厅、厦门六中东渡校区第二食堂、厦门二中鼓浪屿餐厅（初中）、厦门二中餐厅（高中）、厦门翔安职校餐厅、厦门实验中学餐厅、厦门科技中学餐厅、厦门新店中学餐厅、厦门音乐学校餐厅、厦门音乐学校鼓浪屿餐厅、厦门城市职业学院餐厅、厦门医高专餐厅、厦门金林湾实验中学餐厅、厦门龙秋淳实验学校餐厅、厦门海洋职业技术学院餐厅、厦门市湖里实验小学餐厅、厦门翔安科技中学餐厅、厦门市三中餐厅、厦门进修附二小餐厅、厦门金山小学餐厅、厦门信息学校餐厅 **企事业单位类**：福建省教育厅餐厅、中国光大银行股份有限公司厦门分行员工餐厅、招商局·芯云谷餐厅、厦门软件园三期餐厅、厦门ECCO公司餐厅、厦门水务集团有限公司员工食堂、厦门市轨道交通1号线控制中心员工食堂、厦门市轨道交通1号线高崎员工食堂、厦门市轨道交通1号线北站食堂、轨道集团高林餐厅、轨道集团东孚餐厅、厦门莲坂总部轨道餐厅、厦门前埔BRT餐厅、厦门绿泉餐厅、厦门可口可乐餐厅、厦门市同安区政府机关食堂（含水利大楼机关食堂）、厦门国际金融中心三楼餐厅、厦门建发国际大厦餐厅、厦门紫金矿业餐厅、厦门国家会计学院餐厅（A、B、C、D）、厦门国贸金融中心餐厅、厦门海翼大厦员工餐厅、厦门城市规划院餐厅、厦门市大嶝岛街道办餐厅、厦门市疾病与防御控制中心餐厅、厦门市市卫生监督所餐厅、厦门市第一医院餐厅（含营养餐厅）、厦门国际邮轮中心餐厅、厦门航空工业餐厅、厦门混凝土生产搅拌中心餐厅、厦门市第三医院员工餐厅

	2003 年的厦大餐饮	2020 年的厦大餐饮	
	饮食服务中心	饮食服务中心（校内）	厦门南强后勤服务有限公司（校外）
校内浴室	综合楼男生浴室、石井女生浴室、海滨浴室	无	
校内开水房	石井开水房、海滨开水房、南光开水房、芙蓉开水房	无	
校内机房（金龙卡充值）	芙蓉十 101、102	无	

从以上今昔的对比，我们读到了厦大餐饮这二十来年的成长与壮大。而回顾与探究这当中的酸甜苦辣咸，就要先从厦大后勤、厦大后勤集团说起……

第一节　厦大后勤四十年变迁

有学校，必然有后勤。以改革开放为新起点，1984年、1999年、2002年是厦大后勤发展的几个关键节点，而这些节点都与厦大餐饮管理体制的变革紧密联系在一起。

改革开放初期的摸索阶段（1984年之前）

1984年之前，高校后勤在恢复与探索中前进，在实践是检验真理唯一标准讨论的推动下，教育界开始改变以往僵化的思想，逐步认识到高校后勤工作既有服务教育的公益性，也具有一定的社会属性，而在当时后勤部门单一的纯行政管理模式下，管理僵化、工作效率不高、效益低下、"大锅饭"思想泛滥，管理上"等、靠、要"、服务上"统、包、管"，学校办社会，缺乏生机与活力。因此，后勤部门从改革行政管理，改变"大锅饭"观念入手，借鉴承包责任制的方法，开始了改革开放初期的第一次摸索性变革。

而这次变革，便是从餐饮开始的。由于膳食部门在当时最具有经营的性质，最容易参照同时期工商业的改革经验进行变革。之前的膳食部门，以纯粹的行政管理和"大锅饭"的供给制为主要管理模式，一方面没有充分有效地利用经营的手段减轻学校的财政负担；另一方面"大锅饭"的分配模式无法调动广大膳食工作者的积极性，服务质量得不到保证，服务水平无法提高。为此，改革采用"经营讲效益、服务有价值"的办法，将任务指标首次计入各食堂的工资体系中，这实际上是一种半企业化责任制的改革。这项改革的实施，就当时而言，是具有重大意义的，它跨出了厦大后勤体制改革重要的一步，那就是从计划体制向市场体制变革的第一步。

综合改革和整顿发展阶段（1984—1999年）

1984年，中央先后发布了《关于经济体制改革的决定》和《关于教育体制改革的决定》，第一次提出了政企分开、两权分离的理论，指出了高校后勤服务工作的指导性方向，即社会化。之后国家教委还发出了《关于进一步加强以伙食为中心的高校后勤服务工作的通知》，特别强调："把高等学校后勤管理组织、思想政治工作队伍动员起来，把高校所在地方党委的积极性调动起来，本着开放、搞活、承包、社会化的精神，千方百计把学生伙食办好。"

在中央文件精神的指引下，厦大后勤体系改革由单一的膳食部门，扩展到全方位的综合性改革。这次改革的跨度较长，先后经历了综合承包、半企业化管理、资产管理与后勤实体分离等阶段。这期间，针对部分地区后勤改革出现过分追求经济效益，忽视服务质量的现象，1988年后，后勤改革更加强调了"三服务""两育人"的后勤服务宗旨，而1992年邓小平南行，进一步加快了我国改革开放的步伐，也在很大程度上推动了后勤全方位改革的步伐。

这一阶段的改革是在改革开放大潮中高校后勤社会化的一段初步探索的过程，在这一过程中厦大后勤部门在管理体制、经营方式、服务内容、经费管理、人事制度、分配制度等方面逐步改变纯粹的计划经济体制模式，初步引入市场的因素激活后勤体系的活力与动力，有效地提高了后勤服务的质量，扩大了后勤部门的规模，适应了学校教学科研发展扩大对后勤服务保障的新要求。

后勤社会化改革探索阶段（1999—2002年年底）

20世纪90年代后期，面对全国高等教育改革和发展的新形势，高校后勤改革进入深层次发展阶段，开始明确了后勤改革的社会化目标。这一阶段，全国各高校频繁交流，对改革开放以来各高校后勤体制改革的经验和教训进行了充分的总结，并开展了多层次的理论研讨。1999年12月，教育部等五部门下发了《关于进一步加快高等学校后勤社会化改革的意见》，开始了新一轮深化后勤社会化改革。

厦大认真贯彻中央文件精神，学习借鉴兄弟院校后勤改革的经验，并针对自身后勤发展特点，从1999年起开始对后勤体系的社会化改革进行了为期三年的探索和初步实施。主要的举措是：后勤服务经营部门和人员与学校行政事业部门在一定程度上脱开，按服务类别组成了相应的后勤服务实体，即饮食、物业、维修、校园、接待五个中心。中心（实体）的财务各自独立，学校事业财政给予一定程度的人头经费、管理运行的支持并逐年核减，中心实体的职工主要靠服务和经营的所得生存。中心分别挂靠学校的两个行政职能部门——总务处、资产处进行管理。

这一步改革，使得学校后勤服务产生了三大变化：后勤管理体制和运行机制由行政服务型转变为服务经营型；服务水平、服务态度有了明显的提高与改进；广大后勤职工的观念也开始发生变化。这为第二次后勤改革提供了丰富的经验，奠定了良好的基础。

后勤社会化改革实施和社会化后勤保障体系建立与发展阶段（2002年至今）

2002年年底，厦门大学正式出台了《厦门大学关于深化科技产业与后勤社会化改革的意见》（厦大委综〔2002〕24号），后勤社会化改革进入了实质性的阶段。这次改革在管理体制和运行机制上加大了力度，将后勤工作的行政管理职能与服务经营职能严格分离，由多机关、多实体，到小机关、甲乙方、大实体。具体就是：通过对学校经营性资产的规范剥离、学校后勤服务市场的有序开发以及资源的合理配置，成立了厦门大学资产经营有限责任公司、厦门大学资产与后勤事务管理处和厦门大学后勤集团。资产公司作为后勤集团的出资人，双方是以资产为纽带的投资与回报的关系，对国有资产承担保值和增值的责任；资产后勤处与后勤集团的关系是学校与为其服务的企业之间的关系，是以契约为主要依据的甲乙方关系，甲乙双方共同承担着全校教学、科研的后勤保障任务。后勤集团作为后勤社会化改革相当一段过渡时期的主要乙方，按专业化、集约化、企业化、规范化的要求对学校的后勤资源进行了优化配置。这标志着厦门大学后勤系统转制基本完成，建立起新型的高校后勤保障体系。

通过这次改革：首先，从长远发展和产权明晰的要求来看，明确学校资产经营公司为后勤集团的出资人，后勤集团实行企业化管理模式；但同时后勤集团仍是学校的一个独立单位，从性质上看，也是一个非企业独立法人实体。这样的设置，符合国家的要求，有利于后勤集团的快速发展，有利于理顺学校经营性资产的管理和经营关系，有利于学校资产的保值增值；其次，新体制下的甲乙双方，各司其职，协调配合，促进后勤集团发展，成为立足厦大、面向社会、有较强的经济实力和较高水平的高校后勤服务实体；再次，此次改革净化并规范校内的后勤服务经营市场，除特殊的服务和个别领域外，凡以学校的教学、科研和师生需求为主要服务经营对象的企业、后勤实体以及相应的资源，均归口后勤集团，使校内的后勤服务经营市场暂时退出了低水平的竞争，这也是此次改革学校对后勤集团的主要支持；最后，新体制初步规范了后勤集团（通过资产公司）与学校的支持、回报等经济关系，后勤集团自行承担所有员工（含校内正式员工）的人头费用，减轻了学校在这方面的负担和压力，有效解决了多年来后勤改革没有解决的问题，即学校办社会问题。

在这份24号文件确定的基本框架下，从2002年至今20年的时间里，厦大后勤不断发展壮大，已经成长为厦门大学建设发展中不可或缺的一部分。

第二节　后勤集团十八年

2002年12月26日厦门大学后勤集团正式挂牌成立，开启了厦大后勤新的发展模式。多年来，后勤集团在摸索中前进，一边依靠学校的政策支持，一边在市场竞争中谋生存，逐步走出一条适合厦门大学的后勤服务与发展之路。

2002年12月26日，厦门大学后勤集团成立授牌仪式

总结起来，后勤集团的发展可以分为以下四个阶段：

初创期（2002—2007年）

创立初期，在第一届领导班子的带领下，后勤集团在社会化道路上摸索前行。归纳起来，取得了四点成就：

一是在福建省率先引进并通过了ISO9001：2000质量管理体系认证和HACCP食品安全管理体系认证，确立"强服务、重质量、创品牌、谋发展"的质量方针，利用国际化、标准化认证提升后勤集团内部管理工作，建立起具有厦门大学特点且符合学校实际，并不断满足学校发展及师生员工需求的新的后勤服务保障体系。

二是推行企业化用人机制，积极引进一批经营管理人才，让原本整体学历偏低的"老总务"，发展成为拥有本科学历60人，专科学历76人，博士、硕士若干名的较高学历的管理团队。

三是开通后勤"服务110"24小时值班电话和鼓浪听涛BBS后勤板块，构建了一个与全校师生沟通交流的平台；成功举办了四届"优质服务月"和两届"安全生产月"等活动，有效提高了后勤保障服务的质量和水平。

四是顺利完成迎新、校庆、本科教学评估、宿舍搬迁、水电管网改造、绿化工程以及各项后勤保障任务，面对并化解了"非典"、台风袭击、主副食品多次涨价等带来的问题，解决了后勤员工全员合同化和员工"三金"基本福利保障问题。

校领导、后勤集团领导班子及管理骨干与年度先进代表合影
（拍摄于2005年1月）

发展期（2008—2012年）

这一时期，在第二届领导班子的带领下，后勤集团调整自身定位，由社会化、市场化的发展方向，逐步向公益型、服务型职能转变。

后勤集团也由企业性质，转变成为学校直属单位，并组织完成了一条街拆除，承接校门管理，实施校园停车收费，推行校内教职工住宅区物业管理，校内超市改制，建成学生宿舍门禁系统，在全校学生宿舍安装保险箱，开通前埔、五缘湾、翔安校区等保障性教工班车，防

厦门大学
餐饮百年

控H1N1，白城菜市场拆除搬迁，印刷厂转制，装修改造宾馆和鼓浪屿笔山路公寓，建设大南六西餐厅，完成90周年校庆，做好毕业生冷餐会，完成翔安校区建设各项后勤筹备，接管高尔夫球场等体育场馆服务管理项目等一系列学校交办的重要任务。

这一时期，后勤集团强化内部管理、苦练内功，依靠自身力量，在餐厅装修改造，食品检验室建设，洒水车、道路清扫车、垃圾车、洗碗机等设备购置方面累计投入近2000万元，并较好地应对了物价持续上涨、用工成本不断增加、学校付费标准低于社会同行业水平等种种困难。

这一时期，后勤集团重视队伍建设，建立"公开招聘、自主报名、竞争上岗"的选用干部机制，陆续有30名基层骨干充实到管理岗位上。同时，启动"爱心资金"等惠民政策，顶住经营压力，千方百计、积极主动提升员工工资待遇。员工平均工资2012年比2007年增长了58.4%。

这一时期，后勤集团转变校外市场开拓理念，由规模横向铺开转向经营纵深发展，将校外餐厅由2007年的31家逐步缩减为19家，并成立厦门南强物业服务有限公司，实现造血功能。

这一时期，后勤集团挖掘创建品牌，总结出"厦大餐饮，家的味道""后勤'服务110'平台""校园绿化美化""校内宾馆"这四大宣传品牌，以点带面，推动自身的发展由粗放型向精细化转变。

校领导、后勤集团领导班子及管理骨干与年度先进代表合影
（拍摄于2011年1月）

成熟期（2013—2017年）

这一时期，在第三届领导班子的带领下，后勤集团明确了"初心"（即"为厦门大学师生员工在学校的教学、科研、学习、生活提供优质的后勤服务保障，为学校的改革和发展提供坚强有力的后勤服务保障，真抓实干，做学校和师生员工最坚强、最靠谱的后勤"），以主题年活动为载体（2013优质服务月、2014安全生产年、2015服务提升年、2016企业文化建设年、2017内控建设年），稳步推进各项工作，全集团上下展现出昂扬向上的精神风貌，形成了真抓实干的工作作风，建立了行之有效的内部控制，取得了令人点赞的各类成绩：

这一时期，后勤集团高质量完成了十项学校重点工作：第九届金砖国家领导人厦门会晤相关后勤保障，嘉庚学院十周年校庆后勤保障，抗御台风"莫兰蒂""西马仑"，翔安校区"二、三、四期"工程建设相关后勤保障，95周年校庆、1986级校友返校等大型活动的后勤保障，学校3534套周转房日常管理及300套周转房装修改造和验收交接，智能快递柜系统"鸟箱"及邮政快递收发大厅改扩建工程，全面提升学校公厕卫生标准，配合完成勤业餐厅改扩建及装修。

这一时期，后勤集团积极走出去，争取"国家修购资金"4480万元用于食堂改造和技术设备引进，争取到了福建圣农实业有限公司、姚明织带饰品有限公司等社会企业对集团的捐赠。南强后勤校外餐饮项目部跻身厦门餐饮业界一流之列，新增校外托管餐厅16家。南强物业成功晋级国家一级资质，新增43个物管项目。

这一时期，后勤集团与厦门大学继续教育学院签订战略合作协议；建立农校对接和食品安全生产基地；与厦门大学嘉庚学院签订校园后勤服务协议；与厦门技师学院、永安水电职校等开展校企合作，创新人才建设培养体系。标准化建设在原有ISO9001和HACCP的基础上，新增加了环境管理体系（ISO14001）、职业健康安全管理体系（IS018001）、食品安全管理体系（IS022000），并自创厦门大学后勤5D管理体系。后勤集团员工总数从2800多人增加到4280多人，总资产从2.04亿元增加到3.25亿元。

校领导、后勤集团领导班子及管理骨干与年度先进代表合影
（拍摄于2013年1月）

升华期（2018年至今）

2018年，厦门大学第十一次党代会召开，开启了全面实施"双一流"建设的序幕，后勤集团也完成了新一届党委的换届选举。面对全国高校新一轮的后勤体制改革，后勤集团及时调整发展思路，扎实做好顶层设计，启动"一流后勤"建设项目，以"四个一流"（一流意识、一流标准、一流服务、一流业绩）为目标，并确定2018年为标准建设年、2019年为人才建设年、2020年为5D管理体系建设年。由于成绩突出，后勤集团率先成为厦门大学"双一流"建设四个试点单位之一，集团的建设和发展进入升华阶段。

近三年来，后勤集团以服务保障学校各项事业为核心，推进标准化体系建设，加强技术技能培训，用专项改革推动发展，用制度保障生产和服务安全，积极争取政策资金，把握市场机遇，坚持以内助外、以外补内的发展方向，稳中求进，适当拓展校外市场，打造集团品牌，整体规模和效益有了质的飞跃：

三个校区后勤服务大厅的开设，提升了服务效能；抓节约，落实光盘行动，构建节约环保集团；抓新风，落实垃圾分类工作，提升文明校园工程；抓技术，重视师徒传承，弘扬工匠精神；抓劳动教育，"全国粮食安全宣传教育基地""厦门大学青年劳动实践基地"先后落地，开设"新时代中国特色社会主义劳动教育"实践课程，打造后勤育人品牌；开拓会务服务业务，争取劳务派遣市场，开创新的收入增长点；在新冠疫情期间，扎实完成各项战疫工作，并大力开展"三提升，一自救"（管理提升、技术提升、服务提升、生产自救）活动；与厦门日报社签订合作协议，有效拓展集团宣传阵地，提升集团的社会影响力；与宁夏隆德县等对接扶贫采购项目，助力国家脱贫攻坚；南强后勤新增校外托管餐厅16家；南强物业新增14个物管项目。

校领导、后勤集团领导班子及管理骨干与年度先进代表合影
（拍摄于2020年1月）

后勤集团成立以来获得的主要荣誉：

全国高校后勤服务优秀企业

全国高校后勤事业发展先进单位

全国高校伙食工作先进集体

全国高校学生公寓工作先进单位

全国校园物业服务百强单位

全国高校后勤物业服务优秀项目

全国校园物业管理社团组织建设工作先进单位

全国教育后勤系统信息宣传工作先进单位

全国教育后勤信息化社团组织建设工作先进单位

全国粮食安全宣传教育基地

福建省高校先进基层党组织

福建省创先争优先进基层党组织

福建省教育工委先进基层党组织

福建省工人先锋号

福建省五一先锋号

福建省青年文明号

福建省青年突击队

福建省先进教职工之家

福建省高校后勤改革优秀企业

福建省厂务公开民主管理工作先进单位

福建省高校餐饮文化先进单位

福建省餐饮业十大团餐品牌

福建省明厨亮灶示范单位

福建省物业管理示范项目

后勤集团领导班子、一级岗管理人员、支部书记、工青妇委员合影
（拍摄于2020年9月22日）

第三节　饮食服务中心二十年

饮食服务中心前身是总务处膳食科，最早形成于80年代初，是一个由学校划拨人头经费，统筹投入固定资产的完全行政管理单位。1992年以来，膳食科不断进行管理体制和运行机制的改革，并尝试在部分食堂实行经济责任制管理改革。

1999年后勤社会化第一次改革后，总务处膳食科正式更名为总务处饮食服务中心，经济责任制得到更加彻底的实施贯彻，取得了良好的社会效益和一定的经济效益。

2002年，厦门大学后勤服务在经历了三年的过渡期后，顺应国家对后勤社会化改革新的目标和要求，在学校大力支持引导下，按照专业化、企业化、集约化、规模化、规范化的原则，于2002年年底组建了厦门大学后勤集团。饮食服务中心作为一个重要实体单位，正式纳入后勤集团，在对校内后勤资源的重新整合重组以及对市场有效开发的基础上，被赋予了新的使命，以崭新的面貌出现在了广大师生面前，展开了服务的新篇章。

启航阶段：重整行装，迅速扩张

2003年，刚归口后勤集团不久的饮食服务中心开始了一系列举措：对全中心员工进行了一次重新竞争上岗工作，调整了校内外餐厅经理，积极稳妥挖掘校内市场，提高校内食堂的服务水平；在各食堂分别召开膳委会，征求学生对食堂服务态度、饭菜品种、卫生、价格、环境卫生等方面的意见和建议；筹办竞丰园餐厅，定位为高于校内学生食堂，低于大丰园、逸夫楼餐厅消费层次；筹办芙蓉餐厅三楼小吃城，规划漳州校区首期食堂建设。

2003年4月，刚准备大展拳脚的饮食服务中心便面临着一场席卷全国的战疫——"非典"。关于这场战疫，饮食服务中心的主要举措有：发放温度计，派专人在员工每天上岗前和下班前各测一次体温，严禁发烧员工上岗；严格卫生操作规则和进货渠道，确保食物充足供应；指定专职消毒员，管理好防控药品和器械，规范操作，按时消毒；公共场所开窗通风，一般情况下不使用空调；在食堂公共区域完善洗手设备，提供流动水、洗手液、消毒肥皂等；所有工作人员戴上口罩，对餐具进行严格消毒，蔬菜长时间浸泡；食堂的用膳时间比原先延长一个多小时，以分散人流。这场战疫，一直延续到6月份，以完胜落幕。

2003年9月9日，芙蓉餐厅三楼小吃城正式开张营业，汇聚20家左右全国各地特色风味小吃，提高服务档次，引进竞争机制。9月13日，漳州校区首期餐厅一、二层正式开张营业，迎接漳州校区首批学生。

在这里有必要提一下，漳州校区的启用，包括后来翔安校区的启用，对每年的毕业生离校、迎新、军训的供餐工作带来了新的变化。由于厦大新生一二年级在漳州校区，三四年级要回到思明校区，又给供餐工作增加了一项"漳州校区老生回迁"，直到后来将漳州校区归口到嘉庚学院管理。毕业生离校、迎新军训、漳州校区老生回迁、毕业宴以及校外餐厅中高考供餐保障，成为饮食服务中心每年必然要承接的几大战役。其中，新生军训拉练早餐的供应工作，食堂均要通宵达旦准备，考验了食堂的办伙保障能力。

2010年军训拉练早餐供应

2012年军训供餐保障

2000年2月4日，新落成不久的东苑餐厅张灯结彩，历史上第一次全校性的圆桌年夜饭在这里举办。除夕留校师生围炉活动是厦门大学的传统，一直延续到今天，历任校领导都会在这一餐与留校师生共度除夕，互祝吉祥。思明校区承办围炉的食堂在2001年芙蓉餐厅落成后，基本上为芙蓉餐厅，直到2016年新的勤业餐厅落成之后，由芙蓉餐厅换成勤业餐厅。随着漳州校区、翔安校区的落成，围炉宴也分别在各个校区举行。

2004年5月16日，以"满意在后勤、奉献在后勤、在岗1分钟、服务60秒"为口号的后勤集团首届优质服务月拉开帷幕，饮食服务中心在当中担任主要角色：5月16日至25日在三家村举行

漳州校区北区餐厅承办仅有20多名留校学生的年夜饭
（拍摄于2016年2月7日）

2018年除夕夜的勤业餐厅

2004年菜肴展示会

了"我的生活我参与"的征文比赛和菜谱征集活动；5月22日举办的"我在后勤的一天"给了同学们深入食堂体验的难得机会；5月30日晚，"果蔬大比拼"比赛在芙蓉餐厅三楼举行，比赛以"我吃我健康"为主题，

九组参赛选手凭借丰富的想象力展示了精湛的手艺，分别推出了"扬帆起航""深海激情""空中花园""水调歌头""火龙帆船""夏日风情""夏日心情""水果沙拉本是一家，宝岛台湾与祖国永不分离""海洋世界"等果蔬拼盘作品；6月6日，饮食服务中心菜肴展示会在芙蓉餐厅三楼盛大开幕……这场优质服务月是对新成立的后勤集团的一场考验与促进，也给了新的饮食服务中心一个展示自己实力和风采的舞台。

以此为契机，饮食服务中心也推出了一系列提升服务的举措：如以芙蓉餐厅为试点，增设"现场管理员"岗位，接受用餐投诉，引导师生用餐；加强菜肴单品核算，明码标价；各餐厅召开膳委会，认真听取学生意见，及时改进。

膳委会一直以来是联系广大同学与食堂的一个重要的机构，发挥着交流、沟通、协调的纽带作用，也是多年来厦门大学的一个传统。直至今天，每年由中心，或者分校区，或者每个食堂，通过膳委会举行各类座谈会，或者举办与同学们相关的各类活动，包括如2007年在食堂设立学生"文明监督岗"，2008年设立学生党员文明岗，从2009年起每年3月15日在三家村广场举行315权益咨询会，2011年设立"文明排队日"，以及为在校学生提供勤工俭学机会等，加强食堂与同学们的情感连接，促进食堂服务的持续提升。

2009年"315权益日"活动

2015年膳委会座谈会

到了2005年，参与A级餐厅的评定，成为饮食服务中心证明自己实力的又一种方式。经过精心的筹备，1月6日上午，福建省卫生厅卫生监督局审核组对校内的芙蓉餐厅和海滨餐厅进行了严格的审核。同时，饮食服务中心在校外承租经营的厦门一中餐厅也接受了审核。11月23日，厦门市首批十四家餐饮企业的代表从厦门市领导手中接过了"食品卫生等级 A 级单位"的牌匾。芙蓉餐厅、海滨餐厅、厦门一中餐厅不仅榜上有名，而且是这十四家餐饮企业中唯一的三家学生食堂。

一直以来，厦大餐饮就有重视技术人才培养的传统。早在1981年，厦门大学就成立了福建省高校烹饪技术培训中心，在厦门大学乃至厦门市的厨师培训中，发挥着巨大的作用。时过境迁，到了2005年年初，厦门市劳动和社会保障局重新对烹饪培训学校和鉴定站进行清整，经过精心筹建，"厦门市厦大后勤烹饪职业培训学校"和"厦门市厦大后勤职业技能鉴定站"最终获批。后来到了2018年3月，饮食服务中心职业技能鉴定站顺利换证。

芙蓉餐厅三楼培训教室和后来的海滨餐厅二楼实训室很长一段时间是饮食服务中心主要培训基地，承办了多届厦门市职工技术比赛，经常性组织校内外师傅培训内部员工，帮助共建单位培训技术人员，或者配合校工会、校妇委会、校团委、各学院以及后勤集团党群组织等开展各类厨艺培训活动。饮食服务中心培训部不定期举行校内烹调师

厨艺培训鉴定

等级考试鉴定，帮助校内外各食堂开展技能比拼及活动，组织厨师训练并参加全国或省市各类厨艺比赛。2020年9月，新东苑餐厅装修改造完成，二楼多功能厅具备组织大型烹饪培训及直播功能，不但成为饮食服务中心新的培训基地，而且成为厦门大学劳动第二课堂，被学校授予"厦门大学青年劳动实践基地"，成为厦门大学"新时代中国特色社会主义劳动教育"选修课的开课基地。这些都为全面提升厦大餐饮的烹饪技术水平，提高自身在社会上的知名度，发挥餐饮服务的育人功能等方面作出了贡献。

2006年是饮食服务中心奋力开拓的一年。

年初，学校决定在厦门大学85周年庆当日的午餐面向全校师生、校友和社会人士免票、免费、无限量供应。这是饮食服务中心承接的一项重大任务，由于人数不可测，份数不可测，供餐秩序的维护也非常关键，都给筹办提出了很高的要求。

厦门大学85周年庆供餐

果然，校庆当天中午，各食堂门口早早排起了领餐的长队，来校参加庆典的校友、在校的师生及家属，甚至学校周边得知消息的老百姓们都挤了进来（那时候校门还没有严格管控）。由于免票供应，也没有限制每个人领取的份数，最终那个中午供餐的总数多达7.6万份（校本部5.6万份，漳州校区2万份）。

而让人赞叹的是饮食服务中心出色的组织和供餐能力，不但备餐量充足，而且秩序井然，真正经受住了考验和锤炼，充分显示出自身的办伙实力，很好将学校的这份人文关怀和海纳百川的胸襟传达给广大校友和师生们。

校庆供餐一直是厦大餐饮的重要保障任务，特别是在后来的90周年庆、95周年庆，饮食服务中心均以优异的保障，为校庆献礼，赢得广大校友的称赞！

到了8月份，校外托管餐厅——厦门双十中学新校区餐厅、厦门六中餐厅为来自80多个国家和地区的400多个合唱团近2万名选手参加的2006年厦门第四届世界合唱比赛顺利供餐，获得了好评。9月10日、16日，凌云餐厅、海韵东苑餐厅、漳州校区中部餐厅三家新食堂在新学期伊始相继开张营业。至此，校内学生食堂总数达到13家，校外餐厅的规模也飞速上升至24家。

2006年，饮食服务中心荣获中国高校伙食专业委员会授予的"先进集体"和"先进团体奖"表彰，漳州校区北区餐厅荣获"中国高校百佳食堂"称号。

休整阶段：重视管理，提升质量

2008年1月1日，新《劳动合同法》实施，这对饮食服务中心而言，是一个挑战，更是一个规范管理的机遇，饮食服务中心大胆起用新人，选拔了一批优秀的年轻大学生担任食堂经理，以应对食堂发展的瓶颈，适应餐饮业发展的新要求。

实际上，在进一步规范管理上，从2007年年初就开始了。2007年全国伙食物价全面上涨，涨价品种量大、面广、涨幅高且长时期保持在高价位，给饮食服务中心办伙工作带来了前所未有的巨大压力。针对这一情况，饮食服务中心在原有的"三统一,三自主"（中心统一管理、统一采购、统一核算，食堂用工自主、经营自主、分配自主）的经营模式基础上，全面加强内部管控，推行了一系列举措，包括：下调食堂毛利率指标，从校外托管餐厅的利润中拿出一部分对校内食堂进行补贴，采购组充分利用自有冷库及租借冷库储备物资，加强食堂菜肴制作环节管理以降低制作成本，对外来用餐人员加收15％成本补差费以控制校外人员在学生食堂用餐，在保证学生食堂饭菜质量的前提下及时调整菜品结构，对贫困学生提供免费汤以及两个低价素菜等。饮食服务中心还完善并出台

位于芙蓉餐厅三楼的食品检验室（拍摄于2009年10月27日）

一系列管理制度，并在原本ISO体系认证的基础上，于1月中旬正式开展HACCP认证工作，并顺利通过外审，于3月份获得认证证书。

在2007年逐步规范管理的基础上，2008年在后勤集团的指导下，饮食服务中心调整了经营策略，对校外餐厅经营策略进行调整，变"做大"为"做精"，根据校外各餐厅经营情况，开始逐年整合一些效益欠佳的餐厅，直到2010年，校外餐厅总数剩下15家。

同时，加强安全管理，强化财务与采购管控：一是于2009年3月份开始筹备食品检验室，并于当年9月份正式投入使用，负责对食品原材料、餐具、食堂空气洁净度、食堂水质等进行抽查检测，以确保食材采购、加工、烹饪、售卖安全，降低安全隐患；二是在每年常规的安全演练基础上，开展大型消防演练等，避免各类安全隐患；三是筹建物流管理系统，并于2010年2月1日正式启用，通过电子订单取代手工订单，提高了成本核算和存货控制的准确性；四是加强食堂现金管理；五是推动大宗物资招标采购和"农校对接"工作，自2010年起，参加首届、第二届、第三届全国"农校对接"洽谈会等。

此外，在加强管理方面，还有一项重要举措，就是每年召开由总经理主持的"后勤集团饮食工作会议"，并举行业务培训大会。

这个阶段有两件大事：

2008年3月28日起，厦门大学实行学生米饭补贴政策，为全体全日制在校生提供免费米饭。这项政策一直延续到今天，每年补贴的金额在700万元人民币左右，饮食服务中心一直扎实贯彻落实。免费米饭政策的初衷就是通过无差别免费米饭的提供，一方面，确保贫困学生有饭吃的同时，又照顾到贫困学生的面子问题；另一方面，对同学们进行"节约教育"，培养同学们的"光盘意识"。事实证明，免费米饭政策让同学们改变了以往"花自个儿的钱买米饭，买多了吃不完倒掉别人管不着"的旧观念，认识到"米饭是学校买单的，吃不完倒掉侵害了公共利益"，很快养成了"节约粮食、光盘行动"的新观念，都能够按需取饭，很少存在剩饭的情况。此外，也培养了同学们的平等意识和对母校的感恩意识，这后来让很多校友很怀念，很感恩。为配合免费米饭政策实施，饮食服务中心还逐步在各食堂设置"匀饭处"，同学们在打饭后，觉得米饭过多，可将盘中的米饭拨到匀饭处，觉得米饭太少，可从匀饭处取一些米饭，以此来满足同学们对米饭量的不同需求，从而减少浪费。

厦门大学为全体全日制在校生提供免费米饭

2011年6月25日至27日，首届毕业生冷餐会在科学艺术中心一楼举行，5场冷餐会共接待毕业生及家长共11200人次，共供应馒头、花卷、肉包、蛋糕、面包、发糕、千层总数达87927个，每一个小面点都出自食堂师傅们的一双双巧手，饱含着厦大餐饮人对每一位毕业生的深切祝福。这是母校对毕业生的饯行，也深情寄托了母校对广大毕业生踏上新征程的良好祝福，不但在毕业生心中留下一份对母校的美好回忆，也通过服务育人，给毕业生们上了感恩母校的最后一课。从此，除了2020年受到新型冠状病毒疫情影响取消外，每一年的毕业生冷餐会如期举行。

2011年毕业生冷餐会

这一阶段，饮食服务中心校内外餐厅还顺利完成了2008年厦门大学艺术学院25周年院庆、财政系金融系建系80周年庆，集美大学90周年校庆，厦门二中校庆，同安职业技校校庆，福建化工学校校庆，2010年中国化学会第27届

2019年毕业生冷餐会

学术年会，2012年第七届全国大学生"飞思卡尔"杯智能车竞赛华南赛区比赛等大型活动的供餐工作，充分展示了自身实力。

2008年，饮食服务中心党支部被福建省委教育工委表彰为"省高校先进基层党组织"；2009年，饮食服务中心荣获中国高校伙食专业委员会颁发的"中国高等学校伙食工作先进单位"称号；2012年，饮食服务中心党支部荣获中共福建省委授予的"全省创先争优先进基层党组织"称号。

腾飞阶段：多措并举，扬名在外

2013年10月6日至7日，一场题为"厦大餐饮、蓄势前行"的食堂工作研讨会在克立楼报告厅举行。会议围绕合法经营、规范管理、内部管控、人才建设、安全生产、优质服务及创新机制等议题展开思路，回顾过去，总结经验；剖析现状，自我提升；确定思路，展望未来。会议内容涉及中心实际工作的方方面面，全面展示饮食服务中心10年来的发展成果，表彰了先进，也清晰意识到存在的困难，为饮食服务中心下一步发展奠定基础，指明方向，正式吹响厦大餐饮前进的新号角！

食堂工作研讨会

2013年11月12日，厦门南强后勤服务有限公司餐饮项目部在饮食服务中心会议室召开成立大会。会议标志着厦大餐饮正式分为校内和校外两个发展梯队。厦大餐饮在经历前面两个阶段发展的基础上，厚积薄发，开始了新的征程——

一是积极走出去，考察食材供应商，签订合作协议，授牌农产品

农产品基地授牌仪式

直供基地，为厦大餐饮寻求更广阔的合作渠道：从2013年起，后勤集团先后考察了三农集团、同安、宁德、漳州、闽北、江西等一大批龙头企业和生产基地，并授牌"厦门大学后勤集团农产品基地"。同时，在采购管理方面，2017年与软件公司合作开发了"可视云秤"设备，并于2018年投入校内各食堂使用，目的是实现对食堂的食品原材料验收监管与信息化管理，达到"控风险、降成本"的目标。

二是进一步重视并加强技术提升。这方面首先要从被媒体誉为"后勤励志哥"的江森民说起。在2014年5月23日第七届全国烹饪技能大赛中，饮食服务中心副主任、国家烹调高级技师、国家高级公共营养师江森民赢得了"特金奖"的殊荣，在人民大会堂领奖，一时引起广泛关注。学校宣传部的一篇题为《永不放慢前进脚步的"后勤励志哥"——讲述厨艺学徒成长为烹饪高级技师的故事》的报道，讲述了江森民在厦门大学的三十多年里，从一名学徒成长为烹饪大师的人生经历，诠释了坚守与奋斗、耕耘与收获的工匠精神。5月30日上午，时任厦门大学党委书记杨振斌专程看望慰问江森民等第七届全国烹饪技能竞赛获奖员工。这个荣誉促使厦大餐饮进一步加强技术人才的培养。

在后勤集团对技术提升的重视和推动下，2017年11月饮食服务中心成

杨振斌书记慰问获奖员工

功获批由厦门市人力资源和社会保障局、厦门市财政局认证的厦门市江森民中式烹调技能大师工作室，这对于雕琢工匠精神，提高厨师烹饪技术，弘扬闽菜，做好师带徒的技艺传承，具有重要意义。2019年，饮食服务中心开展了"技传承·传帮带"和"一日一师一菜"活动。

2019年7月8日，"传帮带·技传承"暨"一日一师一菜"系列活动正式启动

同时，厦门南强后勤服务有限公司（校外餐饮）自2013年1月12日在翔安校区竞丰餐厅顺利举行第一届厦大餐饮厨艺技能竞赛后，从2014年到2018年分别在厦门城市职业学院、厦门双十中学、厦门第二中学、厦门第六中学、厦门国家会计学院举办了第二届至第六届（2019年和2020年因故没有举办）。

厦大餐饮厨艺技能竞赛

三是5D管理体系的发明和落地。5D管理体系是饮食服务中心结合多年管理经验，在借鉴餐饮业现场管理行业规范的基础上，于2016年发明的一套体系，是饮食服务中心在管理方面的创新和突破，是结合中心实际情况，最具"厦大特色"的独创理念。5D的"D"是"到位"的"到"字拼音的第一个字母，"5D"是指食堂现场管理应实现：整理到位、清扫到位、清洁到位、检查到位和习惯到位。

2016年2月16日，饮食服务中心在勤业餐厅三楼召开"5D"现场管理推广会，正式标志着"5D"现场管理体系的初步成型和推广。3月6

日，厦门市市场监督管理局、厦门市教育局联合举办的厦门市学校食堂食品安全管理培训观摩会在厦门大学科学艺术中心音乐厅召开，会上饮食服务中心首次向社会公开推介"5D"现场管理体系，并邀请与会人员参观"5D"示范餐厅——勤业餐厅。

2018年，经过两年的积累和总结，《厦门大学"5D"餐厅现场管理体系操作手册》第一版成稿印刷，正式标志着2016年年初提出的5D体系构想，真正在文字上得以呈现，为2019年5D体系在各食堂的全面落地，奠定了基础。

5D在校为各食堂的全面贯标落地是2019年饮食服务中心的一大亮点。从5月份第一家样板食堂——竞丰餐厅的落地验收，到年底5D在各食堂的全面落地，是一场全体饮食人勠力同心的攻坚战：三场全体员工参加的大型5D培训会，三个校区各食堂如火如荼的贯标落地工程，全体员工假日无休、加班加点、全力以赴、毫无怨言，创造出这一让业界惊叹的厦大食堂标准、厦大食堂速度、厦大食堂风貌！

首次向社会公开推介"5D"体系

厦门大学"5D"餐厅现场管理体系
操作手册

第一版5D操作手册

5D的全面贯标落地，全体食堂面貌焕然一新，空间明亮整洁，地

5D 全面贯标落地，全体食堂面貌焕然一新

板无油无水，标识清楚明晰，操作流程更加规范，员工工作效率得到显著提升，食堂各项成本得到有效控制，更好地保障了广大师生舌尖上的安全。

随着5D体系的全面落地以及技术实力的全面提升，2019年厦大餐饮在全国高校和餐饮行业中的名气达到了前所未有的高度。先后有大量的行业协会组织、社会餐饮企业、高校餐饮同行慕名前来参观交流。

这个阶段发生的大事有：

2016年元旦当日，新勤业餐厅落成剪彩。当天，除了学校领导出席剪彩仪式外，饮食服务中心还在勤业餐厅三楼举办烹饪技术与菜肴展示会，各食堂向全校师生展示技术实力，学校领导兴致勃勃到现场观摩，给予了充分肯定，并与中心全体管理人员合影留念，鼓舞了士气，

拆除重建前的勤业圆形餐厅

学校领导出席新勤业圆形餐厅开业剪彩仪式

学校领导与参加美食展的饮食服务中心全体管理人员合影留念

有力提升了饮食服务中心的声誉和影响力。

　　2016年9月15日凌晨，第14号超强台风"莫兰蒂"在厦门市翔安区登陆，登陆时近中心最大风力15级（48米/秒），厦门大学校园环境受到重创，关键时刻饮食服务中心提前储备充足物资、全体员工不眠不休，奋战整夜，在台风袭击后的第一个清晨，呈上丰盛如常的早餐，为每一位厦大人送上温暖和心安，真正做到了"停水停电不停炊"。这次抗台工作引起了社会的巨大反响，中央省市各类媒体争先报道，也获得了各级的表彰。

台风过后丰盛的早餐与贴心的服务

　　2017年，金砖国家领导人厦门会晤于9月3日至5日在厦门举行，这对厦大餐饮而言，是历史上少有的一件大事，任务艰巨，使命神圣！厦大餐饮人在学校和集团的统一安排和指挥下，发扬吃苦耐劳的优良传统，各校内食堂服务相关警务人员及演职人员43100人次，打包5800份，并选派120名技术强、形象佳、服务本领过硬的优秀员工支持夏商集团保障会晤工作，为学校和集团争光，展现厦大餐饮风采！

校领导与服务"厦门会晤"的员工合影

出色服务"厦门会晤"赢得面面锦旗

2018年10月12日至15日，第四届中国"互联网+"大学生创新创业大赛全国总决赛在厦门大学举办，共有8000多名参赛学生及观摩团共计上万人前来。饮食服务中心承担大赛期间的餐饮保障服务重任，为双创精英和全球来宾献

勤业餐厅门口的"双创"展板与吉祥物

上了地道的厦大美食，再次经受住了实践的检验，取得供餐战役的完胜，用实际行动助力学校打造了一届精致、惊艳、经典的双创盛会！

优质服务保障"互联网+"双创盛会

2020年新型冠状病毒疫情期间，饮食服务中心闻风而动，临时调整年夜饭供餐模式，储备防控物资，设置隔离点，增开快速取餐窗口，强化各类防疫管控，开展"三提升、一自救"，严管冷链食品等多措并举，严密守护厦大师生舌尖上的安全。厦大餐饮各校外餐厅同样以切实有效的各项举措，铸就了一道坚不可摧的防疫长城！

多措并举，防控新型冠状病毒疫情

2月15日，《厦门大学5D现场管理防疫篇》在网络上走红：

厦门大学5D 现场管理防疫篇

2020年也是倡导"厉行节约、反对浪费"的重要一年，饮食服务中心全方位杜绝舌尖上的浪费：在海韵学生公寓第一餐厅多年来设置匀饭处经验的基础上，在各食堂全面设置匀饭处；各食堂使用菜肴登记表，加强菜肴计划，减少浪费；调整馒头克重，增加55克重小馒头的供应；引导学生合理点餐，当学生已点两荤一素时由服务员进行适当提醒；通过在各食堂张贴海报，在LED屏幕滚动播放相关标语等形式，营造良好宣传氛围。9月15日中午，由资产与后勤事务管理处、后勤集团、共青团厦门大学委员会、信息学院、学生会、研究生会联合发起的"厉行节约，反对浪费"系列活动启动仪式在思明校区勤业餐厅、翔安校区竞丰餐厅、漳州校区北区餐厅同步启动……

事实上，"厉行节约、反对浪费"是饮食服务中心长期的工作要求，2013年3月27日，《中国教育报》头版头条就曾刊发题为"校园劲吹节俭风"的通讯，深入报道厦门大学后勤集团饮食服务中心在创建节约型校园方面的特色做法和举措：运用"加、减、乘、除"法，通过精打细算，推进节约型食堂建设。当年的3月份，漳州校区北区、中区、

"厉行节约，反对浪费"系列举措

南区餐厅还分别开展"光盘行动——食堂体验营"活动，倡导厉行节约、反对浪费。2017年3月24日，"央广新闻"到厦门大学视频直播关于"光盘行动"取得的成效，宣传了厦门大学在免费米饭、光盘行动、服务育人等方面的创新和举措。2020年11月25日，厦门大学被授予第二批"全国粮食安全宣传教育基地"。

在承办其他重大供餐保障任务方面：2013年，顺利承办了厦门大学嘉庚学院10周年庆、公共卫生学院2周年庆和中国物理学会秋季学术会议的餐饮保障任务；2014年，克服送餐距离长、配餐时间紧的困难，承接了在厦门国际会议中心召开的"2014生化年会"供餐任务，并完成全球孔子学院大会餐饮保障任务；2015年，保障了李克强总理厦大之行、厦门一中1975届高中毕业40周年同学会、中文系1965级入学50周年庆活动、汉语桥——美国校长访华之旅代表团、管理学院会计学科90周年庆活动等各类供餐任务；2016年，完成1986级校友返校、法院学90周年庆、医学院20周年庆、海洋与地球学院70周年庆等餐饮保障任务；2017年，完成第21届国际航天飞机和高超声速系统与技术大会供餐任

承办的各项重大供餐保障任务

务；2018年，完成厦门大学嘉庚学院15周年校庆、1988级校友返校、厦门国际青少年校园足球邀请赛、第十三届全国大学生"恩智浦"杯智能汽车竞赛全国总决赛及2018新一代人工智能高峰论坛峰会、促进中亚地区中小企业贸易融资培训班、厦门二中纪念英华书院建校120周年与毓德女学建校148周年等餐饮保障任务；2019年，完成1985级校友毕业30周年返校活动供餐任务；2020年，完成城市规划设计研究院30周年供餐活动……

此外，2018年4月21日至27日，应北京大学餐饮中心邀请，饮食服务中心参加了"名校名厨进北大"——庆祝北大建校120周年美食节活动，引起燕园轰动。2018年6月端午节期间，勤业餐厅21天准备好11000份合计132000粒粽子，为全校教职工送去节日祝福；9月中秋节期间，勤业餐厅圆满完成全校教职工月饼制作任务。自此起，每年端午节供应粽子，中秋节供应月饼，成为饮食服务中心与校工会合作，服务全校教职员工的一项常规工作。2019年3月和10月，饮食服务中心分别在勤业餐厅和竞丰餐厅设立"厦门大学精准扶贫宁夏隆德县特色食品窗口"，以"消费扶贫"的方式落实学校和后勤集团的扶贫任务。

2015年，饮食服务中心被福建省总工会授予"工人先锋号"称号；2016年，饮食服务中心被中国教育后勤协会伙食管理专业委员会授予"高校伙食工作先进集体"称号，凌云餐厅厨师组、厦大餐饮五缘湾二中餐厅、竞丰餐厅前台组被授予厦门市"青年文明号"称号；2017年，饮食服务中心在福建餐饮业十大品牌年度评选中荣获"福建餐饮业十大团餐品牌"称号；2018年，南光餐厅被授予福建省"五一先锋号"称号，海滨餐饮被授予厦门市"青年文明号"称号；2019年，饮食服务中心勤业餐厅厨师组、厦门南强后勤服务有限公司厦门大学附属第二中学餐厅荣获福建省"青年文明号"称号，厦门南强后勤服务有限公司荣获"福建省高校餐饮文化先进单位"称号，厦门医学院餐厅荣获福建省高校餐饮"十佳好食堂"称号；2020年，厦门南强后勤服务有限公司厦大餐饮双十餐厅、饮食服务中心丰庭餐厅厨师组，荣获共青团福建省委颁发的"2019年度福建省青年安全生产示范岗"称号……

　　二十年光阴似箭，二十年万象更新，厦大餐饮今朝二十年是坚守初心的二十年，是开拓创新的二十年，更将是承前启后的二十年。往昔已矣，未来已来，相信厦大餐饮的明天会更加辉煌！

　　（第四章收录的内容截止至2020年12月26日，撰稿人：林琳）

第五章

美味情缘

厦大餐饮

写在前面

每一位在厦大度过难忘时光的人，也一定深深地记得当年在厦大的舌尖记忆，这种记忆，印记年轻岁月，印记时代风华，甚至伴随终生。为迎接百年校庆，汇集校友们最美好的厦大美食记忆，《厦门大学餐饮百年》编委会向校友全面征集稿件，得到了海内外校友和广大师生员工的热烈响应和大力支持。

本次选用的近40篇稿件，或讲述校友在厦大学习、生活、工作期间有关厦大餐饮的回忆、感受和故事，或抒写与厦大食堂、迎新、毕业餐、年夜饭有关的温情满满的回忆，或感念食堂师傅、厦大餐饮人的无私付出；也许是记忆中与青春有关的某种味道、某道难忘的菜肴，也许是曾经一起就餐的那些亲爱的校友，也许是飞速变革年代中的餐饮故事，也许是灶台上燃煮的青春日子……

在来稿中，校友们抒写吐露自己的情怀心声、回忆学校食堂的青春生活，生动的回忆画面，有如一面面"镜子"，映照出不同时代的气息，映射着校友们对母校深厚的感情。

一篇篇，发自肺腑，生动鲜活；一字字，情真意切，感人至深。

这些厦大"美味情缘"回忆的背后，凝聚着厦大自强不息、止于至善的人文精神，描摹着爱生如子的优秀传统，更体现出厦大校友积极乐观、蓬勃向上的思想面貌，铭记了厦大餐饮人甘于付出的奉献精神，这是百年来继往开来的厦大人不变的情怀凝聚——它们是故事，它们是散文，它们是诗，也是一幅幅将永远留存在厦大记忆里的珍贵画卷。

小吃的回忆

陈传忠

民以食为天，这条朴素的真理通常指填饱肚子的物质生活，其实也包含进行过程中所产生的精神活动。我在厦门大学读书时的关于小吃的经历，便是这两者兼而有之的体现。

当年，福州英华中学于1942年和1943年毕业升学厦门大学的许多学生中，有陈景汉、黄道标、董谊廉、任培龙、蔡诗灿、陈森康、陈克俭、魏子衡和我。他们原先已三三两两地较为接近，我中学生病休学一年，读过这两个班级，和他们前后同过学。他们由于都对我爱护关心而互相更加熟悉亲密了起来。

读大学二年级时，我们分住在几个宿舍里。平日功课繁忙，没有多少来往，到了节假日，才在一起谈笑玩耍。有人建议搞小吃活动。原先许多人在家连一棵菜都没有洗过，如今却要自己动手烹饪，谈何容易！但是年轻人是善于追求快乐和克服困难的，于是陈森康自告奋勇，出来筹划，带领大家采购、洗切、找柴火、生炉子，并由他掌勺，我打下手。几次之后，我们居然从笨手笨脚到得心应手，从庆祝各种节日到考试后犒劳，次数逐渐增多，菜肴花样也渐次丰富，烹调技艺更是越加精巧，终于像模像样地聚起餐来了。

当时正当抗日战争艰苦的时期，学校膳食十分简陋，每日都只有盐煮的黄豆佐米饭，而各人的家境也都清寒，不会有多少零钱供给，因此采办的食物不过是长汀便宜的土特产，如黄豆制品、鸡蛋、笋干和各种蔬菜，加上猪血、猪肉等。到了秋冬，当地盛产的栗子上市时，板栗焖鸭就是高档的肴馔了。于是便在原料搭配和烹调手法上用功夫，例如把鸡蛋液烤成薄片，再包上馅子，做成著名闽菜肉燕（当时市上买不到肉燕皮）。又如把猪肉和各种蔬菜剁碎，调上地瓜粉后蒸熟，再切成小块，泡上清汤，取个高雅的名字——"蔬笋羹"（"蔬笋"一词，见苏轼《赠诗僧道通诗》："语带烟霞从古少，气含蔬笋到公无"。"蔬笋气"指僧人茹素，其诗文多具方外人本色之气)。在山城，海鲜固然吃不到，就是淡水鱼，也因价贵从未尝过。

这些并不精美的吃食，在那时都成为我们难得的美味佳肴，因为它多少有助于改善伙食、解解口馋。然而更令大家感兴趣的是席间的诙谐笑谑和高谈阔论。各人都能毫无遮拦地吐露心曲和率真尽兴地抒发情愫，尤其是对当时国民政府无官不贪、祸国殃民的暴政慷慨激昂地加以抨击。

有两副对联至今仍不时浮现在我的脑际：一是当时省政府有人在折枝吟会上用"燕溪（战时省会永安的别名）"二字分嵌在句首写的"燕雀吞声残粒下，溪山照影劫灰中"；另一是对仗工整、句式精巧，揭露官僚豪门生活奢侈因而激起民怨沸腾的"烛泪落时民泪落，歌声高处怨声高（烛泪落、歌声高皆写跳舞场情景）"。此外，交流暗中传阅进步书刊的心得也是重要的话题。

记得有一本题为《方生未死之间》的小册子，里边除茅盾等人的文章外，尚有一篇同题的论文，是乔冠华化名写的。它论述抗日战争胜利和新中国诞生之际，中国知识分子如何采取正确的生活态度。文章的结尾有这样语言隽永的话："我们正是处在方生和未死之间，旧传统的遗毒还没有死去，新文化还没有普遍地生根；我们的任务很简单，叫未死的快死，叫方生的快生"，"大江流日夜，中国人民的血日夜在流，中国的土地是再也不能沉默了"。

这样的活动只产生在二三年级，因为一年级时要用很大精力去达到新的学习要求，尤其我们多是读文科，要有较高的学习成绩才能获得公费待遇；进到四年级时，已是1946年，抗日战争胜利之后，学校迁回厦门。只是当时的时局，我们既不能埋头读书，又顶着毕业即失业的沉重压力，哪能再会有往日那样的生活温馨呢？

1947年，我们毕业离校，各谋生路。在此后几十年的风雨中，我们都没能迈步在笔直平坦的人生旅途上，魏子衡很早就为革命牺牲了，其他人都仳仳伣伣地沉沦困顿于政治炼狱之中，改过迁善，锻炼灵魂。家庭变故的不幸，也以各种方式降临在各人的头上。我们终于不曾团坐在一起吃什么谈什么。这使我时时从心底涌出像一首宋词中写的"当时只道是寻常"那样的悔憾。

当今流行的"食文化""美食家"之类的美称，只是"高档"人士的高档趣味和要求。它与食求果腹的升斗小民崇奉的"民以食为天"的信条毫不相干。而我们当日那样不只吃在口里而且吃到心里的小吃，更是不敢望其项背，然而我却深深地惋惜它成为令人扼腕和追忆的历史。

作者简介：

陈传忠，厦大经济系1947级校友。本文选自《南强记忆——老厦大人的故事》。

有声有色的有益尝试
——厦大消费合作社

许高维

建校伊始的数年里，早期的厦大校园未曾开设日用品商店，学生如需置备文具、纸张等物品，皆由其自行外出到厦门市区采买，殊为不便。一边是企足矫首的刚性需求，另一头是形格势禁的无奈现实，跋胡疐尾的情形困扰了厦大学子们长达11年之久。

极智穷思　建章立制

如何摆脱长期力有不逮，萦绕十数载的窘境？这一看似束手无策的"老大难"问题在1932年春季学期终于迎来了转机。面对供需失衡的景况，破局者既非多数情境下理应主动担责、奉献公共产品的校务团队，亦非热心寻求解决之道并具备相应能力的教职员工，而是商学院同学会一帮标新立异的青年才俊。他们力图挣脱桎梏，"并欲改良膳食"，创造性地运用商业思维，发起创建厦大消费合作社：一来可坐享"购物之便利"，二则借此机会"唤起同学合作精神"。一个目标客户群极为明确的公益性商业团体呼之欲出，学以致用的专业素养亦于一揽子方案中得以呈现。

商学院的构想倡议直击痛点、别开生面，可谓名副其实的"惠民工程"。此举顺应了同学们的殷切期盼，得到广大教职员和学生的积极响应。计不旋踵，该院同学会立即着手起草消费合作社章程①：

---

① 《厦大消费合作社筹备经过及现状》，载《厦大周刊》第十二卷第二期（二百九十三期），1932年10月3日。

首先阐明创设宗旨为方便同学购买"日用什物及膳食",减少学生"因此发生之耗费"。其次,采取股份制模式募集资本,在操作规程上制定了严密的细则——发行记名式股票,每股5元,须加盖专属图章方可生效;如欲转让股份,应先申请过户登记;凡本校教职员及同学皆有认股资格,本社消费者保有盈利支配权;会计年度以一学期为时限。

"麻雀虽小,五脏俱全"。消费合作社在草创伊始即擘画了一整套完备的组织架构与运作流程,涵盖权利义务与收益分享:全体社员组成社员(股东)大会作为全社最高机关,下设管理委员会和监察委员会;社员大会的会议类型有两类:定期会议于每学期开学后及结束前两周内分别举行[②];管理委员会或监察委员会在认为必要或有轶越三分之一的社员签名时可启动临时会议。会议须有过半数的社员在场方能开会,否则应改期再议;社员如无法到会,可委托其他社员代为出席(1名社员仅限代表1人);采用双记名式投票选举,选举权以社员为单位,每位社员享有选举权和被选举权及其他应有权利;社员有缴纳股款的义务,若蒙受损失,以所认股份为准;管理委员会和监察委员会在全体社员中投票产生,票数最多者当选,任期为一学期,可连选连任;两委委员不领取薪资,所有因公费用在管委会报销;管委、监委各自由7名委员组建而成——管理委员会全面主持社务,择定营业战略、器具购置、雇员任免、款项处置、编制报表等,并派遣委员逐日轮流到社监督;每两星期开一次常会[③],必要时可召开临时会议;下辖各股由管理委员互选担纲。

监察委员会的职责是监察社务,每两周开一次常会,遇特殊情况得临时召集会议;必要时代办消费合作社法律事务;由监察委员推选一人为常务委员。该会委员有检举过失之责而无处分之权,如出现徇私舞弊的现象,提请全体大会公决。

---

② 后期又进一步完善制度,限定每学期于开学后两星期内举行社员大会一次,报告本期营业总结算,选举下届职员,制定今后营业方针。

③ 以后又在《厦大消费合作社管理委员会工作细则》中改为每周五下午5时在消费合作社办事处举行常会。

272

盈余分配上，公积金和委员报酬各占20%，消费者为25%（以总销售额均分），剩余35%由社员以股票发行的实际数额平分。

与此同时，筹措初始资金的任务也在紧锣密鼓地扎实推进。认股者甚为踊跃，即刻宣告完成。股东名单多达82人，除大量在校生外，入股的21名教职员（占比25.6%）阵容严整，皆为一时之选，隐约浮现出指导者角色的身影。

诚然，这样一幅由"学生党"勾勒出来的创业蓝图究竟能否顺利付诸实践谁也没有十足的把握，但厦门大学这些满腹经纶、泰半拥有负笈海外经历的饱学之士们坐镇其间、放胆"吃螃蟹"的举动无疑释放出一束强烈的鼓励信号：学校将毫无保留地为新生的消费合作社贡献财力、智力与舆论层面的坚定支持。

至此，经过一番周密的制度设计，厦大消费合作社各部门之间权责明晰，一家井井有条的微型商业组织初现雏形。筹委会成立后，随即于暑假开展消费合作社的前期筹建工作。大幕已然拉开，好戏行将登场。

新硎初试　拔犀擢象

股东搭台，社员唱戏。1932年9月12日，厦大消费合作社在囊萤楼附近西饭厅南端的校舍正式开业。在内部人力资源的调配上，管理委员会总务股为正经理郭小怀、副经理林祖华，文书股陈国衡，会计股魏马图，出纳股许万鹏、交际股为刘省和林阿慎；监察委员会则由廖超照、陈德恒、陈定谟、周辨明、郑世察、何励生、张镜予诸师担任。两委的人事任命既发挥了学生的主观能动性，又使教师可为风控纠偏之奥援，双方携手共进，相得益彰。全社以两大机构分管对外业务：

一系膳食部，因专司学生餐饭之故，格外重视舌尖上的安全，"一切菜点均力求其卫生精良"。不宁唯是，该部还推出了均以九五折计价的包月和购票两种优惠套餐。从前者来看，有10元和12元两款（均含一日三餐，不用早餐则扣减2元）；以后者而言，票证小洋2元（按九五折收费），每本计有10张，一餐一张（早餐不在此列）。

二为商店部，性质"与普通营利商店，迥然不同"。除经销文具、书籍、杂志、小型刊物外，满足同学课间口腹之欲的罐头、糖果、咖啡、牛奶、豆浆、中西饼等快消品也均尽可能以市场最低价出售。

出人意料的是，消费合作社在试运行不久后的第三次管理委员会上先是果断进行了成员配置上的重大调整——总务股正经理郭小怀请辞获准，改由"办事干练"的财政（出纳）股许万鹏充任该职，郭氏留为副经理；所遗财政（出纳）股之缺由原副经理林祖华接手。此番任贤使能的职位调适彰显了该社学生主导、能上能下的浓厚民主氛围，展现了勇于任事、志欲效劳的真挚初心，更是对厦大校训"止于至善"的完美诠释。而后，又出台了规范和约束一线从业人员营销行为的《厦大消费合作社店员须知》，作出条令式的严格要求。

值得一提的是，逐步走上正轨的膳食部与商店部根据自身业态特点双管齐下，始终致力于改进服务体验，向制度化、常态化管理迈出坚实的步伐：在商店部内添售定位为"同学课余点心"的汤面、盐粥、包子、薄饼等小食；自当年10月17日开始，按顾客消费金额发放购货证，以便日后在会计年度清算盈利时享受红利[④]。此后，消费合作社又拓展经营门类，筹办理发部，消除学生群体"每欲理发，必须迳往厦市"带来的诸多未便[⑤]。

提质升级　渐入佳境

1933的3月2日，新学期的消费合作社于群贤楼一一七教室举行股东大会。报告提交了一份令人刮目相看的运营绩效单：

膳食部暂每月可得纯利约20元上下，餐饮部分的收入由消费合作社出纳股掌管，并在总收入中提取3%应付各种开销；以1932年秋季统

④　《厦大消费合作社杂讯》，载《厦大周刊》第十二卷第五期（二百九十六期），1932年10月24日。
⑤　《合作社杂讯》，载《厦大周刊》第十二卷第七期（二百九十八期），1932年11月7日。

计的厦大学生数据为基准，文、理、法、教育、商五大学院共计460人，而消费合作社每月包饭的人数就达140余名（约30.43%）⑥；包饭定价较内外饭店低5%，"借以减轻同学之负担"。

商店部售卖品种丰富，有豆浆、西点、罐头、香烟、文具、书籍、杂志等；资本总额达到220元，每日兑货平均在20元左右，以毛利10%计算，每月可得毛利70多元；月支出约70元（包括付给3名店员薪资49元，开办费、营业费及器具折旧费约20元），每月有10元左右的纯利。

理发部虽为初出茅庐的新兵，但"出道即巅峰"，吸金实力不可小觑，每月总收入可至140多元，业绩炙手可热；消费合作社抽取其中的2%，月利润维持在20元左右。

往后，消费合作社构建了灵活变通的股东进退机制，有效注入更多富于流动性的新鲜血液。半年多后的10月6日，股东大会于商店部再次召开。此时招股以零股为主，增设了西餐部，意在优化饮食结构，提升饮食品质。会议在之前取得的成果上再接再厉，更新和充实了扩展股东权限、推行消费券（本届消费券未发红利30多元移充给合作社膳厅）等多项条款；重新放开管理委员的任职期限，恢复连选连任制；集中和加强管委会的权力，缩短决策周期，设立管委会常务委员会，由总务等三部各选一人为常委，每周开会一次，管委会改为两周开会一次⑦，整体施策效率大为提高。

时光流转到1935年，厦大消费合作社赖以生存的核心领域业已获得长足的进展——膳食部的西餐于此前供应午餐和晚餐的基础上又添办早膳，颇受同学欢迎；西餐部"以经济卫生为原则，增进同学营养为前提"，研发新菜品，并设置三种月度包饭（每日两餐）价位：一菜一汤（8元）、一菜一汤另加小菜（10元）、两菜一汤（12元）⑧；各样小点则利用价格梯度上的分类精准把控，实现定价环节的精细化管理，提

---

⑥ 《厦大周刊》第十二卷第二十一期（三百十二期）（厦门大学开校第十二周年纪念专号），第56、59页，1933年4月6日。
⑦ 《厦大消费合作社股东大会》，载《厦大周刊》第十三卷第五期（三百二十三期），1933年10月21日。
⑧ 非包饭则每餐小洋二角（餐品与10元套餐相同），早餐另作规定。

供了品类更为多样化的选择：汤类每碗0.1～0.2元，猪牛肉类0.2～0.3元，鱼类0.2～0.3元，鸡鸭类0.3～0.4元。凝结了以生为本的精密巧思很快在3月1日该部开张后收到显著成效，同学纷纷来部订餐，"甚形拥挤"。

遥想当年，若非那场决定民族命运的残酷战争犹如乌云压顶般暴烈袭来，厦大消费合作社的精彩故事也许还能上演几度春秋。斗转星移，如今最好的纪念就是为它的往昔芳华掩卷遐思，一声轻叹……

作者简介：
许高维，厦门大学台湾研究院历史研究所2018级硕士生。

厦大往事：文史食堂及其杂忆

许闽峰

恢复高考那年，我考进厦大，于1978年春天报到，当时中文1977级的男生都住在"红卫二"（后来才恢复原来的名字"芙蓉二"）。我住201室靠窗的位置，从窗外望去便是我们的餐厅——文史食堂，宽阔平房，石墙红瓦，建筑风格"很厦大"。食堂虽然冠以"文史"之名，其实那时"红卫二"还有哲学系、经济系学生住于此，一共好几百口人在这大食堂用餐，食堂进门左边是文、史、哲三个系共用，右边是经济系专用食堂。

所以，我们要吃饭很方便，下楼即是。楼前是一大片肥沃的菜地，文史食堂应季的新鲜蔬菜部分便来源于此。我每天去集美楼上课要从菜地旁的便道穿过，恍如下乡时走在去出工的路上，这种时空和身份转变的错觉感很奇妙。

那时国家实行计划经济，国力不强，百废待兴，与民生相关的物资都要有票证，但国家对大学生予以极大的财政补助，大学生每月的粮食定量30斤，4两油，还有肉。每月初，我们一、二班的生活委员王元生、郭天赐要去系办公室，把7701两个班近百人的饭票、肉票和助学金各背一书包回宿舍，再仔细分好，挨个发给大家，这额外的工作既琐碎又辛苦，可谓吃力不讨好。

那时肉票每人每月有一大张，内含30小张。现在很多同学对肉票已无太深的印象，而同学柴海涛还记得，诸如买巴浪鱼、青菜肉片、炸五香肉丸等一毛五以上的荤菜时要交一张肉票，这样能够保证每人每天都有荤菜吃。王元生和郭天赐两人认真细致踏实，四年下来，虽领钱领票的人不用签字画押，但账目管理竟分毫不差，毕业时班费甚至有些许结余。这些事情大部分同学们并不清楚，是王元生在编印毕业30周年7701文集《鼓浪鹭影》中自己写的回忆录中透露的。他俩真是我们的幕后英雄兼生活好管家。当年辅导员江作梁老师眼光独到，选他俩当生活委员，真是没看走眼。

我每天基本上按早餐2两、中晚餐各4两的定量分配饭票，那时我在校篮球队训练消耗大，每月定量尚够维持，到厦大报到时母亲给带的几斤福建省通用粮票，却一直舍不得动用。后来，听说有的男生会获得女生给予"暗送粮票"的好待遇，但菜票则要自己花钱换。

2008年，为纪念恢复高考制度和入学30周年，7701班编辑出版第一本《鼓浪鹭影》文集，此后又陆续编辑出版三本，曾捐赠给国内多家图书馆

那年头家家户户生活普遍艰辛，同学们深知生活不易，懂得勤俭持家，一分钱恨不得掰成两半花。有七成以上同学因家庭生活困难，需要申请生活费和助学金，共分三档：生活费助学金初为双甲21元（17、4），双乙14元（11、3），双丙9元（7、2），1979年国家改革开放放开市场，双甲增加了2元。每月少则有2元，多则有23元，别小看这区区的一二十元，足以保证一个月可以体面地生活甚至补贴家用，可见国家把大学生们真的当宝贝看待。

很有年代感的文史食堂一分钱菜票，印制日期为1978年9月，应是由于1978级同学入学后需求量增大而印制的

当时食堂员工估计也就六七个人，我们在买早饭时就可看见他们已在后厨准备午餐了，洗菜、切菜，要喂饱好几百张嘴不容易。管理员是个大眼睛显精明能干的

中年人，性格豪爽，每天中午，他会拿粉笔在卖饭窗口上挂着的小黑板上写食谱，字很小，要走近了才看得清。有次食堂发明了新菜，把鸡蛋打了直接下油锅炸，外焦里嫩，名曰"炸蛋"，猛一听有点恐怖。有天中午，有个排在后面的同学大声问前面同学看看今天吃什么，前面的同学大声答道："米饭、花圈！"众同学听罢哈哈大笑，原来这老兄把花卷看成花圈。后来这"花圈"就成了我班同学对花卷的专称。

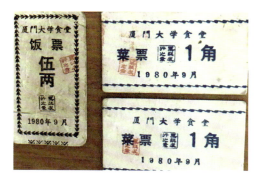

进入80年代，随着承包制的实行，学校各系食堂开放，饭菜票通用，后来的饭菜票直接印成"厦门大学食堂"。大家可以任意选择一个你认为"对口味"的食堂用餐

陈松钦记得食堂的干饭、稀饭都是在红卫四后面有开水房的食堂蒸煮的，因为那儿有锅炉房，每次开饭前有个小伙子用板车推过来卖，这小伙子后来调到图书馆工作了。干饭用小脸盆般的搪瓷盆装，一笼屉蒸十几盆，每盆一斤六两。男生一般吃四两，炊事员用竹刀在米饭上切个十字，挑出一块正好四两，菜扣在饭上，即成美味的"盖浇饭"。我宿舍老哲的饭量大，遇心情愉快时要吃八两，他就直接买"半扇"，用他那大搪瓷饭盆托举着，盆外露着饭角，我们宿舍同

7701一班三组同学团日活动合影（后排站者左四为本文作者许闽峰）

学每见此状便会说——老哲又愉悦得"半个月亮爬上来"了。

入学后的第一个五一节到来前，我们中文系获得了全校"新生篮球赛"的冠军，这可是我们系史上开天辟地头一遭的大事件，极需要有个仪式来好好庆贺一下！此时恰好就传来好消息——文史食堂晚上加餐，免费供应三个菜，其中有个荤菜，生活委员给每人发三张餐票。这简直是锦上添花、想啥来啥，同学们欢呼雀跃，不约而同地想起要小组聚餐，把组里的女同学从丰庭楼叫来一起聚。

篮球队长芮菁是厦大子弟，有经验，他站在走廊大喊："篮球队的把餐票都集中起来，洗三个干净脸盆把三个菜一起装回来。"大家都听见了，各组组长也深受启发照此办理，纷纷给组员布置任务，于是有人收餐票，有人选干净脸盆洗脸盆，有人突击收拾"脏乱差"的卫生死角以迎接女生的到来，有人负责各端一个脸盆排队取菜，还有人去楼梯下的小卖部买"地瓜烧"或用劣质葡萄酿制的"果酒"等等，一派年节前的忙碌景象。

那天的聚会很热闹，各组把两张桌子拼起来成饭桌，床沿为椅，全组男女同学第一次在一起"围炉"，有一家人的感觉，其乐融融。各组还互相串门敬酒，把篮球得冠军的自豪、一起出力当啦啦队加油的团结情谊和同学们互相熟识后的喜悦一并迸发。后来每逢五一、国庆节和元旦，文史食堂都会例行"加餐"，而"洗三个干净脸盆"的全小组聚餐这优良传统也被大家传承了下来。

入学后，领到一张牛皮纸印制的"厦门大学公共户口商品购买证"，这是每个学生除了吃饭外其他副食品和生活必需品定量供应的凭证，要到厦大商店凭证购买。厦大商店坐落在校门口外公交总站旁边，一大间的营业厅，沿墙的四周都是玻璃柜台。那时凭证专供的有每月半斤白糖、二两茶叶、一包香烟、半块肥皂、半斤茶料（主要为厦门的"鱼皮花生"），逢重大节日还会另发"酒票"，可购买半斤散装的厦门高粱酒，刘正明记得后来放寒假前也会另发酒票买瓶装的厦门"丹凤高粱酒"，我从没买过。每买一样商品，售货员就盖上一个有商品名称的小蓝戳，表示买过了。

1980年8月底，我们中文、历史、哲学三个系的男生搬到了芙蓉四住，食堂也换到了有开水房的食堂，改叫作文史哲食堂；芙蓉二则成了经济系的大本营，原来的文史食堂更名为经济系食堂。那时，芙蓉二旁的丁字路口要建名为"勤业"的教工食堂，建好后我们觉得它像个包子，就习惯叫它"圆形餐厅"。那时文史食堂的部分员工也调到新文史哲食堂工作，我们吃饭依旧可以见到熟悉的老面孔。全校学校食堂也改革了，实行承包制，各系食堂放开，饭菜票全校通用，学生可以自由选择。

文史食堂还是我们7701学跳交谊舞的启蒙地。那时食堂空闲时还兼有聚会的功能，作为集体活动的场所，比如召开迎新会、班级、小组生活会、团日活动和文艺积极分子排练节目就常在食堂里举行。大一的下学期，我们的学生会开思想解放之先河，首次在文史食堂举办教、学交谊舞活动，"嗦哆哆、咪嗦嗦"那种最初级的华尔兹，我和许多男女同学就是在这接受了交谊舞启蒙的"第一次"，从此学会了跳舞。

毕业前夕的几次重大活动都在食堂举行。我们7701毕业晚会于1981年的最后一天晚上举办，全体毕业生和系领导、教研组老师悉数参加，共摆了12桌，每桌2位老师和8位同学共十人。陈志铭在日记中写道："一切都像梦一样！梦一样进了大学，又梦一样地毕业了。"自此，中国恢复高考制度后的第一届大学生学成毕业，正式登上了报效祖国的历史舞台。

2008年元旦，厦门大学隆重举行"纪念恢复高考暨七七、七八级入学30周年大会"，嘉宾、老师和海内外近一千五百名学子们云集建南大礼堂，共同纪念始于30年前改变了中国命运的改革开放、纪念那场改变我们这一代人命运的恢复高考。

会后学校精心安排了"怀旧午餐"，就在当年我们吃饭的文史哲食堂。老食堂已拆除了重建，变成现代化的大食堂。食堂墙上挂了许多从全校征集精挑出来的、当年学生时代黑白老照片的放大照。那天的自助餐台上专门放置一个牌子写上"怀旧区"，有油炸巴浪鱼、炒三丝、油条等等，尽管已是升级版的高级怀旧餐，也足以使我们穿越回到当年了。

又过了十年。2018年2月21日正值春节期间，我们中文系1977级、

1978级的同学们回校，共同举办"纪念恢复高考制度暨七七、七八级入学40周年"活动。从青丝到华发，我们仿佛用了40年时间完成了人生的另一次高考，终于向母校交上了合格的答卷。

21号下午，我独自徜徉学校寻找当年记忆中的模样，学校真的变大、变靓了。文史食堂没有了，勤业"圆形餐厅"成了著名的打卡地，当年的菜地则成了盈盈绿水的"芙蓉湖"。

恢复高考30周年1977、1978级厦门大学大聚会午餐券和晚餐券（刘正明供图）

在这次回校纪念活动中，我们以厦门大学1977级、1978级的名义立"纪念恢复高考四十周年"勒石献给母校。勒石立于芙蓉二楼前，这位置恰好是当年菜地旁有个青石井台大水井的地方，当年我们所有住在芙蓉二的同学都曾有在此洗衣沐浴的经历。食堂黍谷哺养、厦大培育我们成长，勒石于此，便有"饮水思源"的寓意了。

许闻峰在纪念勒石旁留影

作者简介：

许闻峰，厦大中文系1977级汉语言文学专业毕业。毕业后分配在国家体育运动委员会群众体育司工作，后在国家体育总局篮球运动管理中心工作。现任中国篮球协会副主席。（本文部分图片、资料由许闻峰的同窗好友提供）

食堂排队大战

潘维廉（William N. Brown）

如今的学校食堂干净整洁、风格现代、光线充足、菜品丰富，从中餐、西餐到泰国菜、清真菜，应有尽有，而1988年的食堂却大相径庭，潘维廉教授在他的作品集里，留下了当时生动的文字记录。

我们抵达度假楼的下一周，厦大海外教育学院便为我们提供了烹饪设施。他们用玻璃包起一个1×2米的阳台，用混凝土搭了个水槽，还安装了双炉膛的丙烷炉灶。这确是善意之举，但无法满足四十个成年老外和八个小孩的日常需求，每次做饭都要排长队等候。强忍几天后，我和苏决定去试试厦大食堂——这是我们到中国以来要面对的最大挑战之一。

我们最喜欢的食堂是一幢灰砖建筑，活像狄更斯小说里的济贫院。亚热带的烈日照得我眼前白晃晃一片，只能依稀看到煤火微小的红火苗舔舐着巨大的铸铁炒锅。待双眼适应光线，我才看到炒锅"魔法师"站在木制餐台后面，餐台上摆着大铝盘，盛着冷饭，还有一碗碗水煮卷心菜、放凉的炒蛋、猪肉、鸡肉、腌菜和馒头，挤得满满当当。虽然外国人对这些食物时有抱怨（哪个学生不抱怨学校食堂饭菜呢），令我惊叹的是，凭着几口大炒锅、几把切肉刀和几个煮锅，厨师们每一餐都能快速烹制出如此多样的菜式，填饱厦大几千名学生的肚子。

学生静静排坐在松木桌旁的素色松木长椅上，桌上的铝碗大都盛满食物，主要是饭，还有一点蔬菜、猪肉和炸鱼。他们把铝碗端到嘴边，用金属勺子把食物扒进嘴里；只有外国人才费事用筷子。用餐完毕，他们把剩菜倒在桌子中央，堆成一堆，然后在外墙边的水龙头底下冲洗各自的餐具，最后回到拥挤的宿舍（每间宿舍摆四张双层床，住八个人）。

我渐渐开始把那堆残羹剩饭看作有用的提示，用来判断哪些菜受欢迎，哪些菜不受待见。但是，要成功打到饭菜，我得好好琢磨应该怎么排队，还有怎么顺利地支付餐费。

排队如跳舞

单单是琢磨怎么排队就花了我三天。想象一下：五百个学生饥肠辘辘，争先抢占排队的最佳位置。就在这时，六名厨师舀出新鲜出炉的烹饪菜品，学生们一时间推推搡搡，使出各自的看家本领，有的把手举过别人头顶，有的伸长手臂越过别人的身体，有的甚至想方设法把胳膊从别人的腋下挤出去。只要不与被推搡的人四目相对，双方都能留住颜面。让我感到惊奇的是，他们在整个过程中都能保持和善，充满耐心。换了在美国，早就有人拔枪相向了。

第二次，我等到只剩下三三两两的人时才去排队，不过那时只能买到别人挑剩的菜了。第三天，我又换了一种策略，在食堂开门前半小时就在门外严守阵地。当身后慢慢聚集一群排队等待的人时，我便叉着腰、气定神闲地站着，刚好能挡住门口。不过这只是白费力气。门打开的那一刻，一个可爱的小姑娘一俯身嗖地从我左胳膊下方钻过去，一个男人从我右手边往里挤，等我回过神来，已经淹没在熙熙攘攘的人海之中了。

终于轮到我点餐了，刚激动了没一会儿，就听到对方说："不收现金，只收食堂配给票。"

我便找系主任询问："怎么拿到食堂配给票？"

"配给票不分配给外国人。"她说。

"但食堂不收现金。"我说。

"是的，这是规定。他们只收配给票。"

几周后，学校着手帮我们解决问题。不过在此期间，有几位中国老师和领导分给了我们一些配给票。"我们还有很多呢！"他们坚持道。后来我发现他们自己都不够用，却还是慷慨解囊。这善良真诚的民族，谁会不爱呢？

几周后，学校终于想办法给我们弄到了配给票，不过我们还是得琢磨一番如何使用！

实行配给制的理由

中国的配给制无所不包，不过配给制对我们美国人来说不算新鲜事。二战期间，美国执行的配给制也涵盖一切，从黄油、糖等日常调味品，到巧克力等食品，再到尼龙长袜之类的衣物。我祖母说过，她记得她姐姐不知从哪儿弄来一捆渴望已久的糖票。"二十二斤糖！"她感叹道，"我们得赶紧，不然被囤户买光了"。

然而，中国所面对的紧缺程度是二战时的美国人无法想象的。有时食用油的配给量是每月仅两汤匙。

中国配给制的配给量取决于年龄、劳动类型（轻体力劳动或重体力劳动）、农村户口还是城市户口、南方人还是北方人（北方人偏爱面粉和小米，南方人偏爱大米）。配给涵盖主食谷物、肉类、食用油、糖、酱油、豆腐、鱼类、蔬菜、酒、汽油、丙烷等等。

配给票比现金更有实用价值，因为有现金的人寥寥无几，即使有现金，能买到的东西也屈指可数。不过，我认为厦大应该给研究生开设配给票使用课程。

食堂配给票分为八种，包括大的纸质票和小的塑料票，有三种面额：红色可兑换十份，黑色五份，绿色一份——有时绿色票实际上会是蓝色或黄色。有时，我一手用托盘端着好几个碗，一手抓着一捆各种颜色的粮票、肉票、油票和菜票，要从嘈杂的人群中挤开一条道，不免有些慌张。怎样牢记哪些是肉票，哪些是粮票呢？最后，我终于弄明白了。粮票是纵向打印（可能是因为粮食是向上生长的？），肉票是横向打印（可能是因为已被屠宰的家畜横放在案板上？）。嗯，真香。不过，哪张票对应哪道菜呢？

我把蔬菜票递过去，要付炒青菜的钱，对方却说："还要一张肉票，里面有猪肉。"我用一张粮票买包子，却听到"是菜馅儿的，还要一张蔬菜票。"我笨拙地摸索着手中被揉成一团的各种票，后面的人等不及，便伸长手臂，越过我头顶或从我手臂下方穿过，迫不及待地要买饭菜，学生和服务员纷纷嘟囔："哎呀！老外。"

真是令人沮丧。为了吃顿饭，我们每隔几周就至少得跑两趟银行，每次至少得等上九十分钟，经过四次货币兑换（可不是在开玩笑！依次是美元、港币、人民币、外汇兑换券）才能换到中国钞票，然后才能购买食堂配给票。一边是拥挤的人群，一边是配给制，两相权衡，我们最终放弃了在食堂吃饭，再次尝试自己做饭。

如今，三十年过去了，厦大各个食堂都变得漂亮、卫生，食物美味可口，学生们也耐心排队，井然有序！食堂依然不收现金，但我们可以使用厦大借记卡。幸好他们不收现金。假如厦大每天数以千计的游客也去食堂用餐，我们师生就永远排不上队了。

（本文节选自潘维廉作品集《我在厦大30年》，厦门大学出版社2021年版。）

作者介绍：

潘维廉（William N.Brown），首位定居厦门的外国人、第一位外籍中国永久居民，中国高校最早引进的MBA课程外籍教师之一。1988年起于厦门大学管理学院任教，现任厦门大学工商管理教育中心外国专家、厦门大学管理学院教授。曾荣获"感动中国2019年度人物"、国家外国专家友谊奖、福建省荣誉公民、厦门市荣誉市民等称号。著有《我不见外——老潘的中国来信》《魅力福建》《魅力厦门》等书。

难忘的"酱油水巴浪鱼"

刘立身

20世纪70年代，我在厦大经济系就读。那时，在经济系食堂就餐的有经济、中文、历史三个系，可谓是全校就餐人数最多的食堂了。在食品比较贫乏的年代，依然有美肴留在记忆里的，记忆最深的可能就数酱油水巴浪鱼了。

经济系食堂就餐的人来自四面八方，口味不一，有喜猪肉香，有惧海鱼腥。我来自闽江边，自小闻惯了江风鱼味，所以，鱼类食品属我"醉爱"。

当年食堂的酱油水巴浪鱼烹法比较简单，巴浪鱼排放在用铁皮做的长方形的盘里，然后撒些姜丝白糖，泼上酱油加水，上蒸笼大火一蒸便成。蒸好的巴浪鱼摆放在卖菜的窗口，飘荡在空气中的酱鲜味又糅合着几分鱼腥味，可谓几人欢喜几人愁。当然了，我归属于几人欢喜这系列吧。

巴浪鱼，每条长约15厘米，宽约3厘米，它的学名叫蓝圆鲹，是鲹科动物的一种，平时多生活在海洋的上层，是厦门最常见的一种鱼类。厦门大学西头紧挨着厦港，渔民出海捕捞回来，多在厦港停泊上岸，巴浪鱼是他们出海斩获颇丰的鱼类之一，巴浪鱼既便宜又被视为无上美味。

记得当年食堂的管理员兼采买是莆田人，同学之间传说他的姐姐是全国著名的物理学专家。他很替同学们着想，当年的副食品供应还是每人每月定量，这么大的食堂的菜肴品种，特别是荤类的，开饭时排队排前的还能买到，迟来的可能就剩下青菜了。他总是算好潮汐骑车到厦港，买了渔民捕捞上岸的巴浪鱼，为食堂增添荤味的菜肴。专长于烹制这道菜的师傅是个福州人，也可能是老乡遇老乡，他烹制的这道菜对我来说是特别香，至今时过境迁近五十年了，在记忆的味蕾中仍然挥也挥不去。

20世纪80年改革开放了，厦门成为经济特区加知名旅游区。酱油水烹调法一直是厦门最平民化的烹饪方法，多年来几经磨合，几经研创，现在酱油水烹法所用的调味料也多了，用到姜、豆豉、萝卜干、干辣椒、葱蒜、洋葱、马铃薯、红辣椒、青椒、酱油、料酒、白糖、胡椒等多种辅调料，甚至推陈出新加上一些热带水果。而且不同的海鲜品种，烹法也有了变化，煸、煮、蒸、焖、炖、煎齐上阵。我也深深为之自豪。

而当年这种这样简单的烹法，又最容易吊出海鲜的鲜甜滋味，其内在又存些什么"神技"呢？厦门人讲究依靠厚重的酱油味，将海鱼的鲜味激发出来，再加点姜去腥味，放些白糖提鲜味，这种美味就成了一道风景。由此，这些年来，我也顺便探索了福建及厦门的酱油酿制。

福建酱油的制作生产至少有数百上千年的历史了，早前福建的制作方法与国内大部分地区相似，用大豆、面粉为原料，先制作成面酱，又从面酱榨油，称为"面榨法"。自从福建连江在近200年前，创出了新的酿制方法，在世界酿造史上被称为"琯头法"，原材料就只用大豆了，经发酵等工序后，用淋出法出油，既增加产量、降低成本，又减轻劳动强度，特别是让酱油在质、香、味上更佳。

经过一年多日晒夜露的酱油，色泽鲜艳，酱香味浓郁，味道鲜美绵长，久藏不坏。因而这种酿造法得到普及，20世纪20年代，厦门淘化大同为首的酿造厂就是采用了这种酿造法，生产出的酱油虽分低、中、高多档，但浓厚、酱香、鲜美的独特风味均博得大众喜爱。时至今日，也让酱油水的烹法独领风骚。

"酱油水"源于百姓日常的生活，但却创造出了一种烹饪文化。当年那道"酱油水巴浪鱼"肴馔，不只是食堂中一道平平常常的菜肴了，它是历史，更是文化。有机会回到母校，再品尝品味母校百年餐饮文化的朵朵鲜卉，肯定也少不了有这一朵酱油水巴浪鱼"奇葩"吧。

作者简介：

刘立身，福建福州市人，1976年毕业于厦门大学经济系。1985年起先后担任过福建省财政厅、商业厅、贸易厅副厅长，省政府稽查特派员，省华侨信托投资公司董事长。曾任福建省会计学会会长、福建省烹饪协会会长等。著有《闽菜史谈》《张三丰与福建邵武考略》《八闽文化综览》（部分章节）等著作200多万字。

我在食堂打工的一千多个日夜

郑启五

当年，我从武平山区调回厦门城，被分配在厦门大学外文系食堂，从1974年到1977年，当了整整三年炊事员，一千多个浸透汗水的日日夜夜，时间之长，感触之深，唯有仰天长叹："返城打工也艰难！"

上班

外文系食堂在厦大医院的对面，中间隔着一条河，早年叫西膳厅，负责外文系和西村一带厦大师生员工的用餐。这个食堂的老炊事员有十位：四位老大伯加五位老大嫂和一位部队刚复员的管理员，大家热烈鼓掌欢迎我们三位年轻人加盟。上班的第一天就穿戴上劳保用品：帽子、袖套和围裙各一，都是蓝色咔叽布的，随即"蓝蚂蚁"们就各就各位，忙碌开了。

我给掌勺的师傅当下手，苏担当蒸饭，而黄则接任会计，但食堂的工作是分工不分家，实际上什么都得干：洗菜、烧火、喂猪、揉面，还有没完没了的洗洗涮涮，不是浸在水里，就是靠在火边，有"水深火热"之切肤感受，与农村生活相比，虽是衣食不愁，但时间紧责任大，似乎总在争分夺秒，因为一下课，大几百号人就拿着汤勺敲着碗，浩浩荡荡冲着食堂来。常常是开饭的时间到了，我们自己才刚刚端起碗，于是胡乱地"三口并作两口"把菜饭吞下，就操起菜勺匆匆上阵。

忙乎到最后的用膳者离去后，紧接着打扫卫生，并把饭桌上清理的残饭剩菜连同保存好的洗米水等提去喂猪。食堂自己养了四头猪，准备过年过节给学生改善伙食的。食堂一天工作下来，浑身油污、菜渍与煤灰，累得直不起腰来，但有武平这碗老酒垫底，生活中有什么苦酒我不能面对？

七件"兵器"

实习了半个月的师傅助理，我就基本上可以独当一面了。"掌勺"在闽南话里叫"扶鼎"，即可当动词，也可当名词。掌锅的兼管炉火，加之一有

1975年郑启五与同批炊事员合照

空所有的杂活都得干，说穿了，就是一个地地道道的伙夫。

自从"师傅助理"摇身变成了"扶鼎"伙夫之后，厨房中的十八般兵器就有七件非我莫属，其中为"扶鼎"配置的有四大件：一是锅铲，因为锅大，所以铲也大，舞起来可以与沙和尚的宝杖相媲美，属伙头军的常规兵器；二是菜瓢，那瓢极大，往往三瓢两瓢就可以装满一大脸盆。那时烧的基本是"大锅菜"，先炒后煮，半菜半汤，多为萝卜、油菜和空心菜，一煮一大锅。稍稍下点油，下多了，师傅会叫的，计划经济嘛，就那么点油，月头下多了，月尾吃什么？还有铁钩和漏勺，需要油炸鱼时才动用的。

属于伙夫的"兵器"有三件：一是"金箍棒"，一根又粗又大的尖头铁棍，负责捅开煤火；一是长钩，用于钩出煤火中烧结的焦铁，保证炉火的旺盛；还有一根长铲，添煤或封火全都得仰仗它，使用的难度最大。

煮早饭

男炊事员得轮流煮早饭，掌锅的也在所难免。这可是单枪匹马的重体力活儿，当夜得睡在食堂，兼任夜晚的值守，睡觉前得把炉火用

煤泥封好，稍有闪失，那隔天一早就不堪设想。食堂是一个没有天花板的空荡荡的庞大建筑，我躺在床上，眼睛就面对着木梁上的瓦片，听得见海风呼呼和周边菜地里昆虫的浅唱低吟。有条叫"赤耳"的狗与我为伴，一同打发漫漫长夜。值班室虽然有闹钟，但我总睡得不踏实，三番五次地起床查看火情。加上"赤耳"特别尽职，一发现老鼠就狂吠不已，每次值班充其量只能是迷迷糊糊地在硬邦邦的床板上躺一躺罢了，有时我索性就卧床读书，以防误事。

凌晨三点，我翻身下床，操起一根粗大的"金箍棒"捅开炉火，关上风门，当听见炉火呼呼直蹿，这才松了一口气。煮稀饭的锅是一口特大型的铁锅，锅上与一口无底的大木桶连接，使其容量再增大一倍。我把竹箩中淘好的几十公斤的大米倒入锅内的沸水里，顺利的话，不消20分钟，嘿嘿，生米就煮成熟饭了。然而把煮好的稀饭从炉上的大锅中转移到售饭窗前的大木桶里也很不容易，我单手操一个五斤重的木桶勺，趴在大锅的木桶沿上，艰难地把一桶桶的稀饭舀出来，时时提醒自己得保持重心的平衡，否则头重脚轻，一头栽入那超大型的深深锅里，那就得被熬煮到清早……

作者当年在食堂的工作照

"底菜"的改革

当时，食堂中每份菜一般由半勺菜蔬加几片肉构成的，这菜蔬当时叫"底菜"。食堂的主打底菜往往以空心菜居多。因为油少，空心菜特别容易变色，出锅时还绿油油的，可一到售菜窗口，耽搁没多久，菜色就发黑，令人倒胃。也因为油少，空心菜特别难吃，嚼起来如吃草根，学生戏称其为"无缝钢管"。系学生会的后勤部长于洪藨深入食堂，与我探讨改革空心菜烹调事宜，结果是——我的"郑氏捞拌菜"正式出炉。

我先烧好一大锅的水，待同学们一下课，就开始把洗净的空心菜倒入开水中，半分钟后捞出，迅速与虾油和肥肉汤（事前从煮好的肥肉汤上舀起来的）搅拌，然后即刻送往售菜窗。此菜大受学生的欢迎，排队等待，大呼小叫，场面十分热闹。我大受鼓舞，常常是赤膊上阵，捞拌得不亦乐乎！不少学生宁愿不吃肉，也要这绿油油的刚出锅的捞拌空心菜。粗菜细作，底菜变主菜，嘿嘿，忙得不亦乐乎。

不料本厨师得意忘形时出了事故，动作忙乱之时，双手猛地深入装生菜的竹篓抓菜，结果篓内一支出格的竹签不偏不倚刺入我食指的指甲里，十指连心，一时疼得浑身打战。那竹签尖细如针，竟断在指甲之间，伤口中居然找不到拔除的断头。于是赶紧跑到对面医院。打了麻针后，护士剪开鲜血淋淋的指甲，才清除了那微毫的"罪魁祸手"。事后我咬咬牙，打消了请半天伤假的念头。不是什么觉悟高，而是你请了假，可活儿依旧那么多，你干的那份就得由别人放弃休息来顶替你，无法耽搁的。食堂工作中谁都不愿意轻易请假，能坚持就尽量坚持，这个传统在厦门大学膳食系统传承至今。

1977年，郑启五在食堂工作照

永远的唠叨

我从教三十多年来，每每见到大学校园里个别大学生对基层员工不礼貌时，总感到非常难过并愤愤不平。我不止一次在课堂上提起食堂打工的往事，告诉我的学生们我曾经是一个炊事员！炊事员的工作艰辛，尽管如今厦大食堂工作条件有了很大的改善，但餐餐"水深火热"的煎熬总是在所难免，而且油腥倍增，盘碗成堆，开饭的时间一再延长。他们几乎难得放假，因为老是有那么多人用餐，工作总量不变，所谓轮休，不过是一个人干两个人的活儿后的喘息……真真希望同学们能像尊重教授一

1963年，11岁的郑启五和家人合照

样，也尊重校园每一位普通员工的劳动，至少从人文关怀的角度，从人权平等的理念，从文明做人的起码，毕竟百年声名显赫的厦门大学没有一天离得开他们！

"工作是美丽的！"不要把劳动的人分成三六九等，"都是革命的分工"固然是句老掉牙的说教，但"社会的分工"是永远的正在进行式，每一个劳动者都是推动社会文明进步与发展的人。

如今在厦门大学每届毕业典礼上，都有一个全体毕业生向炊事员、保洁员、保安员等校园基层职工敬礼鞠躬的环节……

作者简介：

郑启五，厦门大学人口研究所研究生导师，福建人口学会副会长，土耳其中东大学孔子学院首任中方院长。本文节选自其作品《百年厦大隐秘之十六》（有删节）。

巴浪鱼、美食和厦大

郑振秀

我的母校厦门大学已悄然步入百年华诞，她静静地坐落在东海之滨，草木葱茏，繁花似锦，无愧于海上花园学府、中国南方之强。当你走进校园，映入眼帘的是色彩斑斓的林荫道、光鲜靓丽的芙蓉湖、浪漫静谧的情人谷和宏伟壮观的上弦场。

2008年新年伊始，母校举办恢复高考30周年纪念活动，也是我们1977、1978级同学返校相聚之时。沧海浮尘，芸芸众生，几十个春秋转瞬间已经飘忽远去，同学们从世界各地赶来，又一次融入了母校情、同学缘的氛围之中。岁月如斯，时光如故，这场人世相逢，一股亲切和怀念油然而生，它历经了时代的风雨，更臻醇厚。

1978年年初，我从古朴而偏远的山区第一次来到这个梦中的城市，那时国家百废待兴，物质生活相对贫乏，四年的校园生活，却让我与食堂结下了不解之缘。后来，走过了五湖四海，每当品尝异国他乡的美食时，我这个远足的游子更是挂念起学校食堂的味道，因为母校的养分已深深地植入我的每一个细胞，不能自拔。

今天的校园，食堂已经"摇身一变"成了餐厅，勤业、芙蓉、东苑、南光、凌云、海韵、逸夫楼餐厅……场景美轮美奂，而沙茶面、煎鸡排、猪排、秋刀鱼、海蛎煎、炒米粉、八宝芋泥和各种小吃，现在看来，每个品种都是相见恨晚，代表了一个个时代的美食风味。

纪念大会在欢乐的气氛中结束，校方安排我们在勤业餐厅吃饭。在自助餐开始的一刹那，我迅速加入其中，"抢"了两条亮铮铮油光光的巴浪鱼，接着便不管不顾地大快朵颐起来——先是香，后是鲜，伴随着一股久违的味道充盈口腔内，滋味深长，这是我们在那个年代追求美味的佐证，更是厦大学生食堂不露声色的风味宝藏。

我们的人生由不可忘却的昨天、珍贵短暂的今天和难以预测的明天组成。昨天是一段久远的历史，学生食堂是一个永远有故事的地方，久而久之，有的尘封已久，有的模糊不清，有的记忆犹新。在大千世界里，我们庆幸还有一个记忆的密码，这个密码便是人类舌尖上的味觉，正是我对巴浪鱼无尽的思念。

新鲜香煎的巴浪鱼，它从味觉上唤醒我们往昔的时光。虽然我记不住学生食堂的菜名，但一毛钱一条的巴浪鱼却念念不忘，它无须选料精细和制作考究，天生的就是皮薄均匀，色泽晶亮，滑润清香，原汁原味，蘸豆瓣酱吃更是咸鲜宜人，魂牵梦萦的美味让人咀嚼起来特别有劲，尽管在常人眼里它太普通不过了。

作为传统鱼类，巴浪鱼挺适合我们那个"粗鄙"的时代。百里不同风，十里不同俗，闽南地区形成的一些独特习惯及烹饪手法，香煎巴浪鱼算得上校园美食的杰出典范。美食的感受不只在于食物本身，而在于对其的态度，有时一些貌不惊人的普通食物也能吃出雅致美妙的感觉，就如同异常高档的食物也能尝到朴实体贴的味道一般。

在人头涌动的餐厅里，面对巴浪鱼，此时此刻我和同学们很难做到"从容优雅"了。我的举动，让坐在一旁的同窗朱之文脸上露出了惊愕的表情。曾几何时，当我们对吃什么这一人生重要的问题一筹莫展时，在选择的当口，我们的口味就是这样百折不挠、含情脉脉，有时像岩石一样顽固，有时像流水一般豁达。

有人说美食是物质的，也有人说美食是精神的，我们打个不那么恰如其分的比喻，如果人生是饭，饭则是花之香；如果人生是菜，菜则是水之韵。三天三夜，我们徜徉在校园美食的海洋中，毫无违和感，在享受了美食的同时，更多地惊叹厦大人有如此信手拈来、玩转自如的烹饪手艺和技巧。

吃出来的味道就是幸福的味道，我们从眼睛到味蕾都在享受着美食乐趣，垂涎欲滴。炒粉的温暖，甜品的醇香，肉汤的热烈，鱼片的鲜美，汇集了从陆地到海洋的各路闽南美食，比较起粗犷豪爽的东北风味、异域风情的西北大餐和精致淡雅的苏杭美食，毫不逊色。在包罗万象的厦大美食天地里，食物被诠释得如此淋漓尽致，味觉的畅快和美好回忆，正是如此这般。

学校食堂在我们读书的那个年代，感觉还没有与厨艺"厮混"在一起，那时候的简单饭菜谈不上美食，更像是一种饥肠辘辘时的沉默侍从。而今天的美食新时尚，对于从"饭桶之辈"走过的我们，更多是味蕾的发现和畅饮的豪放，有时候也不免表现出莫名的惊诧。

当我们将要再次告别校园、同学和老师时，这时候的重中之戏就是回程宴了。垂涎欲滴的海鲜火锅宴开始了，我的筷子在锅里打捞各种小确幸，有时偶遇的是小海虾，有时邂逅的是大扇贝，鲜美的澎湃香气于唇齿之间爆开。

同学们围桌而坐，在一口菜一口汤的循序渐进中共同下箸，觥筹交错，其乐融融的氛围再次油然而生。从1978年到2008年，三十载岁月匆匆而过，不管物质短缺还是丰盛，谁又能抵挡满足肠胃口舌的无限欲求呢！一轮明月挂在夜空，树影婆娑，大家举杯畅饮，浓郁的香气从口腔到鼻腔，直钻进牙缝里，立马醇香四溢。

那些富丽堂皇的大饭店，以及戴着高帽的大厨们所烹调出的美食，也有不少华而不实，有些甚至让人不敢恭维；而在厦大，那些朴实无华的师傅们炒出的每一道家常菜，才叫美味佳肴，实至名归。是的，美食不是大都市里高档华丽的追逐，而是洗尽铅华后质朴的价值认可。

返校相聚成了一场舌尖上的盛大狂欢，而美食成为时间停驻的印证。岁月如酒，越陈越香，千里迢迢只为你而来，同学们一饱口福，沉醉其中，快意江湖，无忧无虑，少一些仪式，多一些自在，少

郑振秀近照

一些精致，多一些随性，美味占满了口腔，香气在舌尖里打转，不再笑谈世界风云，口中只有念念不忘的你。

作者简介：

郑振秀，厦门大学1977级财务会计专业，现居北京，从事天使投资工作，现为北京汇力投资顾问公司董事。1982年毕业后，分配至建设部计财司，高级经济师，1989年下海经商，从事影视文化事业，任制片人，代表作品有《贫嘴张大民的幸福生活》《世界上最疼我的那个人去了》等。主要专著有《城市建设资金管理》《现代审计理论》等。

竞丰膳厅的爱心

陈超贞

20世纪50年代，刚从贫穷落后的社会走过来的百姓生活极其简朴，穷学生占大多数。伙食费都是国家补助的。学生们在竞丰膳厅吃大锅，八人一桌三菜一汤，有鱼有肉，饭量不限制任你吃饱。后来改为分餐，则每人每月发给一本餐券，每餐撕一张领取一份饭菜。

记得每天清晨，在每栋宿舍楼中厅，有一桶热豆浆，是王亚南校长无微不至的关怀，自费供应给学生们，在早操前喝上一杯，补养身体。

1954年秋末校内传染"流感"病，我也发烧住院还严重到转成肾炎，转院到中山医院治疗。出院后告知饮食要清淡，不能吃咸的饭菜，所以，集体餐我不能用。厨房就特别照顾病友，另外提供无盐菜肴。大家在前台排队领餐，而我就到厨房内领取一份"私家菜"。

1956年的陈超贞

至今虽已古稀之年，对厨房的无微不至的爱心关怀仍铭记在心。今日补上一句：谢谢！

1956年，政治气氛较为宽松，时任书记陆维特提倡每周末晚上在竞丰膳厅举办舞会，全校师生可随意参加跳国际舞。特别是元旦迎新晚会更是热闹非凡，响起音乐跳到十二点。元旦钟声响起时全场欢腾，互祝新年快乐！

写到这里，宛如时光倒流回到那紧张而快乐的学生时代，那是无忧无虑的青春年华。

作者简介：

陈超贞，厦门大学化学系1953级校友。

1956年的陈超贞

厦大食堂"老三样"与我的初恋

张耀祥

隐约闻到凤凰花香的时刻，我总是似乎同时嗅到了母校食堂里那令人垂涎三尺的"老三样"随风飘逸而来、馥郁且暖心的气息。

何谓"老三样"？馒头、油条与油炸巴浪鱼。

虽说时代在变，母校食堂里的食谱也年年在变，变得越来越丰富多彩，越来越富有时代特色。可是，无论怎么变，无论食谱如何增减，走到哪个食堂用餐，"老三样"都跻身主要食谱之列。只要想到这"老三样"，我就会回想起它们赐予我的年少日子和初恋甜蜜时光。

馒头

提起"老三样"，首推Q弹耐嚼、清甜扛饿的大馒头。

20世纪70年代末，物质还很匮乏，我们刚进校的这群年轻人，早餐首选就是馒头、稀饭外加小半勺有点酸又带点辣的老咸菜了。馒头有男生两个拳头大小，饭量小的一个馒头搭二两稀饭就够了，连带咸菜，一角钱就一顿早餐了。饭量大虽说得两个馒头，但一顿早餐顶多也就一角五分钱。冲着这份经济实惠，少数动作慢的往往买不到馒头，只能多打二两稀粥外加一根老油条了。

有一回，我们中文系1977级上现代文学作品选课程，庄钟庆老师提及鲁迅小说作品《阿Q正传》时打趣说："这个阿Q是作品主人公的名号，不是你们每天排队争购的那种'阿Q'的馒头，同样是'阿Q'，鲁迅的'阿Q'是不能吃的哦！"这句调侃，霎时引爆了课堂上一阵会意的哄笑声。

庄老师是惠安人，说普通话往往带着乡音，而恰好惠安人说食物有弹性都以"阿Q"的发音来表达，我们这一级同学中，能说听懂闽南话的占比约一半，所以听庄老师将"阿Q"与馒头串在一块，自然有了笑点。

当时，大一大二的上午都是四节课排得满满，待最后一堂课下课，抄田间小道回宿舍，放下书包，拿起饭盆碗勺赶到就近的文史食堂打饭时，往往都临近中午十二点了，叽叽咕咕的肠鸣声，在周边排队的同学中此起彼伏。

后来有些同学学精了，早餐时会多买一两个馒头，裹张净纸，搁书包里头，下课后边走边啃回宿舍。这样，纯手工的馒头就更显紧俏了。

油炸巴浪鱼

位居"榜眼"的，就是中晚餐人人喜欢的油炸巴浪鱼了。

20世纪70年代末到80年代初，粮油鱼肉豆腐等都得凭票购买，唯有巴浪鱼例外，市场上随便买，用不着鱼票。所以，母校食堂红烧肉供应不常有，而油炸巴浪鱼却天天有。

油炸巴浪鱼有大中小三种规格，大的一条两毛，中的一毛五，小的一毛。买大买小，奢俭由人。月初助学金刚刚发放，大的是抢手货。待到月底，囊中羞涩，一分钱掰两分花，大部分人都抠抠索索的，比较宽裕的挑中的，眼见就要断炊的就只能挑小的。

母校食堂的油炸巴浪鱼是一绝。厨工们将鱼杀好洗净，少许盐、酱油与五香粉腌制一会儿，沥干，裹上一层面粉，下到滚热的油锅炸得酥黄，大笊篱捞起来沥干油，搪瓷大脸盆搁成一座小山，趁热买来一嚼，外酥里嫩，连鱼头整个儿都酥脆了。

闽南人做菜，巴浪鱼大都是酱油水，虽然刺少肉多，但肉质粗糙，并不怎么招人待见。唯有母校食堂的"秘制"，才让它得以大受青睐。

2007年元旦，1977级、1978级两级校友应邀回母校，共襄隆重纪念高考制度恢复暨入学30周年的盛举。两天活动期间，学校安排的自助餐，好多校友都会不由自主地奔着堆成小山似的油炸巴浪鱼的不锈钢大盘去。边走边吃边聊的当口，随处可见校友的食盆里横陈着一两条油炸巴浪鱼。

油条

位列"探花"的油条也很值得怀念。

当年，一根油条三分钱，一尺来长，三指来宽，起得早的买它一条，往嘴里一咬，嘎嘣脆响，霎时间味蕾都跳起了热烈欢快的桑巴舞，一股浓烈油汪的酥香直窜五脏六腑。来得晚的，只能买到开始发软的老油条了，至于手脚慢钝的"第三梯队"，连老油条味儿都别想闻。

那会儿，有同学发明了多种老油条"夹心"新吃法——有往"发泡空洞"里填咸菜、咸萝卜干的，有塞豆豉的，还有的往里塞酱瓜，各有各的味，各说各的创意好。

油条之所以在厦大美食"老三样"榜上屈居探花之位，是因为它吃多了会上火，也因为它既不像"阿Q"的大馒头那般扛饿耐贮藏，也不如油炸"巴浪鱼"可口味美。

不过，那时如果"老三样"能一齐上的话，到中午下课时分也就不会有那么些人在食堂排队打饭时肠鸣如鼓了。只是，大部分荷包瘪瘪的穷学生不敢乱奢侈，要精打细算才能将助学金挨满一个月。

我的初恋

说罢"老三样"，不能不提及我的初恋。列位看客肯定会不屑地撇撇嘴说，"老三样"是"老三样"，初恋是初恋，南辕北辙。

您还千万别不相信，我的初恋的的确确是"老三样"牵的红线。那是临近毕业的大四下学期发生的事儿。

我们1977级，是春季入学春季毕业，这在共和国的教育史上是独一无二的。也因为这个群体，1982年里有两级学生同年毕业，为了便于区分，自那年起，人们便将大中专毕业生由"届"改称为"级"，不提毕业何届，只论入学何级。

大四上学期末，开始写论文。我利用家在本地的优势，整个暑假都泡在位于建南建筑群的学校图书总馆里。

这天，我一大早就骑着自行车往离家有二三里地的学校赶。为了节省时间，也冲着家里所没有的"老三样"，我三餐都在学校食堂吃。暑假人比往常少了很多，餐桌旁仅零零散散十多个人就餐。

匆忙中瞥见一位身穿白色连衣裙的女孩手里提着个蓝布兜，两眼紧盯着餐厅入口处左右张望着，似乎在等待着谁。我径直朝打饭的窗口走去，没想到，与女孩擦肩而过时，却被她怯怯地叫住了："这位同学，能帮我一个忙吗？"

我很意外，素昧平生的，"嗯，你有什么需要帮忙的？"

女孩轻声道："能帮我买二十个馒头吗？"

咦，难道她不是本校学生？

女孩垂下眼睛，看着地板怯怯地说，不是，我家在你们大学附近的下澳仔。今天工厂休息，厂里同组的工友知道我家门口就是厦大，想托我买些你们食堂的馒头尝尝。可是，我忘了带粮票，你能帮我吗？下个星期天早上七点，我肯定会准时带着粮票来还你，请相信我。

女孩充满期待的眼神，实在让我无法抗拒，遂点点头，算是答应了她的请求。她喜出望外地一笑，我这才发现这是个眉清目秀、楚楚可人的女孩。不过，我又想起来一件事，你要的数目有点多，不知食堂的师傅给不给？

果不其然，窗口内的阿姨一听我要买二十个，立马像鲁迅小说里的"圆规"那般双手叉腰说，不行，你一个人买那么多，后面还有人买不到怎么办！我只好满脸堆笑，软磨硬泡，好说歹说才把二十个馒头"骗"到手。馒头装进女孩给我的蓝色布兜接着，我赶紧拎起就走。

女孩默不作声地跟着我来到餐厅外，千恩万谢地接过蓝布兜。问我多少钱，我说一块钱。她讶异地瞪大眼，说：这么大的馒头一个才五分钱，是真的吗？

我肯定地点点头，她灿烂地笑了，伸手递过两块钱来。我说，只要一块钱。女孩说，另一块权当押金吧，我还欠你粮票呢。我从书包里摸出一张一块钱的纸币塞进她手里说，买卖粮票不合法，你不能让我背个投机倒把的黑锅。

这话把女孩逗乐了，她不再坚持，对我再次道了声感谢，转身如同一阵清风般轻盈地走了。不过，她果然讲诚信，第二个周天，按约定的时间，我骑着自行车远远就望见她那窈窕的身影。我们俨然已成了熟人，一边讨论馒头和饭量，我一边又自告奋勇地帮她再买二十个馒头。

经过一番鏖战，再次把蓝布兜递给在门外等候的女孩时，我顺口说了一声：你穿连衣裙真好看。女孩羞涩地说，我只星期天才有机会穿，平常得穿工作服，不然会沾上油污，很难洗的。顺着话头，我问她在哪家厂，她随口回了声，搞机修的。接着便是再次道谢，转身便袅袅婷婷地走了。

又是一个星期天，鬼使神差般的，我比平日起得更早，六点半左右就骑车来到勤业餐厅门前守候。那天一直等到七点半，女孩的身影始终都没出现。此后的连续几个星期天，我都早早来到勤业餐厅门口，希冀能再见到女孩一面。然而，一直到暑假结束，我的守候都竹篮打水，每次都怏怏而回，心中茫然若失，真后悔当初没敢问清楚她到底是哪家工厂的机修工。

就这样毕业了，我先是被分配在上饶师院中文系任教，两年多后调到《厦门日报》当编辑。回家乡工作后，亲朋好友操心的事之一，就是帮我介绍对象。终于，母亲递来的一张照片，让我的心砰砰砰地剧烈跳动起来——美若天仙的她，亭亭玉立于天安门城楼前，可谓风情万种。

第一次约会，我带她环游母校厦大校园。第一餐请她吃饭，我没选当时名头最响的"绿岛""新南轩"，而是母校的勤业餐厅，主食正是"老三样"里的馒头，重头菜就是油炸巴浪鱼，外加素炒三丝与西红柿炒蛋。一边吃，我一边把"老三样"再次炫耀了一番，她乐呵呵地瞅着我，慢条斯理地将馒头扯成一丝一丝地搁菜盘里，说这才是真三的馒头，我们山东老家的馒头也是这个味儿。

第二次约会，还在勤业餐厅，她还带上我们未来的大舅哥。晚餐是她点的，因为是晚餐，"老三样"全齐了。"大舅哥"喜欢肉食，她另外点了个红烧猪蹄。彼时已是80年代末，主副食皆无须凭票购买了，学校餐厅食堂也部分对外开放，只要你给钱，什么菜都任你选。后来，我才知道，她是特意请自己的大哥来把关的。餐间一番谈论，大舅哥对我还算认可，让妹妹自己拿定主意。

就这样，母校的"老三样"，在我的"初恋"与有情人终成眷属的过程中扮演了重要角色。以至于，在犬子上大学后，我们老两口得空，一大早就从植物园正门进去，沿着盘山大道翻越狮山，经现在的"国防园"进入厦大凌峰宿舍楼群，再到勤业餐厅享用"老三样"，顺手带二三十个庄老师口中"阿Q"的馒头回家，自食、送人两相宜。

作者简介：

张耀祥，1978年春进入厦门大学中文系学习汉语言文学专业。毕业后分配于江西省上饶师院中文系任教，1982年7月调回厦门，先后任《厦门日报》编辑、《厦门商报》副总编辑等。

张耀祥近照

勤业馒头

颜亚玉

学生时代就很喜欢厦大食堂的馒头。

那是20世纪70年代末80年代初的事情。当时人们的物质生活水平不高，对食物的需求很多时候还停留在果腹的层面。厦大食堂早餐一般有馒头、包子、油饼和粥等食品，馒头以其高性价比而广受欢迎。它斤两足，松软有度，口感好，价钱又便宜，很快就成了许多学生早餐的主要食品。特别是那些饭量大的同学，更是离不开馒头。

有一个女同学饭量大，一顿可吃好几个，她对自己的饭量有点不好意思，有时就躲在蚊帐里吃，可见当时馒头的魅力有多大！

厦大的每个食堂都有馒头。对教职员工而言，大家印象最深的是勤业餐厅的馒头。我们毕业留校以后住在芙蓉二，与勤业餐厅近在咫尺，吃得最多的更是勤业馒头了。勤业馒头的用料、做法、口感秉承了厦大馒头的优良传统，但把馒头做成圆形，于是圆馒头便成了勤业馒头的形象代表。尽管后来勤业开发出馒头系列，有淡馒头（圆形）、甜馒头(方形)、玉米馒头、紫米馒头和花卷等等，圆馒头只是其众多产品中的一种，但在许多老厦大人的脑海里，一说勤业馒头，脑海里浮现的还是那圆馒头。

几十年来，不少教职员工和勤业馒头结下了不解之缘。90年代以后，我们陆续搬出校园，厦大食堂去得少了。但不少人还惦记着勤业馒头。时至今日，路过勤业就会停下来，买上几个回家当早点，住在附近的有的还会专程进校购买。

人们的物质生活水平提高，物资供应日渐丰富，每个人都有充分的自由选择食品，之所以还恋着勤业馒头，一是在众多食品中，勤业馒头一直保留着它惯有的风格，实实在在，松软有度，甜淡得体，吃起来有股面食的原始香味，始终给人一种安全感和信任感。

　　二是人们对食品的选择，除了物质层面的考虑外，还受精神因素的影响。一位校友说过，一走进厦大食堂，不用吃什么山珍海味，总觉得食欲特别好。同样的道理，我们钟情于勤业馒头的原因还在于，它蕴含着我们几十年来积淀下来的校园情结。

作者简介：

颜亚玉，厦门大学历史系1977级校友，厦门大学管理学院教授，曾任厦门大学旅游系系主任。

吃在变革年代

林 航

1979年秋入学，在不知不觉中，大家共同经历了一个国家与社会的变革时期。在信息闭塞和物资匮乏的年代里，学生对社会的感知，除报纸、收音机外，最直接的感受莫过于一日三餐的学校食堂了。它如同一个社会变迁的晴雨表，时代脉搏的跳动自然会传导到生活的方方面面，尤其在一个强调民以食为天的国度里。食堂里吃得好坏是人们最直接的感受，每位学子也最深知其间的冷暖。

学校的每个系都有固定的食堂，经济系的竞丰食堂是其中的"巨无霸"，有容纳千百号人用餐的能力。到了开饭时间，食堂外洗碗槽水管喷出的细流，无意间会催促人们加快前行的脚步。每当迈入食堂的大门，扑鼻而来的是阵阵的饭香，那时大米的味道可真好。每个打饭窗口前，定是大排长龙，喧嚣声充满了整个食堂。学校的其他场所多是安静的，唯独饭点时的食堂最为热闹。面对吃，人总是充满血气。

入校时，学生一顿饭菜的花费通常是一毛五，打菜时先以一勺高丽菜垫底，再浇上少许的红烧肉片和汤汁。米饭是蒸熟的，一盆的分量正好一斤六两，工作人员根据不同人的食量要求，用一根竹刀切割出不同的等分来。从食物的属性看，学校里天天有鱼有肉，这种伙食条件在当时已经是很不错了。一个城镇居民一个月也只有一两斤的定量猪肉供应，粮油及多种副食品都得凭票证购买。

转眼间，历史进入了80年代，国家的改革开放刚刚起步，计划经济体制随之发生了动摇，之前的大包大揽终于扛不住了，学校集中传达了中央文件，国家决定放开肉蛋牛奶等农副产品价格，转由市场调节。

此后的一段时间里，食堂的基本菜价由一毛五涨到了两毛。伴随着一个有趣现象，食堂打菜的个别女工，打菜时手"抖"得厉害，明明是打满了一勺肉，经手抖那么几下，实际最后落入碗中的所剩无几。这些多余动作顿时成了学生们热议的话题，于是就出现这么一种怪象，凡手比较不抖的打饭窗口，队伍就排得较长。

随着时间推移，不满情绪开始升温，在某一天终于爆发了。某系的学生在校内率先罢吃，此事立刻在各系食堂间引起连锁反应。那几天，竞丰食堂的外墙上也出现大字报和漫画。有人把一份少得可怜的菜装入塑料袋并钉在食堂的木门上展示，还有人用一条细丝把小小的巴浪鱼高高吊起，标明花了大价才买到这么一丁点。总之，各种表现形式直观生动，抗议食堂的不公。

值得欣慰的是学校对此并未放任自流，及时研究和出台食堂改革方案，首先是将各自为政的大门打开，各系食堂的饭菜票可在校内任何一家食堂里自由流通，学生可自主选择用餐食堂。实行全面流通后，食堂间形成了竞争态势，到了结算时，哪个食堂的流失率最高一目了然。直至毕业前，尽管价格略有几次上调，一顿饭涨到三毛钱，但学生反应都比较平和，这就是校方顺潮流而动的结果。

青春时光里的青涩"食"光，是1979级外贸学子们挥之不去的记忆（图中站立者为本文作者）

食堂放开后，情况大有改观，学生中也较少抱怨食堂问题。食堂在服务上也开动脑筋，比如在期末复习考试期间，食堂推出了各种宵夜，有当归牛肉汤，有面条和咸稀饭等，在寒冷的冬季里，吃上一碗能迅速补充能量，让人倍感温暖。

四年的学习生活很快就结束了，如今已成遥远的过去。在新生代看来，一些往事也许令人匪夷所思，然而每个年代都有其独特的风味，如巴浪鱼和肥猪肉，是那个年代食堂的标配，是那一代学子堂食的灵魂和烙印。四十多年后的今天，偶尔看到新鲜的巴浪鱼也会忍不住购买，偶尔也要吃吃油腻的三层肉，这并非多好的食材，而是一种怀旧的情结。这些今天同样进得了高档酒店的餐桌，可谓大俗即大雅！如同流行歌曲一样，能承载和唤醒一代人的记忆。

我们很幸运经历了一个充满希望的80年代。

如今的厦大食堂在学子心目中有口皆碑，而这一切正是因为有了当初的开始，当年食堂罢吃的参与者也许不曾想过，这种变革的涓涓细流，最终积蓄成一股宏大的力量，在日后的时光里得到了爆发和释放。我们感念厦大食堂，感恩培育我们四年的厦大母校！

作者简介：

林航，外贸系1979级校友，从事外经贸工作，现已退休。

致 80 年代的青春

沈忠雄

2020年的春节，过年的时候，大儿子从厦门回来，给我带了一个消息：马上就是厦大100周年校庆了，学校要出一本百年餐饮记忆的书，在向校友征稿。他问我，老爸，你要不要动笔写一写？

我心想，退休这些年，别说动笔了，书都看得少了，算了，不写不写。

大家都知道，这一年春节"新冠"疫情来袭，过年的串门拜年全部取消，没有迎来送往了，多了家里人难得的自己泡茶聊天的时间。儿子以前是当记者的，并不想放过我，死缠烂打地要"采访"我，他说，老爸，你实在懒得写，你口述，我打字。

被他缠得实在不行，我起身去抽屉里翻出了一本《毕业纪念册》。儿子两眼放光：咦，这个小时候我翻过，还记得呢，原来老爸你把它藏起来了！

他把这本册子翻了一下午，以记者的职业习惯研究当年同窗们给我写的毕业留言，以及当时我精心粘贴的各种"老照片"。可是他叹了一口气说，唉，老爸，你的老同学们看起来都不是吃货，没有留下关于食堂的文字，你看看，照片也没有关于吃的，这可如何是好？

哦，那你可真错了。我把工夫茶泡上，指着同学在凌云宿舍给我拍的一张照片说问他，你还记得这里吧？儿子连连点头，仿佛接通了记忆的无线网络："对对对，记得了，馒头，稀饭，还有咸菜和小鱼儿！"

回忆的闸门一旦打开就停不下来了。1984年，我和几位同乡进入厦大中文系外宣班就读，彼时，改革开放大潮席卷中国大地，我那时已经30多岁，结婚生子，在县城机关就职，那时候对基层干部进一步学习深造的支持力度也不小，我就这样，"带薪"来到了厦大。

就读中文系外宣班时期的沈忠雄

尽管是带薪，学校也对我们关爱有加，能有的生活补助都尽量给足。但毕竟上有老下有小，每个月都得从口粮钱里"抠"出一部分，寄回家里补贴家用。所以，我和我的同学们一样，倒是秉承了寒窗苦读的精神，书要认真读，吃呢尽量节省，粗茶淡饭供养着我们坚定的信念，我们乐在其中。

外宣班是两年制，但这两年于我来说，却感觉无比漫长。我时时牵挂着我的家人，还有我毕业之后将要继续奉献青春热血的工作岗位。毕业前的暑假，想想家里人还没来过厦大，就写信回家，让我在当人民教师的夫人带着儿子，趁着假期来学校玩几天。

他们来到厦大的第一顿早饭，我借了饭盆，带他们到食堂，多打了两个馒头、两份稀饭和若干小菜，给他们"接风洗尘"。小孩子第一次来到"大学"，看什么都是新鲜的；哇，馒头有这么大（没错，是传说中的勤业馒头）！稀饭比家里的好吃！从食堂窗口打出来的这些咸菜和鱼，也好好吃呢！

夫人和我对视了一眼，她知道我的不易，但看着孩子天真的表情和极好的胃口，似乎也别有一番滋味在心头。不久，我正式毕业回到县城，到县委宣传部工作，真的实践了自己当年在厦大的心愿，为祖国的基层建设奉献了一生，直到退休。

对了，忘了说，儿子高考填志愿的时候，因为他成绩不错，学校问他，想考哪个大学。他眼睛眨都不眨地说，厦大！

是的，就这样，当年对厦大食堂的馒头、稀饭、小菜记忆深刻的儿子，和我正式成为了校友。和我不一样的是，他赶上了经济特区蓬勃发展的岁月，毕业之后，留在了厦门工作。也许正是因为这样特殊的校友关系，他才一直"怂恿"我来写一篇稿件。

我也要感谢这一篇短短的回忆，它让我不服老地打开久违的电脑，用自己退休前认真学会的打字，一字一句地打下了这些文字。而他，则认真地充当了我的"校对员"。

有回忆，就永远不会老。那是不会再回来的80年代的青春的"味道"，甘于清贫，甘于奉献，最简单的生活，却也是时代赋予我们这一代人的使命，平淡而余味悠长。

作者简介：

沈忠雄，中文系1984级外宣班校友。毕业后供职于福建省诏安县委、县政府机关。

母校，让我一生回味不尽

潘 亮

来到厦大前，我在闽北一个僻远小村插队4年，曾参加了1977年12月那次"文革"后首次历史性高考，但落选了，半年后再赴考场，也算是"文革"后首次的夏秋季高考，方如愿入校。那时，厦大整个校园沐浴在教育、科技开始受重视的良好氛围中，我们每天就这样快乐地迎来初升太阳的光芒，朝气蓬勃地融入校园，走在去教室的石板路上，碰见相识的他班同学或外系伙伴，彼此招手问声好，甚至亲热地走入校园。

我们生物系食堂伙食很好，与农村三餐自谋饭菜的艰苦时光相比，感觉很幸福了。到校第一天，中午就在生物系食堂吃饭，刚落座突然发现一个熟悉的面孔——1977级寄生虫专业的尹怀志老兄。他是我插队期间的老相识，初中毕业后曾是福鹰线的列车员，当年我在闽北插队，来来往往，经常搭他的车，他酷爱文学，每回在他的乘务室内都能看到一两本中外小说，有时晚上乘车，在他的小小值班室里彻夜长谈，伴随着火车的咣咣铛铛声，我们从文学作品、乡间趣闻到天下大事，无所不谈。

我当时的兴趣原本也想报考文史类，但从事医务工作的父母执意要我报理工科，这可能也是当时人们普遍"重理轻文"的表现。两位曾经浪迹江湖的文学爱好者奇遇在生物系食堂，后来毕业后又成为好同事。

民以食为天，学生也不例外。除了紧张的学业，食堂是学校的重要部分。厦大学生伙食据说在全省高校中首屈一指，而又以生物、海洋两系为最佳。印象中，两系食堂挨在一块，似乎饭菜票可通用（或是学生间自行互换，已记不清）。我有到海洋系食堂打过几次饭菜，端回生物系食堂用餐。

其实各系食堂质量都差不多，标准一样，只是菜肴相对固定，就那几样，换个食堂，无非只是换个口味，感觉特好。早餐一般是稀饭、馒头、油条、咸菜。午晚餐，3到4两米饭，芹菜炒带皮肥肉几乎每天都有。印象深的是一种小黄鱼，福州话叫"黄梅丁"，也叫"翻摊"，我母亲经常买一大菜篮子回来，一家人埋头杀鱼，清洗，留下当天食用的，其余就用小绳子穿起来，挂在竹竿上晾干。现在这种杂鱼资源少了，成为酒家的高档鱼类了。生物系食堂多以厦门口味酱油煮，味道特别鲜美。以致毕业后，再到厦门出差，我都会特意再点这种小鱼，回味一下。

当时食堂应当是烧煤，以锅炉提供蒸汽。记忆中，生物、海洋食堂共用一间锅炉房，门口一溜供应开水的龙头，开水是定时供应的，为了节约排队时间，同学们都在开水壶外做了标识，然后就将空水瓶放在龙头下优先排队，以便一下课就能尽快打上开水。记忆特别深的是在星期天，几个同学借了自行车，中午到中山路绿岛餐厅吃一盘大水饺，然后到思明电影院看场新电影，厦门市内新电影要比校内提早一周，这是当时最大的消费和享受了，兴奋至难以入睡。

由于我兴趣偏重文科，理工科相对薄弱。入学第一年，数学、理化都亮起红灯，出现不及格，内心很是焦虑。第一年春节，便决定不回家，留在学校补习功课。大年三十晚上，我就打上生物系的年夜饭，到堂哥的物理系宿舍里与他的同学们一道迎接1979年的大年夜，也希望他们在正月里能帮我辅导下物理课。

由于常在一块打球、游泳，堂哥班上同学跟我很熟了，并且生物系的物理课程对他们是太容易了，大家大多数具有经过农村插队的共同经历，很是亲切，把菜肴整在大碗内一道共享，喝了不少烈酒。我酒量不错，尚可应付，但我堂哥却不饮酒，同学们便向他发难，要求他少喝一杯就罚吃一粒水煮鸭蛋，大年夜一人发3个水煮蛋，我堂哥一连被罚吃下七八个大鸭蛋，同学们笑成一片，还要添蛋。我见势不妙，就对他们说这样很危险，会出事，并愿意替他罚酒，方才作罢。

有个同学带来双卡录放机，就现场播放起当时的校园歌曲，流行歌曲，大家借着酒劲，伴随着卡带，大声合唱起来，周边宿舍同学闻声也加入进来，这应当是卡拉OK的雏形吧！如今想来，依然是一顿难忘的年夜饭。

作者简介：

潘亮，厦大生物系1978级校友。

厦门大学

餐饮百年

回忆厦大食堂二三事

陈晓松

在校友群的闲聊中，回忆母校是永恒的大主题，在这大主题之下又有若干的小主题，食堂及饭菜就是小主题之一。

当听到年轻的校友回味圆形餐厅的馒头及25元自助餐、芙蓉餐厅的黑椒牛肉铁板面、东苑食堂的沙县小吃、海滨餐厅的莆田卤面之类的时候，我不禁暗想：是不是上了一个假厦大？因为这里面，除了圆形餐厅这个名称，其他的不要说菜品，就连食堂名字都没有听说过。我们那时候，叫的是文史食堂、经济食堂、化学食堂、外文食堂等等，既是食堂，又兼周末舞厅。

虽说当年的生活条件比较艰苦，但如今我们这帮大腹便便、营养过剩、三高普遍的"老家伙们"回想起过去，觉得还是非常感谢食堂，感谢那些不曾和我们打照面的后勤管理人员和天天为我们服务、偶尔和我们拌嘴的食堂工作人员。

我们在校的那会儿，在校生人数超过4000人，规模算是有点庞大了。虽然那是个积极向学的年代，但每个年代总还是少不了偷懒的人。每周只有的一个星期天，自然是大家难得的调整休闲时光，鼓浪屿万石岩中山路南普陀胡里山跑腻了，只愿泡在寝室里，所以星期天睡懒觉，在学校也是常态。平日里，食堂过了八点半就要打烊了，但一到星期天，早餐似乎没有结束供应的概念。虽然到了最后，只有凉稀饭和冷馒头，但对于睡懒觉的同学来说，已经够心满意足了。而且大多数时候，多数食堂的早餐会和午餐连接。早餐和午餐合二为一，生活比较困难的同学，就可以用这从口里抠出来的钱，去买课外书或订杂志。

我现在依然以为，有些同学星期天不起床，并不真的是睡懒觉，目的就是节省这微薄的一点餐费。食堂的做法也很暖心，早餐到了后边，都没有工作人员值守，凉稀饭自己盛，冷馒头自己取，当然我们也很自觉地把饭菜票留着，只是会把凉稀饭盛满得将要溢出碗盆来。

在我的印象里，学校似乎经常在节假日发加餐票。加餐票是发到班级的，由生活委员发到每个人手里。至于加餐票如何使用，完全取决于自己。我们这个寝室，从大一到大四，大部分节庆都是集体聚餐。当时我们还暧昧地和同班女生宿舍结为"友好寝室"，所以只要是集体聚餐，就会邀请女生过来，尽管这似乎没有改变女生对我们的印象，但班干部和寝室长还是居心叵测地乐此不疲。

集体聚餐，就是先把大家的加餐票集中起来，然后再去把饭菜集中打回来。印象较深的菜是巴浪鱼、红烧肉、炒米粉、五香卷等，还有圆滚滚的大馒头。那时候都是穷学生，每个人只有一套很小很小的碗盆，一次哪里装得了一二十个人的饭菜，怎么办？所以每次聚餐之前我们男生的一项重要工作，就是洗脸盆。用沙土，间或加一点烧碱，把脸盆擦拭得锃亮。现在想来，擦拭得再认真也不可能非常清洁，然而当时没有人讲究这些。

后来，辜芳昭、傅星平几位年纪大几岁的同学纠正了我的说法，他们说，其实学校只在元旦或者校庆这样的特殊日子才会发加餐票。星平同学当时靠21元5角助学金生活，他还回忆出当年的饭菜谱：每天早餐三两稀饭、5分钱酸菜，中午1角5分钱肥肉、5分钱青菜，晚上1角5分钱买一大一小两条油炸巴浪鱼，中午和晚上一餐四两一餐五两干饭。星期天买一次饺子吃，半斤，一两饺子7分钱，半斤15个。这是他四年的标准食谱，基本上没大变动。

芳昭同学说，我们吃的都是国家供应给集体单位的战备粮，米饭是在锅炉房统一蒸熟，有用白铁皮蒸屉，也有用小面盆。可能因为是战备粮，上面会蒸出一层米油。米饭蒸熟之后拉到各个食堂自然会变凉一些，凉了之后米油就变得很硬，同学们买饭以后都会把表面一层刮去再吃。有的同学特别能吃，早上半斤，中午晚上各七两八两，一个月60斤，而我们那时候的粮食定量每个月只有31斤，比正式的国家干部还高，是国家对学生的特殊照顾。

那我，为什么对加餐印象特别深呢？想了好半天，终于找到了答案。因为大学四年，一共四个寒假，有三个我是在厦大度过的。寒假期间有春节，学校就会给留校的同学一次性发好几天的加餐券。就像文史哲的同学集中在芙蓉四住宿一样，春节加餐我们也是集中在文史食堂，几个人凑成一桌吃年夜饭。至于哪些人也不去管，有免费的吃而且比平时吃得好多了，大家都非常高兴。吃年夜饭的时候，各个系里都有领导来陪大家过年，学校领导也会轮流到每一个食堂向大家表达新春的祝福，气氛很是热烈。学生都是一心向外的年纪，有吃有喝有玩，自然就不太牵挂家人了。寒假留校学生集体吃年夜饭，是厦大的一项光荣传统，一直延续着，为不同届别的学生深情怀念。

等我们这些同学走上工作岗位之后，和单位食堂一比较，就真真切切体会到了厦大食堂的饭菜是多么丰富、可口！再后来，听说了一句话——"抓住了男人的胃，就能抓住男人的心。"厦大校友为什么对母校有那么高的认可度，我想是因为当初食堂俘虏了我们的胃吧！从这个角度看，厦大食堂无疑是功德无量的。

陈晓松近照

作者简介：

陈晓松，字笑寒，网名南山雅人。1980年考入厦门大学中文系汉语言文学专业。现任九江学院庐山文化研究中心主任。著有以厦大生活为背景的长篇小说《老魏同学的情趣生活》等多部作品。

民以食为天，美食美心情

彭永新

　　2000年我从华中师范大学研究生毕业，入职厦大工作。只身一人，来到厦大，住在校内敬贤楼单身公寓，房内没有厨房，做不了饭，一年四季都在厦大餐厅吃饭，一直吃到2004年离开厦大为止。我不是"吃货"，却吃遍了厦大所有的餐厅。虽然已经离开厦大多年，但是厦大美食总是令人回味。

　　人的味觉是有记忆的，特别是离开家乡，远到一个全新的异乡，饮食的感觉最灵敏，也是最先需要适应的。我老家在湖北西北部山区，从小习惯了山味儿，又在武汉读研吃了三年武汉味儿。初次来到厦门，发现闽南菜与湖北菜是两个完全不同的菜系，厦大味儿与家乡味儿截然相反。湖北家乡味儿重，厦大味儿清；比如说厦大辣带甜味儿，厦大酸味儿也不纯，厦大菜味精重，吃了口干想喝水。

　　我开始在校园不同的餐厅中寻找，逐渐发现了一些有家乡味儿的美食，例如炒腊肉、韭菜香干、排骨汤等。厦大餐厅众多，早中晚选择不同的餐厅，不同的餐厅有不同的美食，这样可以综合搭配，均衡饮食，营养用餐。饮食适应了，心情渐渐地安定下来了。因为自

彭永新在厦大工作期间留影（2002年摄于曾厝垵学生公寓）

己有了亲身体验，所以在咨询工作中遇到新生心理适应问题，也会更加感同身受，并分享自己的寻食经验，原来美食也可以解决心理问题哟。真是吃得好，心情好，学习好，工作好，生活好。

厦大美食给我留下了深刻的印象：原色、原味、清淡、家乡味儿，吃了不长肉，经常吃到撑，但是我的身材基本没变形，身体健康状况良好。也正是从厦大开始，我逐渐养成了清淡饮食的习惯延续至今。

我有一个偏好，每到一地总是想去大学餐厅吃饭。离开厦大之后，尝遍了北京、台湾、澳门、香港等地高校的美食，如北京师范大学餐厅的手工刀削面、台湾师范大学餐厅的阳春面、澳门大学餐厅的夜宵、香港大学餐厅的下午茶等，各具特色，但是很少吃到家乡菜，只有在厦大餐厅才找到家乡味儿。

我现在常住香港，有时以校友身份回校参加活动，活动之余最想去的地方就是厦大餐厅了。2019年12月应邀回校参加厦大心理咨询中心二十周年庆祝活动期间，遇见厦大餐饮中心老同事，曾经是我当年工作期间的上司，当年拿出两大间房极力支持我在曾厝垵学生公寓设立心理咨询室。当天盛情邀约于厦大海滨餐厅餐叙，我们一见如故，从美食、到文化，再到心理服务，探讨美食与心理健康之间的联系。

老同事欣然邀请我在会议资料扉页题字，本人有感而写：民以食为天，美食美心情！以此赠予老同事惠存，期待餐饮中心与心理咨询师们合作开发出"舒心美食""关爱美食""美食疗法"……

2019年，彭永新在厦大心理咨询中心二十周年庆祝活动中获颁"芳华感恩奖"

午餐之后老同事带领我参观了海滨餐厅，精心布景，今非昔比，深感厦大不只有美景，还有美食；不仅有美食，更有食文化；从美食，到文化，再到关爱，厦大餐饮真是与时并进步步高啊！

其实不想走，其实我想留，留下来享用晚餐再走；因赶返港行程，匆别厦大餐厅，一路回味中……

2004年，彭永新在厦大凤凰树下

作者简介：

彭永新，曾任厦门大学心理咨询与教育中心首任专职咨询师，2014年通过香港政府优秀人才入境计划移居香港，厦门大学旅港校友会员。

咔嚓咔嚓咬花蛤

土　龙

厦大的食堂在全国高校中很有名。且不说数量众多，如文史食堂、生物食堂、化学食堂、旋转餐厅等，今天吃这边，明天吃那边，随你选择；光是每个食堂每餐几十道不断变化的花色品种，就让你流连忘返。外校的老乡同学来了，把他（她）带到食堂，多买几份菜，装上一大盆，就显得十分丰盛了。

当时我去过外地一些高校，要不食堂少，排长队，要不品种极少，如同中学食堂，毫无选择余地。相比之下，生活在厦大，简直是享福了。

当时素菜每份一毛，荤菜每份三毛，清汤免费，排骨汤三毛。从山西大同来的老马同学，每餐用个铝制饭盒打上四两饭和两份素菜，回到宿舍，吃得津津有味，边吃还边大发感慨：你们南方的米饭这么好吃，还要什么肉呀！害得刚才还在抱怨肉太咸或太淡的我们一时无语。

校园大，食堂多，也有不好的地方——容易迷路。刚入校时，端起饭盆，跟着老生去食堂打饭。饭菜打完，人却走散了，只好独自回宿舍。钻入来时经过的东边社那弯弯曲曲的小径，却再也找不到来时的方向。七拐八拐，最后总算走出"迷魂阵"，早已紧张得冒出一身冷汗来。后来熟悉了，对那片城中村也就不再迷惘。悠闲地走在那错落不平的石板路上，如同在古老幽静的城堡中穿行，有一种时空倒置的感觉。现在那些原居民早已搬走，杂乱无章的民房不复存在，只在我们心中留下难忘的记忆。

女生住在山边的石井楼，离食堂较远，所以她们一般把饭盆寄放在食堂的柜子里。遇上有人有意无意地拿错饭盆，就有可能发生连锁反应。因此有些谨慎的女生便把饭盆装进书包随身带着。每当走在校园，听到背后传来有节奏的锅碗瓢勺交响曲时，不用回头，便也知道跟在后面的是女生，那响声是她们书包中的瓢勺在亲密接触。有时上课，安静的教室突然会发出"哐当"一声巨响，大家会心一笑，继续听课，原来只不过是哪个女生的饭盆不小心掉到地上。

每到晚上，有的食堂还可小炒，价格不贵。老乡或同学聚餐便常在那里。1988年欢迎新生，我们几个湖南老乡就在那里宴请新来的两位。餐桌摆在室外角落，光线暗淡。饭间，听到一阵"咔嚓咔嚓"的咀嚼声，大家很是奇怪，今晚没有点这样一道菜呀。你看我，我看你，最后发现那两个新生中的一位嘴里还正咬个不停呢。有人好奇地问他，你在吃什么呢。他指着桌上的一盘菜说，这个，脆是很脆，就是没啥味道呀。大家一看，原来是炒花蛤！有人当场喷饭。

记得班上最后的聚餐也是在食堂办的。60个同学加上老师，七桌吧。只记得我们宿舍的同学没咋喝酒，虽然离别就在眼前，但大家好像都没悲伤和难舍。男子汉，大丈夫，拿得起，放得下，谈什么儿女情长。

食堂的员工几乎都是厦门本地人，说闽南话，当然普通话也是会说会听的。我们这些外省来的同学既不会说也不会听闽南话，只能用普通话与之交流。有时遇上态度好的员工，也就壮胆将所学的几句闽南话，不，其实只是几个单词，如"呷本（吃饭）""泡台（茶）""慢嘎（走）"等，拿来练练。饭盆递过去，说声"休两"（四两）；找菜票时，说声"细嘎饱"（四毛五）。说得不标准，底气也不足，对方一用闽南话回答，我们立马傻眼，赶忙改讲普通话。

（本文选自2016年7月4日《厦门大学报》波艇版）

揾食杂记

单士勇

靠山吃山，靠海吃海。厦大山海相连，如果不吃出个声色犬马来实在很可惜。

当年甫入厦大，看到五老峰林木葱茂，心中大喜：这得能藏多少野兔子呀！后来才知道这高山密林之中不仅没有野兔子，就连四条腿的也少见。但这并不影响俺对这座充满未知和神秘力量的山峰的信任。

春末夏初，阴雨绵绵，雨后山上会生出草菇来，轻松就可以采一桶。清洗干净，加入姜片和酱肥肉皮一起煮，不出三分钟就能把隔壁的李昆虫、兰昆虫、许大马棒等一众馋虫勾引过来。每每这时，老二兰便释出一副友好的姿态，作小伏低，夸俺的围棋水平比他高，不出三年，俺就是厦大的聂卫平。在俺受用之际，这厮已经吞下了半锅草菇汤。

雨后五老峰还出产一种异物，俺之前在山东从没见过，那就是非洲大蜗牛。

夏秋时节，大雨过后，山上的树底下落叶间常常可见小拳头般的大蜗牛。作为一个未来的吃货，俺对一切可能成为食物的物体都有着直觉判断的早熟和敏锐。有一次俺捡回小半盆，以滚水煮过后把肉剔出，加酱油肉皮辣椒炖，可是吃起来像胶皮，口感很不好，被国平、土龙等舍友耻笑，成为俺战绩卓著的烹饪史上为数不多的滑铁卢。

胡里山的沙滩则刻下了俺在厦大揾食的最初记忆。

刚到厦大不久，有次跟阿桂去沙滩，看到有人在沙滩上挖掘。找到冒水泡的小孔，一铲子挖下去，在沙面上扑开，一拨弄就捡出一只油蛤。我们见了大喜，也有样学样地挖掘，竟然也挖了一大捧，晚上就烧了一锅油蛤汤。老曹凑上来，先表扬汤色不错，然后又说油蛤是美女变的。看我们吃惊，老曹于是坦然坐下，边喝汤边讲故事来历，还把油蛤肉拨开，告诉我们油蛤的屁股在哪，有多白嫩，然后一口吞下去。吃得差不多时，老曹主人般地站起来邀请大家：来来来，光愣着干吗，一起吃。

奇怪的是，后来再去挖，怎么也挖不到了。油蛤似乎是一时间出现在沙滩上，又约好了一齐逃离，从此消失得无影无踪。

围绕芙蓉湖的搵食生活，也堪称当年厦大男生们的共同记忆。

湖畔曾有个养鸡场，养鸡场老板有条船，每天要在湖面上划几趟，摸鱼捞虾，芙蓉湖里似乎只有一种罗非鱼。围绕罗非鱼的故事跟南普陀放生池的故事一样多，几乎每个年级都能讲出几例，比如304宿舍的李昆仲。

据李昆仲揭露，某晚老许在湖边的小树林里，发现湖中的鱼像约好了一样，排着队沿湖边的下水道逆流而上。鱼游得吃力，伸手可拾。老许很兴奋，从草地上跳起来，掸掸衣襟就往宿舍跑。

老许约了昆仲，拎着水桶偷偷到湖边。两人张着一条毛巾捉到后半夜，足足半桶鱼。两个人昼伏夜出，着实过了一段有鱼有肉的幸福生活。

厦大四年的搵食经历让俺百毒不侵。毕业前最后一夜，熄灯之后，俺与几位同学在305宿舍秉烛夜谈。烛火在夜风中摇曳，影影绰绰。大家喝光了最后一杯啤酒，吃掉了最后一颗鱼皮花生。这时，一只不明就里的蚂蚱飞了进来，赶不走。我一把捉过来，揪住它的大腿在烛火上烧烤。动物蛋白质的焦香在夜空里迷漫，我从容不迫地把这只烤蚂蚱吃了下去。

作者简介：

单士勇，1986年9月入校，中文系汉语言文学专业，现工作于福州鹰高电子有限公司。

我的味蕾有"厦大味"

王有光

我自1962年出生起住厦大，在厦大校内生活了完整的28年。回想起从我出生到成家期间的厦大餐饮业态，颇有可回忆之处。

作为"厦大子女"，我曾经先后住过大南、凌峰和白城，其中住了最长时间的是大南，有17年。所以，我是"厦大第一食堂"，也叫"教工食堂"的常客。

在厦大教工食堂用餐，需要有饭菜票。买饭票需要用粮票兑换，记得每个教职工有30多斤的粮票。菜票是纸质的，白底绿字或红字，可以用现金购买，面值有1元、5角、2角、1角、5分、2分、1分。

在那个物资匮乏的年代，食堂的菜没有特定的菜名，都是一盆盆打好，你想要哪一盆，打菜的工人就直接把一盆菜倒在你带去的锅里或碗里。当时买饭菜是需要自己带碗筷的，食堂不提供碗筷。

菜一般一盆1毛钱左右，米饭也不是任你要打多少就打多少的。记得早餐有稀饭、馒头、包子、咸蛋、油条、咸菜、酱瓜、豌豆、豆干、腐乳等。印象深刻的是油条一般都买两根，因为两根是7分钱。我特别喜欢吃的是咸蛋、巴浪鱼，咸蛋切开后个个都会出油，巴浪鱼煎煮得特别可口。

当年的食堂与现在最大的不同是，每个食堂都养猪。约莫每个月有个把天会杀猪。每到杀猪的日子，一大早，远远就能听到猪的号叫声，当天菜肴里猪肉的分量也特别足。

七八十年代，是公有制经济时代，没有"承包"的说法。厦大里的食堂，一般晚餐供应到7点来钟就打烊了。厦大校内开始有小炒小吃或可以点菜、办宴席的餐厅，是在改革开放政策实施以后，记得主要有三个地方。

一是勤业餐厅，也叫作圆形餐厅。勤业的馒头、窝窝头、包子等面食非常好吃，便宜实惠，后来享誉厦门，直至现在。

二是一家可以点菜的餐厅（名字忘了），地点在现在的逸夫楼往圆形餐厅的方向，当时这里是一排平屋，有粮店、煤球店、理发店和餐饮店。餐饮店可以点菜，晚上开得比较迟，有10点多钟的样子。1985年我在这家餐厅参加了一位厦大家属，也是我学长卢老师的婚礼，当时婚宴的圆桌可以坐12人，每桌菜金80元。菜肴可谓鱼虾蟹、鸡鸭肉应有尽有，鱼是大黄花鱼，猪肚鸡也做得很好。喜宴结束后，他用红色塑料桶装了好几桶，"打包"回家，据说他吃了好几天呢。

第三家是后来叫作"大丰园"的餐厅。我1992年1月举办婚礼时，就选择了"大丰园餐厅"，办了11桌。大丰园餐厅的环境还好，菜的整体水准也还行，虽没有特别惊艳，但价廉物美，当年婚宴的每桌菜金是250元，鱼虾蟹、鸡鸭肉应有尽有。当时厨师长开的菜单我去年还曾经翻到过，印象中有粉丝蒸蟹、鱼丸汤、鸡汤、爆炒鱿鱼等，菜品跟现在市面上酒家的菜品差不多。当时出席婚礼的红包礼一般是每人包40元，而1992年我的月工资每月已经超过300元。

阔别厦大多年，提到的厦大教工食堂和几家餐厅，多半都已经不在校园内了，比如第一食堂已经拆掉了，大丰园已经搬到了环岛路海韵园校区对面。但回忆起厦大80年代前后的餐饮故事，往往都兴奋不已，津津乐道，那段曾经，能唤起当年的亲切回忆。

"我爱厦大食堂的菜"，这句看起来很俗的话，可能只有离开厦大校园，离开这段美好时光很久以后，才能够体味得确实，品味得真切。即使现在生活水平提高了许多，厦大餐饮业态也与时俱进，但我现在经过厦大，还偶尔会拐进去，到圆形餐厅买那里的"品牌馒头"呢！因为我的味蕾，已经有"厦大味"了。

作者简介：

王有光，现任厦门湖里区挂牌责任教育督学，曾任厦门市科技中心副校长、厦门市金尚中学副校长。

勤业斋的美味周边

周朝晖

岁月是一片海流，散点在汪洋中的大小岛屿则构成一个个记忆点。对厦大的记忆，空间上是由一座座新旧和格局迥异的建筑物构成的：从勤业斋到芙蓉三，再到凌峰楼一号、海滨二十三号，最后再到东区六号，将这几个住处串联起来，就构成我家半部家史的记忆链。这样，一个普通家庭的记忆，就与一座百年名校的历史融为一体了。

对记忆往事的追索有各种各样的路径，味道是最直接的一种，虽然感性，但是深刻而且准确。勤业斋，这个地名对很多厦大人来说已经相当陌生了。是的，目前校内只有一处叫"勤业楼"的建筑群，而她的前生则是勤业斋。原建筑的大致方位和占地面积几乎与现在的"勤业餐厅"重叠。这座带院子的"同"字形平房建于何时不得而知，因后来大放异彩的数学家陈景润曾一度蛰居，经名作家徐迟在《哥德巴赫猜想》中披露，曾引来外界关注。不过彼时，勤业斋已遭拆除，废墟上兴建起来的，就是与后面勤业楼连为一体的"勤业餐厅"。那时我还在读小学，我家已搬到凌峰楼了。

如今40年间弹指而过，勤业斋早已恍如隔世。但旧址上的建筑依然与"吃"，与"味道"联系在一起，让我感觉到某种记忆的延续不绝。

石桌上的晚餐

对勤业斋的最初记忆是和味道联系在一起的。

20世纪70年代初期的一个秋天，因为背井离乡38年的舅舅回国探亲，和父母约在厦门相见，舅母带我从老家来厦大和父母团圆。一路奔波，劳顿又饥渴，穿过彩旗招展的校园，进入三角梅开得如火如荼的勤业斋边门时，我饿得眼冒金星。进屋放好行李，爸妈就带我们到院里正中央竹木扶疏的石桌上吃晚饭。

所谓晚饭，其实就是食堂打回来的饭菜。勤业斋是助教宿舍，住的大都是单身汉，未婚青年或已婚家室在外地的日常食事都以食堂为依托。勤业斋边上就有一个文史食堂，从东边的门出来，仅隔着30米远的一段马路，可以说是家门口的食堂。

勤业斋的第一餐饭，至今想起来，刀刻一般栩栩然如版画。石桌上几个搪瓷碗盛满各种饭菜。长方形的铝盒装满了切成方块的米饭。碗里盛着各式菜肴：有炒油菜，叶茎切得很长，冒着翠绿的油光；一盆黄瓜炒肥肉片，瓜和肉都切得很厚，显得很美观贵气；还有一大碗猪皮肉炖黄豆，猪皮是炸过的，疏松的皮质吸饱了汤汁冒着诱人的光泽；印象最深的是一盘油炸带鱼，鱼身切得很宽，炸得焦黄焦黄；此外大概还有炸豆腐之类吧，总之都是一些现在看来普通不过的家常菜，但是每道菜都很好看，因为油水足，而且听说这些菜都是从外面打来的，令我感到新鲜好奇。

石桌是几个老师和工友动手修造的，是公共活动场所，吃饭或接待来访座谈的地方。几个中年教职工，雅号"印度兵"的朱麟瑞叔叔，陈进极叔叔，杨锦旗伯伯、校工水金伯伯……几张和蔼善良睿智的面孔，我半生不忘。他们好像特意为我们腾出地儿就餐似的，都端着饭盆站在石桌外围，边吃边兴致勃勃看着我们一家人。一只黄白相间的小花猫"喵喵喵"沿着桌子绕来绕去，当时还很年轻的张次曼教授不时从碗里舀取鱼骨之类的东西丢给猫……

也许是饭菜实在太香了，也许是旅途的劳顿，第一次在众目睽睽之下，在露天餐桌上吃饭，我不但没有丝毫腼腆，而且胃口超乎寻常的好，也顾不上吃相粗陋，风卷残云一般，将碗里满满的饭菜吃得干干净净，父亲从敬贤楼水房打来准备泡茶的开水也被我用来涮菜碗，当菜汤喝下，然后在大家的一片惊叹声中心满意足地离座回屋。

后来，从大人的谈笑中得知，我第一次到厦大那天，正赶上国庆食堂加餐，真是口福不浅！

永不散场的天堂盛宴

我父母都是从闽南农家走出的大学生，但大学毕业后一个留校，一个分配到雷州半岛亚热带作物农场。我们姐弟三人从出生到学龄前都由乡下亲戚带大，五口之家，分散五处。一直到1975年春，随着母亲工作调动成功，我们一家才终得团聚并在勤业斋安家。所以勤业斋是我们第一个真正意义上的家，有关家的概念，由此而生。一家人天天在一个饭桌上吃饭，这就是我对家最初的朴素观念。

在和父母团聚之前，我曾在老家生活过六年时间。本来就是穷乡僻壤，加上众所周知的大时代背景的原因，物质特匮乏特别是吃食，有关吃的记忆对我而言几乎等同于清汤淡水。刚到厦大，住家后面有一个大食堂，似乎只要递上一张张纸卡，想吃什么就给什么，对我这乡巴佬而言近乎神话，那简直就像永不散场的天堂盛宴，日日周而复始从不打烊。

初来乍到的那段时间，一日三餐上食堂排队打饭菜成了我一天中最期盼的赏心乐事。每天一大早，天还没亮，就能隐隐约约听到文史食堂厨房传来的声响，厨具碰撞声和吆喝叫唤声混合在一起，穿过高大茂密的白皮桉树枝丫传来，空气中还混合着米粥和面食的香气，推开后门，可以看到食堂后面的瓦屋顶白气蒸腾——啊，美味的一天开始了！

我和大四岁的姐负责打饭菜。为了少排队又买到好饭菜，总是起大早，从抽屉拿了饭票菜票，端着大铝锅和铝盒就迫不及待地出门。

天刚破晓，勤业斋前的马路白白的，文史食堂早灯火辉煌，人影交错，人声嘈杂，已有不少大学生在排队、吃饭。早餐较为简单，主食一般是稀饭、馒头、花卷，下饭菜多是黑黝黝的腌渍芥菜、豌豆黄、咸鸭蛋，还有方块白豆腐。生豆腐如何当下饭菜？蘸酱油。这种吃法相当古朴，可能是老厦门的传统。后来在日本，我发现日本人也喜欢用白豆腐蘸鲜美送饭下酒，心生亲切，脑中浮现出当年冬天清早在厦大食堂排队买早餐的情景。

最值得期待的是午餐。与现在相比，当时厦大的规模并不大，教学生活中心都在旧校区。学生人数不多，即便是大白天，校园里也是静悄悄的。但，一到临近中午，整个校园就开始活跃热闹了。

大约是11点开始，随着各处广播同时响起激情澎湃的时代歌曲，校园里最先忙碌起来的是食堂，一辆辆层层叠放蒸饭架子的板车在各个食堂之间穿梭，学生、教职工纷纷涌入宿舍附近的食堂。这是一天中最令人垂涎的时段。通常菜肴远较早餐丰富：有各种清炒时令蔬菜，如白菜心炒肥肉片、黄绿相间的韭菜炒蛋、炖煮紫茄子、金黄色的煮南瓜、面衣干炸巴浪鱼……无论哪种菜肴，都油光发亮冒着热气，还有吸引人的用裹了淡红色面衣炸出的荔枝肉，红彤彤的，香喷喷的，多望一眼都忍不住会吞口水。

勤业斋周边的美味

随着对周边环境的熟悉，慢慢发现周边竟然还有可以开发的美味空间。20世纪70年代，东区的白城、海滨一带的住宅区还没有出现，校园的生活中心主要在旧校门一带。因此与校门一箭之遥的勤业斋可以说是一个相对中心点，很便于美味探索。

印象中，除了文史食堂，在勤业斋和校门之间的大南别墅区对面还有一家食堂，似乎专供教职工，俗称"机关食堂"，后来因为在后面兴建女生宿舍，又称为"女生食堂"。

如果不怕路远，往三家村方向，就有化学食堂；靠近东边社一带还有物理食堂。一个北京女孩20世纪90年代来厦大读书，最大的乐趣之一就是在周边的几家食堂轮流吃饭，从中也比较各处食堂的不同风味和代表作。据她说，灯光球场附近的化学食堂的菜最好吃。当然——她后来和我结婚，厦大美食的记忆也成了我们一个共同话题。

旧校门口的百货店也是一个美味基地。那里曾经长期是厦大周边唯一的综合商业中心，从服装布料鞋帽到油盐酒酱醋，从雪花膏到纸笔都有。在这里能买到厦大校园里所没有的高级食品，如面包、蛋糕、猪腰饼、蜜饯之类的食品。这些食品都是厦门本地产的，用现金购买，还要粮票。我记得一种烘烤的方块面包，每个一角，一两粮票。可能因为发酵技术不成熟的缘故，带有一股酸溜溜的气味。但即便如此在当时却是无上美味，只有家里来客人，或者学校组织外出野餐才有福享受。那种酸溜溜的面包，已经成为一种记忆中难忘的气味了。

喜欢怀旧大概是人类一种普遍的情感。

记忆的密码，就隐藏在味道中。找到昔日的味道，就找到通往记忆的入口，就能找回失去的时光。

作者简介：

周朝晖：自由撰稿人，成长于厦大，早年游学日本。归国迄今为北京、湖南、上海等地书评期刊和新媒体撰稿，书写一衣带水的日本。

一所大学食堂的美食传说

月　明

"突然，想起那天，在勤业（食堂）买馒头，眼睁睁看着一整屉的馒头，被数个老头老太瓜分而去，每人都买十几个……我总是惨败于'馒头大战'。导致，我都觉得我应该不是爱吃馒头，而只是爱吃'买到'这样一种心情。

好吧，如果你爱我，请带着勤业的馒头来看我……"

这是多年以前的一篇博文的一段。博主是厦门大学的一个学生。

说起厦门大学，它不仅有着众多领先的学科，也有一个美丽的校园，还有美味的伙食，在校园内外演绎着一个个美味的传说。

厦大有一个食堂，因为盖在古老的教工宿舍楼——勤业斋旁边，而得名勤业食堂。这个食堂的馒头既香甜又Q，韧性很足，掰的时候要用力气才能掰开，我偶尔也买一两个来吃。咬一口，真正的面香，仿佛能闻得到小麦的气息，连着滋养小麦的大地的气息。碱面感觉放得适中，火候也好，吃起来劲道，咀嚼后口齿生津、甜滋滋的，不用吃菜就可以吃下。

勤业馒头之所以如此好吃，据说除了用的面粉地道，还有做馒头的厨师不是用酵粉发酵，而是用老面发酵。师傅还每天看天气做馒头——天气热了，发酵时间就短些，否则就会变成"死面"，反之，就长些。除了天气，厦大馒头还是"闻"出来的。老面发酵完，要加碱粉，然后再发酵。如果碱粉放少了，馒头闻起来就酸，放多了，会闻到碱味。

常常是下午四五点钟，厦大附近的市民，拎着袋子，跑来厦大的勤业食堂买馒头。有的小饭馆也来买，以吸引食客。因为好吃又便宜，有的人一买就是二三十个，说是给全家几口人两顿吃的。有很多次，为买馒头排队，因为有人插队，发生口角甚至要打起来。勤业馒头的名气不光传到市井，甚至享誉海外。有人赶飞机前，竟然跑到勤业食堂买一袋馒头和油条，说是香港的亲友托买的。连一些外地游客来厦大游览，都问哪儿可以买到勤业食堂的馒头。

在"大众点评"网上，游客仅关于厦大勤业食堂的点评就有100多条。这馒头的名气一大，于是就有人制作了一批"勤业的馒头"小挂件，作为厦大纪念品来卖，据说很快销售一空，现在绝版，淘也淘不到了。

当年抢购馒头的"盛况"

随着游客的蜂拥而至，学校食堂经常"沦陷"。本校师生来晚了，常常买不到馒头。传说学生愤而上书校长，学校为此专门开会研究"馒头问题"。一个更奇葩的传说，一位厦门孩子填报了高考志愿，邻居因此很欣慰，说：你报了厦大啊，那以后要替我买馒头哈！

为了不至于造成本校师生买不到馒头、吃不上饭，学校不得不宣布勤业食堂的馒头实行"限购"，一个人一次最多可以买10个。后来，学校食堂不对外售卖一切伙食。游客游走校园，累了，饿了，晃进食堂，向吃饭的老师和学生"苦求"借饭卡，也要尝尝久闻美名的伙食。

这勤业食堂的第二个健康又便宜的美食，我不得不说是稀饭。这里的稀饭煮得又稠又黏，米粒大，大碗盛，分量足，还保热。早上喝一碗这样的稀饭，再加一个馒头，配两个咸菜之类的小菜，简单得很，吃下去却肠胃舒服。肠胃舒服了，精神头就有了，一个上午的体能就有了保障。

稀饭曾经是饥饿和穷苦的回忆。在以前饥饿的年代，稀饭加无油的腌菜，是多少人早饭和晚饭的全部。中午能够吃上一顿干饭，菜里多放几滴猪油，就是天大的福利！现在物质生活大大丰富了，别说干饭，连鱼肉奶蛋一般人也尽可吃个饱，吃个够。饥饿的感觉早已远去，然而许多人吃稀饭的习惯还是保留了下来。

据说我们厦大的校主陈嘉庚，生前就非常爱吃稀饭，尤其是闽南特色的地瓜稀饭。由此流传着许多关于校主吃地瓜稀饭的趣闻。厦大勤业食堂现在还常煮地瓜稀饭，在晚饭时供应。我有时觉得肠胃不舒服了，就会在晚饭时打一碗地瓜稀饭吃，肠胃就会得到调理。吃地瓜稀饭这种饮食习惯，可不可以算是厦大的一种非物质文化遗产呢？若干年后，当人们的饮食习惯变了又变，吃的精而再精，但愿这悠久的地瓜稀饭还能保留下来，不要让它失传。

厦大勤业食堂的第三款美食，我觉得是萝卜排骨汤。每天午饭或晚饭时间，食堂会供应排骨汤、丸子汤、紫菜汤、西红柿蛋汤等几种汤。排骨汤常常是汤里面最快卖完的。这儿炖的排骨，带肉，不是剔得只剩骨头那种。炖的火候也适中，骨与汤融为一体，味道刚刚好。如果炖的火候不够，营养出不来，吃着不仅有腥味，咬也咬不动。如果炖太久，则营养因过分煮而流失，骨汤分离，味道也差很多。人常说，"白萝卜赛人参"，加白萝卜来炖排骨汤更能保持和发挥它的营养，更合胃口，润肺通气，好处多多。至于汤，更是鲜美得不得了。

每每打一碗热腾腾的排骨汤，等不及找到座位坐下，还端着汤碗，就迫不及待地先喝上一口，香啊！汤到嘴里，舌头的味蕾都舒张开来，滋滋地生香。待咽到肚里，胃顿觉一股暖流滋润，熨帖得很！工作一个上午的疲劳立马消除一半。有时去晚了，排骨汤没有了，我就有点失落。有时虽然去得晚，幸运的是，居然还有排骨汤，并且是最后一碗！就一碗热腾腾的排骨汤足以令我欣喜好一会儿。

作者在食堂吃的早餐

厦大勤业食堂的美食还有不少，比如大江南北很多"吃货"们喜爱的沙茶面，就经常要排队到门外才能买到。一个食堂有好多好吃、便宜又健康的美食，是"吃货"们的幸福。到勤业食堂吃饭，经常找不到座位，但"吃货"们还是爱去。2016年伊始，

食堂的菜品

勤业食堂扩大了很多，人们再也不需要因为找不到座位而端着碗转悠，可以坐下来，慢慢品尝大学里的美食，细数大学里的传说。

作者简介：

卢明辉，笔名"月明"，厦门大学校报编辑部主编。（本文选自《食品与生活》，2016年第3期。）

那盘火辣的青瓜肉片呀

阿 苏

20世纪90年代的厦大，以白城那道砌着石壁的小路为界，分成老区和新区。在老区学生心里，新区是崭新的乡下，新则新矣、诸多不便；在新区学生眼里，老区是隐藏了美味、历史和无数新奇的城市，兜兜转转，总有发现。

进校时的老乡会，把学子们按地区暂时贴个标签，转眼多半也就不记得有哪些同乡。毕竟，大学相对开放，人以群分也从来与地域关系不大，真正可以让人走近的是类似的观念、经历甚至是美食。

每年花开时节，我就会想起那一盘火辣的青瓜肉片，想起辉姐和强哥陪我走过的时光。

新生季，挥汗如雨的军训过后，大家开始懵懵懂懂窜入老区寻找不一样的美食，这成为新区学生的一件乐事，连带着对去老区上课也生出几分期待。

一天下课后，我混进老区学生行列进了食堂，面对比新区食堂品种多得多的菜肴，不知该如何选择之时，听得有一个声音在脑后响起："唉，她是不是跟我们一起参加过老乡会？"转头一看，是一个圆圆脸、戴着眼镜的女生，指着我对旁边憨厚的男生说道。我赶紧讪讪地答道："好像是呀。"也许是意识到了我的窘态，女生赶紧自我介绍，他们俩是同学，都在老区，然后邀请我一起吃饭。就这样，辉姐和强哥成了我在老区最要好的伙伴，而我毫无尴尬地给他们当了几年"灯泡"。

老区学生多、食堂也多，各家食堂就有了学生口中的招牌，比如勤业的馒头、风味的小炒。那时候的学生普遍并不富裕，2毛钱豆腐汤、3毛钱米饭，外加一两个菜就打发了一餐，大锅菜油水总是欠缺的，只有偶尔聚餐解馋。以元计价的风味小炒，在我们眼里，就是难得的美味。

厦门的夏天特别漫长，没有空调的炎热里只有一个字：熬。味蕾也麻木了，提不起食欲。一天，辉姐看我无精打采的样子，想了想，对强哥说："你去风味买个小炒来吧。"强哥点点头，跑去买了一盘青瓜肉片：肉片厚薄适中，青瓜翠绿鲜嫩，泛着诱人的油光，看起来就不负学生中传播的口碑。辉姐从包里拿出一瓶辣椒油，淋上一圈，拌好，笑眯眯地示意我们开吃。

我有些诧异："青瓜肉片还要加辣椒呀？"转念也就明白：喜辣的人，总是无辣不欢。虽然吃辣指数远低于辉姐和强哥，我还是舀上一勺，青瓜的爽脆、肉片的油润，和着辣椒油的焦香，成为米饭的绝妙搭配。我一边辣得倒吸凉气，一边扒拉着米饭，就这样胃口大开，在强哥宿舍门口的桌子前、凤凰花树影下，美美地吃了一餐。

那时候，一盘青瓜肉片4元，他们俩都来自农村，这个价格并不便宜。印象里，我蹭过好多次青瓜肉片，每一次，他们都把我当妹妹照顾，真诚相邀。他俩极为努力，年年争得奖学金，学业之余兼职做工补贴生活，也给了我积极向上的影响。

毕业后，他们牵手回故乡就业，我留在这个城市。每每回厦大，会下意识从风味餐厅走过，在凤凰木细碎绵密的树影里，回想那盘青瓜肉片，是怎样丰富地满足过大学时原本寡淡的味蕾，回想他们在青春校园里给过我从故乡来的温暖。

校园慢慢改变着模样，风味餐厅也转身不见。但是，这么多年，我们始终没有忘记彼此，藏在美食背后的情谊延续至今。回乡时，辉姐邀请我去做客，她的爽朗一如当年："我们现在条件好了，你想吃什么直接说，不用客气。"我脱口而出："青瓜肉片。"强哥憨厚也如当年："就这个呀？"对，就这个！

一盘淋着辣椒油的青瓜肉片端上桌，碧绿油润，我仿佛忘记了流逝的岁月，回到了多年前。那火辣的清香，还是属于夏天特有的味道，在唇齿之间解密着与美食相连的缘分，低下头尝一口，满满都是幸福的记忆。谢谢你们出现在那个校园，带给我心里长久的阳光。

作者简介：

阿苏，20世纪90年代初就读于厦门大学政法学院，曾担任教师、律师、媒体从业人员，现供职于协会组织。

我的食堂情缘

王艳丽

2021年是母校厦门大学百年华诞，也是我和我家先生结婚20周年，我们是校园恋爱并修得正果。这些年经历了一些风风雨雨，日子过得越来越好。两个人每每回忆往事，总是要谈起最初相遇的情景，感谢命运安排了那次邂逅，才有了今天的幸福花开。

1998年9月的一天，我参加完外文系一个活动后，就匆匆赶到了学校石井食堂去吃中餐。正值就餐高峰期，食堂几乎坐满了人。我端着饭菜犹豫着是回宿舍吃还是留下来，一抬头就看见前方右边有一个空位，一套座椅有六个位置，两两对坐的椅子上已经有五位男生在就餐。因为下午还有活动，我想了下，就硬着头皮坐到了那个空位上。

我一边吃饭，一边低着头盘算下午的事情，突然听到挨着我坐的男生说话的声音是北方口音。要知道在南方学校遇到真正的北方人是不容易的。我趁机搭讪：这位同学，你也是北方人？他说：是啊，我是哈尔滨的。我说：我是内蒙古的，我们班也有哈尔滨的同学，可以介绍你们认识。就这样，我们简单地互相介绍了一下，留下BB机号（那时还买不起手机）和宿舍的电话号码。

这是我和辉的第一次相遇。我本打算把他介绍给同班的哈尔滨女生做男朋友，没想到安排几次"相亲"后，我们倒成了一对，凤凰树下的校园之恋就这样开始了。因为是不同院系的学生，所以"媒人"石井食堂就成了我们每天碰头的好去处。我们都很爱吃石井食堂的咖喱土豆鸡肉，虽然现在已经记不得具体价格了，但是这道菜绝对是当时食堂的"硬菜"，价格会高于其他菜品。我爱吃鸡肉，他爱吃土豆，每次打一份菜，两个人各取所需，吃得不亦乐乎。

饭后，我们都会在食堂里多坐一会儿，也许会再买上一瓶饮料亦或是一份解暑汤，开心地交流着各自有趣的信息，还会一起商量着周末的计划安排。有时候也会发生矛盾和争吵，我会独自去石井食堂吃饭，不和他坐在一起，假装看不到他，其实余光一直都没停止搜索他的身影啊。不一会儿，就有一个高大帅气的身影出现在我面前，手提着一大袋红苹果，笑呵呵地坐下来，像是什么事情都没有发生过，直接"贿赂"我。这么暖的画面，有哪个女生还会继续倔强呢？！那时的爱情啊，真的是纯真甜蜜，两个人甚至讨论到以后能过上天天吃咖喱土豆鸡肉的日子就好了！

正是这样一份简单纯朴的情感，让后来的我们无论遇到怎样的艰难险阻，只要想到在厦大的时光，想到在石井食堂的初遇，想到这份爱的初心，就没有不可逾越的困难和矛盾，我们始终相信：家是讲爱的地方，全然地接纳、理解、成就彼此。

毕业后，我们偶尔也会回到母校看看，曾经的石井食堂已经全部改造了。虽然找不到当年的影子，但是我们还会在学校的食堂里开心地吃一餐，和我们的女儿讲讲那些年"石井食堂"的爱情故事。说到兴头时，一家人不免笑起来，古灵精怪的女儿甚至为没有亲自参与到当年的故事中深表遗憾呢！

这就是我们的"食堂情缘"，曾经的石井食堂是我们的媒人。"执子之手，与子偕老"——这不是誓言，而是爱的初衷，是赋予每个真实当下前进的能量。

作者简介：
王艳丽，1997级厦门大学外文系校友。

我的美味童年

蔡佩玲

我不是厦大学子，却与厦大有着千丝万缕的关联，生于斯、长于斯，有厦大工作证，唯独遗憾的是至今还没学生证。我生长在厦大东边社，一直到1994年搬离。那一年，我小学四年级，之前生活在厦大里，整个学校就犹如孩子们的儿童乐园——我们在上弦场抓芦苇秆嬉戏打闹，在芙蓉湖畔捉迷藏，在水库后山上烤地瓜。当然，最难忘的就是在食堂里觅食。

那个年代的食堂，仅有一层楼，红砖瓦房，需要饭菜票、自带饭盒。食堂里是木头材质的餐桌椅，食堂外是一排排的自来水龙头。每到饭点，饭菜的香味飘出来，总能吸引我们驻足。考试成绩好的时候，总能从爸妈那得到一张几分钱的菜票，那时可以买到一个菜包或者一碗紫菜蛋花汤。

最开心的时刻莫过于在家中发现大人落下的菜票，拿着菜票去食堂买东西，一个菜包掰开，分给堂妹，俩人绕着东边社走一圈，差不多吃完，用手摸摸嘴，相互检查看看，不油才回家。

记得有一次拿着家中的大汤碗去买紫菜蛋花汤，食堂阿姨特别好，多打了大半勺，可是基本是满的，端回家成难题了，于是赶忙跑回家，找来一本厚厚的《格林童话故事》，喝一几口汤，紫菜的鲜美留于舌尖，把汤碗放到书籍上，再小心翼翼地端回家，细细品尝。

勤业餐厅前空旷的场地，是我们童年的游戏园地，晚饭后的玩耍时刻——跳格子、老狼老狼几点钟、红灯绿灯亮……

我外公是厦大食堂的一名后厨服务人员，父母亲也都在厦大食堂工作，相识于此。由于父亲是厨师，我对于食堂后厨再熟悉不过。灶台、调味品；有节奏的切菜声、诱人的饭菜香，回忆起来，总能勾起食欲。

我大学毕业后，也曾在厦大后勤工作过几年。这样一算，家里三代人都服务于厦大后勤。厦大食堂，真的对于我来说，就是"家的味道""妈妈的味道"。

不得不说，厦大食堂，是除了家里以外，永远吃不腻的地方。这些年定居异地，每次回家，定要去厦大食堂，品尝美食、寻找童年的味蕾记忆。勤业餐厅的馒头、沙茶面，东苑餐厅的清真拉面，芙蓉餐厅三楼各类小吃……

习惯于从小就住在厦大里，现在到了上海，也选择了住在高校旁。虽然换了城市生活，家旁边也不是厦大，但厦大、厦大食堂、厦大美食一直在我记忆最深处，多少次梦回东边社，梦境里望着拆掉外墙的老房，才恍然已经搬迁了，醒来眼角湿润。

作者简介：

蔡佩玲，女，土生土长的厦门人，现居上海。三代人曾服务于厦门大学后勤集团。

海滨餐厅里的外祖父肖像

周　迪

厦门大学白城海滩，是每个来厦门的人必去的地方。无边无垠的海水里，朵朵浪花跳起优美的舞姿。数叶白帆，轻轻地划破波光粼粼的海面。目光尽处，天和海在那里交界，云和浪在那里汇集。海的深邃，海的情怀，总是这样冲撞着我的内心。

从海边抽身上来，在海滨校门爬一个二百多米的斜坡，就到了十字路口的厦门大学海滨餐厅了。小时候，海滨、东区、白城三个小区连成一片，居住着厦门大学大部分的教职工，而小区中唯一的学校食堂就是海滨餐厅了。父亲是理学教授，那时分房时选在海滨，海滨餐厅就成为我们一家人时不时去"打酱油"的地方：平时上课时间紧迫来不及做饭，去海滨餐厅应急；周末休息想改善伙食，食欲又被海滨餐厅唤醒——兴化粉、猪肝面、炒土豆丝、香菇瘦肉、三鲜汤……海滨餐厅成了我们的"第二厨房"。学校放学了，小朋友们乘车回家，大家都是一块儿走到海滨餐厅路口，买一点仙草蜜，再一哄而散。海滨餐厅路口又成了我们的路标。我还记得和少年时的好朋友陈阳，手拉手一起回来，每次在餐厅路口都还要长聊一段时间，才依依惜别。有几次我转身回行的时候，他突然又有什么新想法，远远地喊了出来。后来陈阳去了美国。然而此情此景，犹在眼前。

岁月渐长，我们也搬了新家，不过依然在厦大附近，时常散步到海滨餐厅。特别是每次在艺术学院听完古典音乐会，回来时也都会在海滨餐厅买点小吃，在精神上欣赏高雅艺术后，再在肚子上喂饱自己。

后来，海滨餐厅进行了一次装修改造，从传统食堂升级成现代化餐厅，其中背景墙大幅悬挂着厦门大学几位著名学者和校友的肖像和人物简介。居中正对餐桌的就是我的外祖父——韩国磐。外祖父是厦

韩国磐

门大学首批文科资深教授（院士级），中国魏晋隋唐史学科和中国经济史学科的奠基人，我国第一个专门史（经济史）国家重点学科的主要奠基者和学术带头人。他被媒体誉为"一代宗师、史学泰斗"，其著作被哈佛、剑桥、耶鲁、早稻田等世界著名学府以及大英图书馆、美国国会图书馆、澳大利亚国家图书馆等数百家国外学术机构馆藏，哈佛大学燕京图书馆更是系统收藏了他的全部著作。

巧合的是，海滨餐厅旁边的胡里山炮台，也是一个著名的旅游景点，是吉尼斯世界纪录中世界上现存最大的海岸炮。但炮台当年由军队移交地方时，不知道其具体建造时间，还是委托外祖父考证的。值得一提的是，外祖父去世时，数码照相时代还没到来，当时的纪念文章都是从传统的日常合影胶片照中截取一小块肖像。

一次偶然的机会，我从少年时外祖父赠予我的诗集中找到夹在书中的正规证件照，是他穿着西装在照相馆照的。我迅速把它扫描成高清像素的数码图片，交给厦门大学。同时我作为百度百科学术委员，也提交了一份给百度。在此之后，各大媒体和学术圈都采用这张照片，海滨餐厅也是从网上下载的这张照片。

于是乎，海滨餐厅之于我，又有一层更深的意义。

与外祖父深耕人文研究不同，我选择了一条以科技创新为基石的路。每当我在工作上遇到挫折时，就会到海滨餐厅，点一碗红烧排骨面，在大幅的外祖父像前默默倾诉，仿佛回到了儿时，把一切杂念都放下。外祖父也仿佛如当年一般，拉着我到餐桌前，不断地夹给我红烧肉，微笑着看我吃完……记得有一次智能机器人技术应用研发遇到瓶颈时，我一个人坐在海滨餐厅，看着外祖父像，突然想到智能机器人技术应该应用到文史领域，比如古籍修复。受此启发，我开发了基于光学检测机械手的古籍修复方法，获得了国家发明专利。经国家知识产权局检索，之前无相关文献。这国内外第一个将机器人技术应用于古籍修复领域的技术。

这正如乔布斯所言，"站在科技和人文的十字路口"。正是凭借这种意识，我的一项项科技成果先后诞生，获得了国家发明专利、软件著作权等知识产权20多项，获得国际发明展金奖（科技部登记）、全国发明展金奖（科技部登记）、福建省科学技术进步奖等政府部门认定的科技奖20多项。而我在此基础上，逐渐成长起来。可以说，海滨餐厅始终一路伴随着我的成长。

海滨餐厅毗邻法学院，被法学院的同学戏称为"法学院餐厅"。外祖父正好也是中国法制史研究的开拓者之一，他撰写的《中国古代法制史研究》（人民出版社出版），是我国第一部从历史学角度系统论述中国古代法制史演变的学术专著，至今仍是法制史教材的参考文献。他倡导对格、式等行政法规加以详考，将传统的"法律史"拓展为"法制史"。《中国法学年鉴》介绍了他的法学论断。有一次听到法学院的同学说，正是由于每次去餐厅都能看到韩国磐先生肖像，使得他们对法制史课程从最开始的不重视到逐步认同和喜欢，并且多了一份作为厦大学子的自豪感。"随风潜入夜，润物细无声"，餐厅对同学的影响也许就是在这种潜移默化中产生的吧。

更有意思的是，我的女朋友也是法学专业毕业的。在带她见过父母后，我就带她到海滨餐厅，算是见过外祖父吧。她一下就被墙上的外祖父肖像所吸引，细细地阅读上面大篇幅的人物简介。

厦门大学海滨餐厅背景墙上著名校友韩国磐、郑朝宗的图文介绍

在此之后，每次和她听完法学讲座后，我们都会到海滨餐厅，点两杯甜点，共度二人时光。

2019年，海滨餐厅再次装修，背景墙又被现在简约风格的卡通墙纸所替换。但是，海滨餐厅的这一份记忆，却会一直留存在我的心中。从海滨餐厅出来，在大海的潮汐中，静听那博大深邃的大道之音。于巍巍荡荡的海之心声中，默觉那山高水长的情怀。

作者简介：

周迪，科技部国家科技专家库专家、国家标准委技术委员、科技部登记的中国"发明创业奖·人物奖"获得者，科技部、教育部、工信部、商务部、人社部等专家，厦门市高层次人才、厦门市领军人才、厦门市青年"双百计划"A类人才、厦门市人才咨政优秀专家。

夏天的四种味道

燕微风

许多年以后，马小军在回忆起那个夏天跟米兰在一起的时候，总会觉得，那时的空气中飘散着一股烧荒草的味道。可是，他又问自己——可是，大夏天哪来的荒草呢？

20世纪90年代中期的那个夏天，当我们挤在满是汗臭味的录像厅里，听着《阳光灿烂的日子》里的这段台词，我们也没搞懂，是啊，这荒草的味道从何而来？不过，在王朔的文本和姜文的镜头里，谁也不知道，哪一段是真的，哪一段又是做梦似的主观回忆。也许，回忆有一种功能，就是用来骗自己相信吧。

在厦大，度过了梦一般四个夏天。对于我来说，似乎有四种味道，充斥了我这一长段挥之不去的青春时光。

白豆腐

毕竟是南方，当我战战兢兢地跨入厦大校门的时候，北方已经转凉，而这里仍然是一片短袖的海洋，与铺满校园的凤凰花相映成趣。从弹丸小镇踏进特区的校园，一切的陌生扑面而来，连第一次拿着饭盒走进食堂看到长长的打饭队列时，居然都有点小小的惶恐。

同学里有过中学寄宿经历的，熟门熟路地加入了师兄师姐们的排队行列，我也小心翼翼地加入，从队末一直排到窗口，依然没敢打定主意吃哪个菜。"来，要什么？"阿姨手中的大勺像是张开大口在友善地嘲笑我。支支吾吾之中，后面的队列已经发出不满的啧啧声，我于是手忙脚乱地指了指这个那个，点清楚菜票，捧着饭盒找到位置坐下，才想起看看自己到底打了个啥。

一份青菜，一块豆腐。

直到现在，我还清晰地记得这厦大食堂的第一餐，如此清淡"素雅"。青菜也就罢了，一大块还在发抖的白白嫩嫩的豆腐，上面浇了一小摊正自由流动的酱油。要知道，在经济不发达的年代，小时候在家，从没有独享一块豆腐的经验值，更何况，嗯，它真的还挺大！

毕竟也是饿了，拿起千里迢迢带来的三代单传的铁汤匙，挖出一块，入口，咸咸滑滑，哧地一下就溜过了食道，一种劳动人民终于当家作主的豪情竟油然而生。也正因为这个初体验，这块平淡无奇的白豆腐，成了我第一个厦大夏天的标配，它陪我滑过了离家的生涩、军训的苦涩，和第一年自由放飞的独立时光。

卤鸡腿

夏天的黄昏总是绵软而绵长，我从操场沿着博学一和芙蓉一跑过三家村，穿过芙蓉四的门洞，在芙蓉十楼下放慢脚步，毛宁的《涛声依旧》、李春波的《小芳》和周华健的《花心》此起彼伏地充当我的晚餐前奏。

在文史食堂的门口，这一年有一个为方便学生搭出来的食堂摊子，各色卤料相当丰富。而晚饭时分，不管我跑步跑多晚，一定有一条卤鸡腿在摊上等着我。这是一个神奇的约定，进入大二的我，生活非常规律，一三五一定去打完排球后跑步，二四六上健身房或打太极拳，而每逢单数（周日不算），摊子里的大叔或阿姨，都知道，有个瘦而有肌肉的家伙，必定要来一条卤鸡腿。所以，最后一条腿，怎么都会留给我。

大二，摇身一变成为"老生"，租了食堂的一个碗柜，也开始在新生们的身后啧啧啧了。不过，一周三条卤鸡腿，在同学当中，确实土豪了些。可是它是我每周跑步三天最大的动力呀。因为，有位高人目光犀利地盯着我说过，读大学为了什么？是为了以后你能多一条腿行走江湖呀！！！

这位"高人"，是外校的毕业生，算是长几岁的同乡，经常来厦大晃晃，拿着我们听来新鲜无比的校外经验，语重心长地各种教导我们。

这一年，是党的"十四大"确立社会主义市场经济体制的改革目标的第二个实施年份，我们忝为经济学专业的学子，总要勇立一下潮头嘛。于是，同学中家底厚的，开始学炒股，盈亏都写在脸上和饭盒的丰盛度上；而没有"启动资金"的我，借由在学生会、自律会打杂攒人脉的便利，一头钻进了勤工俭学的大潮之中。

感谢学校提供的花样繁多的社会实践机会，而我觉得，机会都是留给爱吃卤鸡腿的人。一个夏天的勤工俭学，从家教干到促销，算是一轮大型经济学实景演练，累是累，但一周三条卤鸡腿稳了，走路带风地请舍友到食堂任点各类小炒，俨然成为我大学的高光时刻。

然而时间是一个跷跷板，很公平，社会经验值上涨的大二，成绩荒废的学渣标签也正式确立了。

土刹煲

师兄眼看着就毕业了两茬，在社团混迹的日子也在大二暑期到来之后，宣告寿终正寝。当年的中学学霸，突然在两个学期的高数挂科边缘惊醒。大三开启后，有课的上午准时出现在教室，周末的上午起得更早，从食堂买好馒头油条豆浆，穿过往新区方向的路，走向白城校门外海边的小公园。

这个小公园在后来环岛路开建的时候被拆掉了，但彼时，他是我大学生涯永难忘怀的伊甸园。夏末的海边最是风情万种，仪式性地啃完《概率论》《货币金融学》等等，心里愉悦地翻开从图书馆、从同学朋友处借来的各种杂书，印象深刻的有路遥的《平凡的世界》三卷，有金庸的全集，也有来自海明威、雨果、罗曼·罗兰的舶来营养。

女生们也爱来海边这个小公园逛荡，三三两两，扔了鞋，光着脚去海水里试即将转凉的温度。长发飘扬处，笑声格格回转，仿佛为我的杂食阅读特意订制的画外音。那是没有自拍、短视频和朋友圈的日子，以残夏和初秋为时间轴，印记一段清纯而迷惘的不可复制的时光。

那段时间，高我两届的师兄宝哥，每到领工资的周末，都会在中午时分，准时在风味餐厅门口等候我们几个互称为驴子、骡子的小弟弟"饭友"。对于高光时刻已然消退的我来说，宝哥的周末大餐才是最靠谱的开荤。

土刹煲成了必点菜式，当年好几个食堂都有，但还属风味餐厅最好吃。其实土刹兄的学名据说是"胡子鱼"，只是"土刹"听起来更为霸道些。有一次，宝哥看着我们一番风卷残云，指着我们胡子拉碴土土的样子，大笑说：你们这几个，可以煲一锅了！不知怎的，我居然从他的眼神里，读出一种缅怀和嫉妒。

那年的生日，宝哥照例给我们一顿含土刹煲的大餐，并送了我一本书作生日礼物——傅雷译本的《约翰·克利斯朵夫》。

虎皮青椒

这本书实在够"大部头"，我一啃就啃到了大四。身边的人谈论着现实的实习、论文、面试以及各种找关系，好在那个年代，经济专业还算吃香，大四下学期，突然有一堆金融机构涌过来面试，于是带着阿Q式"天选之子"的无上荣耀感，赶紧委身签字画押了事。

尘埃落定，凤凰花照例又招摇起离别的提示，这一次，被"送"的老生，轮到了我们自己。轰轰烈烈的毕业聚餐在不胜酒力之下变得模糊，反倒是驴子骡子们的最后一次食堂小聚，怎么也忘不掉。

那天，宝哥加班来不了，我们几个自己东拼西凑了物理食堂的一顿小炒，没有胡子鱼，我们以另一道标志性菜肴"虎皮青椒"收尾，举汤作酒，居然就哭成了一团。

回到打包至有点狼藉的宿舍，我莫名大感冒一场，也因此成了芙蓉十所有老生宿舍的最后一个"老赖"，直到活过来之后，舌头上依稀有虎皮青椒的辣味，强烈地标记着从保护了我四年的围墙走出而即将面对莫测江湖的五味杂陈。

白驹过隙，这些年就这样过去了，天各一方，大家逐渐扮演起丈夫、父亲、某某总、成功人士或者失败者的角色。而在后来的无数饭局里，再没有晃晃悠悠的白豆腐，再不会在大汗淋漓后啃卤鸡腿，再不常想念土刹的胡子，也再不介意青椒的皮上有没有虎纹了。

但那本《约翰·克利斯朵夫》一直在我的书架上，它的最后一段描述我记得很牢 ——历经磨难的圣克利斯朵夫，在如真似幻的场景里，背着一个孩子，蹚过湍急的河流，直到黎明破晓，空气中透出无名却悠长的芳香味道，他欣慰而筋疲力尽地问背上的孩子：

"唉，你到底是谁，你为什么越来越重呢？"

孩子清澈地回答道：

"我是即将到来的日子。"

作者简介：

杨炜峰，笔名"燕微风"，财政金融系1993级金融专业。曾任《厦门晚报》经济新闻中心记者、《厦门商报》财经新闻部主任，现从事新媒体工作。

一起吃早餐的日子

许晓春

"明天你是否会想起，
昨天你写的日记，
明天你是否还惦记，
曾经最爱哭的你……"

1994年，随着老狼一曲《同桌的你》唱响大江南北，不到17岁的我也懵懵懂懂地上了大学。那个初秋的午后，与厦大迎面相遇。开得煞是热烈的凤凰花下，各色迎新横幅标语、校园广播的高音喇叭，预示着一个好奇又有些许紧张的开端。

新生的第一个坎，是想象中极为漫长的21天军训了。特别是对于我们这些在家里衣来伸手、饭来张口的女生们，每天天刚蒙蒙亮，就要起床快速穿上军装往食堂跑，仓皇之中，一边只想着吃完早餐要面临一上午高强度的训练，于是不顾一切，只顾先把早餐吃得饱饱的。

那时候，我们吃早餐通常是宿舍八人同时出动，到了食堂，有人先占位置，有人去打饭菜，纪律性十足。离石井女生宿舍区最近的食堂是第八食堂，圆形的大桌子，刚好坐8到10人，全宿舍"包桌"，是每天军训前难得的轻松时光。

我们最爱点的就是蛋和馒头，扛饿。我爱吃黄澄澄的煎蛋，另一舍友则青睐卤蛋、茶叶蛋，一吃就是两个，直到军训结束后，她还把吃两个蛋的习惯保留了下来，每逢大考前，必吃两个蛋，很有讨吉利的意味。食堂的早餐品种算是不少的，除了稀饭和绿豆汤，馒头、包子、碗糕、小笼包和下饭的咸菜一应俱全。军训结束后，我的体重居然多了5斤，寄照片回去，母亲笑说，看来厦大食堂是可以把人喂胖的。

和所有选到自己并不喜欢的专业的人一样，一开始我对于学习的热情，确实远比不上吃早餐。当别人匆匆地带着早点去芙蓉湖边早读，我则热衷于流连在各大食堂认真"巡回"吃早餐。而出早操成了另一个"折磨"人的事，按要求，每天早晨七点左右，校园广播准时把大家叫醒，学生们浩浩荡荡地从各宿舍区前往教学楼点操，于是，睡眼惺忪地跑去点操，又睡眼惺忪地回来吃早餐。所以有人开玩笑说，早餐的食堂里，是评判心中的他（她）容颜的最好场所，这个时段的美女帅哥，绝对是纯素颜。

不过，很多高中没有寄宿经历的新生来到大学，最需要"过渡期适应"的就是食堂的一日三餐。好在20世纪90年代中期的厦大，差不多有十个左右的食堂，选择面还是很广的，饭菜整体比较适口，南北方的同学也能各取所需。

事实上，第一个学期我就把全校的食堂都吃遍了，就连走路往返需要半个多小时的新区食堂也不放过，由于被公认为当年的"早餐达人"——哪个食堂的葱油饼最香、炸枣最甜、茶叶蛋最入味、粥品最软糯入味，我都了如指掌。个人早餐排行榜第一位是"风味餐厅"，那里的炒蔬菜最得我心，虾皮醋熘大白菜、有镬气的炒高丽菜，就着白粥和花卷，确实是家的感觉。

勤业餐厅稍微远一些，更适合懒懒的周末早餐。品种很多，有豆浆、面线糊、咸稀饭、小笼包，面线糊可以搭配瘦肉、小肠、卤豆腐、鸭胗等，油条更是绝配。特别贴心的是，勤业的早餐经常可以到上午10点，约上舍友慢慢吃，吃完再去教室看一会书，我们戏说这样的周末早餐为"可持续早餐"。

但由于毕竟离女生宿舍有点距离，周末的懒虫舍友们大多不愿陪我享用这样的"可持续早餐"，我便干脆独享这份"寂寞"，也因此有了些好玩的邂逅。有一次，在餐厅遇见一个高中帅哥校友，居然热情邀我陪他去厦大医院看牙，看完后为了感谢我，还在厦大一条街的"温莎堡"请我饕餮了一番；还有一次吃完早餐和闺蜜临时起意去校外逛街，两人身上一分钱都没带，凭着月票卡居然逛了半天才回学校吃饭。年轻的随性时光现在看来似乎有点不可思议，却也是一种难得的心无挂碍的美好。

和早餐一样美好的，还有男生向女生借菜票的故事。钱钟书先生《围城》里有一句话——"借书是爱情的开始"，但厦大的菜票也非常乐意来充当这个"媒人"，我的一位历史系好友在第八食堂就曾见证过一场因菜票而起的恋情。那天，她们宿舍七八人正在食堂吃早餐，一个高年级的师兄过来害羞地说，"点操走急了，忘了带菜票，想借一下。"其实师兄和她们平时并不熟，只在系里舞会打过照面，当时她们宿舍的老三身上还有一张面值一元的菜票，就借给他了。后来师兄特地到班上还菜票，头发微卷、身材魁梧的他，在女生众多的历史系班级引起一阵小骚动。再后来，师兄竟然又刻意地找老三借过多次菜票，再再后来，他们就一起牵着手徜徉在上弦场了。

早餐的食堂除了爱情，还有先生们。有位教我们语法的老师，经常托着眼镜，操着很浓的江浙口音点名，我名字里的"春"字他永远都念成"chen"。对每一届的女学生，他在教虚拟语态时一定表情凶狠地说上一句："If I were a bird, I would fly to Shijing to see if you are sleeping, or if you have finished your breakfast."（如果我是一只小鸟，我一定会飞到石井宿舍去看你有没有还在睡懒觉，或者吃了早饭没有？）

当然老师并没有变成"bird"，倒是经常碰见气喘吁吁飞奔进食堂给家人买早餐，左手一个大保温瓶豆浆，右手一大袋馒头、花卷、油条、卤蛋，买完便匆匆跑将出去，据说要赶在妻儿上班前送上早餐。这个场景想来还极其生动，他沐浴着朝阳的光辉，一点都不像那个严格凶狠的先生，倒像个至爱家庭的男神了。

过得飞快，很快到了大四，按学校要求我们要完成论文和实习，大概有几个月时间不在学校，和食堂早餐也有了一段"时空"的距离。虽然只是短暂的分离，可是当我们在颠簸的公车上啃着发冷的馒头，喝着没什么豆味的豆浆时，倍加想念餐厅里热腾腾的包子、喷香的粥和茶叶蛋，还有打饭的师傅们各款的笑脸。

天下没有不散的宴席，又是六月底，凤凰花开满了枝头。终于有一天，当我们又一次和往常一样在食堂吃完早餐，却不再是急匆匆地前往南强楼、映雪楼、同安楼上课，而是要收拾行囊各奔前程了。食堂早餐的发糕一如既往的甜，但分别的眼泪是咸的，就像此后的人生里，注定交织着美好而复杂的味道。

大学时期的许晓春和班主任陈燕老师

多年后，我们在某个班级聚会上重逢，几番觥筹交错之后，有人又轻轻唱起了《同桌的你》，我听见，有人把歌词偷偷改成了：

　　"谁遇到多愁善感的你，
　　谁安慰爱哭的你，
　　谁把你的长发盘起，
　　谁陪你吃的早餐？"

顺着话筒的方向看过去，我看到了唱歌的这位舍友，相视一笑。

作者简介：

许晓春，厦门大学外文系1994级学生，厦门市政协文史丛书《厦门饮食文化》专著作者，厦门市餐饮行业协会副秘书长，厦门老字号研究院副院长，民盟成员。知名美食作家，海丝饮食文化研究者，"闽菜菜品"体系编写组核心成员，《中国闽菜精粹》厦门板块撰稿人，"鹭江讲坛"主讲嘉宾，知名美食公众号"厦门沙坡一尾猫"号主。本书（《厦门大学餐饮百年》）编著者。

厦食琐事

王明阳

有句话说，要抓住一个男人的心，首先抓住他的胃。厦大的食堂就深谙此道。毕业多年，仍念念不忘的，不是碧海沙滩、礼堂教案，而是这里的一餐一饭。难忘的原因很简单，好吃；好吃的原因很不简单，难忘。

《社戏》的结尾写的话，"真的，一直到现在，我实在再没有吃到那夜似的好豆"——大概就是此时的心情。

南光的早餐

刚进学校那会儿，各组织都有个挺经典的活动，早餐会。由于南光乃通衢要地，早餐会基本都选这。所以呀，南光的早上，总有个特别的场景：不怎么熟的人，围坐一桌，像是乡亲在相亲。

"你老家哪儿的？"

"最近学习有什么困惑么？"

"有喜欢的人了么？"……

一边要装作关心，另一边要装作感动，最后两边都装作很饿，埋头吃饭。我一度以为这活动是南光的营销策略——早上卖白馒头，日光晚霞，晚上就是老婆饼了。

直到工作的时候，在便利店买包子和豆浆，在工位吃、在地铁吃，甚至顾不上吃。直到独处的时候，在家里炒菜，烟火四溅、芳香四溢，无人识。这时，才突然怀念起南光的早上。也理解了它的意义：在一天开始，头脑清醒的时候，我们交换彼此。

同一个困顿的时刻，夜宵和月色会把情感引向消沉，而早餐和阳光则倾向让你去寻求解决的办法。何况，身边还有朋友。更何况，这个朋友还一起吃了那么多顿早餐。

大学的意义是"相遇"，所谓相遇，都在碗里。

老勤业的鸡腿

我吃过老勤业的"最后一根鸡腿"。

那是老勤业翻新闭馆的前夜，不知为何，我在那待了很久。把鸡腿啃成了森森白骨。我本想把那根骨头带走的，但是被阿姨收了盘子。想想也是可惜。

大一那会儿，勤业是我最不喜欢的餐厅，太挤了：进门难，打饭难，找座位难，对于我这种胖子，坐下来更难。但是莫名其妙，有位女孩很喜欢勤业，那时候我们常一起约饭聊天。

我们去勤业吃饭，总是我占座位、她打菜。她很会点菜，总是三道菜、两碗汤。菜式常新、荤素搭配、营养均衡，而且都是小块易夹的，这样既能保证菜肴的相对独立性，以避免口水互混；又能保证筷子的使用频繁度，以避免无聊尴尬。

可我们从来不尴尬。我们很聊得来，从政治到文学，从武侠到历史，从游戏到体育。常常话题刚起，杯盘已空，兴致未尽。这时候再坐着聊天就有点"占用公共资源"了，勤业太小，总有同学端着盘子在一旁虎视眈眈。

她会打包个鸡腿给我，以此边走边吃边聊。走路总该有个目的地，如果是绕着操场、芙蓉湖，那也太暧昧了。所以她就提议我送她回宿舍，这挺好。从勤业到她宿舍，大概也就十分钟，很快就到啦。

在学期快结束的时候，有一天她找我，和我说，她要恋爱了。

我表示恭喜："以后就有人陪你每天吃饭聊天啦！"

她自顾自地说："你知道吗？勤业是离我宿舍最远的餐厅。"

这就是为什么，我去老勤业吃了最后一根鸡腿，把鸡腿啃成了森森白骨。

芙蓉的汤面

芙蓉是厦大的美食之林。椰汁黑米粥、鸡蛋煎饺、干炒牛河、手撕鸡拌面……

芙蓉一楼的汤面从没有名分。论其原因，福建吃面不比山西重庆，没有标准配比，有啥加啥。换言之，闽南的汤面，是鸡尾酒做法。秘诀在于配方和环境。我有一个独到的配方，堪比金圣叹的"花生米与豆干同嚼"。不一定合你口味，但值得一试。这是一个海边长大的小胖子的坚持。

首先，面条选方便面为佳，鸡蛋面和碱面都没法达到脆弹的口感，且方便面造型别致，自带油花，每一口都是献祭健康的满足感。方便面不容易发黏，这意味着可以滑溜溜地吸进嘴里，天生弯折的面条会随着吮吸四方摆动，如果操作不慎，恰好把汤汁甩到下巴上，感觉就更棒了，用手慢慢抹开汤汁，顺带着感受温度和香气。只有不安分的面条，才能震动出一碗面的色香味美。

其次，配料的首选是海鲜，一定要加海蛎、花蛤或者竹蛏。鲜味是一碗汤的灵魂，而贝壳是鲜味的主要来源。不仅如此，海鲜还提供了难得的"互动感"。筷子敲到贝壳，仿佛找到了宝藏。花蛤要第一个吃，吸掉嫩肉，把壳子展开倒过来放在桌上，就是一尊天然的筷架；蛏子应该当成小勺，舀起汤汁，一并送入嘴里，假装在海中取饮；海蛎要混着食材吸进嘴里，唇齿相抿、咸香爆炸，也可以用舌头拨弄它，这是法国人最喜欢做的事情。

再次，肉类推荐选择小酥肉、大肠或者剔骨肉。 小酥肉有独特的口感，不嫩不焦，不咸不腻，吸了汤汁更加好吃，它是肉类中的冻豆腐。大肠很难选到，它是抢手货，道理很简单，"王三"美食榜的第一铁律：没有人类的小肠可以拒绝猪的大肠。剔骨肉截然不同，单吃几乎没有什么风味可言，它把油脂给了骨汤，也只有混着骨汤才能还原它的美味。美食要搭配，可没有什么搭配比得上原配，剔骨肉就是原配。

接着，蔬菜请选择莴笋或者藕片。说也奇怪，肉应该选软，菜应该选硬，莴笋和藕片是个中翘楚。它们足够的脆、硬，可以在一众肉类中取得口感上的均衡。莴笋的优先级高于藕片，赢在颜色，莴笋的绿，亮而不艳，像青山浮在东海，犹如蓬莱。藕片的表现不稳定，有时候会吃出拔丝，便不够爽朗。海带结也是一个很好的选择，用处在于"重置"味蕾，适合这一场美食之旅的"中场休息"。

然后，如果你足够有经验，请买一根油条。它的作用贯穿始终，直接吃得其脆，沾着吃得其酥，泡着吃得其糯，一块钱就有三种口感，是小吃界的性价比之王。

最后，你可以点一颗鸡蛋，让师傅帮你搅碎，蛋花会均匀地散布在汤中，汤的鲜甜因此达到极致。只要一试，就终身难舍。

如此，口感、营养、香气、色彩、画面，便组建完成。而用餐的诸多要素，还差最后一步，哲学。

大学的意义在于，每个人都过得不尽相同，但同样精彩。"不信？你去芙蓉煮一碗面。"

作者简介：

王明阳，厦门大学建筑与土木工程学院2012级城市规划系学生，现任天华建筑设计有限公司总经理助理。

舌尖上的母校

邵晓涵

　　厦大的餐厅可谓闻名遐迩，特别是勤业餐厅的馒头，在我入校之前，就是一个久远的传说了。不过，刚入学时，勤业被脚手架和各种钢铁巨兽包围着。我只能从学长学姐的只言片语和沉醉的目光中，想象勤业昔日的"门庭若市"。

　　在勤业尚未开张的日子，我是芙蓉餐厅的常客，"近水楼台先得月"嘛。芙蓉的口味是偏重的，但它的瓦罐汤独一无二。土黄色的瓦罐斑驳着长年的火候烘烤出来的黑色纹路，褪去了最上头的那层亮色，每一个汤罐都打上了时光的烙印，多年的配食方子让各种食料的味道不留缝隙地融为一体，每一勺的醇厚让你猜不透背后烹调的都有哪些神物，竟能制作出这般味道来。就像有故事的人是岁月历练出来的，而有味道的瓦罐是日子熬制出来的！

　　至于东苑的清真餐厅与我的缘分，还得从一碗抓饭说起。大一时就常常听朋友说清真餐厅的抓饭那叫一个绝，方圆百里没有敌手。于是乎我找了上午没有课的日子提前过去，哪知我朝思暮想的抓饭早就被一抢而空了，只好怏怏而归。第二次我便学乖了，11点前就赶到了清真餐厅。虽然抓饭还没有出炉，但窗口已经排起了长队。等我走到窗口前时，一大盆的抓饭已经少了三分之二，而餐厅一餐的供应量也就是2盆啊！不管怎么说，我终于吃上了抓饭。

　　香软的胡萝卜片、落了辣椒末的青瓜，还有一种难以形容的西北食物特有的气息，虽然少了新疆餐桌上几乎必然出现的绝佳的羊肉，但当高高大大的叔叔操着新疆口音的普通话询问你，接着以一种极富节奏的手势在抓饭里倒腾一番，夹起佐料悠悠地洒在你的盘内，我的思绪就飘回了远方的新疆，那广袤的原野，那坚毅的冰山，那温咸的奶茶，还有人们腼腆的微笑，都在我的脑海里一一定格。

作为一个南方人，南光餐厅的菜肴也令我倾心。它的味道像家常菜一样，让我有一种宾至如归的温馨感觉。每次下课，拐个弯就不由自主地走进了南光。南光最得意的当数它的早餐。火腿煎蛋、流沙包、泡芙、菌菇包、奶黄包、香菇菜包、汉堡、菠萝包、香芋酥、红豆酥……每次到了南光的窗口，我就眼花缭乱了，一不小心就会点一大堆美食。

凌云餐厅因沙茶而声名远扬，其实依我看，它的牛肉面也足以傲睨群雄。为了吃上一碗凌云面，同学们常常排起长队，不达目的誓不罢休。但盖在山上的凌云餐厅，对于一个女生来说毕竟太远。

经过两年的修建，"老勤业"终于承载着厦大的记忆，重新回到我们的"舌尖"。勤业菜色多样，飘香诱人，地道的沙茶面，还有为砂锅面特别熬制的汤汁，无不体现出勤业餐厅的用心。对勤业一年多的期待，好似对阔别已久的情人般，每一次走进餐厅，都怀着特别的心境，其中也夹杂着对老勤业的思念和追忆。

一年复一年，多少新人走入厦大餐厅，又有多少故人奔赴远方。在你我的飞扬青春与浪漫气息中，舌尖上的母校将被永远珍藏，回味无穷。

作者简介：
邵晓涵，厦门大学新闻传播学院2014级本科生。本文选自2016年3月25日《厦门大学报》波艇版。

厦大"饭团"

吴祥柏

多年以后，厦大的生活经历仍然让人回味，而厦大的吃是其中尤为重要的环节。

山海之间的厦大，被好多小吃店围绕，大学路的海鲜排档、演武路的快餐、顶澳仔的胖哥砂锅、公寓的麻辣烫等都是其中的代表。厦大校园里的几个食堂也是各有千秋，各有特色。虽然很多美食的细节我都记得不太清晰了，但那些一起吃饭的人，那些"饭团"，反而经常想起来。

所谓"饭团"，就是以教研室、实验室或者楼层等为单位形成的三到八个人的相对固定的吃饭小团体。在厦大这么优美的校园里，如果你不是高年级理工男博士的话，找个合适的饭友是很必要的。因为独自一个人午餐会显得有点落寞，而加入一个"饭团"，是很好的选择。

"饭团"的好处之一是不用自己选择吃饭的地方。厦大的美食是远近闻名的，下一顿吃什么，对于有选择困难的人来说往往是道难题。跟着"饭团"，聊着天，吹着海风，说话间就到了。大家对于去哪个食堂吃饭，都会有一个默契，一般是以某一个食堂为主。

比如，怀念芙蓉二楼用料十足弹力劲道的牛肉拉面、勤业一楼鲜香细腻的沙茶面、芙蓉一楼醇正道地的干切卤味，或者南光二楼香飘四溢的煎秋刀鱼或鱿鱼豆腐什么的，就会有人不经意提出来，然后勾起大家味觉的共振，就默认往那边走去。有时候会在路上走着走着碰到另一个相熟的"饭团"，免不了一阵寒暄之后合并成为另一个较大的临时饭团，吃饭的路线也可能因此改变。

"饭团"的团长相对固定，一般会有一正一副。毕竟大家的课程和日程都有些小的差异，两个团长会确保"饭团"的稳定。大约在固定的时间，就会有人吼一声，开饭啦！走廊里喊的也有，敲门的有，也有在微信群里面发消息的。

在夏天，厦门的阳光特别热烈。爱美的女生早已经打好了阳伞抹好了防晒，男生们自然是要拣得那些龙眼树、芒果树、柠檬桉和凤凰木的树荫下往前走，路线相对固定，在哪个地方过路，哪个地方上台阶，一切行云流水，难得走散。虽然是一个团体，吃什么大家其实都有自己的选择。

厦大食堂的丰富菜系可满足来自天南地北的团员。到食堂后各自分散排队打餐，然后动作快的去占座卡位。"饭团"越大，在打好菜后寻找连续座位的难度就越大。因此导致"饭团"吃饭的时间会偏早，一般会在大部队的学生中午下课之前到达食堂，实现错峰吃饭。

大家一起吃饭，吃得最慢的那个往往有点压力，因为整个团在等你。团长有时候还会给大家发面巾纸。一般把三层的纸巾分成三层分发给大家，饭后擦擦嘴，仪式感不能少。既然吃饭的使命已经完成，饭后经过商店，有人会习惯性地去买个饭后甜饮或更新办公与日用品，"饭团"这时候就可能就提前分开了。

"饭团"成员相对稳定，偶尔会增加一两个VIP团员，就是附近的老师或者新来的访问学者学生。还有一些人，他们对生活的多样性有更多的追求，在几个"饭团"之间飘忽着。当然，"饭团"的成员，大多数是毕业离校后就自动退团了，也有因为处了对象而退出饭团加入对方饭团的，或者把对象拉进饭团的。饭团内部形成的两口子也是有的，毕竟一起吃饭，特别是厦大食堂的美食，是培养感情的好时机，闲聊之中很容易通过言行确认双方是否三观一致。

丰富的食物刺激着味蕾，伴随着有趣的谈吐撩拨着心灵，催化出"饭团"团员间微妙的化学反应。桌上谈资以明星、熟人的八卦或时政新闻为主，虽然"饭团"里面都是相近专业背景的人，但很少有人会在团内深入地聊学术。毕竟上午繁忙的工作和学习给神经系统带来的紧张感，需要午餐饭桌周边的各种八卦消息来舒缓。

而"饭团"回到驻地后，偶尔大家会约到一起玩玩桌游，或者在楼顶露台的阳伞下继续饭桌上的话题。大多数时候是各自散去，带着厦大食堂丰富的美食赋予的满足感，稍作休息后，继续投入紧张又有序的学习和工作中去。

作者简介：

吴祥柏，2016年博士毕业于厦门大学海洋与地球学院，现供职于江苏某高校。

我的"幸福食堂"

赖护鑫

2010年的夏季，我兴冲冲地拿着厦门大学信息科学与技术学院计算系的录取通知书前往厦大漳州校区报到。在报到前的晚上，我还在思考行李该放什么东西会比较好，考虑到先前还没有在漳州龙海待过，再加上先前一直没有学校住宿的经验，为避免水土不服的窘境，我居然带上了平时在家吃的几包盐。

回想起来，刚到厦大漳校的时候，就有热情的学长学姐带着我们办理入住手续，参观教学楼、图书馆和食堂。厦大学子的宿舍离漳校北区食堂最近，所以北区食堂是我们常去的地方。北区食堂的一楼分为普通区和小炒部区。普通区是我们三五好友常光顾的地方，小炒部区则是改善伙食的好去处，不管是普通区还是小炒部区都是物美价廉，阿姨叔叔们也都非常亲切。在北区食堂，让我印象很深刻的是，当我用我"台湾风味"的闽南话和阿姨叔叔寒暄聊天后，给我打的菜量会在很大概率上有所加成，哈哈。

此外，值得一提的是，有位老师请我们一帮同学吃饭，并将刚买的菜拿去给小炒部的叔叔阿姨们加工——这个"神奇"的操作刷新我对北区食堂小炒部的认知，因为先前我们在小炒部都是点菜现炒的。这件事后，我们便滋生了买菜去试试看的想法。

随着课程上课地点的变动，我们对北区食堂的依赖开始产生微妙的变化。下午漫长的实验课及晚上的晚课让我们开始向中区食堂靠拢，中区食堂的菜色和北区食堂有些区别，中区基本都是采用小盘或小碗菜的形式，更有仪式感，周边还有大片"小公园"环绕，吃完饭还能和同学们在周边散步消食、畅谈梦想和吐槽课程的内容，久而久之，大部队就慢慢分散成一些小情侣……

南区食堂虽然离我们最远，但是漳校江湖传言，南区食堂是最值得一去的食堂，它的亮点在于其伙食的口感、创意和超级热情的叔叔阿姨。所以，它成了我周末和三五好友骑着自行车前往解锁新美食的好去处。这三个食堂周围都有很大的公共空间，常常会有许多社团在其周边空间活动，有大胃王比赛、社团纳新和才艺展示，为我们的生活增添了许多颜色。简而言之，漳校食堂不仅是我们物质上的支柱，更是我们精神上的支柱。

我们2010级刚好是最后一批在漳校待满两年的厦大学子，离开漳校回到厦大学生公寓前的心情是复杂的，一边是告别"老朋友"的不舍的心情，另一边是对厦大本部的网红食堂抱着探索的期待。

厦大学生公寓的一期食堂和二期食堂与漳校北区食堂有很多相同的地方，不同的地方在于食堂三楼是学生公寓学生们喜欢的自习区，每逢期中、期末、司考、雅思、托福、托业、CPA、CFA等考试季，都是人满为患的节奏，这种吃完饭继续上楼备考和学习的氛围是厦大学生公寓食堂独特的风景线，我，当然亦是当年自习备考大军的一分子。

2014年，我顺利考上厦大管理学院企业管理系研究生，而上课的地点多在厦大本部，故在本部食堂就餐变成常态。清晨，穿过一公里左右的芙蓉隧道后，路过南光食堂总能看到排队买早餐的盛况，其中无糖豆浆是健身人士的不二之选，而下午的南光食堂还有每人限量购买的蛋黄酥、老婆饼等著名甜点。在炎热的夏天路过芙蓉食堂，总是要来杯冰的现打西瓜汁；三楼的热干面、鸡丝面等网红菜品，也是每个月必吃的清单上的"常客"。

在冬天，去勤业食堂一楼来碗热腾腾的沙茶面是缓解下课疲劳的日常，二楼还有便宜实惠亲民的自助餐。有时候想吃牛肉、醋熘白菜和面食等清真菜，去芙蓉食堂隔壁的东苑食堂就可轻易得到满足。有趣的凌云食堂也是值得打卡的好去处，每次前往都需要爬个小山，有种吃特色菜"迷你版"农家乐的感觉。

毕业后我到厦门海沧工作，最初在渐美村担任台胞社区主任助理，投入乡村营造的琐碎工作中。一段时间以后，《追梦海沧》的导演（也是厦大的学长）杨先生找到我，拍摄了一部关于我在村里推动老人"幸福食堂"的短片。

拍摄的过程匆匆忙忙，未及多想。一直到成片看片会的时候，当我看到自己出现在镜头里，出现在村里老人们幸福而快乐的餐桌边时，我猛然觉得，也许，当年在厦大食堂的滋养，给予我的，正是一种发自于内心的热爱。这一刻，我才发现，自己流下了温暖的眼泪。

作者简介：

赖护鑫，台湾云林县人，2014级厦大管理学院企业管理系研究生，2017年起任海沧渐美村台胞社区主任助理，现供职于海峡城乡发展基金会。

厦门大学

餐饮百年

"一日一师一菜" 活动琐忆

田 野

如果说厦大本部是景色秀丽、浪漫文艺、面朝大海、春暖花开的花园式校园，那说起我所在的翔安校区，似乎就变成了地广人稀、人迹罕至，交通匮乏的"翔安皇家理工研究院"。不过，事实也并非如此哦！

这不，我从后勤集团里看到了这样的一个消息——为了安慰翔安校区学子们的胃，厦大餐饮十位厨艺精湛的大厨，接下来每日将有一位来到翔安校区，为学生们奉上自己拿手的美食。这一天，终于等到午饭时间，我顶着大太阳迫不及待地骑着自行车从二期来到一期竞丰餐厅。

嘿嘿，当天还有幸品尝到餐饮中心主任江森民大厨的拿手菜"金砖豆腐"，看到金砖豆腐时，真的被惊艳了。自此一发不可收拾，开始了我每天中午骑自行车去一期吃饭的"寻吃之旅"。

感谢后勤集团这个"一日一师一菜"活动，成功地惯坏了我的胃。不得不感叹，厨艺是一门博大精深的艺术，只有用心的人才能创造出令人赏心悦目、食之难忘的菜肴。于是，我一边每天开心地跑去竞丰餐厅吃饭，一边默默记录下每天的菜谱，并写下了自己的品尝感受，算是留做一份纪念吧。

记忆最深的几道菜肴，跟大家分享一下吧。先说"香辣麻油鸡"，鸡胸肉本身寡淡无味，且肉质软绵，因此很难处理。这道菜先加入调料煮熟鸡肉，除去鸡肉本身的肉腥味后，再撕碎腌制入味，低温炸成金黄色，使肉质变

香辣麻油鸡

得更加有韧性。加之本身是一道麻辣口味的菜，因此最后鸡肉的口感十分柔韧而香辣微麻。恰到好处的油温、配菜及调味，成就了色香味俱全的香辣麻油鸡。不爱吃辣的我，依然一边流着鼻涕，一边吃得一丝不剩……嗯，唯有美食不可辜负！

再说"金砖豆腐"。我第一眼竟然以为是烤吐司，实在是太惊艳了。夹开后，是混了蛋液、虾仁、香菇的嫩豆腐。而外层的皮竟然比纸还薄，且非常有韧性，不会轻易划破。味道鲜香软嫩，蛋液不会太多而有蛋腥味，调味不会太咸而破坏豆腐口感，香菇、虾仁和豆腐三者的鲜味相得益彰。搭配厦门辣酱，颜色艳丽，真是匠心独运的金不换豆腐呀！

金砖豆腐

再来说说"葱香白玉烩蚝仔"。一只只圆滚滚的海蛎和同样白嫩嫩的豆腐泡在酱色的汤头里，真是越看越可爱，不仅让人食欲大振，并满脑子飘着"快到碗里来"五个大

葱香白玉烩蚝仔

字！海蛎本身咸腥，其实并不好做菜。但这道菜先调味去腥，又裹上薄薄的一层地瓜粉来固定海蛎形态，翻炒后原本软绵绵的海蛎就变得圆鼓鼓胖乎乎十分可爱啦。加上豆腐很适合和海鲜搭配，可以化解海鲜的咸腥味道，而酱油水则是厦门特色的料理海鲜方式，保留了海鲜的鲜，又提亮了海鲜的色，于是，食欲就这样被勾起了。我排了两次队，吃了两碗，然后心满意足地捧着肚子扶着墙走出了食堂……

嗯，"沙茶鸭"更是不得不说。有趣的是，沙茶鸭入口味道竟然是清爽的，明明的汤里浮着亮晶晶的油层，但鸭肉味道很清爽，并不油腻，可见厨师真的有心了。沙茶酱调出来的汤汁颜色亮丽，不同于传统的煮法，鸭肉竟然是裹上酱汁后蒸熟的，所以鸭肉口感比较嫩，不知道是不是把蒸后的汤汁弃掉了，最后汤里的沙茶味道十分清爽微甜，并没有鸭肉的腥味。我默默把饭泡进汤里，吃了个精光。

沙茶鸭

　　幸福而满足的两周"一日一师一菜"活动，让我们恋恋不舍。本以为以后很难再吃到如此美味的菜肴了，突然又惊喜地发现，竞丰餐厅二楼专门开了一个窗口，开始售卖这些好评如潮的特色菜啦。真是被厦大餐饮人感动到了，一直致力于为厦大学子提供新鲜、卫生、保质保量的一日三餐，还会用心引入各大菜系和不断更新菜品种类。嗯，厦大餐饮，家的味道，感谢有你，风雨无阻，日复一日的温馨与感动。

田野在厦大图书馆

作者简介：

田野 ，2012级公共卫生学院预防医学本科生，2017级公共卫生学院预防医学硕士生。

等面条

郭巧华

作为一名来自北方的学子，自小就在各种面食中茁壮成长。未曾想来到南方这个海滨之城后，米饭"一统天下"，似乎，找到香喷可口又价廉的面食就不再是一件容易的事了。

一次偶然的机会，来到了芙蓉餐厅的二楼，正值晚餐时间，有供应刀削面，只见师傅拿着一把刀将面团一片片地削入大锅内，随后熟练地拿大笊篱将面条从锅内捞出，甩到半空将面条的水沥干，再倒到碗中，随口味加上酱，一碗面条就做好了。

细细品尝，有家乡的风味，酱入面中，面中有酱，怪不得有那么多人排长队等一碗面，从此记住了芙蓉餐厅二楼的面条。后来得知，中午还有拉面，师傅揉一个面团，切出四到五份左右的小面团，一个小面团是一份，就这样一份份地拉出很有劲道的面条。

做面食，愈揉捏，愈有劲道，而随面条配送的汤，味道非常鲜美，加点小醋后，感觉更好。吃面前看师傅做面条成了"开胃菜"，渐渐地成了一种享受。

在等面条时，我还注意到摊位旁的横幅上写着几个大字："一天不读书问题多，两天不读书，三天不读书没法活。"

刚看到时有些不解，读书真有那么重要吗？后来发觉，读书的确益处多多，久而久之，真的，一天不读书，就心有不安；两天不读书，就心浮气躁；三天不读书，就会茫茫然有所失。再去食堂吃面条时，对这句话有了更深刻的理解。

作者简介：

郭巧华，厦门大学历史系2008级博士生。

十二年的"厦大餐饮"之缘

黄立功

2000年，我和父母从晋南农村辗转三十余个小时来到美丽又陌生的厦门大学。路上父母一直担心的内容之一就是我能否吃得惯南方的饭菜。

幸好事先已联系到哲学系一位老乡，在她的安排下，我和父母在勤业餐厅吃了在厦大的第一顿饭。当时吃了什么已印象模糊，只记得厨艺还不错的母亲直夸食堂的菜不错。我生平第一次吃到的日本豆腐和带着甜味的馒头，一直留在了我的记忆里。

从此以后，我与"厦大餐饮"就结下了不解之缘。不论是离我宿舍最近的芙蓉餐厅，或是美女众多的石井餐厅，还是沐浴着海风的海滨餐厅，都留下了我的足迹。不论是东苑餐厅的面线糊，还是南光餐厅的绿豆汤，都给我留下了美好的回忆。2007年7月，我硕士毕业后进入厦门某高校工作，虽然工作单位远在集美，但仍不时会来厦大食堂回味一下我的大学生活。

2011年9月，我辞去工作返回母校读博士，"厦大餐饮"再次进入我的日常生活。令我欣喜的是，这十年间，不论校外的物价如何疯长，厦大食堂的菜价和十年前相比变化并不大。十年前，我花五元钱就能在厦大食堂吃到一荤两素，现在吃同样的菜也不过六七元。

这一年暑假，我回老家，在整理旧物时意外发现了一张印发于2000年9月的《厦大餐饮》，这是那年我刚到厦大时收到的宣传品之一，由于父母的细心而保留了下来。当这份在当时并不十分起眼的宣传品再次出现在我面前时，十二年来我与"厦大餐饮"的一幕幕又浮现在我的眼前……

作者简介：

黄立功，厦门大学历史系2011级博士生。

第五章 厦大餐饮 · 美味情缘

373

为学校争光，为校庆添彩

——"厦大餐饮"之体会

郑庆喜

革命先辈陈云说过：一要吃饭，二要建设。可见，吃饭于人之生活、学习、工作乃至事业之重要。凡上过大学的同仁，对学校里的大锅饭、大锅菜都有刻骨铭心的记忆。

1985年9月，我背着书包扛着行李跨入厦门大学求学，除了认真学习，我最关心的就是吃饭问题。可能态度过于专注，后来居然当了二十九届学生会的生活部长。屁股决定脑袋，在为同学服务的同时，我学到了不少书本外的知识，毕业后还从事着"民以食为天"的甜蜜事业。

转眼间过了二十余年，从敲着饭盆进食堂到现在用餐不带不洗碗筷，从捏着一叠饭菜票东张西望到现在拿着卡到菜台前一刷了事……社会发展了，时代进步了，我早已完成了从"吃饭人"到"做饭人"的角色转变，并且随着时光的流逝，我对"厦大餐饮"有了切身的体悟。进校时耳边听见的是"为实现万人大学而奋斗"，而现在厦大已拥有4.6万人的办学规模（注：本文选自2011年《厦大餐饮》，该数据为当年数据），吃饭关乎的卫生、安全、价格、质量、态度等等，一日一项、一点一滴都马虎不得！

厦大已拥有近百年办学的光辉历史，成千上万的厦大人走上社会，奔向世界各地，服务人类的进步事业。作为伙夫军的一员，我倍感"服务育人"之神圣，想方设法把"厦大餐饮"做成"家的味道"，让每一位厦大人，不论走到天涯海角，牢记的是厦大情怀，难忘的是"厦大餐饮"。

学习、生活和工作在厦大的我，深深地体会到老子的教诲："天道无私，长养万物"；同时秉承"自强不息"的精神，追寻"止于至善"的境界，坚持立足本职，奏响锅碗瓢盆曲，服务学校，服务师生，服务校友。

作者简介：

郑庆喜，原厦门大学后勤集团副总经理（分管餐饮工作），现任厦门大学深圳研究院副院长，历史学博士。

难忘的"厦大餐饮"

叶志诚

　　子曰："民莫不饮食也。"在我们美丽的校园里学习、工作和生活的师生员工，一日三餐，总得要吃。陪伴我走过几十年工作岁月的"厦大餐饮"，一直在我心中留下难以忘却的怀念。

　　1976年，我来到"南方之强"的厦门大学工作，那时是单身汉，天天在学校食堂就餐。1981年结婚后，住在丰庭三的一间宿舍，没有厨房，但十米外就是学校第一食堂，吃饭十分方便。但是，那个年代，回忆起来苦涩。由于物资匮乏，与人们日常生活息息相关的商品皆需"凭票购买"，特别是以粮票为代表的几十种商品票证，手中没票，寸步难行。如厦门市城镇居民每人每月供应花生油0.5斤、肉票1斤、鱼票1斤、豆干票4小块，粮票按不同工种定量供给……

　　幸好当时购买学校食堂的饭菜票，饭票需要等量的粮票，菜票则免了票证（据说厦门商业部门对学校集体食堂有定量的副食品供应）。由于肚子里缺油水，一日三餐到食堂用膳，不但实惠便利，而且有利可图，"厦大餐饮"便成了我们油水的补充、生活的依赖。

　　每到饭点，夫妻双双提着饭盒，捏着饭菜票进食堂，在菜台前东瞧瞧，西看看，心里盘算着这餐饭如何量入为出（因为当时两人的月工资共77元），除了主食外，买上2毛钱的一盘红烧肉，1毛钱的一条油炸巴浪鱼，3分钱的半块豆腐干。几乎餐餐有鱼有肉，吃得很开心，感到很幸福。

　　那年代的人，对生活要求不高，小小的欲望很容易满足。多亏有了"厦大餐饮"，让我们可以从牙缝里省下鱼肉票，逢上节假日，买上一斤肉、一条鱼孝敬丈母娘，乐得她老人家直夸我这个女婿：很孝顺，自己舍不得吃，让她改善伙食。善良朴实的她，哪晓得我们是托了"厦大餐饮"的福，沾了"厦大餐饮"的光。对于"厦大餐饮"的味蕾之欢，我至今难忘，心存感恩。

记得是1993年5月，福建省宣布取消粮票制度，这是从计划经济转变到市场经济过程中的里程碑大事。如今，随着改革开放的深入和我国经济建设的不断发展，人们的生活水平也日益提高，厦大人吃饱吃好不成问题。

八闽第一大锅的"厦大餐饮"，每日担负着五万名师生的供餐任务，在学校和后勤集团领导的高度重视下，经过一代又一代"厦大餐饮"人的不懈努力，"厦大餐饮"越办越起色，越办越有特色，食品卫生安全有保证，就餐环境大改善，菜肴品种丰富，色香味俱全，"家的味道"飘香袭人，而且价格不贵。"厦大餐饮"努力践行"服务育人"重任，对广大师生倾注真情关爱，贴心的人性化服务，得到了广大师生的认可、支持、信赖、赞誉和热心呵护。"厦大餐饮"为保障学校教学、科研和师生员工生活所做出的努力，有目共睹，为校园和谐稳定作出的贡献，功不可没！

光阴荏苒，2011年9月，我退休了。每当晨练途经芙蓉隧道时，看到三五成群身穿饮食服务中心工作服、骑着自行车赶赴食堂上班的员工，望着他们匆匆离去的身影，我不禁肃然起敬：最是这些平凡的人，日复一日，年复一年，随着太阳出，伴着月亮归，在平凡的餐饮服务岗位上辛苦劳作、默默奉献，让广大师生的一日三餐无后顾之忧。他们是我们校园里最可爱的人！

作者简介：

叶志诚，曾任厦门大学后勤集团办公室副主任、后勤"服务110"办公室主任。

灶台上燃煮的青春

——我与厦大餐饮的不解之缘

林　琳

　　电光石火，白驹过隙，转眼间我在厦大工作已经是第十七个年头了。2004年5月，怀着一丝憧憬与惶恐，我来到了饮食服务中心办公室实习，开始了我在厦大后勤的职业生涯。那一次实习，经历了后勤集团首届优质服务月活动、饮食服务中心ISO质量管理手册的编制、漳州校区食堂招标工作等，逐步了解体会厦大后勤和厦大餐饮的文化和体制。

　　7月15日，刚从厦大毕业的我，正式入职厦门大学后勤集团，又留在了厦大；9月2日，我调到芙蓉餐厅担任现场管理员；2005年11月，我离开饮食服务中心，调到后勤集团办公室工作。

　　从2004年5月到2005年11月这一年半的短暂时光，是我与厦大餐饮的初见与磨合，有我初入职场的笨拙与摸索，有基层工作的酸甜与苦辣，体验过挥洒劳动汗水的充实与快乐，品尝过集体生活的趣味与温暖……

旧勤业餐厅（饮食服务中心办公室位于三楼）

　　那时，我住在厦大西村自强三，食堂上班时间很早，走路或骑自行车穿过黎明的厦大校园，殷红的朝霞下，三三两两晨读的学生，演武田径场晨练的人们，晨风吹拂下的大王椰子树……宁静而唯美。

　　偶尔累了，坐公交车绕到厦大白城海边，从白城校门进

改造前的厦门大学自强三职工宿舍

来走路到食堂，感觉路程近了许多，或许是因为那清晨的大海，一艘艘渔船在泛着晨光的涟漪里荡漾，总让人看了心旷神怡。

　　食堂的工作是辛苦的，作为一名现场管理员，我整天做的事情就是在食堂的每一个角落走动，这既是不断熟悉了解食堂各个环节、各道工序的需要，又是管理监督与沟通协调的有效方式。而每到开餐时段，我总是站在食堂入口处摆放的一个现场管理台后，迎接师生用餐，接受投诉建议，处理用餐过程中出现的各类问题。

白城沙滩、校园俯瞰（拍摄于2004年）

　　芙蓉餐厅的现场管理台在一楼进门的角落里，风扇和自然风都是吹不到的。我一天至少要在这里站3个小时，天热的时候不知要流几斤汗。长时间地站、不停地走和说，上班时间基本没有坐下来休息的机会，几天下来脚底都起了水泡，然后是剧痛、结痂、痒、结茧……腿先是酸，然后是发硬、痛、麻木……那时才懂得可以在办公室里坐着沙发、吹着空调工作是多么幸福的事情。不过经过磨炼，我的脚力变得更加矫健，整个人的精神面貌也得到了意想不到的提升。

我的办公桌摆放在保管室里，刚开始还没能配备电脑，上班时间也没有太多待在保管室里的时间，于是很多食堂的文字材料还需要晚上回宿舍加

芙蓉餐厅现场管理台（拍摄于2004年）

班处理，有时候工作到深夜十二点多。很长一段时间，我睡眠严重不足，虽然每星期只休息一天，也只好在睡觉补眠中度过，这跟学生时代有大把大把的时间可以挥霍形成了强烈的反差。

那时候食堂的工作环境没有今天这么舒适。很多同学说，一进食堂总受不了那味道和环境。我又何尝不觉得呢？在食堂后厨趟着满地的积水，闻着食材加工时散发出来的味道，和员工们一起切菜洗碗，偶尔到厨房体验大汗淋漓的感觉，还要时刻注意避免滑倒、割伤、烫伤……这种环境是我之前从没有经历过的。

不过这一切跟一线员工比起来，根本不算什么。在食堂，只有深入后台才能深刻体会到员工的勤劳与淳朴。他们的工资不算高，但工作的时间长度和琐碎度不是在前台用餐的师生们所能理解的。他们文化不高、话语不多，但干事踏实、任劳任怨。就说挑拣菜叶这一项工作吧，他们能蹲在那里一挑就是整个上午，要是换了我，恐怕蹲半个

小时站起来便会满眼金星了。了解了这些，作为管理者，便更能用一种正确的态度去面对自己的角色转变，更能用一种理解的眼光去看待食堂出现的一些问题，并能从中找出有效而人性化的解决办法。

芙蓉餐厅岗前一刻（拍摄于2004年9月24日）

记得那时候"岗前一刻"刚刚推行，每天下午3：30上班前，所有员工在食堂门口队列，由经理或现场管理员进行岗前训话，内容包括上级的精神传达和学习，各类投诉建议的处理通报，纠正工作中发现的问题，推广工作中好的做法和经验，对员工的表扬和批评，各种岗前培训、工作布置和动员……时间控制在一刻钟以内，于是取名"岗前一刻"，后来也叫"岗前一课"。这既是一种形象展示，更是一种提高工作热情、治疗慵懒、规范服务的有效手段。而我是坚定的岗前一刻组织者，不论刮风下雨、室内室外，岗前一刻每天一次，雷打不动！

　　供餐窗口是食堂直接面对师生的门户，服务的提升关系着食堂的生计，除了菜肴的不断创新和研发，服务员的服务态度也非常关键。但长期以来形成的习惯，前台打菜的服务员不大注意自己的举止和言行，也因此导致了一些误会和投诉。于是，我决心在打菜窗口推广文明用语，我的要求其实很简单，就是：顾客跟前说"你好，请问需要什么？"顾客离开说"请慢用"。之所以不用"您"字是因为员工们的文化水平普遍不高，"您"字，总是说不顺口。而即便只是要求把这两句话在每一位顾客面前说清楚，也不是件容易的事。员工们一讲到"你好"和"请"字，总是觉得浑身别扭，不好意思说出口，而且在用餐高峰期的时候，讲话的速度一加快，原本不标准的普通话就更加糊在一块，让人听不清楚。可是在我的坚持下，最终这些前台的服务员们还是给了我这个学生气十足的年轻人一个面子，很认真地训练，真正执行了下去，反倒让来用餐的师生们浑身起了鸡皮疙瘩……

芙蓉餐厅二楼自助餐厅（拍摄于2005年）

　　回想起来，这样的故事还有很多，那时候大家不管是经理、保管员、厨师长、现场管理员、各组组长，还是普通的员工，都是那么兢兢业业、任劳任怨，为了完成各种供餐任务，通宵达旦做月饼、筹备供餐等是十分常见的事情。但我们的工作氛围非常

芙蓉餐厅通宵达旦赶制月饼
（拍摄于2004年中秋节前夕）

好，大家有说有笑，幽默风趣，这种苦中作乐的工作精神深深感染了我。

于是，渐渐融入员工当中，我发现我是喜欢上这群人了。几位老员工整天乐哈哈的，总能在辛苦的工作中寻找乐趣，虽然在工作中有这样那样的坏习惯和抱怨，但他们对待工作非常认真、善良、没有城府，自称是一群"老顽童"。虽然他们的年龄和我相差不小，但我觉得和他们相处，没有太大的隔阂。那时候食堂的大多数员工是二十岁以下的俊男美女，虽然都没有什么文化，但对待工作的态度认真、接受能力强，有时刚刚教导他们一些服务礼仪和方法，转过身他们就会使用了。我毕竟不是厨师出身，在体验切菜、烹饪的时候，他们也会很耐心地教我，彼此总在欢快的气氛中度过工作的时间。

食堂的员工们根据不同的工种，最迟早上6：30上班，下午1：30左右下班，3：30上班，晚上7：30左右全体员工打扫拖洗完食堂内外卫生后，方能下班。不但上班的时间跨度长，而且员工的午餐和晚餐的时间也安排得很特殊。因为饿着肚子为顾客服务，员工们的状态肯定不会好，服务态度也难以得到保证，于是芙蓉餐厅员工的午餐时间统一定在上午10点钟，晚餐时间统一定在下午的4点钟。但由于太早吃午餐，早餐都还没完全消化，记得那时候我总觉得肚子特别饱胀；而晚餐又太早吃，到了深夜，肚子经常咕噜咕噜叫个不停。

长时间的工作，员工们虽辛劳，却很少有怨言。对此我认为只有一个原因，那就是广大员工们心中有身为厦大一员的自豪！更有一个信念：为广大师生提供美食，让老师们更好地教学，让学生们更好地学习，这样厦大才会更好地发展，国家的教育事业才能更加繁荣。

当然员工们说不出这些华丽的语言，但我知道，在员工的内心中，始终有着这样一份神圣的自豪感、责任感和使命感，这也是厦大餐饮独有的文化氛围和敬业精神！

这里，我找到了当年的一篇学生采访以及我写的一篇描写食堂好员工的文章，这正是当年食堂工作的缩影：

芙蓉餐厅（拍摄于2004年9月24日）

我在后勤的一天

（全文略有删改）

后勤服务与我们紧密相连，后勤服务的好坏直接影响我们的生活。即使是我们最习以为常的事情，又有几个人真正了解呢？"我在后勤的一天"为许多同学提供了一个近距离接触和了解后勤的机会。

康静，厦大广播电视专业的一名大二学生，她在食堂工作了一天，她的感受与经历很能反映参与者的心声。下面是她讲述的体验历程：

"5月23日，原本早晨5：30就要到食堂，结果我睡过头了，直到6：50才到食堂，食堂的负责人早已经在门口等我了，害我挺不好意思的。介绍完之后，我被分配跟着卫生组组长，开始我在食堂的一天。食堂的员工工作量很重，早晨5：30起床，开始摘菜，一车一车的菜，蹲在地上几个小时下来，腰都不行了。相应的切菜工作也很繁重。有一个员工，专门负责切菜，由于工作量大，经常会切到手，时间长了，手上都是伤口。洗碗的工作也是重头，一天下来几大箩筐，从洗到消毒，需要时间也很耗费体力。食堂吃饭的人越多，工作量相对也就增大。我和他们一起挑菜，大家边干活边聊天，食堂的员工来自五湖四海，所以聊得挺开心。他们告诉我也就周末人少，才能这么闲，平时忙得连坐的时间都没有，只有等吃饭时间过了，中午休息一会，下午3点多又得忙到7、8点。

学生到食堂体验一天的工作
（拍摄于2004年5月）

10点多吃完午饭，食堂人多起来了。我和他们一起打菜。一开始很紧张，怕打错菜了，也怕自己打的菜太多或是太少，又怕算错钱。还好周末人少，要是平时我就更紧张了。他们告诉我，有些女同学不满他们经常先给男生打菜，其实是女生讲话声音太小，听不到她们说什么，男生声音大，就先给他们打了。

下午的工作也是重复上午的程序。一天下来，接触了来自五湖四海的朋友，分享了他们的思乡之情，尝试了原先没碰过的东西，紧张、兴奋、感动……种种感觉都再经历了一遍。"

采访结束之时，康静说了一段话，也许能给我们许多没有切身经历过后勤工作的人带来思考："经过这次的体验活动，以后如果我吃饭的时候在饭菜里发现头发或是指甲之类的东西，我能以一种更宽容的心态去看待，因为我知道，就这一盘菜，耗费了许多人的汗水。"是的，当我们抱怨食堂的饭菜不好吃、员工的服务态度不好的时候，如果我们能站在他们的位置考虑一下，也许我们能理解他们更多一点，能更尊重他们的劳动。试着收起挑剔的眼光，也许我们能找到更好的相处方式。（记者：谢笑美）

芙蓉餐厅打汤服务员

在芙蓉餐厅二楼用过餐的同学们都知道，在配餐台里头左边的角落里，有这么一位打汤的师傅，个头不高，有着一副和善朴实的娃娃脸。他煲的汤总是很好喝，同学们很喜欢去买。每当这个时候，他总会微笑地询问道："您要什么汤？"当同学们端起汤时，他又会关照地说："小心，汤很烫！"有一次一位同学端汤的时候自己不小心把汤洒了一些，他急忙关切地问道："没烫着吧？"然后又给加满了汤……乍看起来，张师傅工作中的这些细节并不难，但一想到他一天要重复多少遍这样的关怀，并能天天如此坚持不懈，就不禁让人感动！

　　和很多食堂的员工一样，张师傅每天早晨天还没亮就要起来准备汤料，直到晚上七点半等用餐的同学散去后方能下班。这么长的工作时间和强度，人不免会厌倦和疲惫，而产生不良情绪，进而影响服务的质量。那么，怎样才能使自己的情绪不影响服务质量呢？张师傅通过自己的切身体会觉得，顾客满意的回馈是缓解自己不良情绪的神丹妙药！因为给别人快乐，自己才会快乐！而要更好地服务顾客，除了端正自己的服务态度以外，更应当有意识地关注自己的工作细节，以细致的服务取胜！

　　张师傅正是这样要求自己的工作，他的努力终于赢得了广大师生的认同。BBS后勤板块上，很多同学对他热情的服务进行了表扬，这是对他工作最大的肯定！

　　张师傅：男，33岁，福建安溪人，2002年进芙蓉餐厅工作，负责芙蓉餐厅二楼汤的制作和出售。个人服务理念：出售给顾客的不只是产品，还有好心情！

在芙蓉餐厅的那段短暂的时光里，让我感到特别有意义的事情还有：参加后勤集团新员工拓展训练营；编撰了一套员工培训教案；观摩首届后勤集团优质服务月菜肴展示会；参加ISO内审和外审工作；筹办迎接食品卫生监督量化分级管理A级餐厅初审和复审，并顺利通过成为厦门市首批A级认证餐厅；除夕留校师生大围炉；筹建"厦门市厦大后勤烹饪职业培训学校"和"厦门市厦大后勤职业技能鉴定站"相关申报工作……

2004年8月23日，后勤集团新入职的23名大学生开始了为期两天的拓展训练，这两天的课程包括：攀岩、搭线屋、独木桥、高空跳台、空中晃桥、逃生墙、抱团打天下、领袖的风采等活动，目的在于最大限度拓展个人潜能，培养良好的心理素质和勇敢顽强的意志品质，增进同事间的信赖、合作与默契，培养集体荣誉感和归属感。

两天里，我们顽强地战胜了一次次挑战，没有人畏惧，没有人放弃，整个团队展现出务实创新和追求卓越的精神风貌！虽然时间很短暂，对我个人而言却是一段让人难忘的时光。下面是我当年写的一篇心得体会，放在这里，既是对那次活动的纪念，也是为当年单位人才队伍建设及文化建设点赞！

附：拓展训练心得体会

拓展训练营合影

只有暂时的不成功，没有失败！

24日早上短暂的队列训练后，我们便开始了攀岩项目。看着那十多米高的岩壁，腿早就发软了。但是没办法，每个人都得爬一次，想躲也躲不了。想到这，我赶紧注意观察前面先上去的同学的表现，暗暗领会他们的成败经验。期间偶尔罗教练也会透露一些攀爬的技巧，我也很仔细地记下了。该准备的都准备了，轮到我时，我心想，这有什么难的，便轻车熟路地往上爬。

可是爬着爬着，到距离岩顶不到一米的时候，我却卡在那里，动弹不得。虽然胜利近在眼前，但不管我怎么使劲，就是上不了。定在那里时间久了，手劲也耗尽了。放开手，让保险绳吊在空中荡的滋味并不好受，于是又荡回去继续尝试，这样几次下来，我更是疲惫了，最终还是失败了。

想到第一个项目自己就失败了，心里难免感到很沮丧，自个儿叹息的时候不想被身边一位拉保险绳的教练察觉到了，他对我说：

"你做得很不错，动作、勇气都没问题，没上去是因为没有一鼓作气，在过长的时间中耗费过多的力气！"

教练的一句肯定让我心里好受了许多，但还是感到很失败，很遗憾，对接下来的项目没有了信心。直到经验分享的时候，罗教官的一句话让我的激情又热了起来，他说：

"只有暂时的不成功，没有失败！……"

虽然"暂时的不成功"和"失败"只不过是玩文字上的小把戏罢了，但不同的表达的确会给人不同的感受。是啊，年轻怎能轻言失败呢？……

感恩的心

当天下午完成了空中跨越项目和蒙面拉绳后，我们做了一个让我感触很深的项目叫"牵手"。做法是这样的：学员们首先都把鞋袜脱掉，然后分两排。一排蒙上眼睛当盲人，看不到，也不能说话；另一排当哑巴，看得到，但不能说。项目开始后，由哑巴带着盲人，从室内走到室外，经过草地、石阶、障碍、水塘……

首先，我当盲人。当游戏开始时，我才真切地感受到，眼睛被蒙住时，如果没有人带领，我几乎没有勇气向前迈出一步！整个过程我紧紧抓着对方的双手，跨越障碍、蹚水、爬石阶上山等等，都不得不小心翼翼，显得是那样的无奈。

想想眼睛看得见的话，这段不算长的路跑下来都不觉得什么，可一旦没有了眼睛的帮助，再平坦的道路都寸步难行！

因为要赤脚上山，又得蹚水，路上难免有很多碎石、荆棘，特别是上石阶，"盲人"如果迈的步子太大，很容易踢到台阶而受伤，因此双方的默契显得很重要。还好带我的女生很小心地照料着我，我一路走过，双脚没有被一粒石子或荆棘刺痛。等第二次我带她时，我也会先用脚扫掉路上的石子，尽量不让她的脚受伤。虽然由于我们走得太慢，比别人多花了很多时间，但是我觉得我们是成功的。因为这个项目的意义不在于速度，而在于质量，在于你是否照顾好那位被蒙上眼睛而很需要你用心去照顾的人！

这个项目真如教官所说的，是我们人生的一个缩影。我想，我们从出生到现在，其实都像盲人在走路，是我们的家人、朋友乃至社会的形形色色在牵着我们的手，让我们成长！如果没有这些，我们将会像盲人在没有拐杖和帮助下走路一样寸步难行。想到这里我突然想起自己的父母、亲人、师长和太多太多帮助过自己的人，而自己却从未想过要报答他们什么，不禁惭愧地落下眼泪。

有集体在，没有什么不可能

两天来的很多项目都让我感触很深，而最后的项目逃生墙，更让我为团队的力量而震撼。

为了逃生，"犯人"们必须悄悄地在短短的5分钟内翻越4.5米高的墙。落下谁，谁就会没命！

4.5米的高度，我从来没有想到过能够翻越它，这只有靠集体的力量才能完成。我们决定在下面站三个人，肩膀上搭两个人，然后再一个个上去。由于我们这组高大的人不多，我只好充当中间的角色。这以前，我的肩膀从来没有被踩过，也从来没有想到今天我的肩膀竟然能派上这么大的用场。我们当中，下面的人梯，或是上面拉手的人，每一个都有他们的角色要扮演，缺少一个，我们将全部无法翻越逃生！

时间紧迫，谁也没有精力去顾及什么，对于我来说，只有一个信念，那就是——撑住！因为对于一个集体而言，每个个体的配合和尽责是多么的重要啊！

等我们成功了以后，我回头看看那堵高墙，我简直不敢相信我们翻越了它！我深深体会到，虽然个体很渺小，但只要每个人都能尽职尽责，整个集体就能发挥出巨大的力量，而使一切不可能变为可能！

两天的训练终于结束了，几多感慨，几多不舍。我想我永远也不会忘记这里，是这里让我们在两天里获得了很多关于团队、人生、工作等等的感悟。我想，真如教官所说的那样，在这里，我们经历的不仅仅是一场场游戏，而是我们真实人生的缩影……

2004年6月6日，后勤集团首届优质服务月之饮食服务中心菜肴展示会在芙蓉餐厅三楼举行。这是一次让我感到震撼的活动，"珍珠鸡球""盘龙鳜鱼""港式鳗鱼串"……这一份份平常只能在大酒店才能看到的精致美食，却出现在食堂的展台上，厦大餐饮的技术实力让人叹为观止！饮食服务中心各食堂一百多道菜肴参加了展示会，菜肴主要以中国传统的龙、凤或白鹭为主题，印象最深

菜肴展示会上芙蓉餐厅的女工们

的有芙蓉餐厅全奶油雕刻的"海豚戏水迎嘉宾"，石井餐厅的"锦绣西瓜灯"，大丰园餐厅的烤乳猪、南光餐厅的糯米"天鹅湖"等等。

　　ISO质量管理体系的引入，又是一件让我印象深刻的事情，标志着后勤集团开始决心走科学化、标准化、规范化之路。那时候，我在饮食服务中心办公室协助编写过ISO管理手册，到了芙蓉餐厅后，又经手餐厅的体系建设和日常贯标工作，也被抽调担任内审员，参加体系的内审和外审工作。2004年5月20日，由认证咨询方培训老师金冠华主讲的ISO9001：2000标准的认证培训班在克立楼三楼报告厅举行，拉开了后勤集团推行标准化体系认证的序幕。

厦门大学后勤集团ISO9001：2000标准体系认证
培训班合影（拍摄于2004年5月）

　　2005年1月6日上午，福建省卫生厅卫生监督局审核组对厦门大学申报"A级餐厅"的芙蓉餐厅和海滨餐厅进行审核，最终芙蓉餐厅、海滨餐厅以及厦大餐饮承租经营的校外餐厅——厦门一中餐厅成为厦门市首批获得"A级餐厅"称号的唯一三家学生食堂。这是一件让人难忘又很有成就感的工作。食堂上下全体员工认真筹办，健全卫生管理制度和岗位责任制度，对餐厅各功能区有效调整并安放紫外线灯、灭蝇灯、金属防鼠板等"三防"设施，设立一次更衣间和二次更衣间，安

芙蓉餐厅审核现场

装有效的洗手消毒设施，做好餐厅各项标识工作，做好食品留样及食品原料采购的索证台账工作等等。事实上，这些举措直到今天仍然不过时，而在当年而言已经是非常超前了。

2005年芙蓉餐厅承办的年夜饭

正是由于那次审核成绩特别突出，2005年4月11日上午，福建省食品卫生监督量化分级管理现场会选择在厦门大学举行，福建省各地市卫生局局长、各地市卫生监督所所长、省卫生厅和厦门市有关领导参加了会议，并参观学习了"厦门市优秀示范A级单位"芙蓉餐厅的做法。这件事情对于当年的我们，对于厦大餐饮而言是轰动一时的大事，也有力说明了早在2004年之前厦大餐饮就已经走在全国高校食堂的前列！

2005年2月8日除夕夜，芙蓉餐厅张灯结彩，校领导与全校留校师生共进年夜饭，欢度除夕。这也是我转变角色后，第一次以食堂工作人员的身份参与的年夜饭。这些年来，不论我在不在饮食服务中心工作，每年的除夕留校师生大围炉活动，我都会到场，不仅是因为工作的需要，还在于想感受那一份浓厚的节日气氛。每年校领导都会在年夜饭上敬酒、切蛋糕。而饮食服务中心每一次都集全中心之力，以最出彩的服务，给广大师生留下一份难忘的记忆！

2005年年初，厦门市劳动和社会保障局重新对烹饪培训学校和鉴定站进行清整。在时任饮食服务中心副主任兼芙蓉餐厅经理江森民的牵头下，重新申报的工作落在我的肩上。报告拟定、人员调配、设备购置、建立制度、编写教材……经过精心筹建，"厦门市厦大后勤烹饪职业培训学校"和"厦门市厦大后勤职业技能鉴定站"最终获批，为后来厦大餐饮技术人才的培养进一步奠定了基础。

2005年11月，我调离了饮食服务中心，到后勤集团办公室担任文秘主办，在之后长达十年的时间里，我先后担任过后勤集团党

芙蓉餐厅三楼培训室（拍摄于2005年6月28日）

务秘书、团委书记、工会主席、办公室副主任、办公室副主任（主持工作），直到2015年9月22日调回饮食服务中心工作。在离开饮食服务中心的这十年里，以旁观者的身份，我继续见证着饮食服务中心的壮大与发展。印象深刻的有：85周年校庆的午餐供应、在校学生免费米饭的政策推行、毕业生冷餐会的举办，以及每年校庆、迎新、军训、各学院院庆、各类学术会议、各级校友返校等各类重大活动的保障任务。应当说，饮食服务中心这么多年来，均不辱使命，以出色的组织能力、精美的菜肴，保质保量完成各类供餐任务，没有出现过任何安全事故，真正体现了饮食服务中心靠谱的形象！

这当中，由于我自己党团方面职务的缘故，特别在群团与文化建设方面，深切感受到饮食服务中心的朝气与乐观。虽然食堂的工作安全责任大、时间长、节奏快，机械重复的工作内容难免给人枯燥感，但食堂的员工们总能够苦中作乐，在很多群团活动中，我们不难看到他们的脸上洋溢着发自内心的微笑。

比如每年的三八妇女节，是饮食服务中心一个重要的节日。因为女职工多的缘故，这一天，各食堂都会组织各类活动（并不只限于女员工参加），犒劳一下员工，也让员工们舒展一下内心。记得勤业餐厅就曾组织开展"拔河""接力跑""齐心协力""呼啦圈""跳绳""转圈圈踩气球""背靠背夹气球""接水比赛"等一系列有趣、简单的活动，漳州校区北区餐厅举办过趣味游戏活动，海韵学生公寓第一、第二餐厅在当年的公寓篮球场举行过接力比赛。

2011年3月8日，饮食服务中心首次向每一位女员工赠送玫瑰花。

三八妇女节活动

三八妇女节送花

一位年长而朴实的女员工接过玫瑰时激动地说："这是我这辈子收到的第一朵鲜花！"这项活动之后一直延续下去，已经形成了中心的一项传统。

　　五四青年节也是饮食服务中心的又一个重要节日。2010年5月3日晚，后勤集团首届"五四"青年节联欢晚会在法学院报告厅举行，这也是我到后勤集团筹办成立团委并担任首届团委书记后，亲手筹备的第一场晚会，也是后勤集团成立以来举办的第一场全集团层面的晚会。在那场主题为"绽放魅力青春，展现后勤风采"的晚会上，饮食服务中心经典节目：三句半《锅碗瓢盆曲：食堂赞歌》，以最朴实的语言，最真挚的感情，抒发了饮食员工爱岗敬业的朴素情怀。另外饮食合唱团钢琴伴奏小组唱加伴

三句半《锅碗瓢盆曲：食堂赞歌》

舞的《回娘家》《美丽的孔雀》以分声部合唱技巧展现了饮食人出众的艺术水准。

这段时期，我以团委书记的身份参加观摩的饮食服务中心团总支组织过的活动很多，比如第一期朗诵沙龙与培训、"速算之星"服务技能比赛等。2010年12月25日，后勤集团团委组织的第一届趣味运动会中，七个竞赛项目——团体踢毽子、团体跳绳、团体传球、团体企鹅漫步、一分钟跳绳个人赛、定点投篮个人赛以及踢毽子个人赛，饮食服务中心以优异的成绩荣获团体跳绳、团体踢毽子、团体传球三个项目的冠军。

饮食服务中心团总支活动

2015年9月22日，我调回了离开10年的饮食服务中心，担任副主任、支部书记。回到这个当年曾经在基层一线奋战过的单位，我感到十分的亲切，虽然早已物是人非，但往昔的酸甜苦辣，一幕幕就仿佛发生在昨天。正是怀着这份深情，我投入新时代厦大餐饮的建设中去，以亲历者的身份见证厦大餐饮的发展——

刚回中心，虽然曾经在食堂现场管理岗位工作过，但时过境迁，新的场所和设备、不同的工作要求和现状，一切都需要我重新了解和熟悉。曾经一同入职后勤，留在食堂工作的大学生同事们，如今都成长为食堂经理、采购经理等管理骨干，在关键的岗位上发挥重要的作用。在彼此的交流中，看着那一张张被岁月镀上一层沧桑的容颜，回想起当年刚到食堂的时候，大家都那么稚气，却充满活力；虽然有想法，却往往没办法；虽然有憧憬，却往往也很无知。大家住在自强3号楼，过着"集体无意识"的快乐时光，虽然也曾担忧过自己的未来，但从没有预料到未来那么快就来到！也不曾预料到，现实，不论是工作、生活、家庭……那种人生的酸甜苦辣咸，远比想象深刻！

曾经的芙蓉餐厅三楼小吃城接待全国各地的游客
（拍摄于2015年国庆节）

一回到中心，防御21号台风"杜鹃"、国庆节供餐、HACCP外审、勤业餐厅筹备、厨师培训、外出考察学习、预算编制、技能比拼、会计系冷餐会筹办等一系列工作接踵而来，与之前在办公室的工作比起来，琐碎的常规事务少了，突发的重要任务多了；坐办公室少了，下一线了解布置落实工作多了；有规律的作息少了，在岗位上没有时间规律的坚守长了……

忙忙碌碌中，我也在思考，饮食服务中心作为后勤集团最为重要的单位之一，肩负着安全稳定、供餐保障及服务育人的重任，在学校建设发展的大潮流中，如何更好地参与其中，贡献力量？

食堂的员工们，从凌晨工作到晚上，天黑出门，天黑回家，把光明留在为师生供餐的岗位上，以食堂为家，与师生接触的时间多过与家人相聚的时间，越是节假日越是忙碌，不怕苦、不怕累、不计较个人得失——

清晨，煮粥师傅4点多开始熬粥，豆浆师傅5点磨黄豆、煮豆浆，油条师傅5点左右已揉好面、做成型；白天，后台备餐，前台服务，马不停蹄；夜晚，七点半打扫完卫生，员工们才陆续离开工作了一天的后厨，而小卖部等部分员工还要一直坚守到深夜十点，值班员则彻夜驻守食堂。同时，询价小组每周凌晨2：30到中埔蔬菜市场询价，了解市场行情；采购组每天凌晨4点多开始配送物资到各食堂，5点豆制品、6点海鲜、7点蔬菜和禽肉……全天的工作中，食堂认真把控菜肴烹调安全，严格留样制度，每天接受中心食品检验室的农残、餐具消毒等检测，做好每一顿供餐工作，中心机修组则时刻巡查各食堂用水用电和设施设备使用情况，及时保养维护，消除安全隐患。

于是，从食堂一线的各项工作实践中，中心班子提炼出了"德诚勤安、止于至善"的企业文化核心：

——德，以德为先，创新管理保质量。这方面体现在我们加强了中心办公室服务中心、服务一线的职能，转变观念，变被动为主动，由"领导让我做什么，我才做什么"转变为"我能为领导做什么，我就主动做什么"；由"要求食堂怎么做"转变为"主动服务食堂，与食堂一起做"，不到一年的时间，就取得了显著的效果。同样，提升机修组服务水平，更好地介入新食堂筹备及日常修缮服务工作；更好发挥采购组保障功能，做好物资招标，供货商审核考察监督，日常食材采购运输等保障工作。

——诚，以诚为本，提升服务造声誉。这方面体现在我们想方设法提高服务水平，设身处地满足师生所需，服从上级安排，集全中心之力，承接完成各项重大供餐任务，如每年为近千名留校师生承办年夜饭；每年为近两万名毕业生及家长置办毕业生冷餐会；每年新生入学报到期间提供可口菜肴，给新生及家长们留下美好的第一印象；每年为新生军训拉练连夜制作供应上万份早餐；每年为学校校庆、院庆、系庆、学科庆以及各类活动提供丰富的供餐保障。同时拾金不昧蔚然成风，每年拾到并归还师生遗留在食堂的物品平均多达六七千件。

——勤，以勤为乐，加强技术培训提实力。这方面体现在我们勤于开展厨师烹饪技术培训，外派厨师学习，经常参加各类竞技，"以赛促学""教学相长"，不断斩获各类金银铜牌，广大员工在培训竞技中享受快乐，提升技艺和服务，真正取得良好的社会效益和经济效益。

——安，以安为重，全力以赴保平安。这方面体现在我们重视安全卫生、和谐稳定，落实好学校每年对餐厅硬件大资金的投入和修缮工作，提升安全卫生系数；加强与学校相关职能部门、学生权益部膳委会以及广大师生的沟通合作，稳定物价，共建和谐用餐环境；不定期组织消防安全演练，做好消防巡查，开展好病虫害消杀等。

通过"德诚勤安"四字文化的提炼，将饮食服务中心的全部工作高度概括，融入其中，与"厦大餐饮、家的味道"服务品牌形成四位一体，使得中心的内部管理与外部宣传达到统一，从而助力厦大餐饮扬名在外。

到了2016年年初，在"德诚勤安"四字文化的基础上，我们又独创了"5D现场管理体系"。至此，"德诚勤安""5D现场管理体系"的相继创立，我们对饮食服务中心如何在学校建设发展的大潮流中更好地参与其中，有了清晰的发展思路。

这几年来，让我印象深刻的事件主要有：2016年新勤业餐厅的落成典礼及菜肴展示会、2016年抗击"莫兰蒂"台风战役、2017年金砖国家领导人厦门会晤餐饮保障工作、2018年第四届中国"互联网+"大学生创新创业大赛全国总决赛供餐任务、2019年"5D现场管理体系"在校内各食堂全面落地、2020年抗击新型冠状病毒疫情……这里，我想举抗击"莫兰蒂"那场战役为例，展现真实饮食人特别感人的一面——

2016年9月15日，14号超强台风"莫兰蒂"在厦门正面登陆，登陆时中心最大风力达15级，重创厦门大学，损失树木2万多棵。这不禁让人想起1999年10月9日那个同样正面袭击厦门的14号台风"丹恩"，同样以15级左右的风力重创厦门大学。

1999年第14号台风丹恩过境，厦门大学三家村百年榕树被连根拔起

历史有着惊人的相似，而厦大餐饮的保障能力同样经受住了考验，真正做到"停水停电不停炊"这一奇迹，奠定了"厦大餐饮"在业界里"最靠谱"的口碑和地位！

"莫兰蒂"台风来临之前，饮食服务中心闻风而动，储备物资、巡查隐患、加固场所、清理水道……全员迅速动员起来，精密筹划、分工安排、责任到人……

各食堂全体总动员　　　　　　　　　　　疏通下水道

准备发电设备　　　　　　　沙袋加固　　　　　　　储水充足

全员食堂过夜，轮流休息　　有效应对突发情况　　通宵加工备餐

15日凌晨，台风过境厦门，食堂外天摇地动，食堂内储水、消毒餐具、淘米揉面、加工蒸煮，各项工作紧张有序。全体员工在食堂过夜，轮流休息，所有食堂在清晨6：30之前呈上丰盛如常的早餐，热腾腾的稀饭、香喷喷的包子、各种美味的糕点和小菜，为同样战斗在抗台一线的厦大人送上满满能量，为惶惶不安的学子们送上一份心安。

15日上午，校园里树木东倒西歪，所有道路车辆无法通行，成为一片"原始森林"，师生们忐忑地走进食堂，原本不抱什么希望，却被眼前丰盛的早餐惊呆了！有老师热泪盈眶说道："在家没茶喝，到餐厅却能享受到热菜热饭！"

出色的抗台成绩引来各媒体争先报道

饮食服务中心的抗台成绩引起了社会的巨大反响，各种媒体争先报道，其中厦门日报微信公众号15日早晨专篇推送新闻《厦大三个校区所有餐厅6:30起全部正常供膳》；16日，中央一台《朝闻天下》报道"莫兰蒂"影响，特别播放了餐厅供应免费姜汤、晚餐供应至八点等画面。厦大餐饮人真正用"洪荒之力"确保了"停水停电不停炊"的坚定誓言，再一次用实际行动证明了自己是一支"特别讲政治、特别能吃苦、特别能战斗、特别能奉献、特别靠得住"的队伍，是厦门大学建设世界一流大学和一流学科所不可或缺的一支坚强有力的餐饮保障队伍！

2016年，饮食服务中心党支部建设受到了学校的重视，校党委副书记林东伟直接联系饮食服务中心党支部工作，这体现了学校对食堂工作的高度重视和肯定！作为新上任的支部书记，我倍感压力。食堂工作关系学校的安全稳定，关系全体师生的切身利益，党建和群团工作在这当中发挥着重要的作用。为此，自2015年11月18日至2020年7月7日担任饮食服务中心党支部书记这近5年的时间里，我责无旁贷，扎实推动中心的党群、民生、宣传、文化等建设。

厦门大学党委副书记林东伟联系
饮食服务中心党支部

这其中，文化建设与宣传工作特别突出，为学校和社会各界关注厦大餐饮畅通了渠道。以前，我们总认为"酒香不怕巷子深"，只顾埋头苦干。由于厦大餐饮历来就是"厦门第一大锅"，在全国高校、福建省都享有较高的声誉，于是我们缺乏一定的危机感。可是，随着社会餐饮集团如雨后春笋般的兴起和壮大，厦大餐饮同样面临行业竞争的威胁。这个时候，我们突然意识到"酒香也怕巷子深"！于是，既要埋头苦干，又要抬头吆喝！就我个人而言，我努力当好一名宣传员：

2016年，尽心配合厦门市市场监督管理局、厦门卫视及台湾媒体三次来校拍摄厦大餐饮有关食品卫生安全的纪录片。

2016年年底，后勤集团举办了"感动在后勤"颁奖暨职工联欢会，我们编排了《厦大餐饮之歌》和《三句半：锅碗瓢盆曲》，在晚会上一炮打响。其中，《厦大餐饮之歌》还被学校微信公众号转载，传遍全球，

厦门市市场监督管理局食品卫生安全
宣传片（2016年7月）

接受厦门卫视采访（2016年8月）

这首歌曲表达了厦大餐饮人的心声，激发了广大厦大校友的回忆！

2017年，更是厦大餐饮的宣传大年：3月24日，"央广新闻"到厦门大学视频直播关于"光盘行动"取得的成效。我作为中心的代表，接受了半个小时的直播采访，向全球26万观看直播的观众宣传了厦门大学在免费米饭、光盘行动、服务育人等方面的创新和举措。3月27日，央广网《新闻和报纸摘要》刊发：《"光盘行动"大调查：厦门大学推行"免费米饭"避免浪费》。

4月21日，在厦门大学思想政治工作会议上，我作为全校8名上台分享经验的代表之一，上台分享了《强化服务，发挥餐饮工作育人功能》

饮食服务中心全体管理人员在科学艺术中心音乐厅
高唱《厦大餐饮之歌》

的报告，通过"莫兰蒂"台风供餐保障、南光餐厅网红留言本、设立"匀饭处"、拾金不昧等事例，从为同学们提供物质精神"双营养"、引导同学们成为食堂"主人翁"、让食堂成为同学们成长的"加油站"、凝聚食堂内涵发展的"正能量"四个部分向全校中层以上领导汇报了饮食服务中心企业文化建设的成果。《厦门大学报》理论与实践板块刊登了发言稿。

接受"央广新闻"直播采访（2017年3月）

附全文如下：

厦门大学思想政治工作会议交流发言材料之七
强化服务 发挥餐饮工作育人功能

尊敬的各位领导、老师、同学们：

大家好！

我是后勤集团饮食服务中心的林琳。今天，我向大家汇报的题目是《强化服务 发挥餐饮工作育人功能》。

有人说：高校第一重要是课堂，第二重要是食堂。课堂"教书育人"，食堂"服务育人"。我们正是紧紧抓住"育人"这一宗旨，将"强化服务，发挥餐饮工作育人功能"作为工作的出发点和落脚点，努力奏响锅碗瓢盆育人交响曲！

一、我们注重为同学们提供物质和精神"双营养"，让大家胃口好、精神好

人们常说"民以食为天"，对广大同学们来说，不仅需要物质上的粮食，更需要精神上的粮食。物质补身体之钙，精神补灵魂之钙。有了钙才能直立行走成为顶天立地的人。为此，我们在餐厅里因地制宜，通过可视化方式营造浓厚的育人氛围，内容包括社会主义核心价值观、厦大校友名师名言、社会公德、勤俭节约、餐饮相关常识、季节性饮食的温馨提示等。我们设置失物招领处，倡导拾金不昧；设立自助收碗台，引导同学们自助分类回收碗筷，培养尊重劳动、自我约束和主人翁的责任意识；我们餐厅的LED显示屏，经常根据季节、天气等变化，发布养生信息、灾害天气预报等，为同学们的健康保驾护航。

去年"莫兰蒂"台风来袭后的那个清晨，校园一片狼藉，在我们同学们忐忑无助的时候，我们食堂的LED显示屏上真情地写着："不管发生什么，我们都在！""台风无情人有情"等标语，温暖着同学们的心。当天，中央电视台《朝闻天下》报道"莫兰蒂"影响时，特别播出了我们餐厅这一感人的画面。

二、我们引导广大同学们成为食堂的"主人翁"，把学校食堂建成家里的厅堂

通过开展膳食恳谈会、315权益日活动、学生美食品鉴会、食堂工作体验日等活动，让广大同学们直接参与到食堂的工作中来，在沟通和体验过程中学到本领，领悟启发，自我教育、自我提升、自我成长。

厦门大学思想政治工作会议

比如，南光餐厅的留言本目前已经成为一种厦大食堂文化，在网络上走红。前不久有同学问：红豆糯米团子为什么只剩下红豆了？我们餐厅就在留言本上回复：部分同学反映不忍心对"小天孙"下手，于是我们很有人情味地让他下线了！这个回复里头提到的"小天孙"是最近很火的《三生三世十里桃花》里面的人物，小名就叫糯米团子。通过这种喜闻乐见的沟通方式，让餐饮服务更具人情味，越来越多的同学成了餐厅的粉丝。

三、我们努力让食堂成为同学们成长的"加油站"，推动食堂服务课堂

我们将落实学校免费米饭政策与"光盘行动"结合起来，赋予其更多的"育人"功能。通过开展"排队日"活动，引导学生按需购餐、节约用餐、文明就餐，做到"光盘"。我们精心准备"毕业生冷餐会"，努力通过优质的服务给毕业生上了感恩母校的最后一堂课。我们的学生公寓第一餐厅还设置了"匀饭处"，同学们在打饭后，觉得米饭过多，可将盘中的米饭拨到匀饭处；觉得米饭太少，可从匀饭处补一些米饭，以此来满足同学们对米饭需求量的个性化需求，从而减少浪费。免费米饭和光盘行动实施后，我们有的餐厅泔水量从2700公斤/年，降低到1800公斤/年，减少了900公斤。"央广新闻"以视频直播的形式宣传了我校免费米饭和光盘行动所取得的成绩。

四、我们全心凝聚食堂内涵发展的"正能量"，以"走心"的行动影响人心

后勤集团党委先后在15年和16年举办了两期"感动在后勤，我身边的好员工"评选活动，将感人的员工事迹，在网上、校园内设立宣传展板等形式，广泛发动同学们参与投票，向同学们传递正能量。

在"感动在后勤"颁奖暨职工联欢会上，我们推送的原创歌曲《厦大餐饮之歌》，校宣传部及时通过厦大微信公众号传遍全球，这是校友的回忆、是厦大餐饮人的心声。

此外，拾金不昧已经蔚然成风。据不完全统计，仅去年一年来各餐厅拾到师生遗留物品达2795件，价值高达20万元。为此我们也收到了大量情感真挚的表扬信、感谢信。曾有老人在我们餐厅就餐时遗落假牙，员工扒泔水垃圾两小时终于找到，老人特意致电厦门晚报表示感谢。这些都成为我们"服务育人"的生动案例。

我们正是通过以上四个方面的不懈努力，服务育人工作取得了显著的成效。我们饮食服务中心党支部曾两次荣获省级先进基层党组织的表彰，还被授予"福建省工人先锋号"荣誉称号。2016年，我们中心多位职工获得了"福建省高校优秀共产党员""福建省青年岗位能手""中华金厨奖""全国高校伙食工作先进人物""厦门大学优秀共产党员"等诸多荣誉。

"一粒米中藏世界，半边锅里煮乾坤"，餐饮服务的育人功能还有很多可以挖掘的空间和内容，饮食服务中心必将在校党委和后勤集团党委的坚强领导下，不辱使命，砥砺前行，努力将厦大餐饮建设成为广大学生成长成才的第二课堂！我们有信心，我们一直在努力！谢谢大家！

2017年8月5日，在厦门大学漳州校区召开的福建省高校伙食专业委员会（简称：省伙专会）高校餐饮管理骨干培训班中，本人分享了题为《德诚勤安，止于至善》的工作经验报告；同年12月16日，在厦门大学思明校区召开的省伙专会中，本人分享了题为《德诚勤安，锻造一流》的工作经验报告。两次报告，将厦门大学饮食服务中心德诚勤安的文化理念，服务育人的工作载体，特别是我们创建的5D现场管理体系在全省范围进行了宣传。

2018年，老旧的海滨餐厅，在艺术学院学生的彩绘装点下，成为多年来厦门大学第一家突破传统内部装饰风格的校内食堂。

2018年，我们联系新闻传播学院学生制作团队为饮食服务中心拍摄宣传片，以学生的视角，全新诠释厦大餐饮的出彩之处。同时，我

彩绘装点下的海滨餐厅

们开通了微信公众号"厦大饮食服务中心"（微信号：XDHQYS）；厦门大学团委厦大青年媒体中心青春厦大抖音号也深入校内各餐厅，不定期拍摄精美菜肴抖音视频，赢得同学们热捧；年底，"第七届厦门大学十佳美食评选活动"吸引全校学生踊跃参与……

　　在饮食服务中心团队与文化建设方面，可以说在2018年年底达到一个多年来没有过的顶峰！从2016年起，中心每年都举办一次趣味运动会，并选拔出团队参加后勤集团每年一度的趣味运动会。前面两年成绩均不理想，但在2017年年底的厦门大学教职工趣味运动会中，总共有时空隧道、卓越圈、背靠背夹球、投篮四个项目，后勤集团全部取得全校第一名的罕见佳绩，这当中就有我们负责的参赛项目——时空隧道。这次胜利给了我们很大的鼓舞。

　　于是，到了2018年，在集团趣味运动会上，中心一改近几年来的颓势，取得团体总分第二名、拔河比赛第二名等好成绩，出乎所有人的意料！这是食堂经理、员工们以极高的集体荣誉感和团队精神，克服种种困难，花费大量时间、汗水、精力，无数次训练和付出的结果。

新闻传播学院学生制作团队拍摄饮食服务中心宣传片

饮食服务中心公众号

青春厦大抖音号

十佳美食评选海报

　　2018年年底，第一届饮食服务中心"匠传承·心追梦·家团圆"厨艺交流暨表彰大会成功举办。这是多年来，饮食服务中心第一场集厨艺展示、文艺演出、先进表彰为一体的综合晚会，精美的菜肴展示、精彩的节目表演，展现了饮食服务中心朝气蓬勃的精神风貌！这项活动在2020年1月举办了第二届。

"时空隧道"在校教职工趣味运动会中取得第一

每天晚上下班后，勤业餐厅组织员工艰苦训练　　拔河比赛中精彩表现赢得佳绩

第一届"匠传承·心追梦·家团圆"厨艺交流暨表彰大会

　　当年的大年三十，一年一度的留校师生年夜饭开始之际，勤业餐厅门前的腰鼓和舞狮表演，是多年来的首次，营造了浓烈热闹的年味，也为饮食服务中心全年的文化建设和团队建设画上一个完美的句点！

　　我想，正是由于这几年饮食服务中心宣传工作、文化建设，特别是团队建设取得的丰硕成果，到了2019年，我们才具备统一思想、全面推进5D管理体系在各食堂落地的基础和条件。

　　5D管理体系的全面落地是2019年饮食服务中心完成的最不可能完成的成就！随着"一日一师一菜""师传承·传帮带"等活动的举办，到了年底，芙蓉餐厅新菜品投票活动更是成为厦大餐饮近年来第一新闻热点，上网络热搜第一名，人民日报、光明日报、厦门日报、厦大官方等各大媒体纷纷转载，

勤业餐厅门前的腰鼓和舞狮表演

"年底了饭堂阿姨也要冲业绩"让芙蓉餐厅成为网红

在微博话题中"年底了饭堂阿姨也要冲业绩"关注量高达两个亿！厦门电视台还特别进行了专访。可以说这一场新闻盛宴，真正成为厦门大学后勤集团饮食服务中心这几年沧海云帆、荣耀繁华的有力证明！

2019年是我回到饮食服务中心工作的第四年，这四年多的时光虽短暂却充实，我在这里重新理解了食堂工作，理解了厦大餐饮人不变的坚守和初心。毫不夸张地说，饮食服务中心今天的软硬件条件和餐饮保障能力已经跃居行业前列。

而这一切成绩的取得，我觉得除了有厦门大学在硬件方面持续的投入，有后勤集团的正确指引和大力支持外，从中心内部而言，就是有一支中心多年来培养起来的靠得住的管理团队和技术团队！

讲政治，讲大局，讲团结，讲纪律，讲奉献，讲格局；有学识，有见识，有理论，有实践，有方法，有技术；能主动，能担当，能吃苦，能战斗，能隐忍，能包容……我所能想到的这"六讲""六有""六能"，就是新时代厦大餐饮人的人格魅力、精神品质和职业素养。有这样的管理团队和技术团队，我想"厦大餐饮"这块金字招牌将会越来越耀眼，越来越成为厦门大学"双一流"建设中不可或缺的一部分！

2020年4月22日，我再次离开了饮食服务中心，回到后勤集团办公室，担任后勤集团工会主席和办公室主任。

这一年"新冠"疫情在全球肆虐，也是厦大餐饮面临最艰难的一年。这让我们回想起2002年后勤集团成立之初的那场"非典"战疫。在那场战疫中，饮食服务中心成功经受住了空前严峻的考验，取得了胜利。那么今天，厦大餐饮人同样以一系列强有力的举措，有效抗击了"新冠"疫情……

转眼间，厦门大学迎来了百年华诞，这同样是厦大餐饮的百年庆典。因为自有厦大，就有厦大餐饮。而随着厦门大学的不断发展和壮大，相信厦大餐饮也必将继续跟随着学校，大跨步走在第二个百年的征途上……

作者简介：

林琳，男，笔名零凝，厦门大学公共管理硕士，高级健康管理师，现任厦门大学后勤集团工会主席、办公室主任；曾任厦门大学后勤集团党务秘书、团委书记，饮食服务中心党支部书记、副主任，中国教育后勤协会信息化建设专业委员会副秘书长；曾在国家级、省级期刊发表有关高校后勤研究的系列论文，荣获全国高校后勤信息与宣传工作先进个人；曾出版发行个人专著《行路集》等。本书（《厦门大学餐饮百年》）执行主编、第四章撰稿人。（个人多平台自媒体号：零凝）

我在勤业的日子

张 岚

那一天，我到中心办公室签我自己的劳务合同，一晃，我在后勤集团工作十余年了。每个人在他所处的环境里或多或少有属于自己的标签，我职业生涯的第一个十年，前面一半是采购组；后面五年，我的标签里有了"勤业"两个字。

我记得第一个月，我跟着我们的"宝经理"（曾秀宝），接到某学院要在科艺中心做自助餐的任务，那个时候大勤业还没翻修好，宝经理在小小的凌云带着团队接下供餐任务，强啃下这块硬骨头。之后勤业开业，我们做年夜饭供餐，做各种会议供餐、校友返校供餐，甚至全国性活动供餐。每一次跟着经理承接大型任务，遇到看似没做过的事情，不免有点"害怕"，转身看到她稳如泰山，拆分任务，支配人员，调度资源，就有了一种安全感。

勤业餐厅曾秀宝经理

现在的我已经很少在困难面前退缩，先想到的肯定是我能做什么。这就是宝经理这么多年给我的潜移默化的影响。

餐厅的日常工作属于基础服务业，因为校园食堂的供餐特殊性，我们的食堂除了一日三餐，还需要满足学校学院的各种需要。宝经理和勤业餐厅就自带"吸睛"体质，说得白一点，就是自带"搞事情"体质。

事情喜欢来找她，大家也觉得她也能办事情。为什么？因为她的脑海里永不停歇地在思考，还不是单线程的，是多线程多条任务线地运转。餐厅没有一个月不在考虑新项目，每一年相同内容的供餐活动，总要从上一年总结经验并且有所改变，小到餐具大到节气用餐模式，无不如此。

你们有这样的体会吗？因为热情而勤恳做事，人们通常也会因为你的热情，而喜欢上你所做的事。这个状态适用于日常带领团队激励成员，也适用于和用餐受众产生共鸣。

我记得有个会议用餐活动结束后的晚上，我整个人瘫在椅子上处于放空状态，感觉就是缓口气要结束这一天了。宝经理说了一句——"明天的新品用的碗是拿旧的这款，还是再找一种新的？"整个团队瞬间由早上提早上班、中午加班没睡、晚上坚持到八九点的"熄火"状态，转换成头脑风暴，出谋划策，仿佛又充满了能量。

有时工作之余，宝经理会跟我们说起她以前做厨师时，通宵加班包饺子包包子给学生加餐的事情；说起她因为餐厅的事务与经理、厨师长争得面红耳赤的事情；说起餐厅在用餐高峰时间连经理到卫生工一起在菜台打菜的事情。听着听着，我不禁想起大家常说的一句话："所以，让我们一起，忙完这一阵子，就可以——忙下一阵子了！"

其实只是开个玩笑，我想说的是，保持对工作的这份活力和热情，有多么重要呀。

作者简介：

张岚，曾任勤业餐厅副经理，现任饮食服务中心采购组副经理，2009年到饮食服务中心工作至今。

我和我的师傅

王 湘

　　我的师傅纪进财经理，是一位在餐饮工作中干了将近40年的老员工，他从1979年工作至今，把自己最宝贵的青春年华全都献给了饮食服务中心。每天清晨伴着星星出门，夜晚伴着月亮回家，在年复一年的工作中，他从一名学徒逐渐成长为一名餐厅管理者。

　　在工作中，师傅爱岗敬业，注重细节，无时无刻不对自己高标准、严要求，一年365天几乎全年无休，都蹲守在餐厅。印象中，师傅沉默少语，看起来不苟言笑，让人觉得很严肃的样子。但是真正接触了以后，会发现其实他很热心肠，很会为人着想，是一个外冷心热的好人。

　　在餐厅管理上，师傅也有自己独到的管理方法。他特别能创新，一段时间就能蹦出一个很好的想法，让厨师去实践，丰富菜肴的品种和小吃品种。他还经常组织管理骨干聚餐，聚餐的目的一方面是增加大家的交流与沟通，另一方面主要还是学习别人菜肴的烹饪方法，他山之石可以攻玉嘛。

　　还记得2012年的一天，我跟着师傅还没多久，在管理上跟师傅产生了分歧，当时的我年轻气盛，总认为自己的想法是对的，这时师傅耐心细致地给我分析了目前餐厅的情况，要如何分配人员才能更好地实现整个餐厅稳定管理，餐厅的管理不是分开的，而是一个整体，要做到整体和谐才是最重要的。听了师傅的分析，我才认识到了自己的不足，从那以后下定决心跟着师傅好好学习。

　　古人云：古之学者必有师。师傅传授徒弟的，除了技艺，还有做人；而在徒弟眼中，光环之外的师傅，更多的是种亲近，称呼虽然很质朴，蕴含的哲理却耐人寻味。

　　乔布斯曾说："工作将占据你生命中相当大的一部分，从事你认为具有非凡意义的工作，方能给你带来真正的满足感。而从事一份伟大工作的唯一方法，就是去热爱这份工作。"不可否认，"工匠精神"是一种奉献精神，是默默无闻、无私地贡献着自己的光和热，从而确保了企业的正常运转。

作者王湘与师傅合影

工匠精神不是枯燥机械的、僵硬死板的，而是一种热爱工作的精神，是一种精益求精的态度，它不只是一种付出，更是一种获得，拥有工匠精神无论对自己还是对企业，都是一种"双赢"的局面。所以，师傅承载的情怀和责任从未过时，这种工匠精神，在"互联网+"和"工业4.0"时代，依然可贵。

俗话说，一日为师，终身为父。对于每一位走进企业参加工作的年轻人来说，师傅都是自己职业生涯中至关重要的一个人。师傅传授技艺的时间往往是有限的，但师傅对徒弟的影响，却是巨大的。

师傅带进门，修行在个人。师徒是一种缘分，更是一种情分，只有互相理解，才能达到共同进步的目的。如今的餐饮行业正处在深刻而巨大的变革中，行业或者企业要发展，需要一批批优秀的管理人员和技术人员，需要不断传承或革新操作技艺，同时也需要薪火相传的师带徒精神。

感谢师傅在我前进道路上为我指引方向。未来，在我独自踏上征程的时候，我想用我真挚的心对他说："师傅，谢谢您！"

作者简介：

王湘，本科毕业于厦门大学管理学院工商管理专业，研究生毕业于厦门大学管理学院MBA，目前担任海滨餐厅经理、后勤集团团委委员、饮食服务中心党支部组织委员、饮食服务中心团总支书记，曾担任清真餐厅副经理，南光餐厅、公寓二期餐厅现场经理等。初级厨师，三级营养师。

饮德食和

简锦益

古训："饮德食和"。子曰："民莫不饮食也。"盖饮食之为德也，其盛矣乎！

一日，晨雾微茫，清气灵明，余漫步于碧海蓝天，花木葱茏之厦大伅园。忽闻阵阵飘香，自餐厅方向传来；放眼望去，只见一群老少，大排长龙。原来，他们早在未开门之前，即等候多时，争相购买热腾腾、香喷喷之馒头。"厦大馒头"之魅力，可想而知。

晶莹剔透，清香袭人之白米饭，一碗一碗，递个不停。据说，岁出五百余万元巨资，免费供应，滋养万千学子，何其温馨，何其幸福。曾记否？汉初开国名相张良"一饭知恩"之情怀！又据说，或有托盘稍嫌不净，即遭投诉；全校师生五万余人，日用之锅碗瓢盆，偶有疏失，吾等何苦惴惴乎执意苛求！谨遵"饮德食和"古训，体恤后勤之酸甜苦辣，点滴在心，谁与知之。

老子云：天之道，利而不害；圣人之道，为而不争。

易曰：天行健，君子以自强不息。

子曰：大学之道，在明明德，在亲民，在止于至善。

愿我炎黄世胄，泱泱大度。君子终日乾乾，夕惕若厉。是所至祷者也！

作者简介：

简锦益，台湾著名书画家，厦门大学客座教授。

参考书目及文献

一、图书和刊物

1. 洪永宏编著：《厦门大学校史》（第一卷），厦门大学出版社1990年版。

2. 黄宗实、郑文贞编著：《厦门大学校史资料》（第一辑），厦门大学出版社1987年版。

3. 黄宗实、郑文贞编著：《厦门大学校史资料》（第二辑），厦门大学出版社1988年版。

4. 黄宗实、郑文贞编著：《厦门大学校史资料》（第三辑），厦门大学出版社1987年版。

5. 黄宗实、郑文贞编著：《厦门大学校史资料》（第四辑），厦门大学出版社1990年版。

6. 陈天明编著：《厦门大学校史资料》（第八辑），厦门大学出版社，1991年版。

7. 厦门大学档案馆、厦门大学校史研究室编：《厦门大学校史》，厦门大学出版社2006年版。

8. 厦门大学办公室编：《厦门大学概况》，1982年（内部资料）。

9. 厦门大学校长办公室编：《今昔厦大》，1993年（内部资料）。

10. 厦门大学校史编委会编印：《厦大七十年 1921—1991》，1991年。

11. 《厦门大学》，厦门大学学报（哲学社会科学版），1981年（内部资料）。

12. 厦门大学办公室编：《厦门大学》，1982年（内部资料）。

13. 黄顺通、刘正英著：《陈嘉庚与厦门大学》，福建人民出版社

1994年版。

14.石慧霞著：《萨本栋传》，厦门大学出版社2015年版。

15.陈嘉庚著：《南侨回忆录》，南洋印刷社1946年版。

16.鲁迅著：《鲁迅日记》，人民文学出版社1981年版。

17.陈漱渝注释：《鲁迅家书》，人民文学出版社2010年版。

18.厦门人民广播电台编辑部编：《天风海涛》第五辑，1982年（内部资料）。

19. 顾颉刚著：《顾颉刚日记》，中华书局2011年版。

20.川岛著：《和鲁迅相处的日子》，四川人民出版社1979年版。

21.林太乙著：《林语堂传》，中国戏剧出版社1994年版。

22. 萧闲叟著：《烹饪法》，商务印书馆1934年版。

23.吴雅纯著：《厦门大观》，新绿书店1947年版。

24.张柳华、赵相华、徐金强著：《中国教育后勤协会伙食管理专业委员会三十年论文集》，浙江大学出版社2016年版。

25.厦门大学校友总会编：《南强情怀》，厦门大学出版社2012年版。

26.王豪杰主编：《南强记忆：老厦大的故事》，厦门大学出版社2009年版。

27.《福建餐饮》，2017.1（第二十期，福建省高校伙专会30周年专刊，福建省餐饮烹饪行业协会出版，2017年版（内部资料）。

28.郑朝宗著：《海滨感旧集》，厦门大学出版社1988年版。

29.石慧霞著：《抗战烽火中的厦门大学》，河南大学出版社2015年版。

30.《厦门文化艺术资料选编1909-1949》，厦门大学出版社2017年版。

31.厦门市政协文史和学习宣传委员会编：《厦门摩崖石刻》，福建美术出版社2001年版。

32.鲁迅、许广平著：《两地书》，天津人民出版社2019年版。

33.鲁迅著：《朝花夕拾》，四川文艺出版社2015年版。

34.余光中著：《余光中诗集》，华文出版社2014年版。

35.厦门市饮食公司编：《福建菜谱•厦门》，福建科学技术出版社1980年版。

36.洪卜仁、许晓春著:《厦门饮食文化》,厦门大学出版社2017年版。

37.刘立身:《闽菜史谈》,海风出版社2012年版。

38.厦门大学台湾校友会编印:《国立厦门大学六十周年纪念特刊》,1981年（内部资料）。

39.中国科学院福建物质结构研究所编:《科学巨匠,教育名家——卢嘉锡逝世周年纪念文集》,2002年（内部资料）。

40.朱水涌著:《厦大往事》,厦门大学出版社2011年版。

41.廖代伟、郭启宗、蔡俊修 等著:《探赜索隐 止于至善:蔡启瑞传》,中国科学技术出版社2015年版。

42.林华水、吴奕纯、郑启五等著:《田昭武传记》,厦门大学出版社2017年版。

43.李开聪摄:《鹭岛春秋:李开聪摄影作品选》,海风出版社2001年版。

44.《厦门大学 1946 级级友毕业五十周年纪念特刊》,1996年（内部资料）。

45. 福建省商务厅编:《中国闽菜精粹》,2018年（内部资料）。

46.厦门大学中文系7701编印:《鼓浪鹭影》,2007—2012年（内部资料）。

47.中国高教学会后勤研究会伙食管理专业委员会主办:《中国高校伙食通讯》（总第105期）1998年9月版。

48.《高校后勤》（总第52期）,四川省委二党校印刷厂,1997年。

49.《中国高校后勤研究》（总第61期）,北京理工大学印刷厂,1998年6月。

50.《厦门大学伙食管理改革论文集》1994年版（内部资料）。

51.厦门大学周刊社:《厦门大学周刊》（第15期、第16期、第18期）,厦门新华印书馆,1923年。

52.厦门大学编译处周刊部:《厦大周刊》（总第120—128期,第130—134期,第186期）,厦门大走马路焕文印书馆,1925年,1926年,1928年。

53.厦门大学编译处周刊部：《厦大周刊》（第129期，第135—171期），厦门大学印刷所，1925年，1926年，1927年。

54.厦门大学编译处周刊部：《厦大周刊》（第172—185期，第187—199期），厦大六合印务馆，1927年，1928年。

55.厦门大学周刊部：《厦大周刊》（第10卷第2—19期、第23—27期，第11卷第2—15期、第17—20期，第12卷第21期），厦门大学印刷所，1930年，1931年，1932年。

56.厦门大学周刊部：《厦大周刊》（第12卷第22—27期，第13卷第1—18期、第17—20期，第14卷第1—5期），厦门大学印刷所，1933年，1934年。

57.厦门大学周刊部：《厦大周刊》刊（第14卷第12—16期，第15卷第2—20期）厦门大学印刷所，1935年，1936年。

58.旅汀厦门大学毕业同学会出版委员会：《厦大通讯》（第1卷第1—4期），长汀毛明新印刷所，1939年。

59.旅汀厦门大学毕业同学会出版委员会：《厦大通讯》（第1卷第5—12期、第2卷第1、2期合刊）），长汀壁香楼印务局，1939年。

60.旅汀厦门大学毕业同学会出版委员会：《厦大通讯》（第2卷第3—12期），长汀县城区印刷工业合作社，1940年。

61.厦门大学校友会总会出版部：《厦大通讯》（第3卷第1—2期、4—12期），长汀县城区印刷工业合作社，1941年。

62.厦门大学校友会总会出版部：《厦大通讯》（第4卷1—12期），长汀县城区印刷工业合作社，1942年。

63.厦门大学校友会总会出版部：《厦大通讯》（第5卷第6—10期），长汀县城区印刷工业合作社，1943年。

64.厦门大学校友会总会出版部：《厦大通讯》（第6卷第1—5期），长汀县城区印刷工业合作社，1944年。

65.厦门大学校友会总会出版部：《厦大通讯》（第7卷第1—4期），长汀县城区印刷工业合作社，1945年，1946年，1947年。

66.厦门大学校友会总会出版部：《厦大通讯》第8卷第1—6期），厦门风行印刷社，1948年。

67.厦门大学校友会总会出版部：《厦大通讯》（第9卷第1—4期），厦门风行印刷社，1949年。

68.国立厦门大学学生救国服务团：唯力（十日刊）第1卷第1—4期，长汀汀州毛明新印务局，1938年。

69.国立厦门大学战时后方服务团：唯力（十日刊）第1卷第5—10期，长汀汀州毛明新印务局，1938年。

70.国立厦门大学战时后方服务团编辑委员会：唯力（十日刊）第2卷第1—10期、第3卷第1—5号，长汀汀州毛明新印务局，1939年。

71.《厦门大学七周纪念特刊》，厦门大走马路文化印书馆，1928年。

72.厦门大学编译处周刊部：《厦门大学八周纪念特刊》，厦门大学印刷所，1929年。

73.《厦门大学九周纪念刊》，厦门大学印刷所，1930年。

74.《厦门大学十周纪念特刊》，1931年。

75.厦门大学一九三五年级级会：《厦门大学毕业纪念刊》，1935年。

76.《厦门大学一览》（1931—36年），厦门大学印刷所，1931年，1932年，1934年，1936年。

二、报纸和相关档案

1.《厦大校刊》，1936—1937年，1946—1949年。

2.《新厦大》，1950—1960年。

3.《厦门大学报》，1978—2019年。

4.《申报》（1936—1937年）、《江声报》（1930—1938年，1945年12月—1949年10月）、《星光日报》（1936—1938年，1946—1949年）、《立人日报》（1945年10月—1949年9月）等。

5.厦门大学档案（1949年后），案卷目录号：54-13；57-16；60-7；63-17；64-43；65-78；66-1；66-8；A56-326；B78-100；B80-

132；B82-132；B82-136；B74-45；B9101010；B9102036；B9106091；B79-55；B79-56；B80-112；厦大校总字（1978）1号、60号、65号、92号、96号、98号；厦大校总字（1979）61号、63号；厦大专纪要（1999）12号；厦大综（1999）49号；厦大办（1999）7号；厦大财（1994）25号；厦大综（1993）71号；厦大财（1993）35号、37号、47号；厦大委综（2001）27号；中华人民共和国教育部、中华人民共和国卫生部令（14号）《学校食堂与学生集体用餐卫生管理规定》；国家教育委员会教计（1992）142号。

6.厦门大学后勤集团及其所属的饮食服务中心、厦门南强后勤服务有限公司等留存的各类档案、文稿、照片等资料。

后记

　　在各界校友的支持下，《厦门大学餐饮百年》终于在百年校庆之际，与广大读者见面了。从厦门大学餐饮一百年来的历史发展和现状，到食堂文化建设背后凝聚的厦大"自强不息、止于至善"的人文精神，到"舌尖上的厦大""厦大餐饮，家的味道"等烫金名片背后的精彩故事，通过翻动的书页，见字如晤，见字知味。

　　"民以食为天"，大学食堂是在校大学生一日三餐就餐的地方，紧密地联系着大学生的学习、生活和健康。厦门大学的餐饮文化建设，是百年校园文化的缩影，以餐饮文化为主导，以校园精神为底蕴，秉承"三服务，三育人"的宗旨，完成丰富、营养、安全的餐饮服务，营造整洁、温馨、舒适的就餐环境。而这其中历经的种种变化，更折射和反映出大时代的发展历程。

　　《厦门大学餐饮百年》一书致力于全面回顾厦大百年餐饮的历史变迁，展示厦大餐饮文化，弘扬和宣传厦门大学的人文精神，通过查找大量历史档案、面向广大师生员工和海内外校友征稿、开展访谈采访工作，以及收集各类相关的老票据、老物件、老照片等，努力拾取有关厦大餐饮的闪光珍珠，展现厦大百年餐饮的文化与情怀，献礼厦大百年校庆。

本书的筹备和征编、撰写工作前后近两年，在编写过程当中查询了大量的书籍、史料（包括民国和当代的刊物、文献、档案资料等）等共计3000多万字的资料和大量图片，进行了全面细致的收集、梳理和归纳，并尽可能多方印证，力求做到全面、翔实。同时，通过细致的访谈，面对面采访了厦大老餐饮人、后勤集团的老员工以及活跃在后勤餐饮一线的领导、经理、厨师等相关人士，也实地考察调研校史纪念馆、旧食堂原址、现有三个校区的食堂，征集了在校学生对食堂和菜肴的感想和印象，以获得丰富的第一手资料。此外，后勤集团还联合厦大出版社，面向广大师生员工和海内外校友发布正式邀请函，征集回忆录，为本书增添丰富多彩、感人至深的内容。

《厦门大学餐饮百年》的编撰跨度时间长，涉及内容范围广，工作体量大，特别是因为历史时间跨度长，许多年代久远的资料和图片的收集颇费心力，加上2020年年初的疫情，给编撰工作带来不少的困难。后勤集团领导班子高度重视，自书籍筹划伊始就多次召开会议，研讨本书编撰工作并做了详尽的指导部署；厦大出版社相关负责人多次到后勤集团，展开专业指导；后勤集团饮食服务中心全力协调组织本书的征稿、访谈、档案查询、资料收集以及各类编撰的后勤保障工作；校宣传部、工会、团委、校友总会、出版社等单位积极帮忙进行征稿宣传；新闻传播学院等院系多名在校学子参与本书的访谈与资料整理工作……

作为本书总撰稿人，我把本书的编撰工作，当成献给母校的一封"美食情书"，在各方的鼎力相助下，克服各种困难，并充分发动个人社会资源，多方收集宝贵资料，认真考证梳理，积极开展访谈、调研和撰稿工作；本书第四章作者林琳亦加班加点，认真高效地完成调研和撰写工作。在征编和撰写的过程中，周松芳、郑庆喜、梁诗柱、蔡长寿、童辉星、陈永川、林天明、唐网腰、吴清河、郑亚涂、纪进财、曾国强、蔡建辉、曾秀宝、骆松富等多位专家、学者及业内相关人士，为资料的收集、查阅和采访提供了诸多便利和支持；摄影家李世雄，收藏家陈亚元、紫日、陈国忠，校友许闽峰、郑毓捷等提供了宝贵的票据和图片；校友刘正明、刘生福等提供了中文系1977级校友编写的《鼓浪鹭影》文集；校友杨炜峰、张皓、邱鹭航、江菱菱及深圳校友会诸同仁等热心帮忙联系稿件和征集图片；台湾研究院研究生许高维，新闻传播学院学生周蕾、吴琦、王泓鑫、刘森君等也为本书的史料收集提供了支持，谨在此一并致谢！

特别值得一提的是，本书征稿过程得到了海内外校友和广大师生员工的热烈响应。自2019年秋征稿开启后，我们陆续收到了来自北京、上海、南京、九江、福州、厦门、漳州、香港、台湾等地校友的来稿，使得本书的内容更加翔实和鲜活。潘维廉教授、郑启五教授、颜亚玉教授、卢明辉等厦大教师和王湘、张岚等厦大餐饮人也大力支持本书的征稿工作。篇幅所限，不能一一收录，或有所删节，也希望将来有机会，能够有更多精彩的篇章集结面世。

在本书付梓之际，衷心感谢后勤集团领导刘立荣书记、林公明总经理、邓泽君副书记、陈有亮副总经理，集团办公室林琳主任、饮食服务中心江森民主任等编委会成员以及饮食服务中心、厦门南强后勤服务有限公司相关人员为本书的编写所付出的努力和帮助。本书刊印发行前，亦得到后勤集团新任党委书记杨云良的悉心指导。同时在本书资料查询和收集过程中承蒙厦门大学图书馆、厦门大学档案馆、厦门大学出版社等机构的大力协助，谨在此一并表示诚挚的谢意！

大学食堂关联着学校生活最挥之不去的味觉记忆，把故事留下来，也就留住了历史。相信本书的出版，能够让厦门大学的所有校友和现在的在校同学，通过"舌尖记忆"去感受厦大百年发展史上一种独特的味道。更相信通过这本书，我们都会更深切地爱上我们的厦大，重温它以精神和物质充分地滋养我们青春年华的美好时光。

囿于时间因素和水平的局限，在编撰过程中，错漏和不足之处在所难免，敬请各界专家和读者不吝批评指正。"一粒米中藏世界，半边锅里煮乾坤"，让我们共同品读厦大餐饮源远流长的历史文化、"自强不息、止于至善"的人文情怀，共同感悟校友们的精彩回忆和餐饮人的传奇故事。在新的时代，厦大餐饮人，在校党委和后勤集团党委的坚强领导下，将不辱使命，砥砺前行，努力把厦大餐饮建设成为广大学生成长成才的"第二课堂"。而厦大的百年餐饮故事，还将继续谱写更加精彩和动人的篇章。

编著者：许晓春

2020年12月